忘れかけた日本語辞典

佐藤 勝・小杉商一【編著】

東京堂出版

はしがき

本書は、明治・大正期、あるいは第二次世界大戦前までは比較的一般に用いられ、第二次大戦後の昭和・平成期にはあまり使用されなくなった、言いかえれば、現代日本人の多くが、聞いたり見たりしたことはあるが、いま自分がそれを正確には使えるかどうかあまり確信が持てないと思っているようなことばを蒐集して、解説を加え、用例を提示したものである。

この種のことばの辞典としては、いままで、たとえば、特定の文学者の語彙を集めて解説を加えるといった種類のものがなかったわけではない。しかしそれらの多くは、固有名詞を含めた体言を中心として編集されているので、現代人がそれを使おうとしてもその利用の範囲は狭く限られざるをえなかったように思う。そういう事情を考慮に入れて、本書は、応用範囲のひろい、にもかかわらず従来あまりそれとしては注目されてこなかった動詞・形容詞・形容動詞・副詞に着目し、それらを中心とした語彙を現代人が誤りなく使えるように解説を加え、かつ明治・大正・昭和期の代表的な文学作品などから適切な用例を長めの文脈の中で提示するようにしたものである。ただ当初から設定されていた量的な制限から、蒐集した語彙や用例を大幅に削減もしくは厳選せざるをえなかったことを述べておきたい。

編集にあたっては、文学面はおもに佐藤が、語学面はおもに小杉が担当した。また編集作業開始当初からあらゆる面で編集部の松林孝至氏に多くの助言を頂いた。記して謝意を表したい。

編　者

凡　例

一　見出し語

1　見出し語（一語またはそれに準ずることば）を現代仮名遣いで示し、五十音順に配列した。ただし、他の品詞としての用法もある形容動詞は語幹のみを提示した。

2　漢字または漢字まじりで通常表記されるものは、見出し語の下に現在普通に用いられている表記を示した。

二　品　詞

1　見出し語の品詞名を、見出し語の下に〔　〕でくくって示した。

2　品詞名は次の（　）の中のように略記した。見出し語が複数の用法を有している場合は、次の順序で示した。

名詞（名）・代名詞（代名）・動詞〔自動詞（自）・他動詞（他）・ア行（ア）～ワ行（ワ）・アワ行（アワ）・上一段活用（上一）・下一段活用（下一）・五段活用（五）・サ変活用（サ変）など〕・形容詞（形）・形容動詞〔（形動）・ナリ活用（ナリ）・タリ活用（タリ）〕・副詞（副）・連体詞（連体）・接続詞（接）・感動詞（感）・助詞（助）・接頭語（接頭）・接尾語（接尾）・連語（連語）

三　関連語

〔解説〕で言及したもので現代語としても用いられているもののみを、＊印の下に、二つ以上ある場合は五十音順で示した。

四　解　説

見出し語・関連語と用例に関する解説を、以下の要領で叙述した。

1　作品名・書名・文章名・引用は「　」で示した。雑誌（新聞）名は『　』で示した。

2　数字は一九三一年、明治二五年一二月、五八日、一〇か月の表記法で統一した。ただし、引用文中の数字表記は原文のままとした。

3　引用文の仮名遣いおよびルビは〔用例〕でのそれ

に準じた。

五　用　例

1　用例本文の表記は原文を尊重した。ただし、仮名遣い、ルビ、漢字は以下に示すようにした。

2　仮名遣いは、会話などを含めて全体が文語体で書かれているもの（森鷗外「舞姫」「うたかたの記」「文づかひ」・北村透谷〈すべての文章〉・国木田独歩「源おぢ」・島崎藤村「若菜集」「藤村詩集」・上田敏「海潮音」・伊良子清白「孔雀船」・〔解説〕中の「言海」「大言海」など）は歴史的仮名遣いとし、「ゝ」「〳〵」などの畳字もそのままとした。全体が口語体のもの、会話などに口語を用いているもの（雅俗折衷文体など）は現代仮名遣いに改めた。

3　ルビはすべて現代仮名遣いとし、必要に応じて総ルビをぱらルビにしたり、難読漢字で読み仮名のないものにルビをつけて（　）でくくって示したりした。

4　漢字は常用漢字のあるものはそれに改め、それ以外のものは原文どおりまたは正字を用いるようにした。

5　筆者・出典は本文末尾に（　）でくくって示した。作品名、章や節をあらわす数字などは原典表記のままとした。ただし、章（節）名は本文の一部とみなしてその本文に用いた仮名遣いに合わせた。

6　用例本文の一部分が別の項目で重複して使用されている場合は、参看の便をはかるため、用例本文末尾に↓で重複使用の項目を示した。

7　同じ項目で用例が二つ以上ある場合は〔用例1〕〔用例2〕……とした。

六　索　引

見出し語、関連語のほか、〔解説〕に言及されている反対語、同音異義語なども収録した。また、「用例」に関する解説部分で言及されている語彙のうち見出し語や関連語に近い次元に属すると考えられるものも、読者の便を考えて収録した。

忘れかけた日本語辞典

あ行

あえかだ 〔形動〕

【解説】かよわく、はかなげで、上品で美しい様子を表現する語。現代語の中ではこの語は古典的・文章語的な印象を伴う形で用いられる。かよわく非力な若い女性の説明として使うことが多いが、時に木の葉・薄雲・夢などの表現に用いることもある。中古の時代から「源氏物語」「栄花物語」などにナリ活用で用例が見られるが、現代語としては、明治時代後期から特に美文的表現の一環として使われ、女性に関する描写よりは音声、光、小さな音などの表現に用いた例が多く見いだされる。左の［用例］のうち、「邪宗門」は若い女性の説明として用いられているが、「奉教人の死」の方は美少年「ろおれんぞ」の説明になっており一見異様な用語に見える。しかし「ろおれんぞ」は実はうら若い女性が男装していたので、真相がわかるのは小説の末尾近くだから、引用の場面は芥川が「ろおれんぞ」の正体を読者にあらかじめそれとなく提示したものと解してよいかも知れない。

【用例1】ここに稀有《けう》なは「いるまん」の「しめおん」じゃ。あの「じゃぼ」（悪魔）を挫《ひし》ごうず大男が、娘に子が産まれるや否や、暇《いとま》ある毎に傘張《かさはり》の翁《おきな》を訪《おとず》れて、無骨《ぶこつ》な腕《かいな》に幼子《おさなご》を抱き上げては、にがにがしげな顔に涙を浮べて、弟と愛《いつく》しんだ、あえかな「ろおれんぞ」の優姿《やさすがた》を、思い慕って居ったと申す。（芥川龍之介「奉教人の死」一）

【用例2】「（略）唯《ただ》、予《よ》が胸を痛めるのは、あの玉のような姫君も、この天地《あめつち》を造らせ給うた天上皇帝を知られぬ事じゃ。されば、神と云い仏《ほとけ》と云う天魔外道《てんまげどう》の類《たぐい》を信仰せられて、その形になぞらえた木石にも香花《こうげ》を供えられる。（略）予はその事を思う度に、阿鼻《あび》大城《たいじょう》の暗《やみ》の底へ逆落《さかおと》しに落ちさせらるる、あえかな姫君の姿さえありありと眼に浮んで来るのじゃ。（略）」（芥川龍之介「邪宗門」二十二）

あがなう　贖う・購う 〔他アワ五〕

＊つぐなう

【解説】①金や物を代償として欲しい物を手に入れる、買いもとめる、の意の改まった言い方。②罪ほろぼしのために金品を出す。埋め合わせをする。類義語に「償《つぐな》う」があるが、これは、自分の犯した罪やあやまちを、または人に与えた損失を埋めて責任を果たす意で、「贖う」の方は①が原義であり、罪や責任とはそれほど深いつながりがなく、「償う」ほどの緊迫した感じはない。左の［用例］の中の「粧奩」は化粧箱、嫁入道具の意。「小買」は当座に必要な分だけ少しずつ買い求めること。「少年」はこの小説の主人公間《はざま》貫一で、彼に語りかけているのは養い親で宮《みや》の父。

【用例】実《げ》に七千円の粧奩《そうれん》を随《したが》えて、百万金も購《あがな》う可《べ》からざる恋女房を得《う》べき学士よ。彼は小買《こがい》の米を風呂敷に提《さ》げて、其の影の如く痩《や》せたる犬と与《とも》に月夜を走りし少年なるをや。

「お前が然《そ》う思うてくれれば私《わし》も張合《はりあい》がある。就《つ》いては改めてお前に頼《たのみ》があるのだが、聴《き》いてくれるか。」

（尾崎紅葉「金色夜叉」前編（六）の二）

あからさまだ　明ら様だ　〔形動〕

＊あけすけだ

【解説】飾ったり隠したりせず、ありのままで、あらわな様子を言う語。普通は隠しておくか、婉曲な表現で言うことが望ましい内容のこと、たとえば人に対する非難や不満、あるいは不名誉なことなどを、気を使わずに露骨に言葉や態度にあらわすことをさす。類似の語に「あけすけだ」があるが、これには、自分の欠点などを恥ずかしがらずにさらけ出すという明るさ、陽気さが感じられるのに対し、「あからさまだ」の方には、隠しておきたいことをあえて人目にさらすといった陰湿さが感じられる。［用例］の「草枕」は明治三九年に書かれたもので、一般にはまだ人間の肉体を隠すべきものとしていた時代の雰囲気がこの語の用い方に微妙に投影しているとも見られる。

【用例】古代希臘《ぎりしや》の彫刻はいざ知らず、今世《きんせい》仏国《（ふっこく）》の画家が命と頼む裸体画を見る度に、あまりに露骨《あからさま》な肉の美を、極端迄描《（までえ）》がき尽そうとする痕迹《こんせき》が、ありありと見えるので、どことなく気韻に乏しい心持が、今迄われを苦しめてならなかった。

（夏目漱石「草枕」七）

あきらめる　明らめる　〔他マ下一〕

＊かんぱする・みきわめる・みやぶる

【解説】 明らかにする。事情や原因・理由などをはっきりさせる。左の［用例］が「看破」の表記を宛てているように、「看破《かんぱ》する」も類義で、さらに「看破《みやぶ》る」となると、故意に隠された秘密や計画などを見て明らかにする意味が強くなる。「見極める」は隅から隅まで全てを見つくすことから真偽を判断する意味になる。「あきらめる」は文語的表現である。

【用例】 お勢は初《はじめ》より文三の人と為《な》りを知ッていねば、よし多少文三に心を動かした如き形迹《けいせき》が有《あれ》ばとて、それは真に心を動かしていたではなく、只《ただ》ほんの一時感染《かぶ》れていたので有ッたろう。

感受の力の勝つ者は誰しも同じ事ながら、お勢は眼前に移り行く事や物やのうち少しでも新奇な物が有れば、眼早くそれを視《み》て取ッて、直ちに心に思い染《し》める。けれども、惜しい哉《かな》、殆《ほとん》ど見た儘《まま》で、別に烹煉《ほうれん》を加うるということをせずに、無造作に其《その》物其事の見解を作ッて仕舞《しま》うから、自《おのずか》ら真相を看破《あきら》めるというには至らずして、動《やや》もすれば浅膚《せんぷ》の見《けん》に陥いる。

（二葉亭四迷「浮雲」第十六回）

あくたれる　悪たれる　〔自ラ下一〕

＊あくたれ・あくたれあま・あくたれぐち・あくたればば・あくたれもの

【解説】 無理を言ったり、いやがらせを言ったりして反抗的な態度をとる。連用形が名詞化した語に「あくたれ」があり、その言動をとる人を言い、また、その行為、その言葉そのものをも言う。「あくたれ口」はその言葉をさし、「あくたれ者」はそのような言動をする人を、「あくたれあま」はそのような言動をする女性を、「あくたればば」はその老女を指す。近世中期以後の口頭語。

【用例】私の小さいけれど際限の無い慾が、毎《いつ》も祖母を透《とお》して遂げられる。それは子供心にも薄々了解《のみこめ》るから、自然家内中で私の一番好《すき》なのは祖母で、お祖母《ばあ》さんお祖母さんと跡を慕う。何となく祖母を味方のように思っているから、祖母が内に居る時は、私は散々我儘を言って、悪《あく》たれて、仕度三昧《したいさんまい》を仕散らすが、留守だと、萎靡《いじけ》るのではないが、余程《よっぽど》温順《おとな》しくなる。　（二葉亭四迷「平凡」四）

→さんまい

あけしい　明けしい　〔形〕

【解説】気持にゆとりがあってゆっくり落ち着いた感じ、悩みや苦労がなく晴れ晴れとした感じをあらわす語。仕事や生活の忙しさがなく気分がよい。ゆったりする。「あかるくなる」「夜が明ける」などの「明け」を形容詞として用いたものである。「一日あけしいひまも無う、どうで死ぬるでござんしょう」（四世鶴屋南北「東海道四谷怪談」）のように、多く「あけしい間《ま》（ひま、こと）がない」の形で用いられる。左の［用例］にある「傍近」は近い所、近傍の意で、段階を「階段」、心中を「中心」と表現するのと同じ漢字の組み立て方になっている例。「余所外」は全くほかの所の意で、「よそ」を強めて言った語。「内端」はうちわ、ひかえめの意。

【用例】一子文三《（ぶんぞう）》に学問を仕込む。まず朝勃然《むっくり》起《（おき）》る、弁当を背負《しょ》わせて学校へ出《だし》て遣《（や）》る、帰ッて来る、直ちに傍近《ぼうきん》の私塾へ通わせると言うのだから、あけしい間《ま》がない。迚《とて》も余所外《よそほか》の小供では続かないが、其処《そこ》は文三、性質が内端《うちば》だけに学問には向くと見えて、余りしぶりもせずして出て参る。　（二葉亭四迷「浮雲」第二回　風変りな恋の初峰入《はつみねいり》　上）

あげつらう　論う　〔他アワ五〕

【解説】物事の善悪、理非などを次々に取りあげて議論する、ある話題について二人以上で論ずる、というのが本来の意味だが、現代語としての使い方は、「上は婦人《じょちゅう》達の結髪《かみ》の風より、下は日本下駄の不便利まで、人のあげつらう世の中とぞなりける」（坪内逍遥「一読三歎当世書生気質」）のように、言わなくてもいいことを非難をこめて述べたてるというマイナスのイメージを伴って使われることが多い。すぐれた点を次々に取りあげて話題にするという用例は、現代語としては見当たらないようである。左の［用例］中にある「始皇帝」は万里の長城を増築したりした中国秦の第一代皇帝、「煬帝」は中国隋の第二代皇帝で、それらの名をあげることで話し手は話題の人物である「大殿様」のスケールの大きさを示唆しようとしている。

【用例】早い話が堀川の御邸《おやしき》の御規模を拝見致しましても、壮大と申しましょうか、豪放と申しましょうか、到底私どもの凡慮《ぼんりょ》には及ばない、思い切った所があるようでございます。中にはまた、そこを色々とあげつらって大殿様の御性行を始皇帝《しこうてい》や煬帝《ようだい》に比べるものもございますが、それは諺に云《（い）》う群盲《ぐんもう》の象《ぞう》を撫でるようなものでもございましょうか。　（芥川龍之介「地獄変」一）

あざやぐ　鮮やぐ　〔自ガ五〕

＊あざやかだ

【解説】周囲からはっきりと目立って際立つ、あざやかに見える、の意で用いる語。色や形が目を見張らせるほど鮮明であるさまを言う形容動詞「あざやかだ」の「あざ」と同根で、「やぐ」は「花やぐ」「若やぐ」などの「やぐ」と同じ接尾語。用例は中古からあり、古くは、人の性質などが他と異なり際立っていることや、衣類の材質などがしなやかでなく手触りがごわごわしていることなどを表現するのにも用いた。左の［用例］は、小説の末尾近く、才子の本田昇と親しむようになっていっそうその本性としての軽薄さが顕著になってきたお勢を客観的に描いた部分の一節である。

【用例】我心《わがこころ》ながら我心の心地《（ここち）》はせず、始終何か本体の得知れぬ、一種不思議力に誘《いざな》われて言動作息《さそく》するから、我《われ》にも我《われ》が判然とは分るまい、今のお勢《（せい）》の眼には宇宙は鮮《あざや》いて見え、万物は美しく見え、人は皆我一人《いちにん》を愛して我一人のために働いているように見えよう、↓いざなう　（二葉亭四迷「浮雲」第十九回）

あだっぽい　婀娜っぽい　〔形〕

＊あだ・いろっぽい・なまめかしい

【解説】 なまめかしい、色っぽい、という女の姿態や身振りについて言う語。「あだ（婀娜）」に「色っぽい」「忘れっぽい」などと同じ接尾語「ぽい」が添ったもの。「あだ」は現代語では形容動詞連体形「あだな」の形で使われることが多く、なまめかしく色っぽいという意で用いられる。ちなみに、「なまめかしい」は主として動作全体をとらえて言う場合が多く、「色っぽい」は目つきや口もとなど表情の部分的なところを取りあげても言うことができる。それらに対して「あだっぽい」はやや古めかしい感じの語である。

【用例】 お糸さんが煙草を吸付《すいつ》けてフウと烟《けむり》を吹きながら、「伯母さんの小言が台詞《せりふ》に聞えたり何かして、如何《どん》なに可笑《おか》しいでしょう」、と微笑《にっこり》した所は、美しいというよりは仇《あだ》ッぽくて、男殺しというのは斯《こ》ういう人を謂《い》うのかと思われた。

（二葉亭四迷「平凡」五十九）

あたら　可惜　〔副〕

【解説】 惜しい、勿体ない、の意の形容詞「あたらし」の語幹の部分で、体言の前に置いて連体詞のようにして用いる語。すぐれたもの、価値あるものが十分に活用されず無くなったり終わったりすることが残念だという気持をあらわす。価値あるものが活かされないことを惜しむ表現。惜しいことに、勿体ないことに、残念なことに。「あたら青春を無為に過ごす」とか「あたら若い命を無駄にする」などと使う。「あったら」とも言う。「新」の意味の「あたらし」は「あらたなり」「あらたむ」などと同根で、本来は「あらたし」であったものが中古初期頃から「あたらし」に変形したものと言われている。

【用例】 三右衛門はやはり目を伏せたまま、やっと噤《つぐ》んでいた口を開いた。しかしその口を洩《も》れた言葉は「なぜ」に対する答《こたえ》ではない。意外にも甚だ悄然《しょうぜん》とした、罪を謝する言葉である。

「あたら御役《おやく》に立つ侍を一人、刀の錆《さび》に致したのは三右衛門の罪でございまする。」　→しょうぜん

（芥川龍之介「三右衛門の罪」）

あてこともない　当て事も無い　〔連語〕

＊とほうもない・とんでもない

【解説】　あてにもならない勝手な目算や心づもりさえもない、の意から、とんでもない、予想もつかない、という意味で用いられる表現。「あてこと」は、目算、心づもりなどの意で、中世末の口語資料から用例が見える。「あてこともない」の類義語に「途方もない」がよくあげられるが、「途方もない」が量や数の大きさなどを大きくはずれることについて言うのに対して、「あてこともない」の方は心の中に持った見当てのモノやコトがまるで当たっていないという意で、むしろ「とんでもない」に近い。左の［用例］の中にある「箒木」は、信濃《しなの》の薗原《そのはら》にあって、遠くから見ればほうきを立てているようで近寄ると見えなくなるという伝説の木で、「その原や伏屋におふるははき木のありとて行けどあはぬ君かな」（「古今六帖」）や「ははき木の心を知らで園原の道にあやなくまどひぬるかな」（「源氏物語」帚木）などの歌でうたわれているもの。「妄想《ぼうそう》」は妄想《もうそう》と同義の漢音よみ。

【用例】　傍目《わきめ》も触らさず一心不乱に茲処《ここ》を先途《せんど》と解剖して見るが、歌人の所謂《（いわゆる）》箒木《ははきぎ》で、有りとは見えてどうも解らぬ、文三は徐々《そろそろ》ジレ出した。スルト悪戯《いたずら》な妄想《ぼうそう》奴《め》が野次馬《やじうま》に飛出《（とびだ）》して来て、アアでは無いか斯《（こ）》うでは無いかと、真赤な贋物《にせもの》、宛事《あてこと》も無い邪推を掴《つか》ませる。（二葉亭四迷「浮雲」第八回　団子《だんご》坂の観菊《きくみ》　下）

あどけない　〔形〕

＊あどない・かれんだ・かわいい

【解説】　幼児の様子、態度、動作などが無邪気で愛らしい、することが幼ない、の意で用いる語。「あどない」も同義。「あどない」は「あどけない」より古くから使われており、近世後期になって「いとけなし」「あぢけなし」などの類推で接尾語「け」がつくようになったものと思われる。近世後期以降は「あどけなし」の方が多く使われた。「かわいい」が小さいものに対して好感が持てることを言い、見る者の感じをあらわす部分が強いのに対して、「あどけない」は幼児の様子、態度、動作そのものの客観的表現であると言える。また類義語の「可憐だ」

はいじらしくかわいいさまを言うが、多く少女や小さい花などに関して使う。〔用例1〕の中の「瀬踏」は何かをする時にひとまずためしてみること。

【用例1】「お勢《（せい）》さん。」と瀬踏《せぶみ》をしてみれバ、愛席気《あどけ》なく返答をしない。危《あやう》きに慣れて縮めた胆《きも》を少し太くして、また、
「お勢さん。」
また返答をしない。　（二葉亭四迷「浮雲」第十五回）

【用例2】母の前をも憚《はばか》らぬ男の馴々《なれなれ》しさを、憎しとにはあらねど、己《おのれ》の仂《はした》なきように慙《は》ずるなりけり。得《え》も謂《い》われぬ其《そ》の仇無《あどな》さの身に浸遍《しみわた》るに堪えざる思《おも》いは、漫《そぞろ》に唯継《ただつぐ》の目の中に顕《あらわ》れて異《あやし》き独笑《ひとりえみ》となりぬ。　（尾崎紅葉「金色夜叉」前編第七章）

あながち　強ち　〔副〕

【解説】下に打消の表現を伴って、必ずしも、一概には、しいて、の意をあらわす語。そうとばかりは言えないとして、一方的に判定することに反対するというニュアンスを有する。古語としては「あながちなり」というナリ活用の形容動詞として用いられ、相手かまわず自分の意志を強引にとおそうとする様子とか、異常なほどきわだっている様子とかをあらわしていたが、現代語としてはこの用法は見られない。左の〔用例〕は「浮雲」第三篇（「浮雲」は三度に分けて発表され、第三篇は第十三回から第十九回まで明治二二年に雑誌『都の花』に掲載された）の冒頭近くの一節である。

【用例】文三ハ既にお勢《（せい）》に窘《たしな》められて、憤然として部屋へ駈戻《かけもど》ッた。（略）「本田さんが気に入りました、」それハ一時の激語、も承知しているでもなく、又《（また）》居ないでも無い。から、強《あなが》ち其計《そればかり》を怒ッた訳でもないが、只《（ただ）》腹が立つ、まだ何か他の事で、おそろしくお勢に欺《（あざ）》むかれたような心地《（ここち）》がして、訳《（わけ）》もなく腹が立つ。　（二葉亭四迷「浮雲」第十三回）

あやなす　綾なす・彩なす　〔他サ五〕

*あや

【解説】①美しく飾る、美しくいろどる、②巧みに扱う、うまくあしらう、まるめこむ、の意で用いられる語。

①の「あや」は織物の織目、織模様の意、「なす」はその状態を構成しているの意で、「たれか聞くらん朝の声／眠《ねむり》と夢を破りいで／彩《あや》なす雲にうちのりて／よろづの鳥に歌はれつ」（島崎藤村「若菜集」二つの声）のように使われる。左の［用例］は②で、明治二〇年に刊行された「浮雲」第一篇（第一回から第六回まで）の中で、お勢の両親（孫兵衛とお政）がいったんは娘と文三とを結婚させようと考えていた経緯を説明した個所の一節である。

【用例】 初めお勢が退塾して家に帰ッた頃「勇《いさみ》という嗣子《あととり》があッて見ればお勢は到底嫁に遣《(や)》らなければならぬが、如何《どう》だ文三に配偶《めあわ》せては。」と孫兵衛に相談をかけられた事も有ッたが、其頃《(そのころ)》はお政も左様《(さよう)》さネと生《(なま)》返事、何方《どっち》附かずに綾《(あや)》なして月日を送る内《うち》、お勢の甚だ文三に親しむを見てお政も遂に其気《(そのき)》になり、
（二葉亭四迷「浮雲」第三回　余程風変《ふうがわり》な恋の初峯入《はつみねいり》　下）

あやにく　生憎　〔副〕

＊あいにく

【解説】 具合の悪いことに。おりあしく。あいにく。助詞「と」を伴って用いることもある。古くはナリ活用形容動詞として用いられ、中古の時代から「落窪物語」「源氏物語」「蜻蛉日記」などの女流文学作品に用例が見られるが、副詞としての用法は室町時代の言語を収録した「日葡辞書」（一六〇三―四）あたりから用例があらわれる。ただし、現代語の「あいにく」の形も近世の洒落本や人情本に既に見られ、ヘボンの「和英語林集成」初版（一八六七）にはアイニクとアヤニクの項目があり、アイニクの方にはアヤニクのなまりの旨の註記がある。

【用例】 其《(その)》娘は、恥《(はず)》かしそうに俯向《うつむ》きは俯向きながら、己《(おの)》れも仕合《(しあわせ)》と思い顔で高慢は自《おのずか》ら小鼻に現われている。見ていられぬ程に醜態を極《(きわ)》める！お勢は固《もと》より羨ましくも、妬《(ねた)》ましくも有《(あ)》るまいが、ただ己れ一人でそう思ッている計《(ばか)》りでは満足が出来んと見えて、おりおりさも苦々《(にがにが)》しそうに冷笑《あざわら》ッてみせるが、生憎《あやにく》誰も心附かん。
（二葉亭四迷「浮雲」第十八回）

あやめもわかぬ　文目も分かぬ　〔連語〕

＊あやめ

【解説】①暗かったりして外見上の区別ができない、物の輪郭や色合いがはっきり識別できない、②判断力が乏しくて論理的な判別ができない、わけがわからない、の意で用いられる表現。「あやめ（文目）」はもと綾織物の織目のことで、そこから識別すべき物事の区別、けじめ、更に条理、分別などの意で用いられ、中古の時代から「源氏物語」をはじめ女流文学作品に用例が多く見られる。「あやめもわかぬ」は連体修飾で下の体言を修飾する用法だが、「あやめもわかず」の形で下の用言を修飾する用法も多い。修飾語としての用法がほとんどで、言い切りの文末用法は少ない。言文一致体の小説本文と違って近世戯文体に似せて書かれた左の［用例］の中の、「三宝荒神さま」は仏・法・僧の三宝を守護するという神のこと、「春のや先生」は春のやおぼろを名乗った坪内逍遥のことで、だからそのゆかりで直後に「朧」という文字も出てくる。「頼み奉り」は「浮雲」第一篇刊行の前年一月に二葉亭が逍遥を訪問したことも含んだ表現、「きおい」は競いあうように事が起こるその勢い、「浮雲め」は小説題名の暗示、「烏夜玉の」は黒、夜、闇などにかかる枕詞、「やみらみっちゃ」は目鼻もわからずむちゃくちゃなこと、むやみ。

【用例】文明の風改良の熱一度に寄せ来るどさくさ紛れお先真闇三宝荒神《さきまっくらさんぼうこうじん》さまと春のや先生を頼み奉り欠《かけ》硯《すずり》に朧《（おぼろ）》の月の雫《（しずく）》を受けて墨摺流《（すみすりなが）》す空のきおい夕立の雨の一しきりさらさらさっと書流《（かきなが）》せばアラ無情《うたて》始末にゆかぬ浮雲めが艶《やさ》しき月の面影を思い懸《（がけ）》なく閉籠《とじこめ》て黒白《あやめ》も分《わ》かぬ烏夜玉《うばたま》のやみらみっちゃな小説が出来しぞや　↓うたて　（二葉亭四迷「浮雲」はしがき）

あらあら　粗粗　〔副〕

＊あらあらかしく・あらあらかしこ

【解説】おおよそ、ざっと、おおまかなところ、詳細にではなく概略、の意で用いる。中世頃から用例が見られるが、古くは「と」を伴って「あらあらと」という形でも用いられた。例として「口ちひさく歯並みあらあらとして白く」（井原西鶴「好色一代女」）など。しかしこの形は現代語では見られない。ちなみに、女性の手紙文の末尾に書く「あらあらかしこ」「あらあらかしく」は、決まり文句の粗略で意を尽くしませんで恐れ入ります、の意。「かしく」は「かしこ」の変形。左の〔用例〕にある「除目」は平安時代以後行なわれた大臣以外の諸官職を任命する儀式のこと。

【用例】先《まず》、若殿様の御平生《ごへいぜい》は、あらあらかようなものでございましょうか。その間に北の方《かた》も御迎えになりましたし、年々の除目《じもく》には御官位も御進みになりましたが、そう云《い》う事は世上の人も、よく存じている事でございますから、ここにはとり立てて申し上げません。（芥川龍之介「邪宗門」五）

あらがう　争う・諍う・抗う　〔自アワ五〕

＊あらそう

【解説】言いあらそう。言葉で張り合い、自分の意見や推測を主張する。用例は平安時代の文学作品から既に見られるが、近世後期以後の用例には、力ずくで張り合う、抵抗する、の意で使われたものが多くなり、「あらそう」に近い意味で使われることもある。ただし「あらそう」は「……とあらそう」と相手と同等の立場であり、「あらがう」は「……に対してあらがう」場合が多い。文章語的表現である。左の〔用例〕中の「腕を避ける暖簾」は諺の「暖簾に腕押し」による表現で、はりあいのないこと、手ごたえのないことを言う。

【用例】これまでもひどい勢《いきおい》で、石垣に頭を打ち附ける積りで、夫に衝突したことは、度々《たびたび》ある。併《しか》しいつも頭にあらがう筈《はず》の石垣が、腕を避ける暖簾《のれん》であるのに驚かされる。そして夫《おっと》が滑《なめら》かな舌で、道理らしい事を言うのを聞いていると、いつかその道理に服するのではなくて、只《ただ》何がなしに萎《な》やされてしまうのである。きようはなんだか、その第一の襲撃も旨《うま》く出来そうには思われなくなって来る。（森鷗外「雁」拾肆《じゅうし》）

→なやす

あららかだ　荒かだ　〔形動〕

【解説】荒々しい様子。人の態度・言動・性格・所作などから、左の［用例］のように雨・風・波などの気象現象にまで用いる。用例は平安時代の文学作品などから見られる。但し古典語としては、このほかに同音の「粗《あらら》か」があり、粗雑な様子、簡略で大ざっぱな様子をあらわす語があるが、近現代語においてはその意味では使われない。［用例］の中の「そらにのみやなりゆくらむ」は茫然として放心状態になってゆくばかりであろうか、の意。「酒手《さかて》」は心づけの金銭、「疾く駆れ」は馬車をひく馬をはやく走らせよ、ということ。

【用例】　この時、二点三点、粒太き雨は車上の二人が衣を打ちしが、瞬《またた》くひまに繁《しげ》くなりて、湖上よりの横しぶき、あら、かにおとづれ来て、紅を潮《さ》したる少女が片頬《かたほ》に打ちつくるを、さし覗《のぞ》く巨勢《こせ》が心は、唯《ただ》そらにのみやなりゆくらむ。少女は伸びあがりて、「御者、酒手は取らすべし。疾《と》く駆《か》れ。一策《ひとむち》加へよ、今一策。」と叫びて、右手に巨勢が頸《くび》を抱き、己れは項《うなじ》をそらせて仰視《あおぎみ》たり。

（森鷗外「うたかたの記」下）

ありうち　有打・有内〔形動〕

＊ありがち

【解説】　どこにでもよくあるさま、世の中によく起こりそうなさま、の意の語。「ありがち（有り勝ち）」に同じ。転じて、あるのが当り前であるさま、の意味でも用いる。後続の強調して言いたいことを述べるために、その前提として引き合いに出して提示する表現法に用いることが多い。左の［用例］は語幹だけを副詞的に用いたもの。近世の浄瑠璃・浮世草子・滑稽本あたりから用例が見られる。左の［用例］は「浮雲」冒頭の物尽しの個所の一節。髭の種類を列挙した後で服装を靴、背広と戯文調でならべたてていった部分で、作品発表当時の官員（官吏、役人）の風俗をうかがうことのできる資料でもありうる。

【用例】　髭《ひげ》に続いて差《ちが》いのあるのは服飾《みなり》。白木屋《しろきや》仕込みの黒物《くろいもの》づくめには仏蘭西《ふらんす》皮の靴の配偶《めおと》はありうち、之《これ》を召す方様《かたさま》の鼻毛は延びて蜻蛉《とんぼ》をも釣るべしという。是《こ》れより降《くだ》っては、背皺《せじわ》よると枕詞《まくらことば》の付く「スコッチ」の背広にゴリゴリするほどの牛の毛

皮靴、そこで踵《かかと》にお飾《かざり》を絶《た》やさぬ所から泥に尾を曳く亀甲洋袴《かめのこずぼん》、いずれも釣《つる》しんぼうの苦患《くげん》を今に脱せぬ貌付《かおつき》、
（二葉亭四迷「浮雲」第一回　ア、ラ怪《あや》しの人《ひと》の挙動《ふるまい》）

あわや　〔副〕

＊すわ

【解説】あぶないところで。もうすこしで。もとは感動詞で、指示語コソアドの「ア」に係助詞の「は」がついて、あれは、の意をあらわし、さらに感動の助詞「や」がついて一語となったもの。同様にして、近称の「コ」に「は」のついた「こは」は、これはまあ、の意。中世語では音変化して「くは」となる。「ソ」に「は」のついた「そは」は、それはまあ、の意。中世には音変化して「すは」となる。「すは（わ）一大事」「すは（わ）鎌倉」などの用法が現代に残っている。左の［用例］の中の「三間」は約五・四メートル、「うろつきて」はうろうろして、途方にくれて、「上り端」は家の土間からあがったばかりの所、あがりはな。

【用例】訳も分らず其《その》まま外へ逃げ出《だ》し、三間《げん》ばかり夢中に走れば雪に滑りてよろよろ、あわや膝《ひざ》突かんとしてドッコイ、是《これ》は仕《し》たり、蝙蝠傘《こうもりがさ》手荷物忘れたかと跡もどりする時、お辰門口《かどぐち》に来り袖《そで》を捉《とら》えて引くにふり切れず、今更余計な業《わざ》仕たりと悔《くや》むにもあらず恐るるにもあらねど、一生に覚《おぼえ》なき異《い》な心持するにうろつきて、土間《どま》に落散《おちち》る木屑《きくず》なんぞの詰らぬ者に眼を注《そそ》ぎ上《あが》り端《ばた》に腰かければ、↓いな・したり
（幸田露伴「風流仏」第五　如是作《にょぜさ》　上　我を忘れて而生《にしょう》其心《ごしん》）

あわよくば　〔連語〕

【解説】「あわい（間）よし」の変化した語「あわよし（間好）」の連用形に助詞「は」（後に濁音化）がついて仮定条件をあらわしたもので、現代語では一語化して副詞のように用いる。「あわよし」は都合がいい、間《ま》がいい、の意だから、「あわよくば」は、うまくいったら、間《ま》がよかったら、の意をあらわす。しかし現代では多少古典的なことばという印象があるのか、若い人たちの会話など

ではあまり耳にすることがなくなっている。左の［用例］は作品の主要登場人物である「若殿様」のことばの一部で、「少納言殿」は「中御門《なかみかど》の少納言」。

【用例】「（略）それ、そこに居《お》るその老爺《おやじ》は、少納言殿《しょうなごんどの》の御内人《みうちびと》で、平太夫《へいだゆう》と申すものであろう。巷《ちまた》の風聞《ふうぶん》にも聞き及んだが、そやつは日頃予に恨みを含んで、あわよくば予が命を奪おうなどと、大それた企てさえ致して居《お》ると申す事じゃ。さればその方《ほう》どもがこの度の結構も、平太夫めに唆《そそのか》されて、事を挙げたのに相違あるまい。――」
（芥川龍之介「邪宗門」十五）

いかな　如何な　〔副・連体〕

＊いかないかな・いっかな

【解説】①（多く下に「でも」「にても」「においても」などを伴って）どのような、どんな、②（下に打消の表現を伴って）どうしても……ない、何としても……ない、の意をあらわす語。①は連体詞で、「いかな豪傑でも年には勝てまい」のように用いる。それに対して②は副詞として用いたもので、「いかないかな」と重ねて意味を強めたり、「いっかな」と促音にして強めたりして使うことが多い。①②とも中世室町時代の頃から口頭語として用いられた例が見える。左の［用例］は②で、「いかないかな」「いっかな」を併用することで、どんなにしても気持の紛れようがないということを強く訴える表現になっている。

【用例】落着かれぬ儘に文三がチト読書でもしたら紛れようかと、書函《ほんばこ》の書物を手当放題《てあたりほうだい》に取出して読みかけて見たが、いッかな争《いか》な紛れる事でない。小六ケ敷《こむずかしい》面相《かおつき》をして書物と疾視競《にらめくら》をした所はまず宜《よかっ》たが、開巻第一章の第一行目を反覆読過《どっか》して見ても、更に其意義を解《げ》し得ない。
（二葉亭四迷「浮雲」第七回　団子坂《だんござか》の観菊《きくみ》　上）

いきる　熱る・熅る　〔自ラ五〕

＊いきりだす・いきりたつ・いきりめく・いきれる

【解説】あつくなる。ほてる。転じて、興奮して元気よくなる。調子にのって勢いづく。または興奮して怒る。左の［用例］の「いきり出す」のほか「いきり立つ」「いきりめく」などの関連語がある。また同根と思われる語に、下一段活用の「いきれる」があり、「いきる」に自発的、自然発生的な意味の加わった内容の語で、これの連用形が名詞化したものが、「人いきれ」「草いきれ」などの語として残っている。［用例］中の「埒内」は埒（馬場の周囲の柵）の中、範囲内、「無上に」は無性《むしょう》に、むやみに、「宛然の狂人になって」は狂人同然の状態になって。

【用例】　学科は何時迄経《(いつまでた)》っても面白くも何ともないが、譬《たと》えば競馬へ引出された馬のようなもので、同じような青年と一つ埒内《らちない》に鼻を列《なら》べて見ると、負《(まけ)》るのが可厭《いや》でいきり出す、矢鱈《やたら》に無上《むしょう》にいきり出す。
平生さえ然《そ》うだったから、況《(いわん)》や試験となると、宛然《さながら》の狂人《きちがい》になって、　（二葉亭四迷「平凡」二十二）

いざなう	誘う	〔他アワ五〕

＊さそう

【解説】「いざ」は口頭語の「さあ」に近い掛け声（感動詞）で、聞き手の始動、発動をうながし、話し手と同行させようとする語。「なう」は「伴《とも》なう」「諾《うべ》なう」「荷《に》なう」等に見られる接尾語で、行動するという意を持つ。従って「いざなう」は一緒に行動することをうながす意になる。用例は古く上代から見られ、類義語の「さそう（さそふ）」も中古の時代から用例があるが、「さそふ」の方には、「誘拐する」や「持ち去る」の意味に用いた例もある。現代語としては、「いざなう」は古典的、文章語的で、「さそう」の方が口頭語的に感じられるが、「さそふ」は中古の詩歌にも用例が見られる。『日葡辞書』（一六〇三—四）にはIzanai, ŏ, ŏtaの表記があるので、発音は「イザナウ」ではなく「イザノー」「イザノータ」と長音であり、ウ音便であったことがわかる。なお、語形の類似している「いざよう」は本来は「いさよふ」と清音で、ためらう意の全く別の語である。

【用例】　今の心の状《さま》を察するに、（略）徒《た》だ外界と縁遠くなったのみならず、我《(わが)》内界とも疎《(うと)》くなったようで、我心《わがこころ》ながら我心の心地はせず、始終何か本体の得《(え)》知れぬ、一種不思議な力に誘《いざな》われて言動作息《さそく》するから、我《われ》にも我《われ》が判然とは分るまい、今のお勢《せい》の眼には宇宙は鮮《あざや》いて見え、万物は美しく見え、人は皆我一《いち》

人《にん》を変して我一人のために働いているように見えよう、
→あざやぐ　（二葉亭四迷「浮雲」第十九回）

いざる　居行る・膝行る・躄る　〔自ラ五〕

＊いざり

【解説】　古典仮名遣いでは「ゐざる」で、「ゐる」は「坐る」の意で「居ても立っても」「立ち居ふるまい」などいうように「立つ」の対義語、「さる」は移動する意。従って「ゐざる」は坐ったままの姿勢で移動する意の複合動詞。膝でにじりながら移動する。連用形が名詞化した「いざり」は歩行不能者の意味で、近世後期には用例が多いが、現代語では差別語とされている。左の〔用例〕中の「直す」はきまった場所・位置にすえる、「根府川石」は神奈川県小田原市根府川で産出する石、「千代田草履」は千代田城（江戸城）の大奥で使われていたといわれる婦人用の草履。

【用例】　主人は格子戸の中の叩《たたき》の上に、今帰った客の靴を直す為《た》めに、据えてある根府川石《ねぶかわいし》の上から、脇《わき》へいざらせたらしい千代田草履のあるのに目を着けて、背後《うしろ》に膝《ひざ》を衝《つ》いている女中をかえり見て問うた。

「奥さんは帰ったか。」

「はい。今さっきお帰《かえり》遊ばして、お部屋に入《い》らっしゃいます。」

（森鷗外「魔睡」）

いじる　弄る・鬩る　〔他ラ五〕

【解説】　この語は、①指で触ってもてあそぶ、②表面的、部分的に物事に手を加えて変えたり動かしたりする、という意のほかに、③力のある者がない者を、強者が弱者を困らせたり苦しめたりいじめたりする、また、同等の者でも相手の弱点を攻めて優位に立とうとする、という意で用いられることがある。そしてそこから〔用例〕の「鬩り合い」ということも起こる。「鬩」の字は、児童がよく相手の弱点を攻めて争うところから、「鬥」「兒」を合わせて、せめぐの意味をあらわしたものである。ちなみに、この漢字の漢音はゲキ、呉音はキャク、慣用音はゲキ。

【用例】 何時《いつ》もならば文三にもと言う所を今日は八分《ぶ》したゆえ、お鍋が不審に思い、「お二階へは」ト尋ねると、「ナニ茶がカッ食《くら》いたきゃア… 言《いわ》ないでも宜《いい》ヨ。」ト答えた。 之《これ》を名《なづ》けて、Woman's《ウーマンス》 revenge《レヴェンジ》（婦人の復讐）という。
「如何《どう》したんです。 鬩《いじ》り合いでもしたのかネ。」
「鬩合《いじりあ》いなら宜《いい》がいじめられたの、文三にいじめられたの……」 →はちぶする
（二葉亭四迷「浮雲」第六回 どちら着《つか》ずのちくらが沖）

いたたまらない　居た堪らない　〔連語〕

*いたたまれない

【解説】 これ以上その場にとどまっていられない。これ以上辛抱できない。「止まらない」に対して「止まれない」というように、可能動詞の打消の形を類推して「いたたまらない」に対して「いたたまれない」の語形ができたものと思われる。現代語ではこの形の方が普通であろう。夏目漱石の「草枕」などでは既に「いたたまれない」の形で使われている。左の［用例］は、この長編小説前半で印象的な、「私」という少年とポチという犬との交情の話の発端部分である。

【用例】「阿母《おっか》さん阿母さん、門の中へ入《はい》って来たようだよ。」

と、私が何だか居堪《いたたま》らないような気になって又《また》母に言掛《いいか》けると、母は気の無さそうな声で、

「そうだね。」

「出て見ようか！」

「出て見ないでも好いよ。寒いじゃないかね。」

「だってえ……あら、彼様《あんな》に啼《な》いてる……」

と、折柄《おりから》絶入《たえい》るように啼入《なきい》る狗《いぬ》の声に、私は我《われ》知らず勃然《むっくり》起上《おきあが》ったが、（二葉亭四迷「平凡」十二）

いちじょう　一定　〔名・副〕

*かならず・たしかに

【解説】 ①（名詞）物事が確かにそれときまっていること。確定すること。確実。必然。この用法は古典的表現になる。②（副詞）確かに。まちがいなく。きっと。確実である様子。左の［用例］は副詞としての古典的表

現である。古くは命令・意志・推量の表現に用いられたが、現代語では「かならず」「確かに」がやわらかい表現で、それに対するかたい表現としてこの「一定」が使い分けられるようになり、推量表現に用いられるようになった。なお左の［用例］はこの小説の最後の部分である。

【用例】その夜この方流沙河《かたりゅうさが》のほとりには、あの渡し守《もり》の山男がむくつけい姿を見せずなった。唯後《ただあと》に残ったは、向うの岸の砂にさいた、したたかな柳の太杖《ふとづえ》で、これには枯れ枯れな幹のまわりに、不思議や麗《うるわ》しい紅《くれない》の薔薇《ばら》の花が、薫《かぐわ》しく咲き誇って居《お》ったと申す。されば馬太《またい》の御経にも記《しる》いた如《ごと》く「心の貧しいものは仕合《しあわ》せじゃ。一定《いちじょう》天国はその人のものとなろうずる。」→したたか・むくつけい
（芥川龍之介「きりしとほろ上人伝」四）

いっこうしきだ　一向式だ　〔形動〕

【解説】きまりきった一つの傾向にばかりあって変化やゆとり、幅などが見られないさま。まるっきり。江戸時代の滑稽本「浮世床」（一八一三—二三）あたりから用例が見られる。左の［用例］はお政とお勢が口喧嘩をしている場面の一節で、「ズー体」は図体、「お懐」は懐育ち（親のそばで育って世なれぬこと）の意で、心が定まらず態度が浮わついているさまをいうことば。また「差合い」は他人の前で遠慮すべき言語や行動、さしさわりのことである。

【用例】「オホオホオホほんとにサ、仲々小悪戯《こいたずら》をしたもんだけれども此娘《このこ》はズー体ばかり大くッても一向しきなお懐《ぽっぽ》だもんだからそれで何時まで経っても世話ばッかり焼けてなりゃアしないんだヨ
「だから母親《おっか》さんは厭ヨ些《ちい》とばかりお酒に酔うと直《じき》に親子の差合いもなく其様《そん》な事をお言いだものヲ
（二葉亭四迷「浮雲」第四回　言うに言われぬ胸の中《うち》）

いっそ　〔副〕

＊いっそのこと

【解説】むしろ。それよりはかえって。ほかの方法・手段、言いあらわし方などもあって迷うところがあるの

だが、思い切って一つのことに決定する、といった気持がある。「いっそのこと」というと、更に思い切りのよさが強められた表現になる。左の［用例］も、益する所がないどころか、むしろ窮屈きわまるものと思っていた、というのである。［用例］中の「顔を晒して置く」は顔を多くの人々の目に触れるようにして知りおいてもらう、「嬌喉玉を転ばすが如き」は高く澄んだ美しい声のたとえ、「大知己」は大変な知り合い、の意。

【用例】　交際上顔を晒《さら》して置く必要があると感じて、貞之進《ていのしん》は出懸《でか》けたのであったが、さて行《いっ》て見ると例の沈黙では、知らぬ顔は何処迄《どこまで》も知らぬ顔で、彼《か》の右隣の男に猪口《ちょく》をさされたのが、懇親といえば懇親敢《あえ》て益する所はなく、寧《いっそ》窮屈極《きわ》まるものと思って居《い》たが、「あら儂《あたし》のではお厭《いや》なの」、嬌喉《きょうこう》玉を転《ころ》ばすが如《ごと》き此《こ》の妙音が、忽《たちま》ち小歌《こうた》という大知己《だいちき》を得させたので、

（斎藤緑雨「油地獄」（四））

いっそのくされ　いっその腐れ　〔連語〕

【解説】　好ましい事や物を得ることが難しい場合にそれをあきらめて、意に染まない事や物を選ぶ時の、なげやりな気持をあらわす。望むことが駄目なら駄目なついでに。いっそのこと。「くされ」は「腐る」の下二段活用「腐れる」の連用形が名詞化したもの。ここでは罵《ののし》りことばとして使っている。近世後期の洒落本や滑稽本などから用例が見られる俗語的表現。「こいつ質にやるより、いっそのくされ、大家の内儀《かみ》さんをだまくらかして」（四世鶴屋南北「東海道四谷怪談」）のように、当時の歌舞伎の台詞にも用いられている。

【用例】　こうどうも昔ばかりを憶出《（おもいだ）》していた日には、内職の邪魔になるばかりで、卑《さも》しいようだが、銭《ぜに》にならぬ。寧《いっ》そのくされ、思う存分書いて見よか、と思ったのは先達《せんだつ》ての事だったが、其《（その）》後――矢張《やっぱ》り書く時節が到来したのだ――内職の賃訳が弗《ふっ》と途切れた。此《（この）》暇を遊《あす》んで暮すは勿体《もったい》ない。私は兎《と》に角《かく》書いて見よう。　→さもしい

（二葉亭四迷「平凡」二）

いとおしい 〔形〕

＊いとしい・いとおしがる・いとおしげ・いとおしむ

【解説】 古典仮名遣いでは「いとほし」。動詞「厭《いと》ふ」から派生した形容詞で、平安時代の文学作品に用例が多く、ハ行音転呼によってイトヲシと発音されるようになる。「今昔物語集」には「糸惜」のあて字表記が多い。これが長音化してイトーシと発音されるようなり、近世初期には「いとしい」となる。意味はもとは、厭いたい、見るのが気の毒で目をそむけたい、見たくないという気持、そこから、弱者に対してかわいそうという保護してやりたい気持、の意になり、そこからやがて愛情をあらわす、かわいい、の意味になる。派生語に「いとおしむ」（いとおしく思う）、「いとおしがる」などがある。また、「いとほしがる」（同情する、かわいがる）、「いとほしげ」（いかにもかわいらしい、またはかわいそうな様子）なども、平安時代からある派生語である。

【用例】 人を人ともおもはぬ、殆《ほとんど》 憎さげなる栗うり、やさしくいとほしげなるすみれうり、いづれも群居《むれい》る人の間を分けて、座敷の真中《まなか》、帳場の前あたりまで来し頃、そこに休み居たる大学々生らしき男の連れたる、英吉利種《イギリスだね》 の 大狗《おおいぬ》、いまゝで 腹這《はらば》ひて居たりしが、身を起して、背をくぼめ、四足を伸ばし、栗箱に鼻さし入れつ。（森鷗外「うたかたの記」上）

いとけない 〔形〕 稚けない・幼けない

＊いわけない

【解説】 好ましい意味で、おさない、あどけない、の意で使うこともあるが、負の評価、劣性の評価として、子供っぽく考えが足りない、幼稚である、という意味にも使う。雅語的表現。平安時代から既に「いとけなし」「いときなし」の両方の語形の用例が見られる。ほかにも、形容詞には「き」と「け」の交替した例が多い。「気」の字の漢音がキ、呉音がケであることからの類推であろうか。なお、類義語の「いわけなし」は、少年少女期の、特に精神的な意味での未熟さを言うことが多い。

【用例】 祭の日、美くしき人も来ましき。／ 稚《いとけな》き女の友もあつまりぬ。／あるは、また、馬に騎《の》りて／物むつかしき武士《さむらい》の爺《おじ》も来ましき。

楽しかる祭なれども、／われはただつねにおそれぬ。

祭の日、むつかしき言《こと》のかずかず／挨拶《あいしら》い、父は笑《え》ましき、／禿頭《はげあたま》するするとかきあげながら――／われもまた為《せ》ではかなわじ、かのごとも大人《おとな》とならば。

（北原白秋「思ひ出」挨拶）

いとしい　愛しい　〔形〕

＊いとしげだ

【解説】①かわいそうに思われる。気の毒である。いじらしい。②かわいいと感じる。派生語に「いとしげだ」（形動）（古語は「いとしげなり」）があるが、「いとしい」はそう感じた当人の感情であり、「いとしげだ」はいとしいと感じる対象がその様子・状態を備えていることの客観的表現である。「いとし」はもと「いとほし」の転で、強が弱に（大が小に）対して愛着をおぼえ、かばって守ってやりたくなる感情である。「労《いたは》る」から出た「いたはし」、「厭《いと》ふ」から出た「いとはし」と類似の音ゆえの誤写などの混乱がある。


【用例】が、盗人《ぬすびと》はそれからそれへと、巧妙に話を進めている。一度でも肌身を汚したとなれば、夫《おっと》との仲も折り合うまい。そんな夫に連れ添っているより、自分の妻になる気はないか？　自分はいとしいと思えばこそ、大それた真似も働いたのだ、――盗人はとうとう大胆《だいたん》にも、そう云う話さえ持ち出した。

（芥川龍之介「藪《やぶ》の中」巫女《みこ》の口を借りたる死霊の物語）

いとど　〔副〕

＊いと

【解説】程度のはなはだしさをあらわす副詞の「いと」が重なった「いといと」の変化してできた語。①程度が一層はなはだしい様子、一段と、ますます、②ただでさえ……なのにさらに、の意をあらわす。平安時代の文学作品「土佐日記」や「源氏物語」などから用例が見られ、特に中古の和歌に用例が多いところから、雅語的性格をもった語と考えられる。副詞の機能として形容詞や形容動詞を修飾するが、そのほか「いとど荒れゆく」「いとど寝られず」などのように状態をあらわす動詞を修飾したり、左の［用例］のように性質をあらわす名詞「無口」を修飾した用法なども見られる。［用例］の中の「垂れ籠めて」は、ここでは閉じこもって、の意。

【用例】　あれほどまでにお勢母子《せいおやこ》の者に辱《はずかし》められても、文三はまだ園田の家を去る気になれない。但《た》だ、そのかわり、火の消えたように、鎮《しず》まッて仕舞い、いとど無口が一層口を開《き》かなくなッて、呼んでも捗捗《はかばか》敷《し》く返答をもしない。用事が無ければ下へも降りて来ず、只《ただ》一間にのみ垂《た》れ籠《こ》めている。
（二葉亭四迷「浮雲」第十六回）

いな　異な　〔連体〕

【解説】　変な、おかしな、不思議な、普通とはかわっている、の意で用いる語。古典的表現である。「縁は異なもの味なもの」という諺がある。「異」の漢字音に断定の助動詞「なり」のついてできた形容動詞「異《い》なり」が変化してできた語で、「なり」の部分の他の活用形の例は見られないので、連体詞とする。用例は中世から見られるが、抄物や狂言など口頭語的な資料の中で使われていたことがわかる。近世の作品の中でも会話文の中に用例が見られる。「ばあさん、異なひよりでおざる」（十返舎一九「東海道中膝栗毛」）がその一例。

【用例】　是《これ》は仕《し》たり、蝙蝠傘《こうもりがさ》手荷物忘れたかと跡もどりする時、お辰門口《かどぐち》に来り袖《そで》を捉《とら》えて引くにふり切れず、今更余計な業《わざ》仕たりと悔《くや》むにもあらず恐るるにもあらねど、一生に覚《おぼえ》なき異《い》な心持するにうろつきて、土間《どま》に落散《おちち》る木屑《きくず》なんぞの詰らぬ者に眼を注《そそ》ぎ上《あが》り端《ばた》に腰かければ、↓したり
（幸田露伴「風流仏」第五　如是作《にょぜさ》上　我を忘れて而生《にしょう》其心《ごしん》）

いぶかる　訝る　〔他ラ五〕

＊いぶかしい・いぶかしがる・いぶかしむ

【解説】　疑わしい、あやしいと思う。不審に思う。形容詞「いぶかしい」と同根で、さらに接尾語の付いた動

詞「いぶかしがる」も平安時代から並存している。「訝る」よりも「訝しがる」の方が間接的、客観的表現と言えるだろう。さらに、江戸時代末期になると「いぶかしむ」(他マ四)まであらわれる。意味に大差はない。いずれにしても現代語としてはいささか古風な表現である。左の［用例］では、「舞姫」の主人公が讒言《ざんげん》によって留学先のドイツ(プロシヤ)で免官され、エリスの家で貧しい生活を強いられている時に、日本にいるはずの親友がベルリンの消印のある手紙をよこしたので不審に思ったことを、この一語が鮮明に表現している。「伯」は外交交渉に訪欧中の「天方大臣」が伯爵《はくしゃく》という爵位を有していることをあらわす。

【用例】エリスが母は、郵便の書状を持て来て余にわたしつ。見れば見覚えある相沢が手なるに、郵便切手は普魯西《プロシヤ》のものにて、消印《けしいん》には伯林《ベルリン》とあり。訝《いぶか》りつつも披《ひら》きて読めば、とみの事にて預《あらかじ》め知らするに由《よし》なかりしが、昨夜《よべ》ここに着《ちゃく》せられし天方《あまがた》大臣に附《つ》きてわれも来たり。伯《はく》の汝《なんじ》を見まほしとのたまふに疾《と》く来《こ》よ。(略)心のみ急がれて用事をのみいひ遣《や》るとなり。(森鷗外「舞姫」)

いぶせい 〔形〕

【解説】気持が悪い、恐ろしい、の意で用いる語。古語「いぶせし」の終止形、連体形のイ音便化したものであるが、中世の「日葡辞書」(一六〇三―四)には既にローマ字表記のIbuxeiが見られ、ほかのキリシタン資料などにもこの語形が見られる。古語「いぶせし」は上代の「万葉集」に用例があり、気がふさぐ、気づまりだ、などの意味で用いられているが、中古になると、はっきりしないで気がかりだ、という意味が加わり、更に中世になると、いとわしい、むさくるしい、などの意味で使われることが多くなる。左の［用例］の中にある「えたりやおう」は心得て受けとめる時やうまくしとげた時などに発する、うまくいったぞ、という内容の掛け声、「高手小手」はうしろ手にしてひじを曲げ首から縄をかけて縛りあげること、「体たらく」はありかた、ざま、「逆鱗」は天子の怒り、目上の人の怒り。

【用例】えたりやおうと侍だちは、いやが上にも折り重って、怒り狂う「れぷろぼす」を高手小手《たかてこて》に括《くく》り上げた。帝《みかど》もことの体《てい》たらくを始終残らず御覧《ごらん》ぜられ、「恩を讐《あだ》で返すにっくいやつめ、匆々《そうそう》土の牢へ投げ入れい」と、大いに逆鱗《げきりん》あったによって、あわれや「れぷろぼす」はその夜の内に、見るもいぶせい地の底の牢舎へ、禁獄《きんごく》せられる身の上となった。

（芥川龍之介「きりしとほろ上人伝」二）

いまわしげだ　忌まわしげだ　〔形動〕

＊いまいましい・いまわしい・いむ

【解説】　形容詞「いまわしい」の語幹に接尾語「げ」のついてできた語。更に「いまわしい」は動詞「忌《い》む」の派生語。不吉な感じだ。嫌だと感じている様子。同根と思われる関連語に「忌ま忌ましい」〔形〕がある。腹が立ってむかむかする。してやられたことが悔やしくてしゃくにさわる。接尾語の「げ」はそれらしい様子を客観的に表現したことをあらわすもので、「いまわしい」が主観的に心に感じるものの表現であることとのちがいがある。左の〔用例〕の中の「高利《アイス》」については、明治一〇年頃からアイスクリームが「氷菓子」として人々に迎えられたが、「氷菓子」と「高利貸」とが同音であるところから「アイスクリーム」を「高利貸」の異名とするようになった。その反映が「高利《アイス》」という言い方である。

【用例】　「（略）女の熟《つらつ》ら高利《アイス》の塩梅《あんばい》を見て居《い》る内に、いつか此《こ》の商売が面白くなって来て、此の身代我物《しんだいわがもの》と考えて見ると、一人の親父《おやじ》よりは金銭《かね》の方が大事、という不敵な了簡《りょうけん》が出た訳《わけ》だね。」

「驚くべきものじゃね。」

荒尾《あらお》は可忌《いまわ》しげに呟《つぶや》きて、稍《やや》不快の色を動《うごか》せり。

（尾崎紅葉「金色夜叉」中編第一章）

いらつ　苛つ　〔自他タ五〕

＊いらだつ

【解説】　不快なことがあったり、意のままにならなかったりして怒りっぽくなる、いらいらする、の意で用いる語。「いらだつ」に同じ。「いらちたり」「いらてり」などの用例が近世の仮名草子あたりに見えるので、その頃はタ行四段活用であったことが解る。従って現代語としては、タ行五段活用と見るのが妥当と思われる。ただし、「時には気を焦《いら》ッて、聞えよがしに舌鼓など鳴らして聞かせる事も有る」（二葉亭四迷「浮雲」）のように、他動詞として用いられた例もないわけではない。この場合は、気をいらだたせる、の意。なお［用例2］の中の「傾城」は美女、娼婦のこと。

【用例1】停車場《ステーション》で車を傭《やと》って家へ急ぐ途中も、何だか気が燥《いら》って何事も落着《おちつ》いて考えられなかったが、片々《きれぎれ》の思想が頭の中で狂い廻る中でも、唯《ただ》息のある中《うち》に一日父に逢いたいと其《それ》ばかりを祈っていた。（二葉亭四迷「平凡」六十）

【用例2】されば傾城《けいせい》もかくてはなるまじいと気を苛《いら》ったか、つと地獄絵《じごくえ》の裳《もすそ》を飜《ひるがえ》して、斜に隠者の膝《ひざ》へとすがったと思えば、「何とてさほどつれないぞ」と、よよとばかりに泣い口説《くど》いた。（芥川龍之介「きりしとほろ上人伝」三）

いわれない　謂れ無い　〔連語〕

＊いわれ・いわれがない・いわれもない

【解説】正当な根拠または理由がない。そうあってはいけない。まちがっている。動詞「言う」の未然形に受身の助動詞「る」がついて、その連用形が名詞化したものが「謂れ」で、一般に言われていること、理由、わけ、根拠、由来、因縁などの意をあらわす。ここでは一連語として扱ったが、「いわれがない」「いわれもない」と二文節に分けて使うこともある。左の［用例］は、この小説の主人公が古い政治（自由民権運動の一環としてのメキシコ移民計画）を捨てて新しい家（親子でなく夫婦を単位とする家庭）を取ろうとしたことに対する、古い政治の側からの批判の論拠を述べた一節である。

【用例】「我輩は君を信用しとる。君の赤心《せきしん》を信用しとる。長南君《ちょうなんくん》も君を信用しとるだろう。しかし世間は猶《ま》だ十分に君を了解しておらんから君が声を大にして叫んだ墨西哥《メキシコ》植民が道理《いわれ》なく消滅して了《しま》っては少からず君の進路を妨《さまた》げるだろうと我輩は夫《そ》れを懸念する。苟《いやし》くも意気を重んじて社会に立つ男子が一家の繋累《けいるい》如きに縛られるってのは我輩決して信じる事出来ん。（略）」（内田魯庵「くれの廿八日」其《その》六）

いわんや　況んや　〔副〕

【解説】　漢文訓読の語法で「いわんや……をや」と呼応して用いることが多い。まして……はなおさら。……は言うまでもない。前に程度の軽いものをあげ、まして……はなおさら……、と後に程度の重いものをあげて強調する表現。動詞「言う」の未然形に推量の助動詞「む」と反語の助詞「や」とが付いてできた語。典型的な形式としては「AすらB。いわむやCをや」（軽いAでさえもBだ。ましてそれより重いCはなおさらだ）であるが、それの簡略化した形式がいろいろ行われた。左の[用例]の中の「乱次」は思考や言動が乱れて秩序がなくなる様子。これを更に強調した言い方が「しどろもどろ」である。

【用例】　一次方程式、二次方程式、簡単なのは如何《どう》にかなっても、少し複雑のになると、AとBとが紛糾《こぐら》かって、何時迄経《いつまでた》ってもXに膠着《こびりつ》いていて離れない。況《いわん》や不整方程式には、頭も乱次《しどろ》になり、無理方程式を無理に強付《しいつ》けられては、げんなりして、便所へ立ってホッと一息吐く。→こぐらかる・しいつける

（二葉亭四迷「平凡」二十一）

いんいん　陰陰　〔形動タリ〕

＊こんこんと・そうぜんと・どんより・もうもうと

【解説】　物陰になって光のあたらない薄暗いさま、雰囲気がものさびしく陰気な様子、の意で用いる語。「陰」の対義語は「陽」だが、「陰々」に対する「陽々」という語はない。類義語の「昏々《こんこん》と」は暗くてものの区別がはっきりしないさま、また、深く寝入っているさまを言う文章語、「蒼然《そうぜん》と」は夕暮れの薄暗いさま、また、古びたさまを言う文章語、「どんより」は空模様が曇って薄暗いさま、また、色あいや目つきなどがぼんやりと濁っているさま、「濛々《もうもう》と」は霧や小雨や煙などがたちこめて薄暗いさま。なお、同音の語に「殷々と」（雷や大砲などの音が大きくとどろくさま）、「隠々と」（音が遠くまでひびきわたるさま、ほの暗くぼんやりしているさま）などがある。[用例]中の「婆娑羅の大神」は薬師十二神将の一で戌《いぬ》の刻の護法神である伐折羅大将《ばざらだいしょう》のこと。

【用例】やがてその婆臭い匂《におい》が、新蔵の鼻を打ったと思うと、障子《しょうじ》も、襖《ふすま》も、御酒徳利も御鏡も、箪笥《たんす》も、座蒲団も、すべて陰々とした妖気の中に、まるで今までとは打って変った、怪しげな形を現して、「あの若いのもおぬしのように、おのが好色心《すきごころ》に目が眩《くら》んでの、この婆に憑《つか》らせられた婆娑羅《ばさら》の大神に逆《さか》うたてや。」（略）（芥川龍之介「妖婆」）

うかうかと　浮浮と　〔副〕

＊うかと・うきうきと

【解説】しっかりした思慮分別もなく、いい加減な様子。類似の語に「浮浮《うきうき》と」があって、両語とも「日葡辞書」（一六〇三―四）にあり、Vcavcato「不安定な、ぼんやりしているさま。または、気がふれたように放心しているさま、など。」（邦訳・岩波版）とあり、Vqivqito「嬉々として、活発に、または、軽やかに」などと区別はしているが、江戸時代後期の浮世草子の用例などを見ると、「うかうかと」の方にも、うっかりしているだけではなく、浮き浮きしている意を含む例もあり、両者にかなり意味の重なった部分もあったと思われる。左の［用例］なども、現代語ではあるが、かなり両方の意味が混在していると思われる。類語にはまた「うかと」もあり、中世の口頭語であったようである。なお［用例1］中の「衣物」は表面的な飾りの比喩。

【用例1】今の家内の有様《ありさま》を見れば、（略）浮々《うかうか》として面白そうに見えるものの、熟々視《つらつらみ》れば、それは皆衣物《きもの》で、躶体《はだかみ》にすれば、見るも汚《けが》らわしい私欲、貪婪《どんらん》、淫褻《いんせつ》、不義、無情の塊《かたまり》で有る。（二葉亭四迷「浮雲」第十九回）

【用例2】「そこで檀那《だんな》の言うことも、うかとは信用しないと云《い》うのかい。」「そうなの、あの方はわたくしを丸《まる》で赤ん坊のように思っていますの。（略）」（森鷗外「雁」拾壹《じゅういち》）

うごめく　蠢く　〔自カ五〕

＊しゅんどうする

【解説】①虫があまり位置を変えない動き方で動く、

②（比喩的に用いて）虫の動きのように意味もなく動いている、③（転じて）ある感情が心の中で少しずつ動き出す、の意で用いられる語。「日葡辞書」（一六〇三―四）には Vgomeqi, qu, eita「動く、またはわずかに揺れる」（邦訳・岩波版）とある。また同じ漢字を用いた「蠢動《しゅんどう》する」（自サ変）という語があり、①虫などがうごめく、②取るに足らない者などが策動したり騒ぎたてたりする、の意で使われている。

【用例】御釈迦様《おしゃかさま》はその池のふちに御佇《おたたず》みになって、水の面《おもて》を蔽《おお》っている蓮《はす》の葉の間から、ふと下の容子《ようす》を御覧になりました。（略）三途《さんず》の河や針の山の景色が、丁度《ちょうど》覗《のぞ》き眼鏡《めがね》を見るように、はっきりと見えるのでございます。
するとその地獄の底に、犍陀多《かんだた》と云《い》う男が一人、外《ほか》の罪人と一しょに蠢《うごめ》いている姿が、御眼に止《とま》りました。（芥川龍之介「蜘蛛の糸」一）

うすら　薄ら　〔接頭〕

＊うす

【解説】名詞や形容詞の上に付いて、程度が少く、弱々しい、乏しい、かすかである、などの意味を下の名詞や形容詞に添える。類義の接頭語「うす」と「うすら」とを比べると、「うすら」の方が、なんとなく、どことなく、の気持が込められているような場合が多い。「うす笑い」と「うすら笑い」、「うす馬鹿」と「うすら馬鹿」、「うす寒い」と「うすら寒い」などを比べてみると、そんな感じがする。左の〔用例〕は「序詩」の一部だが、ここには思い出の内容をなす幼年時の感覚世界――「笛」「蟾蜍の啼く」「ハーモニカ」の聴覚、「医師の薬」「天鵝絨」の嗅覚、「骨牌の女王の眼」「ピエローの面」の視覚などの合成された感覚世界――が、詩集「思ひ出」全体を先取りするようにうたい出されている。

【用例】音色《ねいろ》ならば笛の類、／蟾蜍《ひきがえる》の啼《な》く／医師の薬のなつかしい晩、／薄らあかりに吹いてるハーモニカ。

匂《におい》ならば天鵝絨《びろうど》、／骨牌《かるた》の女王《クイン》の眼、／道化《どうけ》たピエローの面《かお》の／なにかしらさみしい感じ。
（北原白秋「思ひ出」序詩）

うたた　転　〔副〕

【解説】ある状態が進んで一層甚だしくなる様子。いよいよ。ますます。なお一層。文語的表現。平安時代から和歌にも詠みこまれている。同音の部分のある「うたた寝」は、寝るつもりではないのについうとうとと眠ることで、平安時代は恋の物思いをしているうちに思わず知らずうとうととすることとされており、この項の「うたた」と直接には結びつかない。左の［用例］の中の「鉄縄をもて縛められたる」は、鉄の縄でしばられたように恩義の念で強く拘束されている、の意。

【用例】「で、私《わし》もまあ一《ひと》安心したと云《い》うもので、幾分か是《これ》でお前の御父様《おとうさん》に対して恩返《おんがえし》も出来たような訳《わけ》、就《つ》いてはお前も益々《ますます》勉強してくれんでは困るのう。（略）」

之《これ》を聞ける貫一は鉄縄《てつじょう》をもて縛《いまし》められたるように、身の重きに堪《た》えず、心の転《うた》た苦《くるし》きを感じたり。其《その》恩の余りに大いなるが為に、彼は其中《そのうち》に在《あ》りて其中に在ることを忘れんと為《す》る平生を省《かえり》みたるなり。
（尾崎紅葉「金色夜叉」前編（六）の二）

うたて　転て　〔副〕

＊うたた・うたてい

【解説】いやだ、嘆かわしい、情けない、つらい、気にくわない、などの意味をあらわす語。形容詞「うたてし」の語幹。「うたた（転）」と同根。中古の文学作品から既に用例が多く、感動詞「あな」や副詞「いと」などを上につけて使うことが多い。左の［用例］は感動詞「アラ」と重ねての使用例で、ああ情けない、といったほどの意味である。「うたてし」の形容詞としての用例も古くからあり、中世のキリシタン資料では、口語形の「うたてい（Vtatei）」も既に見える。［用例］中の「矢も楯もなく」は、矢も楯もたまらず、と同じ意味。他は「あやめもわかぬ」の項の［解説］を参看のこと。

【用例】 是《これ》はどうでも言文一途《いっと》の事だと思立《おもいたっ》ては矢も楯《たて》もなく文明の風改良の熱一度に寄せ来るどさくさ紛れお先真闇三宝荒神《さきまっくらさんぽうこうじん》さまと春のや先生を頼み奉り欠硯《かけすずり》に朧《おぼろ》の月の雫《しずく》を受けて墨摺流《すみすりなが》す空のきおい夕立の雨の一しきりさらさらさっと書流《かきなが》せばアラ無情始末《うたて》にゆかぬ浮雲めが艶《やさ》しき月の面影を思い懸《がけ》なく閉籠《とじこめ》て黒白《あやめ》も分《わ》かぬ烏夜玉《うばたま》のやみらみっちゃな小説が出来しぞや →あやめもわかぬ（二葉亭四迷「浮雲」はしがき）

うちつけだ　打付けだ　〔形動〕

【解説】 時間的、心理的に間をおかずに行動したり変化を起こしたりする様子をあらわす語。それが場面によって、ある時は突然で無礼であったり、軽率であったり、露骨、無遠慮であったり、、意外なことであったり、唐突、だしぬけであったりする。用例は古く、平安時代の文学作品から数多く見られる。左の［用例］はその意味のものだが、ほかに、近世に入ると、①よく似合う様子、条件によく合致する様子、うってつけ、の意や、②物事の発端、最初、の意の用例も見られる。［用例］の中にある「毛を吹いて疵を求める」はしいて人の欠点を探し求める、あるいは、人の欠点を暴露しようとしてかえって失敗を招来する、の意、「畏縮けて」は萎縮して、の意。

【用例】 叔父に告げずして事を収めようと思えば、今一度お勢の袖《そで》を扣《ひか》えて打附《うちつ》けに掻口説《かきくど》く外、他《ほか》に仕方もないが、しかし、今の如くに、こう齟齬《くいちが》ッていては言ったとて聴《き》きもすまいし、また毛を吹いて疵《きず》を求めるようではと思えば、こうと思い定めぬうちに、まず気が畏縮《いじ》けて、どうも其《その》気にもなれん。（二葉亭四迷「浮雲」第十九回）

うっそり　〔名・形動・副〕

【解説】 この語は本来は副詞や形容動詞として用いられ、心を奪われているさま、ぼんやりしているさまをあらわすものであったが、そういう様子の人を直接意味するように名詞として使ったケースも見受けられる。気がきかずぼんやりしている人を軽蔑した気持で言う。間抜け。うつけもの。口頭語的表現で「うっそり殿《どの》」「うっそり者」「うっそり奴《め》」などの形でも用いる。左の［用例］中の「うっそりども」も同じ類型に属する。また「ここな」は人をののしって「この」の意を強めて言う連体詞。「おめおめ」は恥知らずのさまを言う副詞。

【用例】 突然盗人《ぬすびと》たちの唯中《ただなか》から、まるで夜鳥《よどり》の鳴くような、嗄《しわが》れた声が起こりました。「やい、ここなうっそりどもめ。まだ乳臭いこの殿の口車に乗せられ居《お》って、抜いた白刃《しらは》を持て扱うばかりか、おめおめ御意に従いましょうなどとは、どの面《つら》下げて申せた義理じゃ。（略）」 →もてあつかう
（芥川龍之介「邪宗門」十五）

うつつをぬかす　現を抜かす　〔連語〕

*うつつ

【解説】 何かに夢中になって心を奪われる。ある事に気をとられて正しい判断ができなくなる。「うつつ」は夢の対義語で、生きている状態、現実の意。近世初期ごろから使われるようになった表現で、明治時代には用例が多くなっている。左の［用例］の中の「絞ったら水の出そうな頭」は、ない知恵を絞っても知恵の出てこない頭、の意。「余所目を振らず」は、脇目《わきめ》も振らずと同じ。「烟管」は、刻《きざ》み煙草をつめて火をつけ、その煙を吸う道具。

【用例】 外国の貯蓄銀行の条例か何ぞに、絞ったら水の出そうな頭を散散《さんざん》悩ませつつ、一枚二枚は余所《よそ》目《め》を振らず一心に筆を運ぶが、其中《そのうち》に曖昧《あやふや》な処《ところ》に出会《でっくわ》してグッと詰《つま》ると、まず一服と旧式の烟管《きせる》を取上《とりあ》げる。と、又忽然《またこつぜん》として懐かしい昔が眼前に浮ぶから、不覚其《ついそれ》に現《うつつ》を脱《ぬ》かし、肝腎の翻訳がお留守になって、晩迄《まで》に二十枚は仕上げる積《つもり》の所を、十枚も出来ぬ事が折々ある。 →でっくわす
（二葉亭四迷「平凡」二）

うつろ　空・洞・虚　〔名・形動〕

【解説】 「うつろ」はもと木の幹などにあった穴・空洞をいう語であったが、転じて形容動詞として使うようになり、中身がなくからっぽであること、更に心の働きがにぶってぼんやりしている状態、気の抜けた様子、また、

声などに力がなく頼りないさまを表現するのに用いるようになった。「うつろな眼」「うつろな咳《せき》」などというのがそれである。左の［用例］の「当時の心虚なりし」は、官を辞し異国の大都会で土地の女と同棲している主人公（太田豊太郎）が不安を抱きながらも前途の指針を見出せないでいる空虚な心情を投影した表現になっている。

【用例】 卒然《そつぜん》ものを問はれたるときは、咄嗟《とっさ》の間《かん》、その答《いらえ》の範囲を善《よ》くも量《はか》らず、直ちにうべなふことあり。さてうべなひし上にて、その為《な》し難《がた》きに心づきても、強《しい》て当時の心虚《うつろ》なりしを掩《おお》ひ隠《かく》し、耐忍してこれを実行すること屢々《しばしば》なり。（森鷗外「舞姫」）

うつろう　移ろう　〔自アワ五〕

【解説】 古典仮名遣いでは「うつろふ」（自ハ四）。「移る」の未然形に反復・継続をあらわす助動詞「ふ」のついた「移らふ」の音が変化した語。位置や形態や色などの状態が変化し続けて次第に衰えてゆく、転じて、人の心や愛情などがだんだん失せていく、の意。雅語的表現である。上代の「万葉集」をはじめとして多くの文学作品に使われ、現代まで文学的表現として命脈を保っている。左の［用例］の中の「遺財」は死者ののこした財産、「ダハハウエル」はミュンヘンの中心街から西北の郊外ダッハウに通ずる街路の名。

【用例】「父は間もなく病みて死にき。交《まじわり》広く、もの惜《おし》みせず、世事には極めて疎《うと》かりければ、家に遺財つゆばかりもなし。それよりダハハウエル街の北のはてに、裏屋の二階明きたりしを借りて住みしが、そこに遷《うつ》りてより、母も病みぬ。かゝる時にうつろふものは、人の心の花なり、数知らぬ苦しき事は、わが稚《おさな》き心に、早く世の人を憎ましめき。明る年の一月、（略）貧しき子供の群に入りてわれも菫花《すみれ》売ることを覚えつ。（略）」（森鷗外「うたかたの記」中）

うとうとしい　疎疎しい　〔形〕

＊うとい・すげない・そっけない・つれない・よそよそしい

【解説】 疎遠な様子、冷淡な様子、いかにもよそよそしい、の意をあらわす語。形容詞「疎し」の語幹「うと」を重ねて形容詞の語尾をつけたもの。用例は平安時代の文学作品から見える。類語の「疎い」と較べると、「疎々しい」の方はあくまでも外見の様子で、見たところ疎い感じだが、本当に疎いのかどうかは実はわからない。ちなみに、「すげない」はことばやものの言い方が冷淡で思いやりがない様子、「そっけない」は相手に対して関心や思いやりを示さず愛想のないことばやふるまいをする様子、「つれない」は人に対して無愛想で冷淡である様子、「よそよそしい」は他人行儀である様子を言う。

【用例】 が、また心を取直して考えてみれば、故《(ゆえ)》無くして文三を辱《はずかし》めたといい、母親に忤《さから》いながら、何時しか其《(その)》いうなりに成ったといい、それほどまで親《したし》かった昇と俄《(にわか)》に疎々敷《うとうとしく》なったといい、――どうも常事《ただごと》でなくも思われる。と思えば、喜んで宜《よ》いものか、悲んで宜いものか、

（二葉亭四迷「浮雲」第十九回）

うべなう　宜う・諾う・肯う　〔自他アワ五〕

＊うけがう

【解説】 人の言動に同意し、肯定し、納得し、願い・要求などを聞きいれることをあらわす他動詞であるが、転じて、配下になる、服従する、わびる意味の自動詞として用いることもある。後に述べる事柄を当然と肯定したり、満足して納得したりする意をあらわす副詞「うべ」（宜・諾）に接尾語「なふ」がついて成立した語。平安期以降は「むべなふ」とも表記されるようになった。また古くは同じく肯定する意をあらわす「うべなむ」という語の例も見られる。「うけがう」（他アワ五）も同義。左の［用例1］は「イエスをいう」という現代的なものの言い方にそのまま言いかえられるもので、「舞姫」の発想と表現の新しさを示す一例といえる。また［用例2］では、出征する「久一さん」が、「女」つまりヒロインの那美さんから直前に「軍《いく》さは好きか嫌いかい」とどぎつく聞かれているので、次の「一寸、戦争に出て見たくなりゃしないか」という質問に対しては「軽く首肯う」ことではぐらかそうとしていることになる。

【用例1】余《よ》はおのれが信じて頼む心を生じたる人に、卒然《そつぜん》ものを問はれたるときは、咄嗟《とっさ》の間《かん》、その答《いらえ》の範囲を善《よ》くも量《はか》らず、直ちにうべなふことあり。→そつぜん（森鷗外「舞姫」）

【用例2】「短刀なんぞ貰《もら》うと、一寸《ちょっと》、戦争に出て見たくなりゃしないか」と女が妙な事を聞く。久一さんは

「そうさね」

と軽く首肯《うけが》う。老人は髯《ひげ》を掀《かか》げて笑う。兄さんは知らぬ顔をして居る。（夏目漱石「草枕」十三）

うらうえ　裏表　〔名・形動〕

【解説】裏と表のように対照的であること、また、その様子を言う語。「うえ」は「おもて」の意。古くは前後、左右、上下など一対のものの両方を意味する用法もあったが、現代語ではそれは見られず、正反対、あべこべ、うらはらの意味で使われる。左の［用例］もそのような使い方になっており、「大殿様」と「若殿様」という親子が、「大兵肥満」と「中背」「瘦ぎす」という「うらうえ」な、また「どこまでも男らしい」さまと「御優しさ」という「うらうえ」な様子を呈していることを、小説の冒頭近くで紹介している部分である。

【用例】御親子《ごしんし》の間がらでありながら、大殿様と若殿様との間位《あいだくらい》、御容子《ごようす》から御性質まで、うらうえなのも稀《まれ》でございましょう。大殿様は御承知の通り、大兵肥満《だいひょうひまん》でいらっしゃいますが、若殿様は中背《ちゅうぜい》の、どちらかと申せば瘦《やせ》ぎすな御生れ立ちで、御容貌《ごきりょう》も大殿様のどこまでも男らしい、神将のような俤《おもかげ》とは、似もつかない御優しさでございます。（芥川龍之介「邪宗門」二）

うらがれる　末枯れる　〔自ラ下一〕

【解説】秋になって草葉の先端や木の梢の葉などが色づいて落ちる前の状態になる、という意をあらわす語。草木が枯れることではない。「うら」は「末」の意で草木の先端のこと。秋の季語。転じて、盛りの時を過ぎて勢いがなくなる、という意味で使うこともあったが、本来「落ちぶれる」などとは全く別の語である。ほかに、「泣

出す声も疲労のために裏涸《うらか》れたり」（泉鏡花「夜行巡査」）のように、声がかれる、声がかすれる、の意で使った例もあるが、左の［用例］は本来の意味で用いられたもの。「靖国神社」は東京都千代田区九段北、九段坂を上ったところにある。明治一二年、東京招魂社を改称したもので、その「華表」を、「浮雲」に描かれる少し前の明治一四年、河竹黙阿弥《もくあみ》が「島衛月白浪《しまちどりつきのしらなみ》」第五幕の舞台面に大きく設定してみせている。

【用例】愕然《がくぜん》として文三が、夢の覚めたような面《かお》相《つき》をして、キョロキョロと四辺《あたり》を環視《みまわ》して見れば、何時《いつ》の間にか靖国《やすくに》神社の華表際《とりいぎわ》に鵠立《たたずん》でいる。考えて見ると成程 俎橋《まないたばし》を渡ッて九段坂を上ッた覚えが微《かすか》に残ッている。乃《すなわ》ち社内へ 進入《すすみい》ッて、左手の方の杪枯《うらが》れた桜の樹《き》の植込みの間へ這入《はい》ッて、両手を背後《うしろ》に合わせながら、顔を皺《しか》めて其処此処《そここここ》と徘徊《うろつ》き出した。（二葉亭四迷「浮雲」第九回 すわらぬ肚）

うらはずかしい　心恥ずかしい　〔形〕

【解説】「うら」は心の意。表面はさりげなく取りつくろっていても心の中に恥ずかしいとひけめを感じている様子、転じて、なんとなく恥ずかしい、すこし恥ずかしい、の意で用いる。若い女性の心情について使うことが多い。「うらがなし」「うらさびし」「うらやまし」など「うら……」の型式の形容詞は古くから多いが、「うら恥づかし」の古い用例はなぜか見当たらない。近代以後の表現らしい。左の［用例］の中の「愛嬌を汲んで与る」は「愛嬌をふりまいて」と「汲んでやる」とを掛けた言い方、「桜湯」は塩漬けにした桜の花に熱湯を注いだ飲物、「心に花のある」はやさしい心のこもった、「言葉の仇繁き」は口先だけで心のこもらないお世辞をならべること。

【用例】火は別にとらぬから此方《こち》へ寄るがよい、と云《い》いながら重《おも》げに鉄瓶を取り下《おろ》して、属輩《めした》にも如才《じょさい》なく愛嬌《あいきょう》を汲んで与《や》る桜湯《さくらゆ》一杯《いっぱい》、心に花のある待遇《あしらい》は口に言葉の仇繁《あだしげ》きより懐《なつ》かしきに、悪い請求《たのみ》をさえすらりと聴《きい》て呉《く》れし上、胸に蟠屈《わだかま》りなく淡然《さっぱり》と平日《つね》のごとく仕做《しな》されては、清吉 却《かえ》って心羞《うらはず》かしく、何《どう》やら魂魄《たましい》の底の方がむず痒《がゆ》いように覚えられ、茶碗《ちゃわん》取る手もおずおずとして進みかぬるばかり、

（幸田露伴「五重塔」其二）

うらぶれる 〔自ラ下二〕

【解説】①心につらく思う。しょんぼりと力なくうれいしおれる。②おちぶれてみすぼらしい様子になる。「万葉集」の時代からある古いことばだが、近代になってからの用例はほとんどが②の意味で使われている。（そうなった契機の一つが左の〔用例〕の詩だという説がある。）人の外見、状態などについて用いることが多い。語源については諸説あって定めがたいが、「うら」が心の意とするところまでは異論がない。〔用例〕の中の「ギオロン」はバイオリン。「ひたぶるに」はいちずに、ひたすら（意志的に何かに集中する様子をあらわす場合と、気持や感情などが自然にある方向に片寄る様子をあらわす場合とに分けた場合、類義語の「ひたむき」「ひとすじ」などは多く前者、「ひたすら」は両方、「ひたぶる」「むしょう」は多く後者のケースである）。「うら悲し」は表面に出すほどではなく少し悲しいの意。「ふたぎ」はふさぎ。「色」は顔色。「とび散らふ」はしきりに飛び散る。なお、〔用例〕第一連「秋の日の／ギオロンの／ためいきの」の「の」などの同音反復は原詩（ヴェルレーヌ「秋のうた」）と同じく脚韻をふんだものである。

【用例】秋の日の／ギオロンの／ためいきの／身にしみて／ひたぶるに／うら悲し。
鐘のおとに／胸ふたぎ／色かへて／涙ぐむ／過ぎし日の／おもひでや。
げにわれは／うらぶれて／ここかしこ／さだめなく／とび散らふ／落葉《おちば》かな。
（上田敏「海潮音」落葉《らくよう》）

うらわかい うら若い 〔形〕

【解説】（女性が）いかにも若々しく、ういういしい。この「うら」は「うらはずかしい」「うらさびしい」などの「うら」で「心」の意とする説と樹木の枝や葉の先の意の「末」とする説とがあって、定め難い。左の〔用例〕は比喩的に用いて「朝の空」について言う詩的表現。〔用例〕は「明星」の後半の三連で、「しののめ」は明け方、

「しののめの」は「明く」にかかる枕詞、「小夜」は夜（「小」は接頭語）、「星の光の糸の緒」は弦楽器の弦のように細くかすかな星の光、「あしたの琴」は朝という琴のしらべ、「名づけましかば」は名づけたらどうか、そう名づけるのが適当ではないか、の意。

【用例】　野の鳥ぞ 啼《な》く山河《やまかわ》も／ゆふべの夢をさめいでて／細く棚引くしののめの／姿をうつす朝ぼらけ
小夜《さよ》には小夜のしらべあり／朝には朝の音《ね》もあれど／星の光の糸の緒《お》に／あしたの琴は 静《しずか》なり
まだうら若き朝の空／きらめきわたる星のうち／いといと若き光をば／名《なつ》けましかば明星と
（島崎藤村「若菜集」明星）

うろぬく　虚抜く・疎抜く　〔他カ五〕

＊おろぬく

【解説】　たくさんある物の中から間隔を置いて抜き取る、間引《まび》く、の意で用いられる語。「おろぬく」とも言う。「ウガチとかコガシとか申す者は空抜《うろぬき》にしてと断りながら、青内寺煙草《せいないじたばこ》二三服」（幸田露伴「風流仏」）などの用例ではこの動詞の連用形を名詞化した語が使われている。間引きして抜き取った菜を「うろぬき菜」、大根を「うろぬき大根」と言う。生育の途中だが、やわらかくて美味である。どちらも秋の季語。

【用例】　お民《たみ》は 愈《いよいよ》 骨身を惜しまず、男の仕事を奪いつづけた。時には夜もカンテラの光りに菜《な》などをうろ抜いて廻ることもあった。お住《すみ》はこう云《い》う男まさりの嫁《よめ》にいつも敬意を感じていた。いや、敬意と云うよりも 寧《むし》ろ畏怖《いふ》を感じていた。お民は野や山の仕事の 外《ほか》 は何でもお住に押しつけ切りだった。
（芥川龍之介「一塊の土」）

うろん　胡乱　〔名・形動〕

【解説】　①乱雑でまとまりのないこと、またその様子、②不確実で疑わしいこと、合点がいかずあやしいこと、またその様子、という意をあらわす語。左の〔用例〕は②で、現代日本語ではこの意味で使うことが多い。「う」

「ろん」はそれぞれ「胡」「乱」の唐音で、どちらも、みだれたさまをあらわす。和文の中には用例は見られないが、漢籍を講読した抄物などには用例が多い。「日葡辞書」（一六〇三―四）にはVronまたはVronnaの項目があり、「不明朗に、不誠実になされた（こと）」と、またVronna fito（胡乱な人）には「偽り欺く者、作りごとを構え、ごまかしを言って、他人の物を奪う者」（邦訳・岩波版）とあるので、かなり一般に使われていた語と思われる。

【用例】どうも常事《ただごと》でなくも思われる。と思えば、喜んで宜《よ》いものか、悲んで宜いものか、殆ど我にも胡《う》乱《ろん》になって来たので、宛《あたか》も遠方から撩《こそぐ》る真似をされたように、思い切っては笑う事も出来ず、泣く事も出来ず、快と不快との間に心を迷《まよわ》せながら、暫く縁側を往きつ戻りつしていた。　（二葉亭四迷「浮雲」第十九回）

うわのそらだ　上の空だ　〔形動〕

【解説】①他のことに心が奪われて、気が散って注意力が散漫になっている様子。②表面だけで、本質がともなわない様子。軽々しい無責任な様子。「源氏物語」などにも用例がある伝統的な表現であり、また「日葡辞書」（一六〇三―四）にも「Vuano sorani（ウワノソラニ）モノヲキク」などとあるので、当時の話しことばとしても用いられたものと思われる。左の「用例」の中の「按分比例」は与えられた数量を与えられた割合に比例するように配分する算法、比例配分、「開平」はある数または代数式の平方根を求めること、「開立」はある数または代数式の立方根を求めること、「求積」は面積や体積を算出すること。

【用例】按分比例《あんぶんひれい》で途方《とほう》に暮れ、開平開立求積となると、何が何だか無茶苦茶《むちゃくちゃ》になって、詰《つま》り算術の長《なが》の道中を浮《うわ》の空《そら》で通して了《しま》ったが、代数も矢張《やっぱ》り其《その》通り。一次方程式、二次方程式、簡単なのは如《ど》何《う》にかなっても、少し複雑のになると、AとBとが紛糾《こぐら》かって、何時迄《いつまで》経《た》ってもXに膠着《こびりつ》いていて離れない。　→こぐらかる　（二葉亭四迷「平凡」二十一）

うんいする　云為する　〔自サ変〕

＊げんこう・しょい・しょぎょう

【解説】「云為」に「する」をつけて複合サ変動詞にした語。漢文訓読系のことばである。「云為」は言うことと行なうこと、言語と動作、言動、また、すること、仕《し》業《わざ》、の意で用いられる。なお言動の意味の類語には「言行」などがあり、仕業の意味の類語には「所為」「所業」などがある。左の［用例］は何かを言ったりしたりする、の意で使っている。［用例］中にある「属官」は旧制度で各省に属した下級の文官のこと。「ヤ」は「いや」の略か。「いや」は驚いたり感嘆したりした時に発する声（感動詞）。これを記述することで話しことば風の文体に近づく。

【用例】御自分は評判の気六ケ敷屋《きむずかしや》で、御意《ぎょい》に叶わぬとなると瑣細《ささい》の事にまで眼を剥出《むきだ》して御立腹遊ばす、言わば自由主義の圧制家という御方《(おかた)》だから、哀れや属官の人々は御機嫌《(ごきげん)》の取様《とりよう》に迷《まごつ》いてウロウロする中に、独《(ひと)》り昇は迷かぬ。まず課長の身態声音《みぶりこわいろ》はおろか、咳払《(せきばら)》いの様子から嚔《くさめ》の仕方まで真似たものだ。ヤ其《(その)》また真似の巧《(たくみ)》な事というものは、宛《あたか》も其人が其処《(そこ)》に居て云為《うんい》するが如くでそっくり其儘《(そのまま)》、どちら着《つか》ずのちくらが沖（二葉亭四迷「浮雲」第六回）

うんぬん　云云　〔名・自サ変〕

【解説】引用文などの下に続く文を省略したりぼかしたりしたことをあらわす表現。そのほかに、言うに言われない事情、の意をあらわすこともある。古くは「云々《うんうん》」と読まれた可能性もあるが、その連声《れんじょう》（この場合は上のn音と下のu音とが連続すること）で「云々《うんぬん》」と発音されるのが普通。更に、「云々する」と複合サ変動詞として用いて、あれこれ言う、とやかく意見を述べる、口出しする、の意で用いられることがある。左の［用例］の中の「くさぐさ」は、物事の品数や種類の多いさま、いろいろ、さまざま、の意。

【用例】第一に、記録はその船が「土産《みやげ》の果物《くだもの》くさぐさを積」んでいた事を語っている。だから季節は恐らく秋であろう。これは、後段に、無花果《いちじく》云々《(うんぬん)》の記事が見えるのに徴しても、明《あきらか》である。それから乗合はほかにはなかったらしい。時刻は、丁度《ちょうど》昼であった。（芥川龍之介「さまよへる猶太人」）

えならぬ 〔連語〕

【解説】なみなみでなくすぐれている、一通りではない、言うに言われぬ好ましさの、の意で用いる表現。「えならず」（副詞「え」に動詞「なる」と打消の助動詞「ず」がついたもの）の連体修飾形。「え」は下の打消表現（この場合は「ず」）と呼応して不可能の意（とても……できない）をあらわす。関西方言の「よう書かん」（とても書くことができない）の「よう」に当たるもの。〔用例〕中の「行いすまいて」は「行い澄まして」で、修行にいそしんで、の意。「紛おうず」は「紛おうとする」の意で、「桜の花」を修飾する連体形で、本来は「紛おうずる」が文法的には正しい。「傾城」は美女、娼婦。なお、この作品や同じ作者の「奉教人の死」などのやや特殊に見える文体（特に文末表現）は、「天草本伊曽保《いそほ》物語」（十六世紀末に西洋式印刷機でキリシタンが九州天草で出版した「イソップ物語」の翻訳本）のそれを模したもの。

【用例】こなたはそのあばら家に行いすまいて居《お》った隠者の翁《おきな》じゃ。折から夜のふけたのも知らず、油《あぶら》火《び》のかすかな光の下《もと》で、御経《おんきょう》を読誦《どくじゅ》し奉って居ったが、忽《たちま》ちえならぬ香風が吹き渡って、雪にも紛《まが》おうず桜の花が紛々《ふんぷん》と飜《ひるがえ》り出《いだ》いたと思えば、いずくよりともなく一人の傾城《けいせい》が、（略）夢かとばかり眼の前へ現れた。（芥川龍之介「きりしとほろ上人伝」三）

えみわれる **笑み割れる・罅み壊れる** 〔自ラ下二〕

【解説】栗のいがや柘榴《ざくろ》の皮、無花果《いちじく》などが熟して表面が自然に割れる、はちきれる、笑《え》む、の意をあらわす語。十分に成熟していることを表現するのにたとえて言う。左の〔用例〕にある「生理学上の美人」とは、この一節の少し前に説明されている「横幅の広い筋骨の逞しいズングリ、ムックリとした生理学上の美人」のことで、具体的にはお手伝いとして雇われている女性をさす。「罅壊れそうな両頬」はふくらんで「ムックリとした頬」を描写したもの。「高い男」はすらりと背の高い青年、すなわち主人公の内海文三をいう。

【用例】 高い男は 先程《さきほど》 より、手紙を把《と》ッては 読《よみ》かけ読かけてはまた下へ 措《お》きなどして、さも迷惑な体《てい》、此《この》 時も 唯《ただ》 「フム」と鼻を鳴らした而已《のみ》で更に 取合《とりあ》わぬゆえ、生理学上の美人は左《さ》なくとも鱄壊《えみわ》れそうな両頬《りょうきょう》をいとど膨《ふく》らして、ツンとして二階を降りる。其後姿《うしろすがた》を目送《みおく》ッて高い男はホット顔《がお》、また手早く手紙を取上げて読下《よみくだ》す、

（二葉亭四迷「浮雲」第一回 ア、ラ怪《あや》しの人《ひと》の挙動《ふるまい》）

おいそれと 〔副〕

＊おいそれ・おいそれのま・おいそれむすめ・おいそれもの

【解説】 すぐに、手軽に、右から左に、の意で用いる語。要望や依頼などに対して、是非の判断もなく瞬時に応ずる様子をあらわす。「おいそれと」の形で下の動詞を修飾する用法が多いが、「おいそれ」だけで副詞的に用いたり、助詞「の」を伴って、「おいそれの間《ま》」と瞬時をあらわしたり、「おいそれ者」「おいそれ娘」などと名詞に直結して、軽はずみな・軽率な者（娘）などの意味で使ったりもする。もともと呼び掛けまたは応答の感動詞「おい」に指示代名詞「それ」がついてできた語で、近世後期の洒落本や滑稽本、人情本あたりから用例が見える。

【用例】 お勢の生立《おいたち》の有様、生来《しょうらい》子煩悩《こぼんのう》の孫兵衛を父に持ち、他人には薄情でも我子《わがこ》には眼の無いお政《まさ》を母に持ッた事ゆえ、幼少の折より挿頭《かざし》の花、衣《きぬ》の裏の玉と撫《な》で愛《いつくし》まれ、何でも彼《か》でも言成《いいなり》次第にオイソレと仕付《しつ》けられたのが癖と成《な》ッて、首尾よくやんちゃ娘に成果《なりおお》せた。

（二葉亭四迷「浮雲」第二回 風変りな恋の初峯入《はつみねいり》 上）

おうおう **快快・鞅鞅** 〔名・形動タリ〕

【解説】 心に満足しない様子。不愉快そうな様子。また、その心。左の［用例］のように「快々として楽しまず」の使用例が多いが「快々たる」もあり、「快々は」という名詞としての用例も存在する。文章語的なかたい表現である。そのせいか、平安朝の漢文訓読資料には用例があるが、ほぼ同時代の女流文学作品には用例が見られ

ない。［用例］の中の「姑息の考案」はその場のがれの思いつき、「壮志」はここでは同志とともにメキシコ移民を断行しようとする壮烈なこころざし、「腐索を以て犇馬を留めん」は「淮南子《えなんじ》」にあることばで、腐った縄でたけりたつ馬をつなごう、の意（無理なことの比喩）、「鬱勃の念」はともすると外にあふれ出ようとする（メキシコ移民断行の）気持、夢、「偏執」は片意地、「懐抱」は心の中にかかえている考え。

【用例】 純之助は（略）一時姑息《こそく》の 考案《おもいつき》 で強て《しい》壮志を抑制《おさえつ》けたが 畢竟《(ひつきょう)》 腐索《ふさく》を以て犇馬《ほんば》を留《とど》めんとすると同じく胸中鬱勃《うつぼつ》の念は 時々《(じじ)》 刻々 暫《(しば)》 らくも 絶間《(たえま)》 なかった。

である上に、お吉は 何時《(いつ)》 までも釈然たらず、思うままの放縦《わがまま》を振舞って益々嫉妬偏執を増長させるは人の妻《さい》たるものに 為《(な)》 すまじき挙動《しうち》で、 左《さ》もなくとも多年の懐抱を将《まさ》に行わんとするに妨げられたを平《たいら》かならず思う身の 愈々《(いよいよ)》 怏々《おうおう》として楽まなかった。

（内田魯庵「くれの廿八日」其《その》四）

おおどか

大どか

〔形動ナリ〕

【解説】 人の性格・人柄がのびのびしている様子。些細なことにこだわらない様子。転じて、推移の速度がゆるやかな様子を比喩的に表現する場合がある。「源氏物語」などから用例の見られる雅語的表現。左の［用例］は、ボードレールの"La Cloche fêlée"（ひびの入った鐘）の訳詩「破鐘」の第二連である。「喉太の古鐘」は（原詩に従えば）たくましい喉をもった鐘、「老らくの齢にもめげず」は老年にもひるまず、老年にもかかわらず、「健やかに、忠なる声の」は（原詩に従えば）機敏ですこやかで、の意、「何時もいつも（略）穏どかなるは」は（原詩に従えば）忠実にその信心深い音声をあげている、の意という。「梵音」は梵天王の発する清浄な音声、仏の音声のこと。

【用例】 喉太《のどぶと》の古鐘《ふるがね》きけば、その身こそうらやましけれ、／老《おい》らくの齢《とし》にもめげず、健《すこ》やかに、忠《まめ》なる声の、／何時《いつ》もいつも、梵音妙《ぼんのんたえ》に深くして、穏《おお》どかなるは、／陣営の 歩哨《(ほしょう)》 にたてる老兵の姿に似たり。

（上田敏「海潮音」破鐘《やれがね》）

おくれる　怯れる　〔自ラ下二〕

＊おくれがさす・おくれをとる・おくれをみせる

【解説】 他の人の強い言動に圧倒されて心がひるむ。弱気になる。気おくれする。類語的表現として、「怯れが差す」（おじ気づいて心がひるむ。気おくれする）、「怯れを取る」（①負ける。失敗する。②恐れて気力がなくなる。気おくれする）、「怯れを見せる」（相手の出かたに気おくれする。ひるむ）などの表現がある。どれもみな近世以後の口語文的な表現である。左の［用例］の中の「銀杏返し」は日本髪の一つで、束ねた髪を二つに分け左右に二つの輪を作るもの。江戸時代中期から行われた。

【用例】 末造《すえぞう》はつと席を起《た》った。そして廊下に出て見ると、腰を屈《かが》めて、曲角《まがりかど》の壁際に躊躇《ちゅうちょ》している爺《じ》いさんの背後《うしろ》に、怯《おく》れた様子もなく、物珍らしそうにあたりを見て立っているのがお玉《たま》であった。ふっくりした円《まる》顔の、可哀《かわい》らしい子だと思っていたに、いつの間にか細面《おもて》になって、体も前よりはすらりとしている。さっぱりとした銀杏返《いちょうがえ》しに結《い》って、こんな場合に人のする厚化粧なんぞはせず、殆《ほとん》ど素《す》顔と云《い》っても好《よ》い。
（森鷗外「雁」漆《しち》）

おさおさ　〔副〕

【解説】 下の打消または否定的な意味の表現と呼応して、すこしも、ほとんど、めったに、などの意をあらわす。古くは、たしかに、もっぱら、の意で肯定文の中に使われた例もあるが、現代文には例を見ない。左の［用例］の中の「夜気」は夜の空気、夜の気配、「女房」はここでは貴族の家に仕える女、「倭絵」は平安時代に唐絵に対して日本の風物を描いた絵を総称して言ったもの、「単衣襲」は夏に女房が用いた、単衣《ひとえ》を二枚重ねて袖口と裾を縫い合わせて下着に用いたもの、「袿」は平安時代の女房装束で、唐衣《からぎぬ》の下に着る上衣のこと。

【用例】 まだ散り残った藤《ふじ》の匂《におい》がかすかに漂《ただよ》って来るような夜でございましたが、その涼しい夜気《やき》の中に、一人二人の女房を御侍《おはべ》らせになって、もの静《（しずか）》に御酒盛をなすっていらっしゃる御二方の美しさは、まるで倭絵《やまとえ》の中からでも、抜け出していらしったようでございました。殊に白い単衣襲《ひとえがさね》に薄色の袿《うちぎ》を召した御姫様の清らかさは、おさおさあの赫夜姫《かぐやひめ》にも御劣りになりは致しますまい。

（芥川龍之介「邪宗門」十八）

おしなべて　押靡べて・押並べて　〔副〕

【解説】①すべて一様に、全部を同列のものとして、みな同じように、②（助詞「の」を伴って）普通、一般、③おおむね、大略、の意で用いられる語。「なべて」の「なべ」は、「なびかせる」の意の他動詞（バ下二）の連用形とする説と、「ならべる」の意の他動詞「なぶ」（バ下二）の連用形とする説とがあり、決定しがたいが、上代から用例がある。また、バ行音が同じ唇音のマ行音に変化した「おしなめて」の形も中世頃から見える。左の［用例］は①で、その中にある「煢々」はひとりぼっちで頼るところのないさまを言う。


【用例】上野公園の秋景色、彼方此方《かなたこなた》にむらむらと立駢《（たちなら）》ぶ老松《ろうしょう》奇檜《きかい》は、柯《えだ》を交じえ葉を折重《（おりかさ）》ねて鬱蒼《（うっそう）》として翠《みどり》も深く、観《（み）》る者の心までが蒼《（あお）》く染《（そま）》りそうなに引替《（ひきか）》え、桜杏桃李《おうきょうとうり》の雑木《ざつぼく》は、老木《おいき》稚木《わかぎ》も押《（おし）》なべて一様に枯葉勝《（がち）》な立《（たち）》姿、見るからがまずみすぼらしい。遠近《おちこち》の木間隠《このまがく》れに立つ山茶花《さざんか》の一本《ひともと》は、枝一杯に花を持ッてはいれど、煢々《けいけい》として友欲し気に見える。

（二葉亭四迷「浮雲」第七回　団子坂《だんござか》の観菊《きくみ》　上）

おぞましい　鈍ましい　〔形〕

【解説】いやな感じがするほどばからしい。愚かしい。うとましい。近世以後の語である。これと同音異義の「悍ましい」があるので注意を要する。この方は平安時代から用例のある語で、近代でも用例がないわけではない。①強情である。気があらい。②たけだけしく激しい。大きく立派である。③嫌悪感を催させる様子である。左の［用例］中の「末席」は下位の座席のことで下座《しもざ》とも言う。その反対が「上席」（上座《かみざ》とも言う）。「油地獄」は斉藤緑雨の出世作。漱石・子規・紅葉・露伴と同年の緑雨は生涯貧困に苦しみ、「按ずるに筆は一本也《なり》、箸《はし》は二本也、衆寡敵せずと知るべし」という警句を残した。

【用例】　貞之進《ていのしん》も恐々《こわごわ》末席へ就《つ》いたが、あとで思うと余り末席過ぎて両隣りが明《あ》いて居《い》るため、却《かえっ》て誰の目にも附《つ》くようで我《われ》ながら鈍《おぞ》ましい、是《こ》れにしても知己《しりびと》のひとりでも来ればと、そっと席上を見廻すに、其《(その)》人々はいつの間にか来て遥《はるか》の上席《かみ》に傲然《ごうぜん》とかまえて居るので、貞之進はいよいよ心細く、斯《こ》う成《な》ってからの助けは、途中で買足《かいた》して来た紙煙草の煙ばかりだ。
（斉藤緑雨「油地獄」（二））

おそわれる　**魘われる**　〔自ラ下一〕

【解説】　動詞「おそう（襲う）」（他アワ五）の未然形に受身の助動詞「れる」がついて一語化したもの。夢で恐ろしいものを見て苦しめられる。うなされる。または、正気を失っている者が幻覚を見て恐怖を感じる。近世以後の用例が多いが、古い辞書『新撰字鏡』（八九八―九〇一頃）に「魘於曽波留」の記録がある。左の［用例］の中

の「銀杏髷」は女の髪の結い方の一つで、島田髷を銀杏《いちょう》の葉の形にしたもの。もとは少女の髷で、のちひろく娘の間に行われるようになった。

【用例】　燈火《ともしび》僅《わずか》に蛍《ほたる》の如く、弱き光りの下《もと》に何の夢見て居るか罪のなき寝顔、せめてもう十計《とおばか》りも大きゅうして銀杏髷結《いちょうまげゆ》わしてから死にたしと袖《(そで)》を噛《(か)》みて忍び泣く時、お辰魘《おそ》われてワッと声立て、母様《かかさま》痛いよ痛いよ、私《わたし》の父様《とと》はまだ帰《か》えらないかえ、源《げん》ちゃんが打《ぶ》つから痛いよ、父《とと》の無いのは犬の子だってぶつから痛いよ。オオ道理《もっとも》じゃと抱《だ》き寄すれば、其儘《(そのまま)》すやすやと眠《ねむ》るいじらしさ。
（幸田露伴「風流仏」第三　如是性《にょぜしょう》　上　母は嵐に香《か》の迸《はし》る梅）

おちいる　**落ち居る**　〔自ア上一〕

＊おちつく

【解説】　①心が安定する、気持が落ち着く、安心する、の意で用いられる語。落ちこむ、はまるの意の「陥《おちい》る」とは別。中古から用例があり、「落ち居る」の「居る」は歴史的仮名遣いではワ行の「ゐる」で、坐るの意。「居て

も立っても」は坐っても立っても、「立ち居ふるまひ」は立ったり坐ったりする動作の意で、従って「落ち居る」は元来、落ち着いていてじっと坐っていることを言う。左の［用例］は①であるが、そのほかに、②物があるべき場所におさまる、③事件が落着する、などの意で用いられることもある。

【用例】 もうお勢の事は思うまいと、少時《しばらく》思《おもい》の道を絶ッてまじまじとしていてみるが、それではどうも大切な用事を仕懸《しか》けて罷《や》めたようで心が落居《おちい》ず、狼狽《うろたえ》てまたお勢の事に立《たち》戻って悶《もだ》え苦しむ。
人の心というものは同一の事を間断なく思ッていると、遂に考え草臥《くたびれ》て思弁力の弱るもので。→まじまじ
（二葉亭四迷「浮雲」第十九回）

おつだ　乙だ　〔形動〕

【解説】「甲乙を論じる」「甲乙をつける」などと、十干（甲、乙、丙、丁、戊《ぼ》、己《き》、庚《こう》、辛、壬《じん》、癸《き》の称）の第一番目の甲と第二番目の乙とを比較したり対照したりして言うところから、「乙」には、正統派の「甲」とは異なる特徴、趣といった意味があり、普通とは一風変わった様子だ、の意をあらわす。単に、普通とは異なる、というだけの場合と、その普通ではない感じや味、風情などが好ましい、というプラスの価値評価をあらわす場合とがある。左の［用例］は前者であることが文脈から知れる。「異」はその意味でのあて字であろう。なお［用例］中の「潰していたれ」は鼻をふさいでいたけれども、「准判任」は判任官に准ずる地位で、判任官は旧制の官吏の等級をあらわし、高等官の下に位置するもの。属官とも言う。

【用例】 文三も暫《しば》らくは鼻をも潰《つぶ》していたれ、竟《つい》には余りのけぶさに堪《た》え兼《かね》て噎返《むせかえ》る胸を押鎮《おししず》めかねた事も有ッたが、イヤイヤ是れも自分が不甲斐《ふがい》ないからだと思い返してジット辛抱。そういう所ゆえ、其後或人《そのごあるひと》の周旋で某《なにがし》省の准判任《じゅんはんにん》御用掛《がかり》となッた時は天へも昇《のぼ》る心地《ここち》がされて、ホッと一息吐《つ》きは吐いたが、始て出勤した時は異《おつ》な感じがした。
（二葉亭四迷「浮雲」第二回　風変りな恋の初峯入《はつみねいり》　上）

おっつくねる　押っ捏ねる　〔他ナ下二〕

＊おしつくねる

【解説】多少の無理をしてもなんとかまとめあげる、完璧ではないがどうにか決着をつける、の意で用いられる語。「押し捏《つく》ねる」の口頭語的表現。近世後期の滑稽本、洒落本あたりから用例が見える。「捏ねる」は元来、手でこね合わせて一つの形をつくる意味の語。左の［用例］は、諭旨免職になった文三が、復職運動のため課長に頼みこむ仲介をしようという本田昇の申し出をことわったのに対して、昇が「瘦我慢なら大抵にしろ」と言った、その直後の一節で、「諛言」はへつらいのことば、「慈恵金」は給料を恩恵的に与えられた金銭と皮肉ったもの。「俗務を……劣る真似をして」の部分は昇の卑屈な勤務態度を文三の視点でとらえたものである。

【用例】瘦我慢々々《やせがまんやせがまん》、誰が瘦我慢していると云《い》ッた、また何を瘦我慢していると云ッた。俗務をおッつくねて、課長の顔色《がんしょく》を承《う》けて、強《しい》て笑ッたり諛言《ゆげん》を呈したり、四ン這《よつばい》に這廻《はいま》わッたり、乞《こっ》食《じき》にも劣る真似《まね》をして漸《ようや》くの事で三十五円の慈恵《じえ》金《きん》に有付《ありつ》いた……それが何処《どこ》が栄誉になる。頼まれても文三には其様《そん》な卑屈な真似は出来ぬ。（二葉亭四迷「浮雲」第九回　すわらぬ肚）

おっとまかせ　おっと任せ　〔名・形動・副〕

＊よしきた・まってたホイ

【解説】予想していた事態になったことに対して、気軽に承諾する様子を意味する表現。「おっと」は応答の感動詞。助詞「と」を伴って副詞として用いたり、「に・だ・な」の語尾を伴って形容動詞として用いたりする。「よしきた」「待ってたホイ」などの類似語がある。左の［用例］中の「おッとまかせと」は副詞的用法で、よしきたとばかり、ぐらいの意で使ったもの。［用例］は昇とお政の会話の一節で、「ずうずうしい」と言われているのは、出てゆけがしに扱われながら園田家にとどまっている文三である。

【用例】「ずうずうしいと思ッてねえ！」「それも宜《いい》が、また何かお勢に言いましたッさ。」

「お勢さんに？」

「はア。」

「如何《どん》な事を？」

おッとまかせと饒舌《しゃべ》り出した、文三のお勢の部屋へ忍び込むから段々と順を逐《お》ッて、剰《あま》さず漏さず、おまけまでつけて。

（二葉亭四迷「浮雲」第十七回）

おとなしい　大人しい　〔形〕

＊おとなげだ・おとなっぽい・おとなびる

【解説】①性質が温順である。穏やかである。②着物の柄などが地味で落ち着いている。もとは成人の意味の「大人」に形容詞化の接尾語「し」が付いてできた語で、一般に成人が持っている思慮・分別を持っているというところから、古語の意味としては、いかにも成人らしい、の意味で、室町時代の口語が多く載録された「日葡辞書」（一六〇三―四）でもまだVotonaxij cotouo yŭta（大人しいことを言うた）の用例があげてあり、「分別のある成人らしい」（邦訳・岩波版）の語釈がつけてある。［用例］の「温順しい」という漢字表記は①の意味と結びついたもの。「おとなっぽい」「おとなびている」などはマイナス評価の意味をこめて用いることが多く、「おとなげだ」は客観的、外面的表現である。また、「この子はまだ小学校にも入らないのにおとなだね」というような使い方もある。


【用例】実《ほん》に馬鹿々々しいとっては夫《そ》れほどの事を今日が日まで黙って居るという事が有ります物か、余《あんま》り御前《おまえ》が温順《おとな》し過《すぎ》るから我儘《わがまま》がつのられたのであろ、聞いた計《ばかり》でも腹が立つ、もうもう退《ひ》けて居るには及びません、身分が何であろうが父もある母もある、年はゆかねど亥之助《いのすけ》という弟もあればその様《よう》な火の中にじっとして居るには及ばぬこと、

（樋口一葉「十三夜」上）

おどろ　棘・荊棘　〔名・形動〕

【解説】とげのある植物、草木やいばらなどの生い茂っていること。また、その所。そこから、比喩的に乱れて生えている髪やひげなどを言うことが多い。「おどろに」「おどろな」のように形容動詞的に使うこともある。

［用例］は、「荊《おどろ》の髪膝《ひざ》にかかるまで乱れ」（上田秋成「雨月物語」）という例にみられるような「おどろの髪」（おどろのようにくしゃくしゃに乱れた髪）という慣用句を意識したうえで、訪欧中の政府高官に帰国の約束をして愛妻エリスを裏切ることになった主人公が、懊悩のはてに冬のベルリンの夜を彷徨してようやく帰宅したさまを、効果的に表現している。

【用例】エリスは振り返へりて、「あ」と叫びぬ。「いかにかし玉《たま》ひし。おん身の姿は。」

驚きしも宜《うべ》なりけり、蒼然《そうぜん》として死人に等しき我《わが》面色、帽をばいつの間にか失ひ、髪は蓬《おど》ろと乱れて、幾度か道にて跌《つまず》き倒れしことなれば、衣は泥まじりの雪に汚《よご》れ、処々《ところどころ》は裂《さ》けたれば。

（森鷗外「舞姫」）

おのがじし 〔副〕

【解説】人それぞれ、各人各様に、の意で用いる語。文章語的表現である。「万葉集」の時代から用例のある古いことば。「おの」は「己」で、自分自身。「が」は連体格助詞で、所有の「の」の意味。「じし」は左の［用例］の「自恣」（自分の思うままにすること、の意）のほかに、「為為」「恣恣」の変化したものなど、いろいろな説がある。また、「おのれがすきずき」の転じたもの、「おのがすさび」のつづまったものという説もある。最も多くの人に知られた明治期の用例として、「おのがじし新しきを開かんと思へるぞ、若き人々のつとめなる。」（島崎藤村「藤村詩集序」）がある。［用例］中の「愛念」は愛する気持、「戯言」は冗談。

【用例】以前人々の心を一致さした同情も無ければ、私心の垢《あか》を洗った愛念もなく、人々己《おのれ》一個の私《わたくし》をのみ思ッて、己《おの》が自恣《じし》に物を言い、己が自恣に挙動《たちふるま》う、欺いたり、欺かれたり、戯言《ぎげん》に託して人の意《こころ》を測ッてみたり、二つ意味の有る言《こと》を云ってみたり、疑ッてみたり、信じてみたり、――いろいろさまざまに不徳を尽《つく》す。

（二葉亭四迷「浮雲」第十九回）

おひゃらかす 〔他サ五〕

【解説】内心ではからかう気持をもちながら、表面ではほめたてたり追従を言ったりして、その気になるようにそのかす、の意で用いる語。「おひゃる」だけで使うこともある。接尾語「かす」は「はぐらかす」「おびやかす」「とんがらかす」などの「かす」で、他動性をきわだたせ強調するという効果がある。用例は古く平安時代からあるが、俗語的・口頭語的な表現であったらしく、現代語としてもその点は同様である。左の［用例］は明治二〇年に発表された作品の一節だが、明治末期にも「焦だち易い動物をおひゃらかして悦《よろこ》んでいるような気軽な態度」（徳田秋声「黴」）のような用例が見られる。

【用例】　昇はまた頗《（すこぶ）》る愛嬌《（あいきょう）》に富《とん》でいて、極《（きわめ）》て世辞がよい。（略）唯《（ただ）》不思議な事には、親しくなるに随《したが》い次第に愛想《あいそ》が無くなり、鼻の頭《さき》で待遇《あしらっ》て、折に触れては気に障《（さわ）》る事を言うか、さなくば厭《（いや）》におひやらかす。其れを憤《いか》りて喰《くっ》て懸《（かか）》れば、手に合う者は其場《（そのば）》で捻返《ねじかえ》し、手に合わぬ者は一時笑ッて済まして後、必ず讐《あだ》を酬《（むく）》ゆる……尾籠《（びろう）》ながら、犬の糞で横面《そっぽう》を打曲《はりま》げる。　↓びろう
（二葉亭四迷「浮雲」第六回　どちら着《つか》ずのちくらが沖）

おぼこ　〔名・形動〕

【解説】　名詞として、まだ世間のことをよく知らないために、すれていない男子や処女のことを言うのが普通の使い方であるが、左の［用例］のように、「おぼこな事」と形容動詞としての使い方がある。世間慣れしていない、うぶな様子を言う。近世の浮世草子あたりから用例が見られる。口頭語的な表現である。［用例］中の「独呑込」は十分に事情を考えず自分だけわかったつもりになること、独り合点、「合点ならねば」は納得がゆかないので、「二厘も」はほんの少しも、の意。「厘」は「分《ぶ》」の一〇分の一の単位の名。

【用例】　さりとては百両投出《なげだし》て七歳にグッとも云《（い）》わせなかった捌《さば》き方《かた》と違っておぼこな事、それは誰しも恥かしければ其様《そのよう》にまぎらす者なれど、何も紛《まぎら》すに及ばず、爺《じい》が身に覚《おぼえ》あってチャンと心得てあなたの思わく図星《ずぼし》の外《はず》れぬ様致せばおとなしくして御待《おまち》なされ、と何やら独呑込《ひとりのみこみ》の様子、合点《がてん》ならねば、是々《これこれ》御亭主、勘違い致さるるな、お辰《（たつ）》様をいとしいとこそ思

いたれ女房に為様《しよう》なぞとは一厘《いちりん》も思わず
（幸田露伴「風流仏」第六　如是縁《にょぜえん》　上　種子《たね》一粒《ひとつぶ》が雨露《うろ》に養わる）

おもいしめる　思い染める　〔他マ下二〕

＊おもいそめる

【解説】　心の中にしみこませるように深く思いこむ、忘れないように深く心に思いこませる、の意で用いられる語。その思いは概して恋慕の情の場合が多く、まれに敬慕の情の場合がある。漢字表記は同じで「おもいそめる」もあり、どちらも平安時代から用例があって（ただし活用はともに下二段）、両方の使い分け、意味の差異は判然としない。左の［用例］は語り手のお勢に対する批判的な見方を示した部分の一節で、「烹煉を加うる」は、ここでは手を加える、更に検討、吟味する、の意と思われる。「無造作に」は、ここでは軽薄に、というように近い。「看破める」は字義どおり明らかにする、の意、「浅膚の見」はあさはかな考えのこと。

【用例】　感受の力の勝つ者は誰しも同じ事ながら、お勢は眼前に移り行く事や物やのうち少しでも新奇な物が有れば、眼早くそれを視《み》て取ッて、直ちに心に思い染《し》める。けれども、惜しい哉《かな》、殆《ほとん》ど見た儘《まま》で、別に烹煉《ほうれん》を加うるということをせずに、無造作に其《その》物其事の見解を作ッて仕舞《しま》うから、自《おのずか》ら真相を看破《あきら》めるというには至らずして、動《やや》もすれば浅膚《せんぷ》の見《けん》に陥いる。
（二葉亭四迷「浮雲」第十六回）

おもいみる　惟る・思見る　〔他マ上一〕

＊おもんみる

【解説】　よく考える。熟慮する。あれこれと関連のあることを思い巡らす。撥音便で「おもんみる」とも言う。文章語的表現ではあるが、古典の用例は「思ふ」と「見る」の熟合していない、「思って見る」と解釈されるものが多く、一語として熟合した語は明治以後の用法と思われる。左の［用例］の中の「眉根」は眉毛の根もと、また、眉、「世に」は副詞で、本当に、全く、の意。

【用例】　髪の色、眼の色、偖《さて》は眉根鼻付《まゆねはなつき》から衣装《いしょう》の末に至る迄《まで》両人《ふたり》共殆《ほと》んど同じ様に見えるのは兄弟だからであろう。

兄が優しく清らかな声で膝《ひざ》の上なる書物を読む。「我が眼の前に、わが死ぬべき折の様を想《おも》い見る人こそ幸《さち》あれ。日毎夜毎に死なんと願え。やがては神の前に行くなる吾《われ》の何を恐るる……」弟は世に憐《あわ》れなる声にて「アーメン」と云《い》う。

（夏目漱石「倫敦《ロンドン》塔」）

おもにくい　面憎い　〔形〕

＊こにくらしい・つらにくい・にくたらしい・にくにくしい

【解説】顔を見るだけでも憎い、の意をあらわす語。つらにくい（面憎い）。「おもにくし」は「枕草子」その他平安時代の女流文学作品に用例があるが、「つらにくし」は江戸時代の浄瑠璃あたりから用例が見られる。現代語としての両語の違いははっきりしない。ちなみに、類義語の「憎たらしい」は「憎々しい」同様、いかにも憎らしいという意味だが、「憎々しい」よりもくだけた言い方。「小憎らしい」はいかにも憎らしくてしゃくにさわる感じをあらわす。

【用例】すると泰さんは面憎《おもにく》いほど落着いた顔をして、「何、訳《わけ》はありゃしない。君が逢えなけりゃ――」と云《い》いかけましたが、急にあたりを見廻しながら、「こうっと、こりゃいざと云う時まで伏せて置こう。どうもさっきからの話じゃ、あの婆め、君のまわりへ厳重に網を張っているらしいから、うっかりした事は云わない方が好さそうだ。実は第一第二の難関も破って破れなくはなさそうに思うんだが。――（略）」→こうっと
（芥川龍之介「妖婆」）

おもむろに　徐ろに　〔副〕

＊おいおい（に）・じょじょに・ぜんじ・だんだん

【解説】ゆっくりと始める様子をあらわす語。ゆっくりと。徐々に。継続動詞の場合は「おもむろに語り出す」のように使うが、左の［用例］の場合、「顔の手拭をとる」などの動作は瞬時に行なわれるものであるから「顔の手拭をゆっくりと取り始める」とは解せない。ここではこ

の語は「手拭を取る」という動作そのものがゆっくり行なわれることをあらわしている。類義語の「追い追い（に）」は順を追って、そのうちに、の意だが、いい方向への推移を言うことが多い。「徐々に」は推移の速度がゆっくりしているさま、「漸次」は順を追って変わっていくさまを言うが、「だんだん」が口頭語的であるのに対して文章語的な言い方になる。

【用例】 彼は（略）人音《ひとおと》のないのを見定めると、これだけは真新しい酒筵《さかむしろ》に鮮《あざや》かな濡れ色を見せたまま、そっと台所へ上《あが》って来た。猫は耳を平《ひら》めながら、二足《ふたあし》三足跡《みあしあと》ずさりをした。しかし乞食は驚きもせず後手《うしろで》に障子をしめてから、徐《おもむ》ろに顔の手拭をとった。顔は髭《ひげ》に埋《うず》まった上、膏薬《こうやく》も二三個所貼《は》ってあった。　（芥川龍之介「お富の貞操」一）
↓ひらめる

おもる　重る　〔自ラ五〕

【解説】 ①重量が増す、重くなる、②病気が重くなる、重態になる（心の病、悩みにも用いる）、の意で用いられる語。「源氏物語」などにも用例の見られる古い語で、意味も変わらない。「日葡辞書」（一六〇三―四）にはVomori, ru, ottaと見出し項目があるので、当時既に左の［用例］と同様に促音便のあったことが知れる。［用例］は、時代の変化によって家運の傾いた旧家に生まれた女が、数えで一五歳の時由緒ある雛を売らなければならなくなったその前夜のことを叙した部分の一節で、母はもうおも湯以外のものは喉を通らず、口中に血の色をまじえた膿《うみ》がたまるようになっている。

【用例】 わたしは雛《ひな》と一しょにいるのも、今日が最後だと考えると、殆《（ほとん）》ど矢も楯《たて》もたまらない位《（くらい）》、もう一度箱が明《あ》けたくなりました。が、どんなにせがんだにしろ、父は不承知に違いありません。すると母に話して貰《もら》う、――わたしは直《すぐ》にそう思いましたが、何しろその後《ご》母の病気は前よりも一層重《おも》って居ります。　（芥川龍之介「雛」）

おやす　生す　〔他サ五〕

＊おえる・はやす

【解説】 ひげや角《つの》・牙などをはやす、はえるようにする、の意で用いられる語。自動詞「生《お》える」に対する他動詞。類義語の「生《は》やす」よりも勢いの強さをあらわしている。左の［用例］で「興起す」の漢字表記をあてているのは、その点を重視してのことであろう。なお、陰茎を勃起させる意でも江戸時代末期から用例があり、今日でも方言に残っている。［用例］は「浮雲」全体の冒頭部分で、「千早振る」は「神」などにかかる枕詞、「神無月」は陰暦十月の別称、「途渡る蟻、散る蜘蛛の子と」はあごで、それを気にするとは生計の道を心にかける意。直後の「うようよぞよぞよ」を引き出すための比喩、「顋」はこの個所の後半は物尽しの一種でいろいろなひげを並べて見せている。なお「口髭、頬髯、顋の鬚」という漢字の使い分けは正確。

【用例】千早振《ちはやふ》る神無月《かみなづき》も最早《もはや》跡《（あと）》二日の余波《（なごり）》となッた廿八日の午後三時頃に、神田見附《かんだみつけ》の内より、途《と》渡《わた》る蟻、散る蜘蛛の子とうようよぞよぞよ沸出でて来るのは、孰《いず》れも顋《おとがい》を気にし給う方々。（略）まず髭から書立てれば、口髭、頬髯、顋《あご》の鬚、暴《やけ》に興起《おや》した拿《な》破崙髭《ぼれおんひげ》に、独《ちん》の口めいた比斯馬克髭《びすまるくひげ》、そのほか矮鶏髭《ちゃぼひげ》、貉髭《むじなひげ》、ありやなしやの幻の髭（二葉亭四迷「浮雲」第一回　ア、ラ怪《あや》しの人《ひと》の挙動《ふるまい》）

か行

かいつまむ　掻い摘む　〔他マ五〕

＊つまむ

【解説】①指先ではさんで持つ、②話の内容などの必要とする少量の部分だけを取りあげて書いたり話したりする、の意の語。「かい」は強示・特示の接頭語「掻《か》き」のイ音便。「摘《つま》む」は①と同様、指先ではさんで持つ意。②はそこから転じたもの。今では多く「かいつまんで」の形で②の意で用いている。左の［用例］は、作品中の重要人物のひとり本田昇の生い立ちを大略説明しようとした個所の一節で、「総角の頃」は幼時、「怙恃」は両親、「寄辺渚の」は「よるべない（身を寄せる所がない）」と「渚（波うちぎわ）の」の掛詞、「棚なし小舟」は船棚のない小舟、「紛々たる」は入り乱れてもつれているさま、「宛にならなら坂」は「宛にならない」と「奈良坂（古くからの交通の要所で、奈良と京都の境にある坂道）」の掛詞、「児手柏」はヒノキ科の常緑低木で、「万葉集」に「奈良山の児手柏のふた面《おもて》」とある。「東京《とうけい》」は東京の明治前期の呼称。

【用例】 風聞に拠れば総角《そうかく》の頃に早く怙恃《こじ》を喪《うしな》い、寄辺《よるべ》渚《なぎさ》の棚なし小舟《おぶね》では無く宿無《(やどなし)》小僧となり、彼処《あすこ》の親戚此処《(ここ)》の知己《しるべ》と流れ渡ッている内、曽《かつ》て侍《さむらい》奉公《ほうこう》までした事が有るといいイヤ無いという、紛々たる人の噂は滅多に宛になら坂《ざか》や児手《このて》柏《がしわ》の上露《うわつゆ》よりももろいものと旁付《かたづけ》て置いて、さて正味の確《たし》実な所を掻《かい》摘《つま》んで誌《しる》せば、産《うまれ》は東京《とうけい》で、水道の水臭い士族の一人《かたわれ》だと履歴書を見た者の噺《はな》し、是ばかりは偽《うそ》でない。（二葉亭四迷「浮雲」第六回　どちら着《つか》ずのちくらが沖）

かかずらう　拘う・係う　〔自ワ五〕

【解説】つながりを持つ、関係する、関連がある、かかわる、の意で用いる語。概して、かかわりを持ちたくない、好ましくない事柄にかかわることに使う。平安時代からある語で、普通に、たずさわる、従事する、の意味で用いられていたが、現代語では好ましくない場合の用例が多い。「法制の細目に拘《かかずら》ふべきにあらぬ」（森鷗外「舞姫」）のようなケースがそれで、この場合は、こだわる、好ましくないことにかかわりを持ってそれに拘束される、という意味をあらわしている。左の［用例］も同じ。

【用例】宛《あたか》も感覚が鈍くなったようで、お政が顔を皺《しか》めたとて、舌鼓を鳴らしたとて、其《その》時ばかり少し居辛《いづら》くおもうのみで、久しくそれに拘《かかずら》ってはいられん。それでこう邪魔にされると知りつつ、園田の家を去る気にもなれず、いまに六畳の小座舗《こざしき》に気を詰《つま》らして始終壁に対《むか》ッて歎息のみしているので。
（二葉亭四迷「浮雲」第十九回）

かかる　**掛かる・係かる・懸かる**　〔自ラ五〕

【解説】「子にかかる」の形で用いて、子の世話になる、経済的なことをはじめとして生活上のすべてを負担してもらう、という意で使われる語。「日葡辞書」（一六〇三―四）には「Voyani cacaru（親にかかる）子どもが、まだ親の扶養を受けて一緒にいる」（邦訳・岩波版）の例があげてあるが、現代語では、「親がかりの身分」とは言うが「親にかかる」とは普通は言わない。左の［用例］のように「親が子にかかる」がよく使われる表現である。［用例］に用いた「半日」は、長期間小説を発表しなかった鷗外が小説家として再登場した記念すべき作品で、鷗外夫人の忌避によってまた長期間読者の眼に触れなかったものである。

【用例】「君は貯金をして息子を洋行させようとでも思うのか知らぬが、そんな冒険な考《かんがえ》を出してはいけない。（略）君の収入で、息子を大学に入れているからが、尋常な遣《や》り方ではない。夫婦気を揃えて遣っていられるのだから、止《と》めはしないが、これが既に冒険だ。こんな冒険をするのは、子にかかると云《い》う日本特有の風習から出ているのだが、僕などはそれが好い事だとは保証しかねる。少くも安全な事ではないのだ。」
（森鷗外「半日」）

かけて　〔副〕

【解説】下に打消・反語・禁止の語を伴って、決して、少しも、全然、の意で用いる語。助詞「も」をつけて強調して使うことが多い。平安時代から用例の見える古い副詞であるが、古語では肯定文に使う用例も見られる。しかし近現代にはそれは見られない。左の［用例］は島崎藤村らによる雑誌『文学界』に一年がかりで連載された「たけくらべ」の末尾近くの一節で、「廓内」は千束日本堤下三谷《さんや》（今の台東区千束）にあった吉原遊郭、「さしもに」はあれほど、それほどまで、「解けて」は気がねせずに、遠慮なく、の意。

【用例】 美登利《みどり》はかの日を始めにして生れ替《かわ》りしようの柔順《おとな》しさ、用ある折《おり》は廓内《なか》の姉のもとまで通えど懸《か》けても町に遊ぶ事をせず、友達淋しがりて誘いに行けば、今にと空《から》約束ばかり、さしもに仲善《なかよし》なりけれども正太《しょうた》と解けて物いう事も無く、何時《いつ》も耻《はず》かしげに顔のみ赤めて筆やの店に手おどりの活溌さは薬にしたくも見る事ならず成《なり》けり、（樋口一葉「たけくらべ」十六）

かこつ　託つ・喞つ　〔他タ五〕

＊かこつける・なげく

【解説】 ぐちを言う、自分の心の中の不満や悲しみなどを嘆いて訴える、の意で用いる。平安時代からある古いことばで、現代語としてはやや文章語的な表現である。これを類義語の「嘆く」と比較すると、「かこつ」が、自分の不満や悲しみなどの原因を自分以外の何かのせいにしてぐちを言う、といったニュアンスを帯びやすいのに対して、「嘆く」は、外界が自分の思うとおりにならないで悲しみにひたる、という意味が中心になる。他の何かのせいにするという点で、「かこつ」は「かこつける」と微妙に通じるところを持っている。ただし平安時代には「かこつける」と同義の用例が多い。

【用例】 そのうちに母親が人の身の上を羨《うら》やむにつけて、我身《わがみ》の薄命を歎《かこ》ち、「何処《どこ》かの人」が親を蔑《ないがし》ろにしてさらにいうことを用いず、何時《いつ》身を極《き》めるという考《かんがえ》も無いとて、苦情をならべ出すと、娘の親は失礼な、なに此娘《このこ》の姿色《きりょう》なら、ゆくゆくは「立派な官員さん」でも夫《おっと》に持ッて親に安楽をさせることで有ろうと云ッて、嘲けるように高く笑う。（二葉亭四迷「浮雲」第十八回）

↓ないがしろ

かこつける　託ける　〔他カ下一〕

＊こじつける・ことよせる

【解説】　あまり関係の深くないものごとを無理に結びつけてそれを口実にする、言い逃がれのために他のせいにする、の意で用いられる語。類義語の「こじつける」には、無理に何かを結びつけるというニュアンスが強く、「ことよせる」には、それがあまり強くない。「自分にだけ都合のいい理屈をこじつけた」と「微恙《びよう》にことよせて房《へや》の裡《うち》にのみ籠《こも》りて、同行の人々にも物言ふことの少き」（森鷗外「舞姫」）との雰囲気の違いにも、それはあらわれていよう。左の［用例］の場合は、本心で言いたいことなのだがそれを冗談で言うふりをして述べている。

【用例】　若し《も》相愛《あいあい》していなければ、（略）今年の夏一夕《いっせき》の情話に、我から隔《へだて》の関を取除《の》け、乙《おつ》な眼遣《めづかい》をし麁匆《ぞんざい》な言葉を遣《つか》って、折節《おりふし》に物思いをする理由《いわれ》もない。

若し相愛していなければ、婚姻の相談が有った時、お勢が戯談《じょうだん》に托辞《かこつ》けてそれとなく文三の肚《はら》を探る筈《はず》もなし、また叔母《おば》と悶着をした時、他人同前《どうぜん》の文三を庇護《かば》って真実の母親と抗論する理由《いわれ》もない。

↓ぞんざいだ

（二葉亭四迷「浮雲」第八回　団子坂の観菊《きくみ》　下）

かごとがましい　託言がましい　〔形〕

＊かごと

【解説】　何かにことよせて恨みごとを言っているようである、ぐちっぽい、恨みがましい、また、他のことにことよせている様子だ、口実にしている、の意で用いられる語。「かごと（託言）」はかこつけごと、口実、言いがかりの意の名詞。「がましい」は名詞、副詞、動詞の連用形の下につき、それらしい、その傾向がある、の意を添えて形容詞を作る接尾語で、古くは「晴れがまし」「人がまし」などプラス評価の意味にも、「恨みがまし」「をこがまし」などマイナス評価の意味にも用いた。しかし中世以後現代にいたるまで、マイナス評価の意味にばかり用いられるようになっている。「皮肉がましい」「批判がましい」など。

【用例】「（略）合戦と云う日には、（略）大声《おおごえ》に歌をうたいながら、織田殿《おだどの》の身内に鬼《おに》と聞えた柴田《しばた》の軍勢を斬り靡《なび》けました。それを何ぞや天主《てんしゅ》ともあろうに、たとい磔木《はりき》にかけられたにせよ、かごとがましい声を出すとは見下《みさ》げ果てたやつでございます。そう云《い》う臆《おく》病《びょう》ものを崇《あが》める宗旨《しゅうし》に何の取柄《とりえ》がございましょう？（略）」（芥川龍之介「おしの」）

かじける　悴ける・瘁ける　〔自カ下二〕

＊かじかむ

【解説】　生気がなくなり萎縮する、ちぢこまる、草木などがしおれてみすぼらしくなる、の意で用いられる語。平安時代から用例の見える古語であるが、現代では、寒さ冷たさで指先などがきかなくなる、「かじかむ」と同義の方言として、北から南まで各地にひろく分布して残っている程度で、用例はあまり多くない。左の〔用例〕中の「冱」は寒い、こおる意の「冱」の誤用か。「いて」は「凍《い》（冱《い》）てる」に通ずる。「月下翁」は月下老人のことで、月下氷人とも言い、媒酌人、縁結びの神のこと。「峯入り」は山伏（修験者）が奈良県の大峰山に登って修行すること。

【用例】　お勢も（略）文三に向ッてはともすればぞんざいな言葉遣《つか》いをする所を見れば、泣寐入《なきねい》りに寐入ったのでもない光景《ようす》。
アア偶々《たまたま》咲懸ッた恋の蕾《つぼみ》も、事情というおもわぬ冱《いて》にかじけて、可笑《おか》しく葛藤《もつ》れた縁《えにし》の糸のすじりもじった間柄、海へも附《つ》かず河《かわ》へも附かぬ中ぶらりん、月下翁《むすぶのかみ》の悪戯《たわむれ》か、それにしても余程風変りな恋の初峯入り。　↓すじりもじる
（二葉亭四迷「浮雲」第三回　余程風変《ふうがわり》な恋の初峯入《はつみねいり》　下）

かしずく　傅く　〔自カ五〕

【解説】　大切に仕える。つきそって世話をする。平安語の用例では、子供などを大切に守り育てる、の意に使ったものが多いが、「日葡辞書」（一六〇三―四）あたりから「主人などにうやうやしく仕える」（邦訳・岩波版）の語釈があらわれる。近現代ではもっぱら目上の人に仕える意味が多い。左の〔用例〕の中の「忠実々々しく」は真面

目に勤めて、「胡弓」は弓で奏する弦楽器で三味線よりやや小さく、哀切な音色を出すもの、「さとき」はかしこい、「地謡」は上方唄とも言い、江戸唄（長唄や江戸浄瑠璃など）に対して上方で発達した組歌・歌舞伎歌・端歌・長歌・手事物などの総称。

【用例】 小町田《こまちだ》夫婦。并《ならび》にお常《つね》をわが為《ため》には。大恩人ぞと思えるから。心を尽《つく》して忠実々々《まめまめ》しく。かしずくさまのいじらしさに。お常はますます不便《ふびん》がりて。閑暇《いとま》あるまま三味線胡弓《こきゅう》。又《また》は蹈舞《おどり》をもならわしむるに。何をさせても合点早く。且記憶《かつものおぼえ》もさとき方《ほう》ゆえ。（略）二月三月を経しのちには。酒の席《むしろ》へ呼《よび》いだして。お常の地《ぢ》謡にて蹈舞を跳《おど》らせ。客にも見する程となりぬ。収獲《とりいれ》も絶えて。涙の雨の降《ふり》つづく。小町田の豊作不作《できふでき》（坪内逍遙「一読三歎当世書生気質」第四回）

かずく　被く　〔他カ五〕

＊かつぐ

【解説】 衣類やかぶりものなどを頭にかぶる。頭の上からおおう。「かつぐ」とも言う。同音の「潜ぐ」は水中に頭からもぐる意で、同語源とされている。中世末期には「日葡辞書」（一六〇三―四）にCazzuqi, uとあり、Catçugui, gu, uida ともあって、前者を本来の正しい語としている。左の［用例］の中の「村夫子」は田舎の学者、村の先生、「カーライル」は一九世紀イギリスの評論家・歴史家で、ロンドンのチェルシーに住んだのでチェルシーの哲人と言われた。

【用例】 公園の片隅に通り掛《がかり》の人を相手に演説をして居る者がある。向うから来た釜形《(かまがた)》の尖《(とが)》った帽子を被《か》ずいて古ぼけた外套《(がいとう)》を猫背《(ねこぜ)》に着た爺さんがそこへ歩みを佇《とど》めて演説者を見る。演説者はぴたりと演説をやめてつかつかと此村夫子《このそんぶうし》のたたずめる前に出て来る。二人の視線がひたと行き当る。演説者は濁《にご》りたる田舎調子《いなかちょうし》にて御前はカーライルじゃないかと問う。如何《(いか)》にもわしはカーライルじゃと村夫子が答える。（夏目漱石「カーライル博物館」）

かずける　托ける・被ける　〔他カ下一〕

【解説】 頭にかぶらせる、の意から転じて、責任や罪などを転嫁して押しつける、せいにする、という意味で用いられる語。この意味の用例は近世の浮世草子あたりから見られる。現代語としては、かなり広い地域に分布している方言に残っている。左の［用例］の中の「他人を議るは正しく己れの罪を定むるなり」は「新約聖書」中の「パウロのローマ人への手紙」二章一節によるもの。「すべて人をさばく者よ。あなたには弁解の余地がない。あなたは他人をさばくことによって、自分自身を罪に定めている」。

【用例】「（略）貴郎《（あなた）》は其《（その）》上手《うわて》を行って、功名心《アンビション》の為に愛《ラブ》を喪《な》くして置いて、猶《ま》だ飽足《（あきた）》りないで夫人《おくさん》の瑕瑾《あら》を数立《かぞえた》てて、愛《ラブ》を喪くした原因《コース》を夫人《おくさん》の罪に托《かず》けてお了《（しま）》いなさる。其上に御自分の責任を棚へ上げて夫人《おくさん》の瑕瑾《あら》を冷淡に手厳しく批評していらっしゃる。他人《ひと》を議《はか》るは正《まさ》しく己《（おの）》れの罪を定むるなりで、貴郎が社会《よのなか》の不徳に慷慨《こうがい》なさる人道《ヒューマニチー》のお説は其まま御自分の罪を審紏《さば》く宣告文になりそうだ――と妾《わたし》は思いますね。」（内田魯庵「くれの廿八日」其《その》五）

かたえむ　片笑む　〔自マ五〕

【解説】片方の頬に笑みを浮かべる。微笑をもらす。敢えて原義通りに片方の頬でなくとも、ちょっと笑顔になることをも言う。「源氏物語」に用例を見る古い語であるが、現代ではあまり使用されない。左の［用例］の中の「百の媚を含めて睚えし」は満面の愛嬌をたたえて迎え見た、あふれるばかりの媚をたたえて顔を見合わせた、「彼」は満枝（当時は女性をも「彼」と言った）、「眸」は目じり、「貝の如き」は貝のように白くてかわいい、「金歯」の提示には、歯に金冠をかぶせている満枝という女の金力についての示唆がある。

【用例】此《この》時貫一《かんいち》は始めて満枝《みつえ》の面《おもて》に眼《まなこ》を移せり。百《もも》の媚《こび》を含めて睚《みむか》えし彼の眸《まなじり》は、未《いま》だ言わずして既に其《そ》の言わんとせる半《なかば》をば語尽《かたりつく》したるべし。彼の為人《ひととなり》を知りて畜生と疎《うと》める貫一も、有繫《さすが》に艶《えん》なりと思う心を制し得ざりき。満枝は貝の如き前歯と隣れる金歯とを露《あらわ》して片笑《かたえ》みつつ、「まあ、何為《なぜ》でも宜《よろし》うございますから、それでは鶏肉《とり》に致しましょうか。」
「それも可《い》いでしょう。」
（尾崎紅葉「金色夜叉」中編第二章）

かたがた　方方・旁　〔名・副・接尾〕

【解説】　この語の用法は古くは多岐にわたっていたが、現代語としては、①動作性の意味を持った名詞（下に「する」をつけてサ変動詞になりうるもの）について、……がてら、……も兼ねて、の意をあらわす接尾語として、②その一方で、それはそれとして、の意をあらわす副詞として、③「人々」を敬って言う名詞として、用いられる。①については、「和英語林集成」初版（一八六七）に項目があり、「旁」の字をあてて、英文の語釈の後に「参詣かたがた鎌倉へ行く」（原文ローマ字）の用例があげてある。この頃から使われはじめた語らしい。左の［用例1］は①で、「風聴《ふいちょう》」は吹聴。［用例2］は②で、「代赭色」は茶色を帯びたオレンジ色。

【用例1】　此《この》物語の首《はじめ》にちょいと噂をした事の有るお政の知己《しりびと》「須賀町《すがちょう》のお浜」という婦人が、近頃に娘をさる商家へ縁付《づけ》るとて、それを風聴《ふいちょう》かたがたその娘を伴《つ》れて、或《ある》日お政を尋《たず》ねて来た。
（二葉亭四迷「浮雲」第十八回）

【用例2】　現実とは代赭色《たいしゃいろ》の海か、それともまた青い色の海か？　所詮《しょせん》は我々のリアリズムも甚だ当《あて》にならぬと云《い》う外《ほか》はない。かたがた保吉は前のような無技巧に話を終ることにした。
（芥川龍之介「少年」四）

かたげる　傾げる　〔他ガ下一〕

【解説】　かたむける。重い家具や荷物などの片方を持ち上げる。「『ちょいと、私挿《さ》して上げましょう。』／『何《ど》うぞ。』と微笑《ほほえ》みながら頭を偏《かた》げる。／頭を偏げて伏目になった繁《しげる》の長い睫毛《まつげ》」（小栗風葉「青春」）のように使う。なお、同音異義語の「担げる」（他ガ下一）は、肩にのせる、かつぐ、の意であるが、細長い棒状の物（たとえば傘の柄など）を担ぐと、当然斜めになり傾けたことになる。「お鶴さんが海老茶の袴を穿き、赤い甲斐絹《かいき》の日傘をかたげて、友禅の包を抱え」（志賀直哉「速夫の妹」）のように使う。左の［用例］の中の「一文菓子」は安価な材料を用いた大衆的な菓子、駄菓子、「番傘」は竹骨に紙を張って油をひいた粗末な雨傘。

【用例】無い一文菓子《いちもんがし》が欲しいなどと言出《（いいだ）》して、母に強求《ねだ》るが、許されない。祖母に強求る、一寸《ちょっと》渋る、首玉《くびったま》へ噛《かじ》り付いて、ようようと二三度鼻声で甘垂《あまた》れる、と、もう祖母は海鼠《なまこ》の様《（よう）》になって、お由《よし》——母の名だ——彼様《あんな》に言うもんだから、買って来てお遣《や》りよ、という。祖母の声掛りだから、母も不承不承《ふしょうぶしょう》起って、雨降りでも私の口のお使に番傘《（ばんがさ）》傾《かた》げて出懸《（でか）》けようとする。↓ふしょうぶしょう（二葉亭四迷「平凡」四）

かたはらいたい　片腹痛い　〔形〕

【解説】おかしくてたまらない、あまりおかしくて大笑いをして片腹が痛いほどだ、の意で用いる語。平安時代に用いられた「かたはらいたし（傍ら痛し）」（①そばで見聞するのもにがにがしい。みっともない。②〈第三者として〉気の毒である。③他人に見聞きされて恥ずかしい。）が中世の「日葡辞書」（一六〇三—四）の頃から誤解されて現代語の意味になったものである。古典仮名遣いで、語中のハ行音がワ行音に発音されるようになった平安末期以後も「かたはら（傍）」がそのままハ行音に発音されて、「片腹」と誤解されるに至ったものと思われる。「日葡辞書」もCatafara itai と表記している。

【用例】勝手口で、「梅本でござい。」梅本というは近処の料理屋。「おや家《うち》では……」とお政は怪しむ、その顔も忽《（たちま）》ち莞爾々々《にこにこ》となッた、昇の吩咐《いいつけ》とわかッて。「それだから此息子《（このむすこ）》は可愛いよ。」片腹痛い言《こと》まで云ッてやがて下女が持込《（もちこ）》む岡持《（おかもち）》の蓋《（ふた）》を取ッて見るよりまた意地の汚い言《（こと）》をいう。（二葉亭四迷「浮雲」第十七回）

かつがつ　且且　〔形動・副〕

＊かつかつ

【解説】かろうじて現在の状態を保っている様子。やっとのことで。ぎりぎり。余裕の無い様子。現代語では、「従妹《いとこ》よりは折々母へ手紙を寄せ候《そうろう》。相変らずかつかつにて暮居《くらしおり》候様子に候」（徳冨蘆花「思出の記」）のように、「かつかつ」と清音で使う方が多い。左の［用例］中、「月給だけでは（略）覚束なかった」と言っていることの背後に、当時は中学は義務教育ではなく進学する者も非常に少なかったという事実がある。「糊塗なって」はとりつくろって、ごまかして、の意。「未だ五十」とあるが、「平凡」の数年後に書かれた森鷗外の「妄想」では、五〇歳の主人公は「翁《おきな》」と呼ばれていた。明治末期の五〇歳は「未だ」と「翁」との間の微妙なところに位置していたと思われる。

【用例】 父は其《その》頃県庁の小吏《しょうり》であった。薄給でかつがつ一家を支えていたので、月給だけでは私を中学へ入れる事すら覚束《おぼつか》なかったのだが、幸い親譲りの地所が少々と小さな貸家《かしや》が二軒あったので、其上《あが》りで如何《どう》にか斯《こ》うにか糊塗《まじく》なっていたのだ。だから到底《とて》も私を東京へ遣《や》れないという父の言葉に無理もないが、しかし……私は矢張《やっぱり》東京へ出たい。
父は其頃未《ま》だ五十であった。
（二葉亭四迷「平凡」二十三）

かつふつ 〔副〕

＊ふつに

【解説】 絶対に、まったく、全然、まるで、の意をあらわす語。下に打消の語、あるいは否定的な内容の表現を伴って用いる。下に助詞「に」をつけることもある。話しことば的な文脈の中で使われることが多い。近世中期頃から用例が見える。樋口一葉の「たけくらべ」冒頭近くの「かたぶく軒端の十軒長屋二十軒長屋、商いはかつふつ利かぬ所とて」のような用例もある。「ウンテル、デン、リンデンの酒家、茶店は猶ほ人の出入盛りにて賑はしかりしならめど、ふつに覚えず」（森鷗外「舞姫」）の中に使われている「ふつに」という同義の副詞もある。ちなみに、天草本の文体をまねた左の［用例］の表現（「えならぬ」の［解説］参照）には、独特な響きがある。「消えようずる」は消えるだろう、「耳を借そうず」は耳を貸そうとする、「おりない」はない、の意。

【用例】 その姿の妙《たえ》にも美しい事は、散りしく桜の花の色さえ消えようずると思われたが、隠者の翁《おきな》は遍身《へんしん》に汗を流いて、降魔の呪文《じゅもん》を読みかけ読みかけ、かつふつその悪魔《じゃま》の申す事に耳を借そうず気色《けしき》すらおりない。されば 傾城《けいせい》 もかくてはなるまじいと気を苛《いら》ったか、（略）よよとばかりに泣い口説《くど》いた。↓いらつ　（芥川龍之介「きりしとほろ上人伝」三）

かまえて　構えて　〔副〕

＊かまえる

【解説】　なんとかして、なんとでもして、の意で用いられる語。下に意志・決意をあらわす語を伴って、なんとかして、必ず……しよう・するつもりだ、下に命令の語を伴って、必ず……しろ、願望の語を伴って、是非とも……してほしい、禁止の表現を伴って、決して……するな、下に打消・否定の意の表現を伴って、絶対……ない、などの意をあらわす。「かまえて」は動詞「かまえる」の連用形に助詞「て」がついてできた語で、心構えをして、がもとの意味であろう。左の〔用例〕は、必ず……しよう、の意で使っている。なお〔用例〕中の「ひたと」はひたすら、いちずに、「専念に」は一心に、「陀羅尼」は梵語《ぼんご》（サンスクリット）の文を原音に従ってよむもので、お祈りやお呪《まじな》いのことば、「心にきわめつろう」は心に決めたのであろう、「傾城」は美女、娼婦、「遊び」は管弦・歌舞によって人を楽しませることを職業とする女、「厭わいで」はいとわないで。

【用例】　さては 又《また》 しても悪魔《じゃま》めの悪巧《わるだく》みであろうずと心づいたによって、ひたと御経《おんきょう》に眼を曝《さら》しながら、専念に陀羅尼《だらに》を誦《ず》し奉って居《お》ったに、傾城《けいせい》 はかまえてこの隠者の 翁《おきな》 を落そうと心にきわめつろう。（略）「如何《いか》に遊びの身とは申せ、千里の山河《さんか》も厭《いと》わいで、この沙漠までまかり下ったを、さりとは 曲《きょく》 もない御《おん》方《かた》かな」と申した。↓きょくもない　（芥川龍之介「きりしとほろ上人伝」三）

かまびすしい　喧しい・囂しい　〔形〕

＊さわがしい・やかましい

【解説】　物音や声が不快に聞こえる。やかましい。うるさい。さわがしい。元来は漢文訓読語で、中古の和文では「かしがまし」が用いられた。中世以後も「かまびすし」は文語調の文体の中で用いられ、口頭語系の文章の中では中世は「かしまし」、近世以後は「やかましい」「さわがしい」が普通に用いられた。従って左の［用例］は文語調にあらたまった表現と言える。［用例］で引用したのは、主人公が自分の心の慰籍を自然科学に求めて得られず、哲学にそれを求めようとしたことを叙した部分の一節で、「Hartmann」は一九世紀後半のドイツの哲学者、「妄想」発表の数年前に没している。

【用例】哲学の本を読んで見ようと思い立って、夜の明けるのを待ち兼ねて、Hartmann《ハルトマン》の無意識哲学を買いに行った。これが哲学というものを覗《のぞ》いて見た初《はじめ》で、なぜハルトマンにしたかというと、その頃十九世紀は鉄道とハルトマンの哲学とを齎《もたら》したと云《い》ったか位《くらい》、最新の大系統として賛否の声が喧《かまびす》しかったからである。
自分に哲学の難有《ありがた》みを感ぜさせたのは錯迷の三期であった。（森鷗外「妄想」）

かみわける
噛み分ける 〔他カ下一〕

＊あじわう・かみしめる

【解説】①よく噛んで味の良し悪しを区別する、噛み味わう、の意の語であるが、それを比喩的に使って、②物事を分別して考えよく理解する、の意でも用いられる。「酸いも甘いも噛み分けた経験豊かなおとな」のような言い方は、①と②の意味のつながりを微妙にあらわしている。類義語の「味わう」は、口に入れてうまさの感じをためしまた楽しむ、身をもって感じる、「噛み締める」は、きつく噛む、よく味わい十分に感じとる、おさえて表に出さないようにする、の意で用いられ、味をみるという点で「噛み分ける」と通じ合うものを持っている。左の［用例］中の「叔母」はお勢の母お政をさす。

【用例】「が若《（も）》し叔母が慈母《おふくろ》のように我《おれ》の心を噛分《かみわ》けて呉《（く）》れたら、若し叔母が心を和《やわら》げて共に困厄に安んずる事が出来たら、我《おれ》ほど世に幸福な者は有るまいに。」ト思ッて文三屡々《しばしば》嘆息した。依《よっ》て至誠は天をも感ずるとか云う古賢《こげん》の格言を力にして、折さえ有れば

力《つと》めて叔母の機嫌を取ッて見るが、

（二葉亭四迷「浮雲」第十一回　取付く島）

から　〔副〕

＊からきし・からっきし

【解説】否定的、または好ましくない状態をあらわすことばにかかって、その意味を強める。「『いえもう、身体許《からだばかり》大きう御座いまして、から、役に立ちません』／『……勘定すると四になる訳だ。うちの糸が二だから』」（夏目漱石「虞美人草」）のように使う。「からきし」「からっきし」とも言う。近世以後の会話体の文に使われる。まるっきり。てんで。さっぱり。次のような例もある。「『こう見《め》えて、私《わっち》も江戸っ子だからね』／『道理《どうれ》で生粋《いなせ》だと思ったよ』／『えへへへへ。からっきし、どうも、人間もこうなっちゃ、みじめですぜ』」（夏目漱石「草枕」）。左の［用例］では「意久地がなかった」という連文節全体にかかって、その意味を強める。「から元気」「から威張り」などの「から」は名詞の上に付ける接頭語で、見せかけだけで内容がともなわいこと。


【用例】成《な》る程折々《ほどおりおり》母が物蔭で泣いていると、いつも元気な父が其《その》時ばかりは困った顔をして何か密《ひそ》々《ひそ》言っているのを、子供心にも不審に思った事があったが、それが伯父《おじ》の謂《い》うお祖母《ばあ》さんに泣かされていたのだったかも知れぬ。

兎《と》に角《かく》祖母は此《この》通り気難《きむず》かし家《や》であったが、その気難かし家の、死んだ後迄《まで》噂に残る程の祖母が、如何《どう》いうものだか、私に掛《かか》ると、から意久地がなかった。

（二葉亭四迷「平凡」三）

からげる　絡げる・紮げる　〔他ガ下一〕

＊くくる

【解説】①たばねてひとくくりにする、紐などを巻きつけて縛る、の意の語だが、そこから比喩的に用いて、②事柄や多種の問題などを大ざっぱにひとまとめにする、の意でも用いられる。ほかに、③着ている着物の裾をまくりあげる、という意もある。類義語の「括る」も①②の意で使う。左の［用例］は②で用いたもの。［用例］中の「諭旨免職」は懲戒処分に代えて行為の非を諭《さと》し形式上は依願退職となるもの。「トサ」は格助詞「と」に間投助詞「さ」が添ったもの。「さ」はくだけた会話などに用いるので、話しことば的な文体の中にあらわれやすい。

【用例】母親も叔父夫婦の者も宛《あて》とする所は思い思いながら一様に今年の晩《く》れるを待詫《まちわ》びている矢端《やさき》、誰れの望みも彼れの望みも一ツにからげて背負ッて立つ文三が（略）今日思懸《おもいが》けなくも……諭旨《ゆし》免職となった。さても星煞《まわりあわせ》というものは是非《ぜひ》のないもの、トサ昔《むかし》気質《かたぎ》の人ならば言う所でも有ろうか。→ぜひない
（二葉亭四迷「浮雲」第三回　余程風変《ふうがわり》な恋の初峯入《はつみねいり》　下）

かんずる　観ずる〔他サ変〕

＊かんじる

【解説】これは、仏教用語で真理などを心の中に思い浮かべて静かに観察する意で用いられていたことから、心眼によって真理などを悟る、よくよく考える、心深く思いみるという意で使われることになった語である。「観じる」と表記されることもある。サ変動詞の上一段化の例で一般的傾向である。より多く文章語として用いられ、また男性に使われることの多い語とされる。観念の操作によって思惟する傾向の強い男性が、観念よりも感覚の作用によって認識しえたことを強調するために、この語をとりたてて使おうとしているのではないかと思われる。ちなみに、「ン」の後の連濁現象でサ変「する」が濁音化している。［用例］中の「璆鏘」は宝石や金属が触れあって美しい音をたてる様子で、ここでは詩想が生ずることの比喩、「丹青」は絵具、「五彩の絢爛」はさまざまな色で華麗に描かれた絵画、「霊台」「方寸」はともに心のこと、「澆季溷濁の俗界」は道徳や人情がおとろえ乱れて濁った人間の住む世界。

【用例】只《ただ》まのあたりに見れば、そこに詩も生き、歌も湧《わ》く。着想を紙に落さぬとも璆鏘《きゅうそう》の音《おん》は胸裏に起る。丹青《たんせい》は画架に向って塗抹《とまつ》せんでも五彩の絢爛《けんらん》は自《おのず》から心眼に映る。只おのが住む世を、かく観《かん》じ得て、霊台方寸《れいだいほうすん》のカメラに澆季《ぎょうき》溷濁《こんだく》の俗界を清くうららかに収め得れば足る。

（夏目漱石「草枕」一）

がんぜない　頑是無い　〔形〕

＊がんぜなげだ・がんぜなさ

【解説】幼くて物事の道理や是非の区別がわからない様子をいう語。聞き分けがない。分別がない。そこから転じて、子供などが無邪気であるさま、あどけないさまをも指すことになった。左の［用例］は、どこからか聞えてきた三味線の音色が契機となって、主人公が二〇年以前のまだ子供だった頃のことをありありと思い出し、自分がまるで二〇年前のあどけない子供になり切ったかのような心情に陥っていたことを示すのに、この語が用いられたものである。なお、「がんぜなげ」は、形容詞「がんぜない」の語幹に接尾語「げ」がついた形容動詞、「がんぜなさ」は「がんぜない」の語幹に接尾語「さ」がついた名詞。

【用例】三味《さみ》の音《ね》が思わぬパノラマを余《よ》が眼前《めさき》に展開するにつけ、余は床《ゆか》しい過去の面《ま》のあたりに立って、二十年の昔に住む、頑是《がんぜ》なき小僧と、成り済ましたとき、突然風呂場の戸がさらりと開《あ》いた。（夏目漱石「草枕」七）

かんばしる　甲走る・癇走る　〔自ラ五〕

【解説】声の調子が高く鋭くひびく。「甲」の字の日本での慣用音が「カン」。邦楽用語で、調子の高い音、高い音域で歌う部分、などの意味で使う。また「甲高《かんだか》い声」などの「かん」も同じ。左の［用例］の中の「文科大学」は旧制の帝国大学を構成していた分科（研究・教育部門）の一つで、のち改称されて東京帝国大学文学部となったもの。「半日」は、主人公高山君の家庭内の出来事を朝から昼近くまでの半日に限って書いたもので、高山君の母と妻には、どこか鷗外の母峰子と妻（後妻）志げの面影が揺曳していると言われている。

【用例】奥さんは蒼い顔の半ばを占領しているかと思う程の、大きい、黒目勝《かち》の目をぱっちり開いた。そして斯《こ》う云《い》った。「まあ、何という声だろう。いつでもあの声で玉《たま》が目を醒ましてしまう。」それが大声で、癇走《かんばし》っているのだから、台所へは確《たしか》に聞えたのである。
一体台所で湯の沸くのが遅い小言《こごと》を言ったのは誰《たれ》であるか。これは主人文科大学教授文学博士高山峻蔵《しゅんぞう》君の母君である。（森鷗外「半日」）

きいたふう　利いた風　〔名・形動〕

【解説】　その道に通じたような知ったかぶりの態度。また、その人。近世以後の会話文体で用いられた語で、本来は、良い意味で気のきいたこと、また、その人や様子、を言う表現であったが、それがなまいきな感じを伴うことが多く、好ましくない様子・態度を意味するようになり、現代語としては良くない意味でだけ用いられるようになった。語の成りたちは連語的であるが、常に一語として用いられる。左の［用例］の中の「後に言う壮士肌」は自由民権運動の政治運動家やその後の政党院外団の人々のことで、「壮士肌」は血気さかんな豪傑気質《かたぎ》を言う。「懐かしくない」は親しみがもてない、の意。

【用例】　その頃の学生は、七八分《ぶ》通りは後に言う壮士肌で、稀《まれ》に紳士風なのがあると、それは卒業直前《すぐまえ》の人達であった。色の白い、目鼻立《だち》の好《い》い男は、兎角《とかく》軽薄らしく、利《き》いた風《ふう》で、懐かしくない。そうでないのは、学問の出来る人が其中《そのなか》にあるのかは知れぬが、女の目には荒々しく見えて厭である。それでもお玉《たま》は毎日見るともなしに、窓の外を通る学生を見ている。（森鷗外「雁」拾陸《じゅうろく》）

ききわける　聞き分ける　〔他カ下一〕

＊ききわけ

【解説】　聞いて理解し従う。納得する。得心する。この語の連用形が名詞化した「聞き分け」は、やはり聞いて納得すること、また、その能力を意味するが、より多く、子供が大人にさとされて自分の欲望を我慢して従うことを言う。「どうやらこのごろは大分聞きわけがついて、母さま母さまと仰《おっしゃ》るのだけは止んだんですけど」（鈴木三重吉「桑の実」）はその一例である。左の［用例］のように「聞き分けない」という場合と、「聞き分けがない」という場合とがある。後者の方が性格的に従順さを欠く意味が強く、前者は、その時そのことに関して一回だけの言説である。「用例」中の「苦学生」は労働して学資を得ながら学ぶ学生のこと。

【用例】 金がないと言われるけれど、地面を売れば如何《どう》にかなりそうなものだ、それとも私の将来よりも地面の方が大事なら、学資は出して貰《もら》わんでも好い、旅費だけ都合して貰いたい、私は其《それ》で上京して苦学生になると、突飛《とっぴ》な事を言い出せば、父は其《そん》様な事には同意が出来ぬという、それは圧制だ、いや聞分《ききわけ》ないというものだと、親子顔を赤めて角芽立《つのめだ》つ側《そば》で、母がおろおろするという騒ぎ。 →つのめだつ

（二葉亭四迷「平凡」二十三）

きこえよがし　聞こえよがし　〔名・形動〕

【解説】 面と向かって直接言うのではなく、嫌味、皮肉、悪口などを相手に聞こえるようにわざと言うこと、または、そのさま、の意のことば。ことばでなく溜息《ためいき》や欠伸《あくび》、左の「用例」のように舌皷《したうち》などを使って表現することもある。動詞「聞こえる」の命令形に接尾語「がし」のついたもの。「がし」は命令形などについて希望、要求の意をあらわす接尾語。……と言わんばかり。江戸時代末期の人情本あたりから用例が見える。「用例」のように「聞こえよがしに」（形容動詞連用形）の形で使うことが多いが、「聞こえよがしの悪口」のように名詞として使うこともある。「用例」中の「体」はありさま、様子、「舌皷」は舌打ち。

【用例】 何か用事が有りて下座敷へ降りれば、（略）皆云い合したように、ふと口を箝《つぐ》んで顔を曇らせる、というちにも取分《とりわ》けてお政は不機嫌な体《てい》で、少し文三の出《で》ようが遅ければ、何を愚頭々々《ぐずぐず》していると云わぬばかりに、此方《こちら》を睨《ね》めつけ、時には気を焦《いら》ッて、聞えよがしに舌皷など鳴らして聞かせる事も有る。

（二葉亭四迷「浮雲」第十九回）

きせずして　期せずして　〔連語〕

【解説】 予期しないで。思いがけなく。はからずも。偶然。「彼は梟《ふくろ》の如き鋭き眼《まなこ》を放って会衆を一睨《げい》せり、

満場の視線は期せずして彼の赤黒き面上に集まりぬ」（木下尚江「火の柱」）という例が示すように、この連語は文語調のややかたい表現である。左の［用例］の場合は、「大発見をした」に合わせて、わざと大仰な感じのことばを使ったものであろうと思われる。［用例］の中の「アルフォンス・ドオデエ」は一九世紀後半のフランスの小説家。「不死者という本」は原題"L' immortel"で主人公は大学教授。

【用例】学者仲間に発見ということが今一つある。これは俗に掘り出すというのに当る。（略）一体掘出しはのん気な為事《しごと》に相違ないのだが、これも功名心が伴って来ると、危険がないでもない。其辺《そのへん》は仏蘭西《フランス》のアルフォンス・ドオデエという先生が不死者という本に十分書いているから、僕は復《ま》た贅《ぜい》せずとして引き下る。この発見の方にも、僕は先ず縁が遠いようだ。
然《しか》るに僕は此頃《このごろ》期せずして大発見をした。
（森鷗外「大発見」）

↓ぜいする

きぜわしい　気忙しい　〔形〕

＊きぜわしげ・きぜわしさ・きぜわしない

【解説】①気分的に落ち着かない、気にかかることがあって一つのことに集中できない、②性格に落ち着きがなく事を進めるのに性急である、の意で用いられる語。類義語の「気忙しない」（形容詞）は「気忙しい」と「せわしない」が一つに融合した語で、「ない」は打消の形容詞でなく、そのような性質・状態をしている、の意味で、「うしろめたない」「はしたない」「せつない」などの「ない」（接尾語）である。関連語に形容動詞「気忙しげ」（気忙しい様子だ）、名詞「気忙しさ」（気忙しい度合）などがある。

【用例】泰さんは（略）お敏と荒物屋のお上さんとを等分に見比べて、手際《てぎわ》よく快活に笑って見せました。勿論何も知らない荒物屋のお上さんは、こう云《い》う泰さんの巧《たくみ》な芝居に、気がつく筈《はず》もありませんから、「じゃお敏さん、早く行ってお上げなさいよ。」と、気《き》忙《ぜ》わしそうに促すと、自分も降り出した雨に慌《あわ》てて、蚊やり線香の赤提燈を匆々《そうそう》とりこめに立ったと云います。

（芥川龍之介「妖婆」）

きたいだ　希代だ・稀代だ・奇代だ〔形動〕

＊きだいだ

【解説】 非常に珍しい。世にまれな様子。「きだい」とも言う。あまりにも珍しいことから、不思議、の意味にも用いるようになる。左の［用例］はこの意味である。漢語系のことばで「平家物語」などに用例が多いが、会話文の中にも早くから使われたらしく、「日葡辞書」（一六〇三―四）に「Qitai（キタイ）すなわちYoni marena coto（ヨニマレナコト）」とあり、「Qitaina」の見出しもある。左の［用例］の中の「ぬけ目ないない」は、「抜け目ない」（てぬかりがない）と「内々」とを掛けた表現になっている。

【用例】 麓《ふもと》へと。下《くだ》る吉住《よしずみ》。引添《ひっそ》う芸者。見送る書生。見かえる田《た》の次《じ》。目にかよわする相互《たがい》の真情《まごころ》。いと切《せつ》なりとは見えながら。恋とは見えず。恋ならぬ。中《なか》とも見えぬ両人《ふたり》をば。かかる筋には取別《とりわけ》て。ぬけ目ないない小年《ことし》さえ。小首かたげて不審皃《がお》（年）ドウモ希代《きたい》だヨ。（田）エ。大姐《ねいさん》。何ですとエ（年）エ。アノ何サ。先刻《さっき》園田さんに戴《いただ》いた物を。何処《どこ》かへ無《なく》してしまったからサ。

（坪内逍遙「一読三歎当世書生気質」第一回　鉄石《てっせき》の勉強心も。変るならいの飛鳥山《あすかやま》に。物いう花を見る。書生の運動会。）

きっする　喫する〔他サ変〕

＊ふくする

【解説】 ①飲む、食う、たばこなどを吸う、②受ける、こうむる、の意をあらわす語。「飲む」「食う」「吸う」を文章語的に表現したものだが、転じて「罰をくらわせる」を「罰を喫せしめる」、「連敗した」を「連敗を喫した」などとも使うようになった。「大名華族の老人が、其頃小米《こよね》と申す婦人を外妾《めかけ》の如く致して居《い》たので、雇主《やといぬし》――其《そ》の芸妓屋《げいしゃや》に於ては非常なる恐慌を喫し」（木下尚江「火の柱」）はその一例である。（「非常なる恐慌を喫し」は、小米という芸妓が自由廃業する――自分の自由意志で芸妓を廃業する――かも知れぬことを恐れて、の意。）類義語の「服する」は主として茶や薬を飲む場合に用いるが、「喫する」と同様やや古風な言い方である。


【用例】お勢の貌《かお》を視《み》るまでは外出《そとで》などを做度《した》く無いが、故意《わざ》と意地悪く、

「是《これ》から往って頼んで来よう。」

ト口に言って、「お勢の帰って来ない内に」ト内心で言《いい》足《た》しをして、憤々《ぶんぶん》しながら晩餐《ばんさん》を喫して宿所を立出《たちい》で、疾足《あしばや》に番町《ばんちょう》へ参って知己を尋ねた。

（二葉亭四迷「浮雲」第八回　団子坂《だんござか》の観菊《きくみ》　下）

きっと　屹と　〔副〕

【解説】瞬間的に緊張した感情や心理状態が表情や態度などにあらわれる様子。きびしく。厳重に。きっぱりと。確固としていてゆるみのない様子を表現する時に使う。なお、左の［用例］の「屹として」の動詞「する」は「目をする」「顔をする」などの「する」と同じ類で、表情にあらわれるという意味である。［用例］は、ロンドン塔に関して知り得た知識と実際に見聞した経験にもとづく記憶とによって組みたてられた浪漫的な味わいの深い短編「倫敦塔」の一節で、ここに登場する女性は、一六世紀にわずか一七歳でロンドン塔で処刑されたジェーン・グレイ（美貌と学才に恵まれていたが、ノーサンバランド公の謀略によってその息ギルフォード・ダッドレーと結婚させられて王位を継承、在位九日間でとらえられ、夫とともに処刑された）である。


【用例】やがて首を少し傾けて「わが夫《おっと》ギルド《ママ》フォード、ダッドレーは既に神の国に行ったか」と聞く。肩を揺《ゆ》り越した一握《ひとにぎ》りの髪が軽《かろ》くうねりを打つ。坊さんは「知り申さぬ」と答えて「まだ真《まこ》との道に入り玉《たま》う心はなきか」と問う。女屹《きっ》として「まこととは吾《われ》と吾夫《わがおっと》の信ずる道をこそ言え。御身等《おんみら》の道は迷いの道、誤りの道よ」と返す。坊さんは何にも言わずに居《い》る。

（夏目漱石「倫敦塔《ロンドン》」）

きもをつぶす　肝を潰す・胆を潰す　〔連結〕

*おったまげる・きもがきえる・きもがつぶれる・きもがぬける・きもをけす・たまげる

【解説】ひどく驚く、びっくりする、の意で用いられ

る表現。「今昔物語」「宝物集」「十訓抄」などにこの表現があるが、一方、「徒然草」や江戸時代の「浮世風呂」などには「肝が潰れる」という表現もある。同趣のものには「肝が抜ける」「肝が消える」「肝を消す」などがあるが、「肝が＋自動詞」の形よりも「肝を＋他動詞」の形の方が強い表現と思われる。関連語の「たまげる」は更に強めて「おったまげる」と言うこともあり、俗語的表現としてよく使われる。左の［用例］の末尾にある「明治丁亥」は明治二〇年で、この年六月、「新編浮雲」第一篇が刊行されている。

【用例】　春のや先生を頼み奉り欠硯《かけすずり》に　朧《おぼろ》　の月の雫《しずく》　を受けて　墨摺流《すみすりなが》　す空のきおい夕立の雨の一しきりさらさらさっと　書流《かきなが》　せばアラ無情《うたて》始末にゆかぬ浮雲めが艶《やさ》しき月の面影を思い　懸《かけ》　なく閉籠《とじこめ》て黒白《あやめ》も分《わ》かぬ烏夜玉《うばたま》のやみらみっちゃな小説が出来しぞやと我《われ》　ながら　肝《きも》　を　潰《つぶ》　して　此《この》　書の巻端に序するものは　明治丁亥《ひのとい》初夏　二葉亭四迷　→あやめもわかぬ・うたて
（二葉亭四迷「浮雲」はしがき）

ぎゅうじをとる　牛耳を執る　〔連語〕

＊ぎゅうじる・ぎゅうじをにぎる

【解説】　同盟の盟主となる、転じて、団体や組織などの中心となって全体を支配する、の意で用いられることば。古代中国の春秋戦国時代、諸侯が集まって同盟を誓い合う時に、盟主が生きている牛の耳を切り取り、その血をすすり合って同盟を誓った、という故事（「左氏伝」）から生じたもの。「牛耳を握る」とも「牛耳る」（他ラ五）とも言う。「学校を握る者は社会の牛耳を握るのである」（徳冨蘆花「思出の記」）のように使う。左の［用例］の中の「久米」は、芥川龍之介とともに第三次、第四次『新思潮』の同人であった小説家・劇作家久米正雄のこと。この小説には、同人仲間であった成瀬正一、松岡譲、菊池寛らも実名で登場する。

【用例】　彼の煽動《せんどう》によって、人工的にインスピレエションを製造する機会がなかったなら、生涯一介の読書子たるに満足して、小説なぞは書かなかったかも知れない。そう云《い》う次第だから創作上の話になると

——と云うより文壇に関係した話になると、勢何時《いきおいいつ》も我々の中《なか》では、久米が牛耳《ぎゅうじ》を執《と》る形があった。
（芥川龍之介「あの頃の自分の事」二）

ぎょうぎょうしい　仰仰しい〔形〕

【解説】おおげさだ、仰山だ、大層らしい、これ見よがしである、の意を言う語。必要以上にはでに大きく表現する様子をあらわす。漢字表記については、中世から諸説あり、「仰々」のほかに「業々」「囂々」「凝々」「希有々々」などがあって、語源も明らかではない。近代になってからでも、左の［用例］のような表記のほかに、「その余りに業々しいのに呆れて」（田山花袋「妻」）のような例も散見する。ちなみに、ヨシキリのことを仰々子（行々子）というのは、その鳴き声の類似による。［用例］の中の「少年の議論家」はお勢の弟勇《いさみ》をさしている。

【用例】その傍《そば》にお勢がベッタリ坐って、何かツベコベと端手《はした》なく囀《さえず》ッていた。少年の議論家は素肌《すはだ》の上に上衣《うわぎ》を羽織ッて、仔細らしく首を傾《かし》げて、ふかし甘薯《いも》の皮を剥《む》いて居《い》、お政は囂々敷《ぎょうぎょうしく》針箱を前に控えて、覚束《おぼつか》ない手振りでシャツの綻《ほころび》を縫合《ぬいあ》わせていた。
文三の顔を視《み》ると、昇が顔で電火《いなびかり》を光らせた、蓋《けだ》し挨拶の積《つもり》で。→しさいらしい
（二葉亭四迷「浮雲」第九回　すわらぬ肚）

きょくもない　曲も無い〔連語〕

＊きょく・きょくがない・きょくのない

【解説】面白みがない、つまらない、愛想がない、の意で用いることば。「曲」は、①面白み、愛想、②（変化のある面白み、の意から）音楽、楽曲、音曲、③軽業や曲馬などの面白みをもったわざの変化、曲芸、を言う語。それを打ち消しているのがこのことばで、「曲がない」「曲のない」とも言う。中世、室町時代の狂言・抄物・キリシタン資料など一連の口語資料に用例が見られる。なお、左の［用例］の中の「蘭麝」は蘭の花と麝香《じゃこう》の香り、転じて、いい香りのこと、「綺羅」はあや織りの絹とうすぎぬ、美しい衣服、「嫋々」はしなやかなさま。

【用例】 ひたと御経《おんきょう》に眼を曝《さら》しながら、専念に陀羅《だら》尼《に》を誦《ず》し奉って居《（お）》ったに、傾城《（けいせい）》はかまえてこの隠者の翁《おきな》を落そうと心にきわめつろう。蘭麝《らんじゃ》の薫を漂わせた綺羅《きら》の袂《たもと》を弄びながら、嫋々《たよたよ》としたさまで、さも恨めしげに歎いたは、「如何《（いか）》に遊びの身とは申せ、千里の山河《さんか》も厭《いと》わいで、この沙漠までまかり下ったを、さりとは曲《きょく》もない御《おん》方《かた》かな」と申した。 ↓かまえて

（芥川龍之介「きりしとほろ上人伝」三）

ぎょする　漁する　〔他サ変〕

＊ぎょしょく

【解説】 もともとすなどる、魚介類をとる意を示す語であるが、そこから転じて女色をあさる、女色にふける意にも用いる。後者の場合は、多く「漁色《ぎょしょく》」を訓読した「色を漁する」というやや古風な表現が用いられる。しかし「漁」という漢字には、すなどる、いさる、のほかに、あさる、むさぼり求める、という意義があるので、「色を漁する」の「漁する」は必ずしも特殊な用法ではない。また左の［用例］のように、「色を」と「漁する」との間に他の修飾語がはいる場合もある。なお「漁」は漢音ギョ、呉音ゴで「リョウ」の音はない。漁師《りょうし》、大漁《たいりょう》などは新しい慣用よみである。［用例］中「同郷人」は主人公と同じくベルリンに滞在している日本人のこと、「速了」は早合点《はやがてん》、早《はや》のみこみの意で、その背後には、真面目一方の主人公と他の日本人留学生との間の心理的な阻隔が横たわっている。

【用例】 この時を始《（はじめ）》として、余《（よ）》と少女との交《（まじわり）》漸《（ようや）》く繁《（しげ）》くなりもて行きて、同郷人にさへ知られぬれば、彼らは速了《（そくりょう）》にも、余を以《（も）》て色を舞姫《（まいひめ）》の群《（むれ）》に漁《（ぎょ）》するものとしたり。

（森鷗外「舞姫」）

きをかねる　気を兼ねる　〔連語〕

＊こりょする・はいりょする

【解説】 気を使う、気兼ねする、遠慮する、の意のことば。人に対して気分よくいられるように気配りをすること。「一家分散後はますます母を憚って、余所目《よそめ》にも

気の毒な程気をかねる」（徳冨蘆花「思出の記」）は、父が「凛々《りり》しい、気象の勝《かっ》た」母に遠慮し気兼ねをしていたさまを、「気をかねる」という表現まで用いて強く印象づけようとした例である。関連語の「顧慮する」は事情などを考えに入れて心遣いをする、「配慮する」は心を配る意。［用例］の中の「子爵」は、明治一七年制定、昭和二二年に廃止された貴族の爵位（公・侯・伯・子・男の五階級）の四番目をさす。

【用例】「（略）どうです。御嫌《おいや》でなかったら、その友だちの話でも聞いて頂くとしましょうか。」
本多子爵《ししゃく》はわざと眼を外《そ》らせながら、私の気をかねるように、落着かない調子でこう云《い》った。私は先《せん》達《だって》子爵と会った時に、紹介の労を執《と》った私の友人が、「この男は小説家ですから、何か面白い話があった時には、聞かせてやって下さい」と頼んだのを思い出した。（芥川龍之介「開化の良人」）

くいつめる　食い詰める　〔自マ下一〕

＊くいっぱぐれ・くいっぱぐれる・くいつぶし・くいつぶす・くいはぐれる

【解説】不品行や極限までの経済的な窮迫のために正常な生活ができなくなる、暮らしに行き詰まる意の語。そういう人のことを「くいつめもの」と言ったりする。類義の語に「くいつぶす」や「くいはぐれる」があるが、後者は更に強調して「くいっぱぐれる」とも言い、そういう状態になった人を卑しめて「くいっぱぐれ」（前者の場合は「くいつぶし」）と呼ぶこともある。［用例］は九州の田舎で髪結床《かみゆいどこ》（理髪店）に入り、そこの職人と会話している場面だが、食い詰めて地方を放浪する職人が登場する小説は、明治、大正期にはそんなに珍らしいものではなかった。


【用例】「こう見《め》えて、私《わっち》も江戸っ子だからね」

「道理《どうれ》で生粋《いなせ》だと思ったよ」

「えへへへへ。からっきし、どうも、人間もこうなっちゃ、みじめですぜ」

「何で又こんな田舎へ流れ込んで来たのだい」

「ちげえねえ、旦那の仰《おっ》しゃる通りだ。全く流れ込んだんだからね。すっかり食い詰めっちまって……」

（夏目漱石「草枕」五）

ぐうする　寓する　〔自サ変〕

【解説】この語には、①かりずまいをする、寄寓する、②率直に表現するのでなく、他の事物に託して表現する、ことよせる、という意味があり、「彼は一畸人《きじん》の家に寓せり」（北村透谷「三日幻境」）は①の、「無稽の小説に諷意を寓して、童幼婦女子の蒙を啓《ひら》き奨誡なす」（坪内逍遙「小説神髄」）や左の［用例］は②の意で用いられている。［用例］は、主人公の画工が自分の絵画論を述べた個所の一部で、「普通の画」に対して「一頭地を抜」いた（他よりひときわ傑出した）画の境地を説明したところである。（ただし画工のめざす理想の画はこれではない。）「淋漓」は感情やものの勢いがあふれるさま、「森羅」はここでは森羅万象のことで万有（宇宙間にあるすべてのもの）をいう。

【用例】もし此《この》上に一頭地を抜けば、わが感じたる物象《ぶっしょう》を、わが感じたる儘《まま》の趣を添えて、画布の上に淋漓《りんり》として生動させる。ある特別の感興を、己《おの》が捕えたる森羅《しんら》の裡《うち》に寓するのが此種の技術家の主意であるから、彼等の見たる物象観が明瞭に筆端に迸《ほとば》しって居《お》らねば、画を製作したとは云わぬ。

（夏目漱石「草枕」六）

くく　区区　〔名・形動タリ、ナリ〕

【解説】①面積、数量などがわずかであること、物事の価値が少ないこと、取るに足りないこと、また、そのさま、②小さなことにこだわること、こせこせすること、また、そのさま、③まちまち、の意で用いられる語。左の［用例］は①で、お勢に強く惹かれながら観念的にはそれを否定しようとする文三の心理が、この一語に鮮明に描き出されている。「齟齬」はくいちがい、「扞格」は互いに相容れないこと、「痛痒」は痛みとかゆみ、「痛痒を感ぜぬ」といえば、痛くもかゆくもない、何らの利害や影響をも受けない、の意になる。

【用例】どうも気に懸《かか》る、お勢の事が気に懸る。此様《こん》な区々たる事は苦に病むだけが損だ損だと思いながら、ツイどうも気に懸ってならぬ。凡《およ》そ相愛《あいあい》する二ツの心は、一体分身で孤立《こりつ》する者でもなく、又仕《し》ようとて出来るものでもない故《ゆえ》に、（略）気が気に通じ心が心を喚起《よびおこ》し決して齟齬《そご》し扞格《かんかく》する者で無いと今日《きょう》が日まで文三は思っていたに、今文三の痛痒《つうよう》をお勢の感ぜぬは如何《どう》したものだろう。

（二葉亭四迷「浮雲」第八回　団子坂《だんござか》の観菊《きくみ》　下）

くくむ　銜む・含む　〔他マ五〕

＊くくめる・ふくむ

【解説】①口の中に入れて持つ、ふくむ、②一部要素として加え持つ、中にはめこむ、③ある感情を表面に出さず心の中にとどめる、の意で用いられる語。本来は表面には出さず内部に保有するという意であるが、②のように、それが表面に自然に少量あらわれるような場合にも用いる。左の［用例1］がそれにあたる。類義語の「ふくむ」とのちがいは明確ではないが、「ふくむ」の方が意味が広く、抽象的な意味の用法が多くて、「日葡辞書」（一六〇三―四）には両語とも載っていて意味も同じ部分があるが、「くくむ」の方に、やっとこのようなもので挟んでおくという意味があるのに対して、「ふくむ」の方にはそれがない。やはり「くくむ」の方が具体的なのではなかろうか。なお、同じく他動詞ながら「くくめる」（マ下二）があり、これは人の口に入れてやる意味である。［用例1］中の「鬼もという十八の娘盛り」は「鬼も十八番茶も出花」などの諺をふまえたもの。「瓜実顔」はウリの種のように色白く中高でやや細長い顔、「富士額」は髪の生えぎわが富士山の形に似た額で、ともに美人の形容とする。「壷々口」は口をつぼめとがらすこと、つぼくち、おちょぼぐち。

【用例1】年は鬼もという十八の娘盛り、瓜実顔《うりざねがお》で富士額《ふじびたい》、生死《いきしに》を含む眼元の塩にピンとはねた眉《まゆ》で力味《りきみ》を付け、壷々口《つぼつぼぐち》の緊笑《しめわら》いにも愛嬌《あいきょう》をくくんで無暗には滴《こぼ》さぬほどのさび、

（二葉亭四迷「浮雲」第四回　言うに言われぬ胸の中《うち》）

【用例2】其中《そのうち》にお腹も満《くち》くなり、親の肌《はだ》で身体《からだ》も温《あたた》まって、溶《とろ》けそうな好い心持になり、不覚《つい》昏々《うとうと》となると、含《く》むだ乳首が脱《ぬ》けそうになる。夢

心地《ここち》にも狼狽《あわて》て又吸付いて、→くちい　（二葉亭四迷「平凡」十二）

くくれる　括れる　〔自ラ下一〕

＊くびれる

【解説】やわらかいものに紐《ひも》などが巻きついてその部分が細くしまる、転じて、ふとっている顎《あご》や腹部・大腿《だいたい》部などが紐を巻いたように一部細くなり、まわりが盛りあがって見える、「くびれる」という意をあらわす語。「白りねんの胴衣《ちょっき》に黄金鎖《きんぐさり》をゆるゆる山形に懸《か》け、頸《くび》の括れるような前折《おり》の衿《から》に、針《ぴん》は黄金《きん》の浪に旭《あさひ》と見せたる紅玉《るびい》を摑ませ、」（尾崎紅葉「二人女房」）は、この小説に登場する「某《ぼう》省の会計課長」の金ぴかの服装を説明した個所だが、ここで使われた「括れる」は左の［用例］と同じ意味である。「胴衣」「衿」「針」「紅玉」に外来語の読みがなをふっているところには、文明開化の雰囲気のまだ消えやらぬ明治二〇年代という時代が映っている。

【用例】その言葉が終らない内に、もう其処《そこ》へはさっきの女中《じょちゅう》が、ばたばた上草履《うわぞうり》を鳴らせながら、泣き立てる赤児《あかご》を抱《だ》きそやして来た。赤児を、――美しいメリンスの着物の中に、しかめた顔ばかり出した赤児を、――敏子が内心見まいとしていた、丈夫そうに頤《あご》の括《くく》れた赤児を！　→そやす　（芥川龍之介「母」二）

くける　絎ける　〔他カ下一〕

＊かがる・くけこむ・まつる

【解説】和裁で、布端を内側に折り込んで表に縫い目の糸が見えないように縫う、絎け縫いをする、の意で用いられる。守り札や遺髪、秘密の書類などを必要に応じて襟などに縫いこんだものである。類語に「くけこむ（絎け込む）」（他マ五）がある。和裁の技術の一つ。関連語としてあげたものはいずれも裁縫に関するもので、「縢《かが》る（絓《かが》る）」は、布の端や破れ目などをほつれないように糸でからげて縫う、布と布を糸でつなぎあわせること。「乳房は盛り上った半球の上へ青い静脈をかがっていた」（芥川龍之介「大導寺信輔の半生」）のように、比喩的にも用いられる。「纏《まつ》る」は、布のほつれを防ぐために縁を内側に折り返し、内側から外側へ糸をまわして縫いおさえること。左の［用例1］の中の「厘」は貨幣の単位で円の一千分の一、「公債」は国または地方公共団体が収支の適合をはかるため臨時に国民や外国から借り入れる債務、また、その証券のこと、「利」は利子、「細い烟を立てている」は細々と生活している、の意。［用例2］の中の「義経袴」は裾《すそ》に紐《ひも》を通した袴で陣中で用いるもの、「男山八幡」は京都府八幡市の男山の山頂にある石清水《いわしみず》八幡宮、「一日路」は一日で歩ける道のり、一日行程のこと。

【用例1】 母親は男勝《おとこまさ》りの気丈者、貧苦にめげない煮焚《にたき》の業《わざ》の片手間に一枚三厘の襯衣《しゃっ》を縫《く》けて、身を粉《こ》にして挣了《かせ》ぐに追付《(おいつ)》く貧乏もないか、如何《どう》か斯《(こ)》うか湯なり粥《(かゆ)》なりを啜《すすっ》て、公債の利の細い烟《けぶり》を立てている。 ↓めげる

（二葉亭四迷「浮雲」第二回 風変りな恋の初峯入《はつみねいり》 上）

【用例2】 狭き女の胸に余りて（略）うろうろする内《(うち)》日《たち》は消て愈々《(いよいよ)》となり、義経袴《よしつねばかま》に男山八幡《おとこやまはちまん》の守《まもり》くけ込んで愚《おろか》なと笑片頬《わらいかたほ》に叱られし昨日《きのう》の声はまだ耳に残るに、今、今の御姿《おすがた》はもう一里《り》先か、エエせめては一日路《いちにちじ》程も見透《みとお》したきを

（幸田露伴「風流仏」第二 如是体《にょぜたい》 粋《すい》の父の子実《じつ》の母の子）

くちい 〔形〕

【解説】 満腹だ。腹がいっぱいだ。近世末期以後の話しことば。「浜荻（庄内）」（一七六七）は、庄内藩士で江戸留守居役を務め江戸語に詳しい編者が、江戸に出府することに決まった女性に送ってやった江戸ことば集とも言うべきものだが、それによると、「腹がはるを 腹がくちひ」とある。これによると、当時、江戸の日常語では「腹がくちい」と言い、それにあたる一般共通語的なことばは「腹がはる」であったと推定される。

【用例】 奪《と》られまいとして、産毛《うぶげ》の生《(は)》えた腕を突張《つっぱ》り大騒ぎ行《や》ってみるが、到頭《(とうとうと)》奪られて了《(しま)》い、又其処《(またそこ)》らを尋ねて、他《ほか》の乳首に吸付《(すいつ)》く。其中《(そのうち)》にお腹も満《くち》くなり、親の肌《(はだ)》で身体《(からだ)》も温《あたた》まって、溶《とろ》けそうな好い心持になり、不覚昏々《ついうとうと》となると、含《く》くむだ乳首が脱《(ぬ)》けそうになる。夢心地《(ここち)》にも狼狽《あわて》て又吸付いて、

一《ひと》しきり吸立てるが、直《じき》に又他愛《たわい》なく昏々《うとうと》となって、乳首が遂に口を脱ける。　→くくむ

（二葉亭四迷「平凡」十二）

くちおしい　口惜しい　〔形〕

＊くやしい

【解説】望みが思いどおりにかなわなかったり望まない状態になったりした場合の不満な様子を言う語。くやしい。古く平安時代には、「悔《く》やし」が自己に責任のあることが原因で後悔する気持をあらわすのに対して、「口惜し」は、自己に責任がなく外的な原因によって期待や願望に反する状態になったことへの不満をあらわす。期待はずれで残念だの意味で「口惜し」は「悔やし」と区別されていたが、近世頃から「悔やし」の意味に近づき、「悔やし」の用例が多くなって、「口惜しい」と表記して「くやしい」と読み仮名をつけたものまであらわれるようになり、その結果、「口惜しい」は「くやしい」の改まった表現、文学的表現、古典的表現として扱われるようになった。

【用例】人も有ろうにお勢の前で、「痩《やせ》我慢なら大抵にしろ。」口惜《くちお》しい、腹が立つ。余《よ》の事は兎《と》も角《かく》も、お勢の目前で辱《はずかし》められたのが口惜しい。「加之《しか》も辱められる儘《まま》に辱められていて手出《てだし》もしなかッた。」ト何処《どこ》でか異《おっ》な声が聞えた。

（二葉亭四迷「浮雲」第九回　すわらぬ肚）

くちぎたない　口汚い・口穢い　〔形〕

＊くちぎれいだ

【解説】聞くと不快になるような言い方である、ことばの使い方が下品である、の意で用いられる語。概して、関西方言では「くちきたない」と清音で言うことが多い。ちなみに、発音や表記は全く同一だが実際は全く別語の「口汚い・口穢い」がある。これは、食べ方が行儀悪い、の意。また、対義語に「くちぎれいだ（口綺麗だ）」がある。「口奇麗《きれい》な事はいいますとも此《この》あたりの人に泥の中の蓮《はす》とやら、悪業《わるさ》に染まらぬ女子《おなご》があらば、繁昌《はんじょう》どころ

か見る人もあるまじ、貴君《あなた》は別物《べつもの》」（樋口一葉「にごりえ」）という女主人公の台詞で使っているように、口先だけは上品で立派なことを言うさまをあらわす。

【用例】「（略）そうそう免職の事を叔母に咄《はな》して……（略）ダガ若《も》し彼娘《あれ》のいる前で口汚《くちぎ》たなくでも言われたら……チョッ関《かま》わん、お勢に咄して、イヤ……お勢じゃない叔母に咄して……さぞ……厭な顔……厭な顔を咄して……口……口汚なく咄《はな》……して……アア頭が乱れた……」ト、ブルブルと頭《かしら》を左右へ打振る。
（二葉亭四迷「浮雲」第四回　言うに言われぬ胸の中《うち》）

くみする　与する・組する　〔自サ変〕

＊くみしやすい

【解説】他の意見に同調して仲間にはいる、賛成して協力する、味方する、という意をあらわす語。対句的表現になっている［用例］はその典型的な使い方といえる。「豈《あに》政治家の与《く》みするを得《う》べき者ならんや」（島田三郎「条約改正論」）のように、かかわる、関係する、という意で用いられることもある。なお、「与し易い」という形容詞の形で使って、おそれる必要がない、簡単に味方にすることができる、扱いやすい、などの含意で、やや軽蔑した感じをにじませることがある。同じ夏目漱石の「道草」で、主人公が周囲から「与し易い男だ」と思われて癪《しゃく》にさわるところがある（七十八）が、それなどがいい例である。

【用例】若《も》し人情なる狭き立脚地に立って、芸術の定義を下し得るとすれば、芸術は、われ等教育ある士人の胸裏に潜んで、邪を避け正に就《つ》き、曲を斥《しりぞ》け直《ちょく》にくみし、弱《よわき》を扶《たす》け強《きょう》を挫《くじ》かねば、どうしても堪えられぬと云《い》う一念の結晶して、燦《さん》として白日を射返すものである。
（夏目漱石「草枕」十二）

くみわける　汲み分ける・酌み分ける　〔他カ下一〕

＊くむ・しんしゃくする

【解説】①水など液体のものを汲んでそれぞれ適した器に分け入れる、それから転じて②事情を推察して理解し判断する、の意で用いる。関連語の「汲む（酌む）」にも、他人の胸中や事情を推察する、付度《そんたく》する、という意があることは、左の［用例］と同じ「浮雲」中の「寐《ね》ても寤《さ》めても忘られればこそ死ぬより辛《つら》いおもいをしていても先では毫《すこ》しも汲んで呉れない」という、文三がお勢にそれとなく自分の心中を語る場面での用法によってもわかる。「斟酌する」も同義。［用例］中の「媢嫉」はねたみそねむこと、「眼を閉って」は目をつぶって、見て見ぬふりをして。

【用例】自心に苦脳が有る時は、必ずその由来する所を自身に求めずして他人に求める。求めて得なければ天命に帰して仕舞《(しま)》い、求めて得れば則《すなわ》ちその人を媢嫉《ぼうしつ》する。然《そ》うでもしなければ自《みずか》ら慰める事が出来ない。「叔母もそれでこう辛《つら》く当《(あた)》るのだな。」トその心を汲分《くみわ》けて、如何《どん》な可笑《(おか)》しな処置振りをされても文三は眼を閉《ねむ》ッて黙っている。
（二葉亭四迷「浮雲」第十一回　取付く島）

くゆらす　燻らす・薫らす　（他サ五）

＊くゆらかす・くゆらせる・くゆる

【解説】煙や香《かおり》などを静かに立ちのぼらせる。「くゆらせる」（他サ下一）、「くゆらかす」（他サ五）とも言うが、三者同意で意味上、用法上のちがいは見出せない。用例も三者とも平安時代から現代まであって差はない。このほかに自動詞「燻ゆる」（自ラ四）がある。炎はあがらず煙や香《かおり》だけが立ちのぼる、の意である。左の［用例］の中の「全く然にあらざるにもあらざらん気色」はあまり気のすすまない様子、「為体」はありさま、ざま、「通し物」は簡単な料理、酒のさかな、「一炷」は正しくはイッシュで、香をひとたきすること、「百和香」は種々の香を練り合わせて作った香。ハクワコウとも言う。

【用例】懼《おそ》れたるにもあらず、困《こう》じたるにもあらねど、又《また》全く然《さ》にあらざるにもあらざらん気色《けしき》にて貫一《かんいち》の容《かたち》さえ可慎《つつま》しげに黙して控えたるは、恁《かか》る所に此《こ》の人と共《とも》にとは思《おもい》懸《か》けざる為体《ていたらく》を、有繋《さすが》に胸の安からぬなるべし。通《とお》し物《もの》は逸《いち》早く満枝《みつえ》が好《よ》きに計《はから》いて、少頃《しばし》は言《ことば》無き二人が中に置《おか》れたる莨盆《たばこぼん》は子細《しさい》らしゅう一炷《ちゅう》の百和香《ひゃっかこう》を燻《くゆ》らせぬ。　→こうずる
（尾崎紅葉「金色夜叉」中編第二章）

けうとい　気疎い　〔形〕

【解説】①近づきたくない、離れていたい感じである、うとましい、いやである、②気味が悪い、恐ろしい、の意で用いられる語。中古の時代から用例があるが、中世以後は「きゃふとい」と表記されたり、「日葡辞書」（一六〇三―四）にはQiôtoiとあったりするところから、「キョートイ」と発音されていたらしい。現在でも、近畿地方や中国地方の一部では「きょうとい」あるいは「きょうてい」と発音される方言として、おもに②の意味で使われている。〔用例〕では「けうとい」の語幹に接尾語「さ」がついて名詞になっている。「摩利信乃法師」は摩利教（八世紀頃日本にも渡来したキリスト教の一派である景教のことか）の僧、「女菩薩の姿」はマリアの聖母像か、「茉利夫人」はこの小説の中では波斯匿王《はしのくおう》（舎衛《しゃえ》国の王で、釈迦と同じ日に生まれ、のち釈迦について仏に帰依した）の妃《きさい》の宮と説明されている人、「仏菩薩」は仏と菩薩、「赤裸の幼子」はイエス・キリスト、「女夜叉」は女の姿をした猛悪な鬼神、ただしここではマリア像をさすと思われる。


【用例】摩利信乃法師《まりしのほうし》の振舞《ふるまい》を逐一御話し申し上げてから、

「その女菩薩《にょぼさつ》の姿では、茉利夫人《まりぶにん》とやらのようでもございませぬ。いや、それよりはこれまでのどの仏菩薩《ぶつぼさつ》の御像《おすがた》にも似ていないのでございます。別《べつ》してあの赤裸《あかはだか》の幼子《おさなご》を抱《いだ》いて居《お》るけうとさは、とんと人間の肉を食《は》む女夜叉《にょやしゃ》のようだとも申しましょうか。（略）」

（芥川龍之介「邪宗門」二十）

けおされる　気圧される・気押される　〔自ラ下一〕

【解説】勢いにおされて気持が萎《な》える。気分的に圧倒される。左の〔用例〕はキャンキャンというような幽かな音が、ゴウという凄じい音に圧倒されて聞えない、というのだから、「消圧されて」の漢字をあてて表記したものであろう。うまい表現だと思うが、ほかにこのような表記は見当らないし、「消圧す」のもとの形と思われる「消し圧す」の例もない。また、受身の形ばかりで「気圧す」の例も見当らない。〔用例〕中の「お囃子」は主人公の父親のいびきの比喩で、「ゴウという凄じい音」「スウという溜息のような音」もいびきの形容。「鼾の中を脱け出し」はいびきとは区別されて聞こえるようになり、の意。

【用例】何時《いつ》からとなくお囃子《はやし》の手が複雑《こん》で来て、合《あい》の手《て》に遠くで幽《かす》かにキャンキャンというような音が聞える。ゴウという凄《すさま》じい音の時には、それに消《け》圧《お》されて聞えぬが、スウという溜息《ためいき》のような音になると、其《それ》が判然《はっきり》と手に取るように聞える。不思議に思って、益《ますます》耳を澄ましていると、合の手のキャンキャンが次第に大きく、高くなって、遂には鼾《いびき》の中を脱《ぬ》け出し、其《それ》とは離ればなれに、確《たしか》に門前に聞える。（二葉亭四迷「平凡」十）

けしからず　怪しからず　〔連語〕

【解説】異常なほどである、とんでもない、並はずれている、並たいていでない、の意で用いられることば。形容詞「怪《け》し」の未然形「怪しから」に打消の助動詞「ず」のついたものであるが、「怪し」を打消すことによって「怪し」どころではないという意味から「怪し」を強調する結果になった表現である。それで「怪し」と同じく「怪しからず」が異常という意味を持つことになった。一方、「怪しうはあらず」は「怪し」を打消して、変ではない、悪くはない、の意味を持っており、従って「怪しからず」とは意味が異なっている。どちらも平安時代から用例が見られる。左の〔用例〕中の「天使《あんじょ》」の読み仮名はポルトガル語でAnjo、「はためかいて」ははためかして、「わらんべ」はわらべ、子供、「おじゃる」はあります、ございます、の意。

【用例】浪は一面に湧き立ち返って、宙に舞上る水煙も、さながら無数の天使《あんじょ》たちが雪の翼をはためかいて、飛びしきるかとも思うばかりじゃ。さればさすがの「きりしとほろ」も、今宵《こよい》はほとほと渡りなやんで、（略）幾度《いくたび》もゆらゆらと立ちすくんだが、雨風よりも更に難儀だったは、怪《けし》からず肩のわらんべが次第に重うなったことでおじゃる。↓ほとほと（芥川龍之介「きりしとほろ上人伝」四）

けずる　梳る　〔他ラ五〕

＊かみをとかす

【解説】 櫛《くし》で髪筋をそろえ整える。髪をとかす。くしけずる。古典的表現。古典仮名遣いでは「けづる」。用例は「万葉集」から既にあり、中古・中世・近世・近代まで使われている。一方「髪をとかす」の方は人情本「春《しゅん》色梅児誉美《しょくうめごよみ》」あたりから用例が見られる。結《ゆ》ってある髪を解《と》かす、という意味がもとのようである。左の［用例］の中の「芸術世界に遊べる」はこの「カツフエエ、ミネルワ」の近くにあるミュンヘンの美術学校に学ぶ美術家の卵たちをさしたもの。「エキステル」はドイツの実在の画家で、鷗外と親交のあった画家原田直次郎の友人の名。

【用例】 客はみなりも言葉もさま〴〵なれど、髪もけづらず、服も整へぬは一様なり。されどあながち卑しくも見えぬは、流石《さすが》芸術世界に遊べるからにやあるらむ。中にも際立ちて賑《にぎわ》しきは中央なる大卓《おおづくえ》を占めたる一群《ひとむれ》なり。余所《よそ》には男客のみなるに、独《ひとり》こゝには少女《おとめ》あり。今エキステルに伴はれて来《こ》し人と目を合はせて、互に驚きたる如し。
（森鷗外「うたかたの記」上）

げびる 下卑る 〔自バ上一〕

【解説】 いやしく下品に見える。下品である。「卑」はあて字。「びる」は「上《じょう》びる」「田舎びる」「大人《おとな》びる」「古びる」「幼びる」などと同様の接尾語。鎌倉時代の説話集「十訓抄《じっきんしょう》」に既に用例が見られ、近世の俳諧、浄瑠璃と続く。「浪花聞書」（一八一九頃）には、「下さく 江戸でいふげびたなり」とある。関西の「下作《げさく》」（形動）にあたるということ。左の［用例］の中の「ぐいと仰飲ぎ」には盃の酒をぐいと飲んで、「とり膳」は夫婦や男女が二人だけで一つ膳に向かい合って食事すること、また、その膳、「二尺」は約三〇センチ。

【用例】 灑洒《あっさり》と世を奇麗《きれい》に渡りさえすれば其《それ》で好いわ、と云《い》いさしてぐいと仰飲《あお》ぎ、後《あと》は芝居の噂やら弟《で》子共《しども》が行状《みもち》の噂、真に罪無き雑話を下物《さかな》に酒も過ぎぬほど心よく飲んで、下卑《げび》た体裁《さま》ではあれどとり膳睦《むつ》まじく飯を喫《お》了《わ》り、多方《おおかた》もう十兵衛が来そうなものと何事もせず待ちかくるに、時は空《むな》しく経過《たっ》て障子の日晷《ひかげ》一尺動けど尚見えず、二尺も移れど尚見えず。

（幸田露伴「五重塔」其十二）

けみする　閲する　〔他サ変〕

【解説】①調査する。調べ見る。検閲する。②月日を送る。経過する。過ごす。文語的表現で、黒川本「色葉字類抄」（一一七七―八二）には「閲ケミス　勘見也」とあるが、平安文学作品、女流文学作品の類には一切用例を見ない。「奥の細道」、「西鶴織留」の序文、「東海道中膝栗毛」の「発端」の叙など、男性の書いたかたい文体にだけ用例が見られる。左の［用例］の中の「第一期」「第二期」「第三期」は主人公がドイツ留学中に流行していた哲学者ハルトマンの説いた「錯迷の三期」をさす。「老病」は老化と病気、「困厄」は苦しみ、災難。

【用例】　第一期では人間が現世《げんせ》で福《さいわい》を得ようと思う。（略）第二期では福を死後に求める。（略）第三期では福を世界過程の未来に求める。これは世界の発展進化を前提とする。ところが世界はどんなに進化しても、老病困厄《こんやく》は絶えない。神経が鋭敏になるから、それを一層切実に感ずる。苦は進化と共に長ずる。初《しょ》中後《ちゅうご》の三期を閲《けみ》し尽しても、幸福は永遠に得られないのである。

（森鷗外「妄想」）

けわう　化粧う　〔他ワ五〕

＊けわい

【解説】けしょうする。名詞の「けわい（化粧）」（古典仮名遣いでは「けはひ」）を動詞化した語。発音も活用も「日葡辞書」（一六〇三―四）で既に Qeuai, ǒ, ǒta とある。その頃から使われた動詞であろう。左の［用例］は文体に合わせて漢語を避けて古い和語の表現を選んだものであろう。なお「けわい（けはひ）」の語源については、顔のケハヒ（気色）を粧《よそお》うところから、という説、ケハエ（気栄）の意味、という説、化粧合の意味、という説など、諸説あるが、どうであろうか。［用例］中の「風呂日」はその家で風呂をたてることに決めてある日のこと。

【用例】　今日は風呂日《ふろび》だから、帰ってから湯へ入《はい》ったと見えて、目立たぬ程に薄《うっす》りと化粧《けわ》っている。寝衣《ねまき》か何か、袷《あわせ》に白地の浴衣《ゆかた》を襲《かさ》ねたのを着て、扱《しごき》をグルグル巻《(まき)》にし、上に不断の羽織をはおっている秩序《しどけ》ない姿も艶《なま》めかしくて、此《(この)》人には調和《うつり》が好い。

「一本頂戴よ」、といいながら、枕元の机の上の巻《まき》煙草《たばこ》を取ろうとして、袂《たもと》を啣《くわ》えて及腰《およびごし》に手を伸ばす時、（二葉亭四迷「平凡」五十九）

→しどけない

けんしきぶる　見識振る・権織振る・権式振る　〔自ラ五〕

＊けんしきばる

【解説】 見識のありそうな態度をとる。見識があるようなふりをする。「見識」は物事の本質や成行きを見通すすぐれた判断力や考え方。「ぶる」は接尾語で、ふりをする、見せかける、の意を添える。気位高いふりをする。類義語の「見識張る」は、見識があるようにことさら見せようとする、という意味。左の［用例］の中の「二十円ばかし取ってる」は二〇円ばかり月給をもらっている、の意。この小説で描かれている年の数年前、魯庵は一家三人で月二〇円以下で暮らしていたという。「金時計を下げたり」は、婦人用の懐中時計は当時帯の間から鎖で短く下げて用いたことをあらわしている。「お撥」ははねかえりのおてんば娘、「先生を鼻の頭へぶら下げ」は得意そうに先生ぶって、「鼻涕も引掛けない」は全く相手にしない、見向きもしない、の意。

【用例】 「二十円ばかし取ってるくせに、」と二十円に力を入れて、「金時計を下げたり、宝石入《たまいり》の指環を穿《は》めたり、いやに権識振《けんしきぶ》って如斯《あん》な生意気なお撥《はね》ったら見た事あ無い。いくら教師さんだって、人の家《うち》い来てまで先生を鼻の頭《さき》へぶら下げなくても可《(よ)》さそうなもんだね。真実《ほんとう》に如斯《あん》な高慢ちきったら無い。妾《あたし》なんかには鼻涕《はな》も引掛けないで澄《(すま)》あしたもんだ。（内田魯庵「くれの廿八日」其《その》二）

げんじる　現じる　〔自他ザ上一〕

＊げんずる

【解説】 「現《げん》ずる」〔自他サ変〕が上一段活用に変化した語。① 〔自ザ上一〕見えなかったものが表面にあらわれる、② 〔他ザ上一〕隠れて見えなかったものを表面にあらわして見えるようにする、の意をあらわす。文章語的表現でおもに書きことばに用いられる。古い用例では、霊験（神仏がもたらす霊妙なはたらき）による出現という意味を含めて使われている。左の［用例］にある「アウエルバッハの窖」は、ゲーテの「ファウスト」に出てくるメフィストフェレスという悪魔が魔術を用いる酒倉のこと。

【用例】無線電信や飛行機が如何《いか》に自然を征服したと云《い》っても、その自然の奥に潜んでいる神秘な世界の地図までも、引く事が出来たと云う次第ではありません。それならどうして、この文明の日光に照らされた東京にも、平常は夢の中にのみ跳梁《ちょうりょう》する精霊たちの秘密な力が、時と場合とでアウエルバッハの窖《あなぐら》のような不思議を現《げん》じないと云えましょう。
（芥川龍之介「妖婆」）

けんのんだ　**険呑だ・剣難だ・険難だ**　〔形動〕

【解説】「険呑」「剣呑」はあて字。「険難《けんなん》」の音が変化したものとするのが通説である。あぶない様子。あぶなっかしい様子。どうなることかと不安である様子。漢語系のむずかしいことばだと思われるが、用例の出てくる作品は、いずれも近世以後のもので、しかも会話文の中で使われているものが圧倒的に多い。話しことばに使われたがゆえに音の変化が起こったと見るべきか。

【用例】余は最後に美しい婦人に逢《あ》った事と其《その》婦人が我々の知らない事や到底《とうてい》読めない字句をすらすら読んだ事抔《など》を不思議そうに話し出すと、主人は大に軽蔑した口調《くちょう》で「そりゃ当り前でさあ、皆んなあすこへ行く時にゃ案内記を読んで出掛《でかけ》るんでさあ、其位《そのくらい》の事を知ってたって何も驚くにゃあたらないでしょう、何頗《すこぶ》る別嬪《べっぴん》だって？――倫敦《ロンドン》にゃ大分《だいぶ》別嬪が居《い》ますよ、少し気を付けないと険呑《けんのん》ですぜ」と飛んだ所へ火の手が揚《あが》る。
（夏目漱石「倫敦《ロンドン》塔」）

こいねがわくは　**冀くは・希くは・庶幾くは・乞願くは**　〔連語〕

＊こいねがう

【解説】「乞い願う」（古典仮名遣は「こひねがふ」）の未然形に体言化の接尾語「く」と係助詞の「は」がついて

できた連語。下に希望・願望、または命令・禁止などの表現を伴って、ひたすら願望する意の前置きの表現。是非とも願いを聞いていただきたいことは。文語的表現であり、漢文訓読調の文体の中で使われる。「新撰字鏡」（八九八―九〇一頃）に「庶幾（僥倖也又尚己比称加波久波）」とある例が古く、説話集「今昔物語集」に「乞願クハ三世十方ノ仏、我ガ為ニ不二法門ヲ示シ給ヘ」とある。左の［用例］の中の「（幸甚）」はすぐ前の「サンクス」の日本語訳を掲げたもの。

【用例】守山《もりやま》は。机の引出しをあけて紙入《かみいれ》をとりだし。二円札《さつ》を出《いだ》してわたす。（倉）サンクス（幸甚《ありがたし》）これさえあれば。まず今日の義務はすむというもんだ。序《ついで》に君。もう一つ願旨《ねがい》を聴《き》いてくれたまえ（守）いやに欲の深い人だ。しかし何だ（倉）御覧のとおり。僕は羽織《はおり》なしという次第だから。こいねがわくは君。一枚羽織を借《かし》たまえ。どんなのでもよいから（守）あまり気のきいた。羽織はないぜ。これでよければ被《き》てゆきたまえ。

（坪内逍遙「一読三歎当世書生気質」第三回　真心《まごころ》もあつき朋友《ともだち》の粋《すい》な意見に額《ひたい》の汗を拭《ふき》あえぬ夏の日の下宿住居《ずまい》）

ごうぎ　豪気・剛気〔名・形動〕

【解説】勢いがよくて、すばらしいこと。また、その様子。転じて、好ましいことの程度が甚だしい様子。漢語系のむずかしいことばだと思われるが、近現代の語としては、専ら会話文の中で使われる日常的な語である。しかも左の［用例］のように、若い女の会話文の中にまで使われるようになっている。「彼等の仲間にて、賤しき限りなる業に堕《お》ちぬは稀なりとぞいふなる。エリスがこれを遁《のが》れしは、おとなしき性質と、剛気ある父の守護とに依りてなり」（森鷗外「舞姫」）における「剛気」はゴウキと読み、勇壮でくじけることのない気性、の意。

【用例】「（略）なんだかお前、段那《だんな》を信用していないような、物の言いようをするじゃないか。」お玉《たま》はにっこりした。「わたくしこれで段々《だんだん》えらくなってよ。これからは人に馬鹿にせられてばかりはいない積《つもり》なの。豪気《ごうぎ》でしょう。」

父親はおとなしい一方の娘がめずらしく鋒《ほこさき》を自分に向けたように感じて、不安らしい顔をして娘を見た。

（森鷗外「雁」 拾壹《じゅういち》）

こうずる　困ずる　〔自サ変〕

＊こうじる

【解説】①こまる。苦しむ。②疲れる。「困」の漢字音にサ変動詞「す」のついた「こんず」のウ音便化したものとするのが通説であるが、あるいは元来日本に存在しなかった〔n〕音をあらわすつもりであった「う」を誤って〔u〕と読んでしまったものかも知れない。また「困」の字ではなく「極」と表記したものが多いところから、「極」の呉音ゴクがサ変動詞となり音便化した、とする説もある。活用は現代語になってからザ行上一段「困じる」の形で用いられた例も見られる。左の〔用例〕の中の「光沢消硝子」はすりガラス、「軒燈籠」は軒にかけ、中に明かりを入れて文字を浮き立たせるようにした燈籠、「隠座敷」は料亭などで秘密の遊興をするため人目につかないように作ってある座敷、「板道」は渡り板、長く渡して通れるようにした板。

【用例】光沢消硝子《つやけしガラス》の軒《のき》燈籠に鳥と標《しる》したる方《かた》に、人目には然《さ》ぞ解《わけ》あるらしゅう二人は連立ちて入《い》りぬ。いと奥まりて、在《あ》りとも覚えぬ辺《あたり》に六畳の隠《かくれ》座敷の板道伝《わたりづたい》に離れたる一間《ひとま》に案内されしも宜《うべ》なり。懼《おそ》れたるにもあらず、困《こう》じたるにもあらねど、又《また》全く然《さ》にあらざるにもあらざらん気色《けしき》にて貫一《かんいち》の容《かたち》さえ可慎《つつま》しげに黙して控えたるは、恁《かか》る所に此《こ》の人と共《とも》にとは思懸《おもいか》けざる為体《ていたらく》を、有繫《さすが》に胸の安からぬなるべし。（尾崎紅葉「金色夜叉」中編第二章）

こうっと　斯うっと　〔感〕

【解説】考えを整理しようとする過程で発する独り言《ごと》。副詞「かく」のウ音便「かう」に引用の連用格助詞「と」のついたもの。従って古典仮名遣いでは「かうっと」。促音がはいるのは、「このように」の意味で既述の内容を観念的にまとめて指示する部分と引用の助詞「と」とを区別する気持から生じたものである。夏目漱石の長編「それから」の冒頭近く、主人公の代助と書生の門野との対話――「兄さんは何歳《いくつ》になるんです」「斯《こ》うっと、取って六になりますか」や、「門野さん、郵便は来て居なかったかね」「郵便ですか。斯うっと。来ていました。端書《はがき》と封書が。」のように使う。ただし門野はやや口癖になっているようである。

【用例】 すると泰さんは 面憎《おもにく》 いほど落着いた顔をして、「何、訳《わけ》はありゃしない。君が逢えなけりゃ——」と云《い》いかけましたが、急にあたりを見廻しながら、「こうっと、こりゃいざと云う時まで伏せて置こう。（略）」と、しまいにはさも気楽らしい 笑《わらい》 に紛《まぎら》してしまうじゃありませんか。 ↓おもにくい
（芥川龍之介「妖婆」）

ごかし 〔接尾〕

＊こかす

【解説】 他動詞「こかす（転）」の連用形の名詞化した「こかし」が、名詞や動詞の連用形に下接して濁音化したもの。上の語の意味を口実にしたり、そのもののふりをしたりして、自分の言動を正当化すること。「親切ごかし」「おためごかし」など。「こかす」は「こける（転）」に対する他動詞で、自分の都合のいいように人をだますころがす、の意から、接尾語「ごかし」ができたものである。［用例］の中の「胃加答児」は胃炎（胃粘膜の炎症疾患の総称）のこと、「大食させ付る」はいつも大食させる、の意。

【用例】 俊坊というのは私の兄で、私も虚弱だったが、矢張《やっぱり》虚弱で、六ツの時偸《と》られたのだそうだ。それも急性胃加答児《いカタル》で偸られたのだと云《い》うから、事に寄ると祖母が可愛がりごかしに口を慎《つつし》ませなかった祟《たたり》かも知れぬ。併《しか》し虚弱な児《こ》は大食させ付《つけ》ると達者になると言われて、然《そ》うかなと思う程の父だから、祖母の矛盾には気が附かない。矢張有触《ありふ》れた然う 我儘《わがまま》 をさせ付けては 位《くらい》 の所で切脱《きりぬ》けようとする。 ↓とられる
（二葉亭四迷「平凡」四）

こぐらかる 〔自ラ五〕

＊こんがらがる・こんぐらかる・こんぐらがる

【解説】 糸やひもなどがもつれからまる。乱れからまる。転じて、事態・状況が混乱・紛糾する。「こんぐらか

る」「こんぐらがる」「こんがらがる」などの類型がある。近世末期の洒落本、滑稽本あたりから用例が見られる会話文体の表現である。近現代においても意味上の変わりはない。「小夜子が辛がりながらも一生懸命になって、傍《そば》から補ったり訂正したりする。それで話が屢紛糾《しばしばこぐらかっ》て分らなくなることもあったのを、其を哲也が腹の中《うち》で解《ほご》し解し」（二葉亭四迷「其面影《そのおもかげ》」）などが代表的な一例である。

【用例】 算術の長《(なが)》の道中を浮《うわ》の空《そら》で通して了《(しま)》ったが、代数も矢張《やっぱ》り其《(その)》通り。一次方程式、二次方程式、簡単なのは如何《どう》にかなっても、少し複雑のになると、AとBとが紛糾《こぐら》かって、何時迄経《(いつまでた)》ってもXに膠《こび》り着《つ》いていて離れない。況《いわん》や不整方程式には、頭も乱次《しどろ》になり、無理方程式を無理に強付《しいつ》けられては、げんなりして、便所へ立ってホッと一息吐《つ》く。 ↓いわんや・うわのそら・しいつける

（二葉亭四迷「平凡」二十一）

こける　痩ける　〔自カ下二〕

＊やせこける

【解説】 痩《や》せて、外見でわかるほど肉が落ちる。中世から抄物などの口語資料にわずかに用例がある。複合動詞「痩せこける」は、やはり同じ頃から使われたらしいが、類義語の「痩せおとろふ」（自ハ下二）や、「痩せさらぼふ」（自ハ四）などははやく「源氏物語」などに用例が見える。左の［用例］は近代ながら文語体の文章の中で使われている。やはり近代の新しい用法というべきであろう。［用例］中の「血色なき」は血色《けっしょく》がよくない、「打見には」はちょっと見たところ、「蓬なす頭髪」は手入れせず乱れたままの髪の毛。

【用例】 祭《まつり》の日《ひ》などには舞台据《ぶたいす》ゑらるべき広辻《ひろつじ》あり、貧《まず》しき家の児等《こら》血色《ちいろ》なき顔《かお》を曝《さら》して戯《たわむ》れす、懐手《ふところで》して立てるもあり。此処《ここ》に来《き》かかりし乞食《こじき》あり。小供《こども》の一人、『紀州々々《きしゅうきしゅう》』と呼《よ》びしが振向《ふりむ》きもせで行過ぎんとす。打見《うちみ》には十五六と思《おも》はる、蓬《よもぎ》なす頭髪《とうはつ》は頸《くび》を被《おお》ひ、顔の長きが上《うえ》に頬肉《ほおにく》こけたれば頷《おとがい》の骨尖《ほねとが》れ

り。（国木田独歩「源おぢ」中）

こごる　凝る　〔自ラ五〕

＊にこごり

【解説】①液体状のものが冷えて固体またはゼリー状になる。②冷気や精神的な衝動などで身動きできなくなる。③物または人が集まってひとかたまりになる。観智院本「類聚名義抄」（一二四一）に「凝　コル　ココル　コラス」とあるが、中古の文学作品にはあまり用例を見ない。中世末期から近世にかけて口頭語系の文体に用例が見られる。現代語では「煮こごり」にわずかに名残りがある。左の［用例］はボードレールの詩の訳の一部である。「痍に（略）清掻や」は（原詩では）バイオリンは傷つけられた心のようにふるえる、の意という。「胸もどき」は胸のように、「ギオロン」はバイオリン、「清掻」は和琴《わきん》の奏法の一つ、また、箏《そう》や三味線を用いた歌のない器楽曲、「闇の涅槃に（略）悩まされたる優心」は（原詩では）広大で暗黒な虚無を憎む優しい心、の意という。「涅槃」は煩悩《ぼんのう》を断ち切って絶対的な静寂に達した状態、「神輿の台」はカトリック教の聖体遷置所ルポゾワールのこと、「悲みて艶だちぬ」は（原詩では）悲しくも美しい、の意という。「艶だちぬ」は色っぽい感じを与えていた、「日や落入りて（略）血潮雲」は（原詩では）太陽はこごる彼の血の中におぼれた、の意という。「血潮雲」は血の色をした雲のこと。

【用例】痍《きず》に悩める胸もどき、ギオロン楽《がく》の清掻《すがかき》や、／闇の涅槃《ねはん》に、痛ましく悩まされたる優心《やさごころ》。／神《み》輿《こし》の台をさながらの雲　悲《かなし》みて艶《えん》だちぬ、／日や落入《おちい》りて　溺《おぼ》るるは、凝《こご》るゆふべの血潮雲《ちしおぐも》。（上田敏「海潮音」薄暮《くれがた》の曲《きょく》）

こころある　心有る　〔連体〕

＊こころない

【解説】人やその行動、態度などを言うことばの上につけて使う修飾語。思慮、分別がある。良識がある。物がわかっている。左の［用例］は、この語を赤シャツの子分である野だいこに職員会議の席上で使わせることによって、逆に赤シャツ一派の偽善性を浮彫りにしようとしたと考えられる。なお、対義語的な表現として「心無い」がある。これは、思慮、分別がない、他人に対する思いやりがない、などの意味で使う語である。

【用例】野《の》だは例のへらへら調で「実に今回のバッタ事件及《およ》び咄喊《とっかん》事件は吾々心ある職員をして、ひそかに吾《わが》校将来の前途に危惧《きぐ》の念を抱かしむるに足る珍事でありまして、吾々《われわれ》職員たるものは此際奮《このさいふる》って自ら省みて、全校の風紀を振粛《しんしゅく》しなければなりません。それで只今《ただいま》校長及び教頭の御述べになった御説は、実に肯綮《こうけい》に中《あた》った剴切《がいせつ》な御考えで私は徹頭徹尾《てっとうてつび》賛成致します。どうか成るべく寛大の御処分を仰ぎたいと思います」と云《い》った。（夏目漱石「坊っちゃん」六）

こころをくむ　心を汲む　〔連語〕

【解説】人の心中を思いやる、人の心中を察して理解する、斟酌《しんしゃく》する、の意をあらわすことば。平安時代の和歌などにも詠まれている文学的表現である。清原元輔「わかれけん心をくみて涙川おもひやるかなこぞのけふをも」（「後拾遺和歌集」）。左の［用例］の中の「行燈」は行灯《あんどん》、「菩提を弔っている」は冥福（死後の幸福）を祈っている、の意。「加納親子」は加納平太郎（田岡甚太夫と見誤られて瀬沼兵衛に斬られた）と加納求馬《もとめ》（兵衛を父の敵とねらって旅する中で病気になって切腹した）。「左近」は津崎左近（求馬の衆道の相方で、脱藩して求馬と敵討ちに同行、兵衛の返り討ちにあう）。「二人」は敵討ちに同行した甚太夫と加納家の若党江越喜三郎。「彼等」は平太郎と左近。求馬が死んだことを兵衛は知らない。

【用例】二人はそれから行燈《あんどう》を囲んで、夜もすがら左近《さこん》や加納《かのう》親子の追憶をさまざま語り合った。が、彼等の菩提《ぼだい》を弔《とむら》っている兵衛《ひょうえ》の心を酌《く》む事なぞは、二人とも全然忘却していた。
　平太郎の命日は、一日毎《ごと》に近づいて来た。二人は妬刃《ねたば》を合せながら、心静《しずか》にその日を待った。今はもう敵打《かたきうち》は、成否の問題ではなくなっていた。（芥川龍之介「或《ある》敵打の話」三）

↓ねたばをあわす

こざかしい　小賢しい　〔形〕

＊こざかしげだ・こざかしさ

【解説】利口ぶってなまいきな性格、態度、行動などについて嫌悪、軽蔑の意をこめて言う語。ずる賢い。抜け目がない。悪知恵が働く。左の［用例］は「蜂」の態度や行動について述べたものだが、多くは人間の性格、態度、行動などについて言う。「田原は（略）枉《まげ》ても枉ても御受納、と舌《した》小賢しく云逃《いいにげ》に東京へ帰ったやら」（幸田露伴「風流仏」）はその一例である。形容動詞として「小賢しげな」の形で、また名詞として「小賢しさ」の形で使うこともある。なお［用例］の中の「一分《ぶん》」は一身の面目、「火宅」は現世、この世をあらわしている。

【用例】人と争わねば一分《ぶん》が立たぬと浮世が催促するから、火宅《かたく》の苦は免かれぬ。東西のある乾坤《けんこん》に住んで、利害の綱を渡らねばならぬ身には、事実の恋は讎《あだ》である。目に見る富は土である。握る名と奪える誉《ほまれ》とは、小賢《こざ》かしき蜂《(はち)》が甘く醸《かも》すと見せて、針を棄《(す)》てて去る蜜の如《(ごと)》きものであろう。所謂楽《たのしみ》は物に着するより起るが故《(ゆえ)》に、あらゆる苦しみを含む。（夏目漱石「草枕」六）

ごする　伍する　〔自サ変〕

【解説】あるものと同等の地位に並ぶ。肩を並べる。仲間にはいる。漢字音にサ変動詞をつけただけの文語調のことばだと思われるが、いわゆる古典文学作品にはほとんど用例を見ない。明治時代以後の作品になって多くの用例を見るようになる。近現代語と言うべきか。左の［用例］はダンテ「神曲」の「地獄門」第三曲第一行から第九行の個所にある、地獄の入口の門に書かれてある銘。「憂の国」は地獄、「迷惑の人」は迷いまどっている人、「神威」は神の威力・威光、「われ」は地獄の門をさしたもの。漱石はロンドン塔の門をくぐった時、一瞬、地獄の門をくぐったような錯覚を抱いたようだ。

【用例】憂《うれい》の国に行かんとするものは此《(この)》門を潜《く》れ。永劫《えいごう》の呵責《かしゃく》に遭《あ》わんとするものは此門をくぐれ。迷惑の人と伍《(ご)》せんとするものは此門をくぐれ。

正義は高き主《しゅ》を動かし、神威は、最上智は、最初愛は、われを作る。我が前に物なし只《ただ》無窮《むきゅう》あり我《われ》は無窮に忍ぶものなり。
此門を過ぎんとするものは一切の望《のぞみ》を捨てよ。（夏目漱石「倫敦《ロンドン》塔」）

ごたくさ　〔名・自サ変・副〕

【解説】いろいろな物事が入りまじって雑然としていること。物事に秩序のない様子。ごたごた。左の［用例］は名詞の例。「ごたくさする」でサ変動詞となり、「ごたくさ言う」「ごたくさと纏まらず」のような用い方で副詞となる。近現代になってあらわれた表現といってよかろう。［用例］中の「皺嗄れた声」はかすれてはっきりしない声、しゃがれ声、「言語道断」はもってのほか、「一条」は一つの事柄（ここではメキシコ移民）の一部始終、一件。

【用例】「怒りゃあせんよ、」と男は皺嗄《しわが》れた声を搾《しぼ》ろうと咳払いして、「貴嬢《あなた》の苦言は実に身に染《し》みて満身に冷汗を流した。――だが静江さん、少《ちっ》とは同情《さっ》して貰いたい。お吉の道理の解《わけ》らんのは言語道断で、今度の葛蒔《ごたくさ》も墨西哥《メキシコ》一条に初まったんだが、其《その》遠因は全く貴嬢《あなた》に由来しているんだ。」
女はさっと顔を紅《あか》め、背後《うしろ》の石燈籠に蹌《よろ》めいて垂頭《うつむ》いて了《しま》った。（内田魯庵「くれの廿八日」其五）

ごっとり　〔副〕

＊ごとり

【解説】①大きい重い物が動いたり、台がはずれて急に傾いたりした時に発する音、また、そのさま。「と」を伴って用いることもある。「ごとり」の強調形で、「ごっとり」の方が重みや手応えの大きさが感じられる。②ひっそりしたさま。「雨の音は全く絶えて、ごっとりと風も凪《な》いで」（尾崎紅葉「多情多恨」）というように用いる。③突然であるさま。こっくり。ぽっくり。「ごっとり死ぬ」というように用いる。［用例］は①で、ヒロインの那美さんが見送る青年の乗った汽車が動き出す場面である。

【用例】やがて久一さんの車室の戸もぴしゃりとし

まった。世界はもう二つに為《な》った。老人は思わず窓《まど》側《ぎわ》へ寄る。青年は窓から首を出す。

「あぶない。出ますよ」と云《い》う声の下から、未練のない鉄車の音がごっとりごっとりと調子を取って動き出す。窓は一つ一つ、余等《われわれ》の前を通る。

（夏目漱石「草枕」十三）

ことかく　事欠く　〔自カ五〕

＊ことをかく

【解説】多く「……にことかく」の形で用いる。①ないために不自由する。物事が不足する。左の［用例］はこの意味である。②「……に事欠いて」の形で、……するには他にもっと適当なことがあるのに、よりによって。そのことに非難の意味をこめて言う。「言うに事欠いてオジサンとは何だ。失礼じゃないか」のように使う。「事を欠く」（連語）の形でも用いる。［用例］中の「居食い」は働かずに手持ちのものを処分しながら暮らすこと、徒食。


【用例】仁右衛門《にんえもん》は押し太《ぶと》く腹を据《す》えた。（略）いまに見かえしてくれるから——そう思って彼は冬を迎えた。

然《しか》し考えて見ると色々な困難が彼の前には横《よこた》わっていた。食料は一冬事かかぬだけはあっても、金は哀れな程より貯えがなかった。馬は競馬以来廃物になっていた。冬の間稼《かせ》ぎに出れば、その留守に気の弱い妻が小屋から追い立てを喰《く》うのは知れ切っていた。と云《い》って小屋に居残れば居食いをしている外《ほか》はないのだ。

（有島武郎「カインの末裔」七）

ことごとしい　事事しい　〔形〕

＊ものものしい

【解説】大袈裟《おおげさ》である、必要以上に大層《たいそう》である、の意で用いる語。類義語の「物物《ものもの》しい」が具体的に目に見える物について言うのに対して、「事事しい」の方は概念的・抽象的なことについて言うという使い分けがある。「ことことしく装束きたるもあり」（「枕草子」）、「何事にかあらん、ことことしくののしりて」（「徒然草」）などの用例にあるとおり、古くは「ことことし」と言ったことは、「日葡辞書」（一六〇三―四）にCotocotoxij（コトコトシイ）とあることによっても証明される。左の［用例］にある「旧弊」は古くからの風習や思想にとらわれること、「勝心」は勝ち気の意か、「高い鼻を擦られる」は自慢される、得意なさまを見せられる意。

【用例】娘というはお勢に一ツ年下で、（略）お勢に云わせれば、旧弊な娘《むすめ》、お勢は大嫌い、母親が贔負《ひいき》にするだけに、尚《な》お一層此《この》娘を嫌う、但し是れは普通の勝心《しょうしん》のさせる業《わざ》許《ばか》りではなく、此娘の蔭《かげ》で、おりおり高い鼻を擦《こす》られる事も有るからで、縁付《づけ》ると聞いて、お政は羨ましいと思う心を、少しも匿《かく》さず、顔はおろか、口へまで出して、事々《ことごと》しく慶《よろこ》びを陳《の》べる。（二葉亭四迷「浮雲」第十八回）

ことよせる　事寄せる・言寄せる〔自サ下二〕

【解説】直接には関係のないことを表向きの理由にする、態度や行動の口実にする、かこつける、という意味の語である。「事寄せる」と表記するのが普通だが、古くは、ことばによって味方する、噂をたてる、ことづけるなどの意味の「言寄せる」「言寄す」という用法があった。しかし現代ではあまり例を見ない。左の［用例］は小説冒頭部の一節で、帰国の船上にある語り手の現状を述べ、「人知らぬ恨」のあることを叙して、以下の回想部へと自然に入っていこうとする個所である。「生面」は初めての面会、「微恙」は軽い病気、「房」は船室。

【用例】世の常ならば生面《せいめん》の客にさへ交《まじわり》を結びて、旅の憂《う》さを慰めあふが航海の習《ならい》なるに、微恙《びよう》にことよせて房《へや》の裡《うち》にのみ籠《こも》りて、同行の人々にも物言ふことの少きは、人知らぬ恨《うらみ》に頭《かしら》のみ悩ましたればなり。（森鷗外「舞姫」）

こりずまに　不懲まに〔副〕

【解説】以前の失敗に懲りることもなく。性懲りもなく。懲りもせずに。文語の「懲る」（自ラ上二）の未然形に打消の「ず」がついて、その連用形に情態の意の接尾語「ま」をつけ、さらに助詞「に」をつけて連用修飾語としたもの。中古にはナリ活用形容動詞の用例があるが、近現代では専ら副詞としての用例が多い。左の〔用例〕は、語り手である「私」が「君」の漁に出て難破しそうになる場面を想像している部分の一節で、「胴の間」は和船の中央にある間《ま》（空間）のこと。


【用例】先程《さきほど》 奇怪な叫び声を立てたその若い漁夫は、やがて眠るようにおとなしく気を失って、ひょろひょろとよろめくと見る間に、崩《くず》れるように胴の間にぶっ倒れてしまった（略）。

「死にはしないぞ」

不思議な事にはそのぶっ倒れた男を見るにつけて、又《また》 漁夫達の不安げな容子《ようす》を見るにつけて、君は懲《こ》りずまに薄気味悪くそう思いつづけた。

（有島武郎「生れ出づる悩み」六）

こわらしい　恐らしい・畏らしい・怖らしい　〔形〕

＊こわい

【解説】いかにもこわそうな様子である、おそろしそうである、こわがらせる感じがある、の意をあらわす語。「らしい」は接尾語で、それらしい、見たところこわそうだという意味で、「こわい」という主観的な表現とは異なる。近世江戸語以降のことば。ちなみに、同音の「強《こわ》らしい」は、いかにもかたくてごわごわした感じである、という意の形容詞で、「針のように剛《こわ》らしき眉にかかりて」（幸田露伴「いさなとり」）のように使う。

【用例】其《そ》のお政の半面《よこがお》を文三は畏《こわ》らしい顔をして佶《きっ》と睨付《ねめつ》け、何事をか言わんとしたが……気を取直《とりなお》して莞爾《にっこり》微笑した積《つもり》でも顔へ顕《あら》われた所は苦笑《にがわら》い、震声《ふるいごえ》とも附《つ》かず笑声《わらいごえ》とも附かぬ声で
「へへへへ面目は御座《ござ》んせんが、しかし……出……出来た事なら…… 仕様《しよう》が有りません。」→ねめる
（二葉亭四迷「浮雲」第五回　胸算《むなさん》違いから見一無法《けんいちむほう》は難題）

さ行

さいなむ　苛む・嘖む・呵む　〔他マ五〕

＊いじめる・いびる

【解説】 失策や欠点などを叱責する、せめる、の意の語。「せめさいなむ」と重ねて使うこともある。故意につらくあたる、の意で用いることもある。普通は他人に対しての言動を言うが、時に「わが身をさいなむ」のような表現に用いることもある。「いじめる」などの類義語にくらべてある程度文章語的表現になる。同じく類義語の「いびる」には、腕力などでなくことばや態度で相手に精神的な苦痛をじわじわと与えていくことをさすという含意がある。〔用例〕の中の「真綿に針」は「真綿に針をつつむ」（表面はやさしいが心の奥に意地の悪さを隠している）を略して言ったもの、「蛤貝と」「蜆貝と」の「と」は比喩をあらわすもので、……のように、の意、「お茶ッぴい」は出しゃばりでおしゃべりな小娘を嘲って言う語である。

【用例】 お勢の入塾した塾の塾頭をしている婦人は、(略)何《なに》歟《か》につけて真綿に針のチクチク責《ぜめ》をするが性分。親の前でこそ　蛤貝《(はまぐりがい)》　と　反身《そっくりかえ》れ、他人の前では蜆《しじみ》貝《がい》と縮まるお勢の事ゆえ、責《さいな》まれるのが辛《(つ)》らさにこの女丈夫に　取入《(とりい)》ッて卑屈を働らく。固《もと》より根がお茶ッぴいゆえ、　其《(その)》風《ふう》には　染《(そま)》り　易《(やす)》いか、　忽《(たちまち)》　の中《(うち)》　に見違えるほど　容子《(ようす)》が変り、　何時《(いつ)》しか隣家の娘とは疎々《うとうと》しくなッた。
（二葉亭四迷「浮雲」第二回　風変りな恋の初峯入《はつみねいり》　上）

さおさす　棹刺す・棹差す　〔自サ五〕

【解説】 さおを使って舟の進む方向をただしながら舟を進める、転じて、時流に乗って進める、調子を合わせてうまくたちはたらく意に用いられる語。流れに逆らう、時流に逆らうという、近来見受けられる用法は、本来は誤用だが、ことばは生き物だから、これを「近時の用法」として記載している辞書もある。左の〔用例〕ではこの語はもともとの意味で使われている。この語を含む一節は、七五調の快い表現と相俟って、漱石の人生観の表明と受け取られている向きがあるが、これは「山路を登りながら、こう考え」ている主人公（画工）の芸術観を述べた個所で、漱石のそれと必ずしも同一視はできない。


【用例】山路《やまみち》を登りながら、こう考えた。

智に働けば角《かど》が立つ。情に棹《さお》させば流される。意地を通せば窮屈だ。兎角《とかく》に人の世は住みにくい。

住みにくさが高《こう》じると、安い所へ引き越したくなる。どこへ越しても住みにくいと悟った時、詩が生れて、画《え》が出来る。

（夏目漱石「草枕」一）

さがない 〔形〕

【解説】性格がよくない。性格がひねくれている。古典的な表現。平安時代の文学作品から用例が多く、意味も広く、性格が素直でない、意地悪い、卑しい、から、子供がやんちゃだ、まであるが、近現代語としては、口さがない、の形で用いることが多く、物言いが穏当でない、口うるさい、無責任に他人の噂をする、などの意味をあらわす。左の［用例］はそれを古典的に表現したものである。［用例］中の「人目の関」は人々の見る目が関所のように障害になって自由にならないことのたとえ、「浮名たちまちに」は浮名（男女間の恋のうわさ）が「たち」と「たちまち」とを掛けた表現、「異見」は自分の考えを述べて人をいさめること、忠告。


【用例】粲爾《さんじ》が愚《おろか》ならぬも。一度此道《ひとたびこの》に迷いてより。田《た》の次《じ》が実意の捨《すて》がたきに。人目の関を忍び忍びに。互《たがい》に深くも語らいしが。人の言《こと》の葉《は》さがなき世は。殊に悪事《あしき》のもれやすくて。いつしか浮名たちまちに。父浩爾《こうじ》さえ事の由《よし》を。人の風説《うわさ》に伝え聞《きき》て。以ての外なる大腹立《おおはらだち》。粲爾を我家《わがや》へ招き寄せて。きびしく異見《いけん》を加えしかば。粲爾は且《かつ》恥《は》じ且悔《くや》みて。いよいよ心を改めつつ。

（坪内逍遙「一読三歎当世書生気質」第拾壱回《じゅういち》　つきせぬ縁日のそぞろあるきに小町田《こまちだ》はからずも旧知己《むかしなじみ》にあう）

さざめく 〔自カ五〕

＊さんざめく

【解説】大勢がそれぞれ勝手に話したり笑ったりしてにぎやかな声をたてる、またはなやかに時めく、はなやぐ、といった、明るい陽気な情景の表現に用いる。強調して「さんざめく」ということもある。なお、形の似た語「ささめく」はさやさやと小さな音をたてる、小声で話す、転じて、ひそかに噂する、の意で、「さざめく」とは相反する。また、それと同系の「ささめごと（私語）」は、内証話、ささやき、などから転じて、男女間のむつごと、の意にもなる。［用例］は初期漱石によく見られる、漢語の多い華麗な表現の一節で、ややわかりにくい。「太玄の闇」は天上の宮殿の門、「幽冥の府」は夜のくらい世界、「金屏」は地紙の全部に金箔を置いた屏風《びょうぶ》、「銀燭」は銀の燭台、「春の宵の一刻を千金と」云々は宋の文人・詩人蘇軾《そしょく》「春夜詩」の中の「春宵一刻価《あたい》千金」をふまえた表現、「色相世界」は肉眼に見える実在の世界のこと。

【用例】太玄《たいげん》の闇《もん》おのずから開けて、此華《このはな》やかなる姿を、幽冥《ゆうめい》の府に吸い込まんとするとき、余はこう感じた。金屏《きんびょう》を背に、銀燭《ぎんしょく》を前に、春の宵《よい》の一刻を千金と、さざめき暮らしてこそ然《しか》るべき此装《このよそおい》の、厭《いと》う景色もなく、争う様子も見えず、色相《しきそう》世界から薄れて行くのは、ある点に於《おい》て超自然の情景である。

（夏目漱石「草枕」六）

さしあたる　差し当たる・射し当たる　〔自ラ五〕

＊さしあたり

【解説】①その場に行きあたる。当面する。連用形「差し当たり」を副詞として使うこともある。その場合は、今のところ、さしずめ、当面、当座、の意。「さし」は接頭語。②光などが直接に当たる。「射し当たる」と表記するが、「射し」は光が照射することをあらわすので、接頭語ではない。左の［用例］は①の意で用いられている。［用例］の中にある「晴天の霹靂」の「晴天」は正しくは「青天」で、青天に突然起こる雷の意から、突然起こった変動や急に生じた大事件を言う。

【用例】晴天の霹靂《へきれき》、思いの外《ほか》なのに度肝《どぎも》を抜《ぬか》れて、腹を立てる遑《いとま》も無い、脳は乱れ、神経は荒れ、心神錯乱《しんじんさくらん》して是非の分別も付かない。只《ただ》さしあたッた面目なさに消えも入りたく思うばかり。叔母を観《み》れば、薄気味わるくにやりとしている。此儘《このまま》にも置

かれない、……から、余義なく叔母の方へ膝《ひざ》を押向《おしむ》け、おろおろしながら、→よぎない
（二葉亭四迷「浮雲」第十五回）

さしぐむ　差含む　〔自マ五〕

【解説】涙がわいてこぼれそうになる。涙ぐむ。用例は平安時代の文学作品から見られるが、近現代語としては古典的な文章語であり、口頭語としては使わない。左の［用例］はカアル・ブッセの同名の詩の翻訳で、「空遠く」に対応する原詩は、越えて遠くゆけば、の意だが、「山のあなたの空遠く」で山を越えて向こうへ行った、その遠い所に、という含みが生ずるので、一種の名訳といえる。「尋めゆきて」はたずね求めて行って、の意だが、たずね求めて、という含みは原詩にはないという。カアル・ブッセはドイツの詩人で、ポーゼンに生まれてブレスラウの大学で文学を学びベルリンで活躍した。小説家・ジャーナリストでもあった。

【用例】山のあなたの空遠く／「幸《さいわい》」住むと人のいふ。／噫《ああ》、われひとと尋《と》めゆきて、／涙さしぐみかへりきぬ。／山のあなたになほ遠く／「幸《さいわい》」住むと人のいふ。
（上田敏「海潮音」山のあなた）

ざする　坐する・座する　〔自サ変〕

【解説】すわる意の文章語的な表現であるが、転じて、その境遇になるという意で使うこともある。また、何もしないでいる、事件や出来事のまきぞえを食う、連座する、乗り上げる、座礁する、の意で用いるケースもある。「坐して食らう」（働かないで消費ばかりする）という言い方を使った諺「坐して食らえば山も空《むな》し」という諺が二葉亭四迷の「浮雲」などに引用されている。［用例］の中の「赫然たる」はかがやいている、けばけばしい、「眼鏡に鼻を挟ませて」は鼻眼鏡をかけて、「レエベマン」はLebemann（ドイツ語）で道楽者、遊蕩児の意。

【用例】赤く白く面《おもて》を塗りて、赫然《かくぜん》たる色の衣《ころも》を纏《まと》ひ、珈琲店《カッフェー》に坐して客を延《ひ》く女を見ては、往《ゆ》きてこれに就《つ》かん勇気なく、高き帽を載《いただ》き、

眼鏡《めがめ》に鼻を挟《はさ》ませて、普魯西《プロシャ》にては貴族めきたる鼻音にて物言ふ「レエベマン」を見ては、往きてこれと遊ばん勇気なし。　（森鷗外「舞姫」）

さもしい　〔形〕

【解説】　欲望や利益を露骨に追求する。品性がいやしい。あさましい。用例は中世以後にあらわれて、右の意味のほかに、身分や地位の低いこと、服装の粗末なこと、また人以外の牛馬や家具などの貧弱なこと、にも用いたが、近現代語としての用法は人の品質、心情、言動の表現に限られている。左の［用法］の中の「極く内々の話だが」という言い方の裏には、「私」の心中に潜む自分の輝かしい過去に対する複雑な思いが見え隠れしている。「腰弁当」は、江戸時代に禄高の少ない武士が袴の腰に弁当をさげて出仕したことから生じたことばで、毎日弁当持参で出勤する安月給取りのことを言う。

【用例】　こうどうも昔ばかりを憶出《おもいだ》していた日には、内職の邪魔になるばかりで、卑《さも》しいようだが、銭《ぜに》にならぬ。寧《いっ》そのくされ、思う存分書いて見よか、と思ったのは先達《せんだっ》ての事だったが、（略）此《この》暇を遊《あす》んで暮すは勿体《もったい》ない。私は兎《と》に角《かく》書いて見よう。
　実は、極《ご》く内々《ないない》の話だが、今でこそ私は腰弁当と人の数《かず》にも算《かず》まえられぬ果敢《はか》ない身の上だが、昔は是《こ》れでも何の某《なにがし》といや、或《あ》るサークルでは一寸《ちょっと》名の知れた文士だった。↓いっそのくされ　（二葉亭四迷「平凡」二）

ざればむ　戯ればむ　〔自マ五〕

＊じゃれる・たわむれる・はしゃぐ・ふざける

【解説】　たわむれる。ふざける。「ばむ」は接尾語で、動詞の連用形や形容詞の語幹などについて五段活用の動詞をつくる。「黄ばむ」「汗ばむ」「気色《けしき》ばむ」のように、その状態になったりしたりする意味をあらわす。類義語の「戯《じゃ》れる」は、「戯《たわむ》れる」や「巫山戯《ふざけ》る」などと違って、人や他の生きものの子供など小さく愛らしいものについて言う。「燥《はしゃ》ぐ」は浮かれて騒ぐ、調子に乗って騒ぐ、の意。なお、「源氏物語」などでは、この語は、しゃれたさまをする、風流めいている、の意味で用いられている。

【用例】 総《すべ》て仲のわるい従兄妹《いとこ》同士のように、遠慮気なく余所々々《よそよそ》しく待遇《もてな》す。昇はさして変らず、尚《な》お 折節《おりふし》 には戯言《ざれごと》など云い掛けてみるが、云ッても、もうお勢が相手にならず、勿論《もちろん》 嬉しそうにも無く、ただ「知りませんよ」と彼方《あちら》向くばかり。其故《それゆえ》に、昇の戯《ざれ》ばみも鋒先《ほこさき》が鈍ッて、大抵は、泣眠入《なきねい》るように、眠入ッて仕舞《しま》う。 （二葉亭四迷「浮雲」第十八回）

さんずる　散ずる　〔自他サ変〕

＊さんじる

【解説】①（自）一所のものがばらばらに別れ、離れる。散る。（他）ばらばらに離す。散らす。②（自）財産、収集品、蔵書などがなくなる。（他）財産、収集品、蔵書などを失くす。③（自）気が晴れる。（他）気を晴らす。漢字音にサ変動詞をつけただけの漢文訓読系の語で、女流文学作品には用例が見られない。「日葡辞書」（一六〇三—四）ではSanji, zuru, jitaサンジ・サンズル・サンジタとサ変であるが、近現代になると、たとえば左の［用例］と同一の作品の中に「散じない」というザ行上一段活用の例も出てくる。［用例］の中の「一六勝負」は出た采《さい》（さいころ）の目を賭けて勝負を争うばくちのこと。

【用例】 元来《いったい》この倶楽部《くらぶ》は夜分人の集って居ることは少ないので、ストーブの煙は平常《いつ》も昼間ばかり立ちのぼって居るのである。
然《しか》るに八時は先刻《さっき》打っても人々は未《ま》だなかなか散《さん》じそうな様子も見えない。人力車《くるま》が六台玄関の横に並んで居たが、車夫どもは皆《みん》な勝手の方で例の一六勝負最中らしい。 （国木田独歩「牛肉と馬鈴薯」）

さんまい　三昧　〔接尾〕

【解説】 本来サンスクリット語、パーリ語のSamādhiの音訳なので「さんまい」のはずであるが、接尾語として使われる時は上接語からの連濁で「ざんまい」となることが多い。「日葡辞書」（一六〇三—四）ではZanmaiとなっている。ある一事に熱中すること。また、その事に熱中するあまりに他をかえりみないでしたい放題にすること。もとは仏教用語であったが、中世以後の会話文体や語り物に用例があり、近現代では日常生活に溶け込んでいる。

【用例】 斯うして私の小さいけれど際限の無い慾が、毎《いつ》も祖母を透《とお》して遂げられる。それは子供心にも薄々了解《のみこめ》るから、自然家内中で私の一番好《すき》なのは祖母で、お祖母《ばあ》さんお祖母さんと跡を慕う。何となく祖母を味方のように思っているから、祖母が内に居る時は、私は散々我儘を言って、悪《あく》たれて、仕度三昧《したいさんまい》を仕散らすが、留守だと、萎靡《いじけ》るのではないが、余程温順《よっぽどおとな》しくなる。 →あくたれる　（二葉亭四迷「平凡」四）

しいつける　強い付ける　〔他カ下一〕

【解説】 無理にすすめる。無理じいをする。無理に押しつける。現代語としてはあまり用例を見ないが、一見して意味のわかりやすい語である。近世の滑稽本「東海道中膝栗毛」あたりから用例の見える話し言葉である。左の「用例」の中の「無理方程式」は未知数の無理式（根号の中に文字が含まれている代数式）を含む方程式のことで、ここは直後の「無理に」を導き出す役割も果たしている。「三角術」は三角法（三角比・三角函数の性質を扱う数学の一分科）の旧称。

【用例】 算術の長《なが》の道中を浮《うわ》の空《そら》で通して了《しま》ったが、代数も矢張《やっぱ》り其《その》通り。一次方程式、二次方程式、簡単なのは如何《どう》にかなっても。少し複雑のになると、AとBとが紛糾《こぐら》かって、何時迄経《いつまでた》ってもXに膠《こびり》着《つ》いていて離れない。況《いわん》や不整方程式には、頭も乱次《しどろ》になり、無理方程式を無理に強付《しいつ》けられては、げんなりして、便所へ立ってホッと一息吐《つ》く。代数も分らなかったが幾何《きか》や三角術は尚《なお》分らなかった。→いわんや・うわのそら・こぐらかる　（二葉亭四迷「平凡」二十一）

しいる　誣いる・罔いる　〔他ア上二〕

＊し（強）いる

【解説】 事実を曲げて言う、話者の都合のいいようにこじつけて言う、の意で用いる語。語源的には「強《し》いる」（

（相手の気持を無視して無理に押しつける）と同源とされている。話しことばでは発音が同じで区別しにくいので、文字で表記された文章の中で使用されることが多い。左の［用例］の中の「天主教」はカトリック教、「伴天連」はポルトガル語のPadreで神父のこと、「フランシス上人」はスペイン・ジェズイット会の宣教師で日本にはじめてキリスト教を伝えたフランシスコ・ザビエル、「パアテル」はラテン語のPaterで神父のこと。

【用例】煙草は、悪魔がどこからか持って来たのだそうである。そうして、その悪魔なるものは、天主教《てんしゅきょう》の伴天連《ばてれん》が（恐らくは、フランシス上人《しょうにん》が）はるばる日本へつれて来たのだそうである。
　こう云《い》うと、切支丹《きりしたん》宗門の信者は、彼らのパアテルを誣《し》いるものとして、自分を咎《とが》めようとするかも知れない。　（芥川龍之介「煙草と悪魔」）

しかつべらしい 〔形〕

＊しかつめらしい

【解説】いかにももっともらしい。堅苦しくまじめぶっている。わざとむつかしく形式ばっている。m音とb音の交替があって「しかつめらしい」の語形もあり、「鹿爪らしい」のあて字も例が多い。「しかありつべくあるらし」がもとの形で、それの変化したものとも、また、「しかりつべしい」の変化したものとも言われているが、両説とも変化の過程を示す証例は見当らない。左の［用例］中の「石地蔵」は無口な人や色恋に興味を示さない人の比喩、「情談」は冗談、「チョックリチョイと」はちょっくらちょいと、「重くろしく」は重苦しく、「居すまって」は居住まいを正して坐って。

【用例】終《つい》には「仰《(おっ)》しゃらぬとくすぐりますヨ」とまで迫ッたが、石地蔵《(いしじぞう)》と生れ付たしょうがには、情談《じょうだん》のどさくさ紛れにチョックリチョイといって除《の》ける事の出来ない文三、然《(しか)》らばという口付《(つき)》からまず重くろしく折目正敷《おりめただしく》居すまッて、しかつべらしく思いのたけを言い出《(い)》だそうとすれば、お勢はツイと彼方《あちら》を向いて、「アラ鳶《とんび》が飛でますヨ」
（二葉亭四迷「浮雲」第三回　余程風変《ふうがわり》な恋の初峯入《はつみねいり》　下）

しがない　〔形〕

【解説】　とるにたりない。つまらない。みじめでみすぼらしい。近世後期から用例の見える話し言葉であるが、ほとんどの例が連体修飾語で、下の名詞・代名詞を修飾している。また会話文の中で自分の身分・職業などをへりくだって言う時に、きまってつける修飾語のようである。しかし現代語の会話文の中でこの形容詞を使うとしたら、かなり古くさい感じがするのではないだろうか。左の［用例］の中の「板子」は和船の床《ゆか》に敷いた揚げ板で、「板子一枚の下は地獄」（板子一枚下は地獄）は船乗り稼業が危険であることのたとえ。

【用例】　真裸な実力と天運ばかりが凡《すべ》ての漁夫の頼みどころだ。その生活はほんとに悲壮だ。彼等がそれを意識せず、（略）自分の為《た》めに、自分の養わなければならない親や妻や子の為めに、毎日々々板子一枚の下は地獄のような境界に身を放《な》げ出して、せっせと骨身を惜しまず働く姿はほんとうに悲壮だ。而《そ》して惨《みじ》めだ。何んだって人間と云うものはこんなしがない苦労をして生きていかなければならないのだろう。（有島武郎「生れ出づる悩み」七）

しかのみならず　〔接〕

【解説】　そうばかりではなく。それだけではなく。そのうえさらに。副詞「しか」に助詞「のみ」、断定の助動詞「なり」に打消の助動詞「ず」の連用形が接続したもの。「ず」は連用中止法で下に続いていく。古く漢文訓読系の文章の中で用いられた時には「ず」が終止形で言い切りになる場合に使われたが、現代語としての用例は、それだけではなくて、と下に続ける用法がほとんどである。中世の口語資料「天草版伊曽保物語」などにも用例はあるが、現代語としてはかなりかしこまった表現である。左の［用例］の中の「狎れる」はなじんでうちとけすぎる、「濆す」はけがし傷つける、「随意随意」はままに、「遺行」は残された行ない、「御意遊ばして」はおぼしめしにかなって、の意。

【用例】　要するに昇は長官を敬すると言ッても遠ざけるには至らず、狎《な》れるといっても濆《けが》すには至らず、諸事万事御意の随意随意《まにまに》 曽《かつ》て抵抗した事なく、加之《しかのみならず》……此処《ここ》が肝腎要《かなめ》……他の課長の遺行を数《かぞえ》て暗に盛徳を称揚する事も折節《おりふし》はあるので、課長殿は「見所のある奴《やつ》じゃ」ト御意遊ばして御贔負《ごひいき》に遊ばすが、同僚の者は善《よ》く言わぬ。
（二葉亭四迷「浮雲」第六回　どちら着《つか》ずのちくらが沖）

しかるべき　然るべき　〔連体〕

＊しかるべく

【解説】当然そうあるはずの、そうあるのがふさわしい、という意味で用いられる表現。「しかあり（然有り）」を約《つづ》めた「しかり（然り）」の連体形「しかる」に助動詞「べし」の連体形「べき」がついたもので、現代語では連体詞のように用いる。適当な、相当な、当たり前な、などと言いかえられる。「……てしかるべき」の形で使うことも多い。なお、「べし」の連用形「べく」をつけて副詞のように用いる「しかるべく」は、そうするのがよいように、適当に、よろしく、の意で使う。横光利一の「上海」には「いい加減に何んとか、しかるべく云いなさい」という用例がある。

【用例】おれは是《これ》でも山嵐に一銭五厘奮発させて、百万両より尊とい返礼をした気で居《い》る。山嵐は難有《ありがた》いと思って然《しか》るべきだ。それに裏へ廻って卑劣な振舞《ふるまい》をするとは怪《け》しからん野郎だ。あした行って一銭五厘返して仕舞《しま》えば借《かり》も貸《かし》もない。そうして置いて喧嘩をしてやろう。
（夏目漱石「坊っちゃん」六）

しぎする　思議する　〔名・他サ変〕

＊ふかしぎ・ふしぎ

【解説】あれこれ思いめぐらす。また、その考え。古い漢文訓読資料の中に出てくる語で、近世までの文学作品には、ほとんど用例を見ないが、明治時代になってから男性の作家や思想家たちによって使われ始めた。思議することができない、考えのおよばないことが「不可思議」であり、それの略語が「不思議」という言葉になったものである。［用例］の中の「不可得」は仏教用語で、あらゆる存在は固有不変の実体を持たず、従ってそれを求めても得られないこと、また、理解しようとしてもできないこと、「抉出」はえぐり出すこと、「至味」はこのうえなく味の良いこと、また、そのもの。


【用例】愛は総《すべ》ての存在を一《いつ》にす。

愛は味《あじわ》うべくして知るべからず。

愛に住《じゅう》すれば人生に意義あり、愛を離るれば、人生は無意義なり。

人生の外《ほか》に出《い》で、人生を望み見て。人生を思議する時、人生は遂に不可得《ふかとく》なり。

人生に目的ありと見、なしと見る、共に理智の作用のみ。理智の眼《まなこ》を抉出《けっしゅつ》して目的を見ざる処《ところ》に、至味《しみ》存す。

（二葉亭四迷「平凡」二十）

じぐる 〔他ラ五〕

＊じぐち

【解説】既存のことわざや成句をもとにして、発音や語呂を似せて別の意味の句を作る一種のしゃれ、語呂合わせのことを「地口《じぐち》」というが、その地口を動詞化して、地口を言う、の意味で「じぐる」と言ったもの。近世中期の洒落本、滑稽本などに用例がある。サボタージュすることをサボると言う現代語と同様の言い方が、江戸時代に既にあったということか。［用例］の中の「善兵衛が金蒔きゃ鴉がほじくる」は「権兵衛が種蒔きゃ烏がほじくる」（おろかしい無駄骨折りをすることのたとえ）という俚謡の一節をもじったしゃれ、「一生の洒落」は一生に一度しかできないようなうまいしゃれ、または、一生懸命考えたしゃれ。


【用例】浜《はま》は嫣然《にっこり》しかけて忽《たちま》ち再《ま》た澄し返った。

「でも、貴方《あんた》、其様《そん》なにお金子《かね》を費《つか》うと鴉《からす》に啄《つつ》かれるわ。」

「何故《なぜ》——何故？」

「善兵衛《ぜんべえ》が金蒔《かねま》きゃ鴉がほじくるって、おほほ、」と浜は一生の洒落《しゃれ》をじぐって周章《あわ》てて逃出《にげだ》した。

「此奴《こいつ》め、担《かつ》いだな、」と高橋は太い声を振立《ふりた》ててゆさゆさと廊下を追って来る。

（内田魯庵「くれの廿八日」其《その》四）

しぐれる　時雨れる　〔自ラ下二〕

＊しぐれ

【解説】晩秋から初冬にかけて急に降ったりやんだりする雨を「時雨《しぐれ》」と言い、時雨が降ること、または、降りそうな空模様になることを「しぐれる」と言う。転じて、涙がちになる、涙ぐむことを比喩的に言う。平安時代の国文学作品から用例がある。たとえば、「宇津保物語」の「君によりしぐるる袖のふかき色をおれるもみぢと里人やみむ」、「新古今和歌集」の「時雨つつ袖もほしあへず足引《あしひき》の山の木の葉に嵐吹く比《ころ》」など。ただし、活用の種類は下二段。

【用例】父はランプの下《もと》で手紙を認《したた》めて居《い》ましたが、僕を見て、「何ぞ用か」と問い、やはり筆を執《とっ》て居ます。僕は父の脇の火鉢の傍《そば》に座《すわ》って、暫く黙って居ましたが、此時《このとき》降りかけて居た空が愈々《いよいよ》時雨《しぐれ》て来たと見え、廂《ひさし》を打つ霰《みぞれ》の音がパラパラ聞えました。父は筆を擱《お》いて徐《やお》ら此方《こちら》に向き、「何ぞ用でもあるか、」と優しく問いました。
（国木田独歩「運命論者」四）

しさいらしい　子細らしい・仔細らしい　〔形〕

＊きどる・すます・もったいぶる

【解説】①何か事情がある様子だ、わけがありそうである、②もったいぶっている、もっともらしい、分別がありそうである、の意で用いられる語。「子細らしくつぶやく」「子細らしい顔」のように使うのが普通。類義語の「気取《きど》る」は他人から見られた時よく見えるように体裁を飾る、「澄《す》ます」は真面目そうにふるまう、平然と構える、「勿体振る」はわざと重々しく威厳があるように見せる、の意で使われるもの。

【用例】奥の間の障子を開《あ》けて見ると、果して昇が遊《あそび》に来ていた。加之《しかも》傲然《ごうぜん》と火鉢《ひばち》の側《かたわら》に大胡坐《おおあぐら》をかいていた。その傍《そば》にお勢がベッタリ坐って、何かツベコベと端手《はした》なく囀《さえず》ッていた。少年の議論家は素肌《すはだ》の上に上衣《うわぎ》を羽織ッて、仔細らしく首を傾《かし》げて、ふかし甘薯《いも》の皮を剥《む》いて居《い》、お政は囂々敷《ぎょうぎょうしく》針箱を

前に控えて、覚束《おぼつか》ない手振りでシャツの綻《ほころび》を縫合《ぬいあ》わせていた。　→ぎょうぎょうしい
（二葉亭四迷「浮雲」第九回　すわらぬ肚）

したたか　強か・健か　〔形動・副〕

【解説】①しっかりしている、確実である様子、②分量が多い様子、おびただしい様子、③程度がはなはだしい様子、転じて、④外見ではわからないが実はしぶとくて一筋縄ではいかない様子、を表現する語。副詞の場合は程度や分量の多大さをあらわす。左の［用例］はこの作品の末尾の一節で、「馬太の御経」は新約聖書の巻頭にある、使徒マタイの記したと伝えるマタイ福音書（マタイ伝）のこと。

【用例】　唯《ただ》後《あと》に残ったは、向うの岸の砂にさいた、したたかな柳の太杖《ふとづえ》で、これには枯れ枯れな幹のまわりに、不思議や麗《うるわ》しい紅《くれない》の薔薇《ばら》の花が、薫《かぐわ》しく咲き誇って居《お》ったと申す。されば馬太《またい》の御経にも記《しる》いた如《ごと》く「心の貧しいものは仕合《しあわ》せじゃ。一定《いちじょう》天国はその人のものとなろうずる。」　→いちじょう
（芥川龍之介「きりしとほろ上人伝」四）

したためる　認める　〔他マ下〕

【解説】整理する、処理する、処置する、あるいは、食事の支度をする、あるいは、書きしるす、文章を書く、あるいは、食事をする、、食べるの意で用いる語。［用例］は「手紙を認める」などと同じく書きしるすという意味で使っている。なお［用例］中の「寂寞」はセキバクともよみ、（ジャクマクは呉音読みで仏教用語）ものさびしいこと、ひっそりしている様子の意、「じゃらんじゃらん」は馬子のひく馬につけた鈴が鳴る音、「云い終せない」は言いおおせない、終りまで全部言ってしまうことができないの意で使われている。

【用例】　路《みち》寂寞《じゃくまく》と古今の春を貫いて、花を厭《いと》えば足を着くるに地なき小村《こむら》に、婆《ばあ》さんは幾年の昔からじゃらんじゃらんを数え尽くして、今日《こんにち》の白頭に至ったのだろう。

馬子唄《まごうた》や白髪《しらが》も染めで暮るる春
と次のページへ認《したた》めたが、これでは自分の感じを云《い》い終《おお》せない、もう少し工夫のありそうなものだと、鉛筆の先を見詰めながら考えた。（夏目漱石「草枕」二）

したたるい　舌怠い　〔形〕

＊したったるい

【解説】物の言い方が必要以上に柔かく、甘くて、すっきりしない。しゃべり方がやさしそうで、くどくどしい。話し言葉であるが、さらにその点を強調して「したったるい」という言い方もある。話の内容は十分に通じているのだが、聞く方にとってはわざとらしくて好感の持てないしゃべり方の様子を言う。近世以後のもので、近松門左衛門の心中物などによく使われている口頭語だが、左の［用例］のように明治期の文語体の文章にも用いられる。［用例］中の「娘気」は娘らしいうぶな気だて、娘ごころ、娘気質《かたぎ》、「眼は燃ゆるが如き色」は怒りをいっぱいたたえた眼の色。


【用例】「貴方《あなた》、屹度後《きっとのち》にお出《いで》なさいよ、ええ。」

貫一《かんいち》は瞬《まばたき》も為《せ》で視《み》て居《い》たり。宮《みや》は窮《きゅう》して彼に会《え》釈《しゃく》さえ為《し》かねつ。娘気《むすめぎ》の可羞《はずかしさ》に係《か》くあるとのみ思える唯継《ただつぐ》は、益《ますます》寄添《よりそ》いつつ、舌怠《したたる》きまでに語《ことば》を和《やわら》げて、

「宜《よろし》いですか、来なくては可《い》けませんよ。私《わたくし》待って居ますから。」

貫一の眼《まなこ》は燃ゆるが如き色を作《な》して、宮の横顔を睨着《ねめつ》けたり。（尾崎紅葉「金色夜叉」前編第七章）

しだらない　〔形〕

＊しだら・だらしない

【解説】行動や状態が無秩序で乱雑だ。しまりがなくいい加減だ。だらしがない。中世末から近世にかけての口語資料に多く見られる。現代語の「だらしない」はこれの倒置されたもの。「しだら」はひどい状況、好ましくない状態、ていたらく、の意。接尾語の「ない」は打消の意味ではなく、「忙《せわ》しない」「気疎《けうと》ない」などの「ない」で、そういう状態をなしている、という意味。この接尾

語を形容詞の「無い」と誤解して独立させ、間に助詞を伴って「しだらがない」「しだらもない」などと使うようになった。

【用例】余義《よぎ》なく 其《（その）》 手を押さえそうにすれば、（略）遠方へ迯《に》げ、例の 睚《まぶち》 の裏を返して、べべべーという。総《すべ》てなぶられても 厭《（いや）》 だが、なぶられぬも厭、どうしましょう、といいたそうな様子。母親は見ぬ風《ふり》をして見落しなく見ておくから、歯癢《はが》ゆくてたまらん。老功の者の眼から 観《（み）》 れば、年若の者のする事は、総てしだらなく、手緩《てぬ》るくて更に 埒《（らち）》 が明かん。（二葉亭四迷「浮雲」第十八回）

したり　仕たり　〔感〕

＊これはしたり・したりがお・したりやしたり

【解説】サ変動詞「す」の連用形に助動詞「たり」がついたもの。①事がうまくいった時に発する語。してやったり。やったぞ。その時の得意げな顔が「したり顔」。②失敗した時に発する語。上に「これは」をつけて「これはしたり」と使うことが多い。しまった。やりそこなった。ただし、「これはしたり」の形で次の意味で使うこともある。③意外に思ったり驚いたりなどした時に発する語。「したりやしたり」とも言う。左の［用例］は、お辰の櫛に彫刻したのを手渡そうとして叔父に痛めつけられた彼女を見つけ、介抱してそのまま立ち去ろうとした直後の珠運の様子を叙した一節で、「三間」は約五・四メートル。

【用例】訳も分らず其《その》まま外へ逃げ出《いだ》し、三間《げん》ばかり夢中に走れば雪に滑りてよろよろ、あわや 膝《（ひざ）》 突かんとしてドッコイ、是《これ》は仕《（し）》たり、蝙蝠傘《こうもりがさ》手荷物忘れたかと跡もどりする時、お辰門口《かどぐち》に来り 袖《（そで）》 を捉《とら》えて引くにふり切れず。今更余計な業《わざ》仕たりと悔《くや》むにもあらず恐るるにもあらねど、一生に覚《おぼえ》なき異《い》な心持するにうろつきて、→あわや・いな
（幸田露伴「風流仏」第五　如是作《によぜさ》　上　我を忘れて而生《にしょう》其心《ごしん》）

しっきりない 〔形〕

＊しっきりなしだ

【解説】 絶え間がない、切れ目のない様子である、続けざまだ、の意の「仕切無い」を強調した言い方とする考え方と、もう一つは、「引き切り無い」を強調した言い方とする説がある。意味にかかわりはない。また、「今年生れた子が間断《しっきり》なしに啼《な》いた」（田山花袋「田舎教師」）のように、「しっきりなしだ（な・に・の）」の形で形容動詞としての使い方もあり、用例は多い。古典文学作品にはどの語形も用例が見られない。口頭語系の現代語である。左の「用例1」にある「同盟罷工」はストライキのこと。

【用例1】 外へ出れば電車や自働車が走っている。内へはいればしっきりなく電話のベルが鳴っている。新聞を見れば同盟罷工《どうめいひこう》や婦人運動の報道が出ている。（芥川龍之介「妖婆」）

【用例2】 彼を悩ませたものは必《（かならず）》しも肉体的苦痛ばかりではなかった。彼はお芳《よし》の泊《とま》っている間《あいだ》は多少の慰めを受けた代りにお鳥《とり》の嫉妬《しっと》や子供たちの喧嘩にしつきりない苦しみを感じていた。（芥川龍之介「玄鶴山房」五）

してみると 〔接〕

＊してみれば

【解説】 接続詞「して」に動詞「みる」、助詞「と」がついてできた接続詞で、先行の事柄を肯定するとその認定のもとで後続の事柄が是認できる、先行の事柄の当然の結果として後続の事柄が起こるという順態接続をあらわす表現である。そうすると。「してみれば」も同じ意。なお、左の「用例」にある「万斛」の「斛」、「一合」の「合」はいずれも容量の単位で、「斛」は「石《こく》」と同じく約一八〇リットル、「合」は約一八〇ミリリットル、「凡骨」は凡人、人並みの器量の者をあらわしている。

【用例】 西洋の詩は無論の事、支那《（しな）》の詩にも、よく万斛《ばんこく》の愁《うれい》などと云う字がある。詩人だから万斛で素人《しろうと》なら一合で済むかも知れぬ。して見ると詩人は常の人よりも苦労性で、凡骨《（ぼんこつ）》の倍以上に神経が鋭敏なのかも知れん。超俗の喜びもあろうが、無量の悲しみも

多かろう。そんならば詩人になるのも考え物だ。（夏目漱石「草枕」一）

しどけない 〔形〕

【解説】服装や髪の状態などが、なんとなくしまりがなく、やや乱れている感じで、それがむしろうちとけた親しみと、くずれた美しさを感じさせる様子である。近現代語としてはこの意味だけであるが、平安時代から文学作品に用例が多く、その意味も、思慮が足りない、とか、幼くて頼りがない、とか、無秩序でだらしがない、とか、主としてマイナス評価の広い意味で使われていたようである。［用例］の中の「調和」は形と形、色と色など、視覚的な取り合わせ、「及腰」は腰を曲げたままで手をのばして事をしようとする不安定な姿勢のこと。

【用例】寝衣《ねまき》か何か、袷《あわせ》に白地の浴衣《ゆかた》を襲《かさ》ねたのを着て、扱《しごき》をグルグル巻（まき）にし、上に不断の羽織をはおっている秩序《しどけ》ない姿も艶《なま》めかしくて、此人《この》には調和《うつり》が好い。

「一本頂戴よ」、といいながら、枕元の机の上の巻煙草《まきたばこ》を取ろうとして、袂《たもと》を啣《くわ》えて及腰《およびごし》に手を伸ばす時、仰向きに臥《ね》ている私の眼の前に、雪を欺《あざむ》く二の腕が近々と見えて、懐かしい女の香《か》が芬《ぷん》とする。（二葉亭四迷「平凡」五十九）

しどろもどろだ 〔形動〕

＊しどろ

【解説】「しどろ」は、秩序なく乱雑な様子を言う語で、平安時代の和歌集などに用例が見られる。「しどろもどろ」は「しどろ」を強調した表現で、これも「宇津保物語」や「源氏物語」に既に用例が見られるが、語源については複数の説があって定説がない。近世中期から後は、あわてたり自信がなかったり嘘をついたりして、そのために話し方（特に答え方）が乱れてとりとめのないさまを表現することが多くなった。現代語としての用法もこれと同じである。左の［用例］にある「ロックフェラア」は、アメリカの富豪D.Rockefeller（一八三九～一九三七）で、ロックフェラー財団をつくって教育・学術・慈善などの公共団体に寄付した人のこと。

【用例】ロックフェラアに金を借りることは一再《いっさい》ならず空想している。しかし粟野《あわの》さんに金を借りることはまだ夢にも見た覚えはない。（略）彼はまつ赤《か》になったまま、しどろもどろに言い訳をした。「いや、実は小遣《こづか》いは、――小遣いはないのに違いないんですが、――東京へ行けばどうかなりますし、――第一もう東京へは行かないことにしているんですから。……」（芥川龍之介「十円札」）

しのびない　忍びない　〔連語〕

＊しのぶ

【解説】動詞「しのぶ」（古語）の未然形「しのび」に打消の助動詞「ない」がついてできたことばで、「……するにしのびない」の形で、そうすることに耐えられない、がまんできない、の意をあらわす。「しのぶ（忍ぶ）」という動詞には①気持をおさえる、がまんする、②目立たないようにする、人目を避ける、などの意味があり、現代語では五段に活用するのが普通だが、この「しのびない」には文語の上二段活用が残っている。

【用例】「それは益可笑《ますますおか》しい。今君がわざわざ御出《おいで》に成《な》ったのは増俸《ぞうほう》を受けるには忍《しの》びない、理由を見出したからの様に聞えたが、其《その》理由が僕の説明で取り去られたにも関《かか》わらず増俸を否《いな》まれるのは少し解しかねる様ですね」（夏目漱石「坊っちゃん」八）

しばらく　暫・且・姑・須・臾　〔副〕

＊しばし

【解説】①少しの時間。②やや長いと感じる年月。③久しぶりに会った時の挨拶のことば。中古以降、類義語の「しばし」とともに用いられたが、和歌や女流文学などの和文には「しばし」が使われ、漢文訓読体の文章には「しばらく」が使われていた。しかし中世以降は「しばし」は雅語として和歌などに残ったが、口語体の文章には「しばらく」だけが専用されて現代に至っている。更にもう一つ用法があって、④かりに、かりそめに、一応、の意で用いることがある。この場合は「姑く」と書くことが多い。左の［用例］がこれで、その中の「Voit」はドイツの生理学者、「標準」は基準、規格、「駁撃」は他人の言論や所説を攻撃すること、非難、「信仰」は信じて尊重すること、「フォイトの塁に拠って」はフォイトの学説を拠り所にして、の意。

【用例】 自然科学を修めて帰った当座、食物の議論が出たので、当時の権威者たるVoit《フォイト》の標準で駁撃《ばくげき》した時も、或《あ》る先輩が「そんならフォイトを信仰しているか」と云《い》うと、自分はそれに答えて、「必ずしもそうでは無い、姑《しばら》くフォイトの塁に拠《よ》って敵に当るのだ」と云って、ひどく先輩に冷《ひや》かされた。（森鷗外「妄想」）

じぶくる 〈自ラ五〉

＊しぶる

【解説】 不機嫌になって文句をつける。ぐずぐず言ってすねる。この語は、なめらかに進行しなくなる、気が進まなくてぐずぐずする、の意の「しぶる」を、「いじくる」「ひねくる」「しゃべくる」「ほじくる」「ねじくる」などのように、同じ動作を意味もなく繰り返す意味を持った「……くる」の形にし、なおかつ濁音化することによって劣性の意味を付加して、「渋る」を「じぶくる」とした語である。

【用例】 お勢はふと笑い罷《や》んでもッけな顔をする。

文三は色を失ッた……

「どうせ私《わたし》は意久地が有りませんのさ、」とお勢はじぶくりだした、誰に向ッて云うともなく。

「笑いたきゃア沢山《たんと》お笑いなさい……失敬な。人の叱られるのが何処《とこ》が可笑《おか》しいンだろう？ げたげたげたげた。」 →もっけ （二葉亭四迷「浮雲」第十五回）

しぶる 渋る 〈自他ラ五〉

【解説】 ①〈自ラ五〉事がなめらかに進行しない。思うようにはかどらない。とどこおる。②〈自ラ五〉排便がうまくいかない。③〈他ラ五〉事を進めることをためらったり嫌がったりする。①は近世以後の用例が目につく。②は室町期の御伽草子あたりに用例があり、「日葡辞書」（一六〇三―四）にも「ダイショウベンガXiburu（シブル）」という例がある。③の用例は中古の時代から現代まで変わることなく使われている。左の［用例］は①で、その中の「花は余所になりて」は、娘が売りに来た木曽須原の名産花漬《はなづけ》を見ることはそっちのけで、の意。

【用例】　商売の艶《つや》とてなまめかしく、売物《うりもの》に香《か》を添ゆる口のききぶりに利発あらわれ、世馴れて渋《しぶ》らず、さりとて軽佻《かるはずみ》にもなきとりなし、持ち来りし包《つつみ》静《しずか》にひらきて二箱《ふたはこ》三箱《みはこ》差し出《いだ》す手つきのしおらしさに、花は余所《よそ》になりてうつつなく覗《のぞ》き込む此方《こなた》の眼を避けて背向《そむ》くる顔、折から隙間《すきま》洩《も》る風に燈火《ともしび》動きて明らかには見えざるにさえ隠れ難き美しさ。

（幸田露伴「風流仏」第一回　如是相《にょぜそう》　書けぬ所が美しさの第一義諦《だいいちぎたい》）

じめつく　〈自カ五〉

＊じめじめ・しめる

【解説】　動詞「湿《し》める」の語幹部分を重ね、マイナス評価を加えるために濁音化して擬態語「じめじめ」とする。一方、接尾語「つく」は動詞五段活用型に活用し、擬声語・擬態語などについてこれを動詞化し、そういう状態になる、そういう様子の動作をする、という意をあらわすはたらきをする。この二つが結びついて、湿気を帯びてじめじめする、の意をあらわす語「じめつく」となる。近現代の新しい表現。左の［用例］はツルゲーネフ「猟人日記」の一節の翻訳「あひゞき」の冒頭近い部分で、その清新な文体が次代の文学者に大きな影響を与えたもの。その中の「うそさぶそうな」は何となく寒そうな、の意。

【用例】　木の葉が頭上で幽《かす》かに戦《そよ》いだが、その音を聞《き》たばかりでも季節は知られた。それは春先する、面白そうな、笑うようなさざめきでもなく、夏のゆるやかなそよぎでもなく、永たらしい話し声でもなく、また末の秋のおどおどした、うそさぶそうなお饒舌《しゃべ》りでもなかッたが、只《ただ》漸《よう》く聞取れるか聞取れぬ程のしめやかな私語の声で有った。照ると曇るとで、雨にじめつく林の中のようすが間断なく移り変ッた。

（二葉亭四迷訳「あひゞき」）

しもげる　霜げる　〔自ガ下二〕

【解説】 草木や野菜などが霜にあって枯れたり凍ったりすることが原義で、それを左の［用例］のように初恋が壊れたことなど、あるいは計画が途中で挫折したことなどを比喩的に表現する時に使う。あるいはまた、人がみすぼらしくなる、貧相になる、などの意味で使うこともある。江戸中期以後に用例の見える語であるが、現代ではまったく用例を見ない。［用例］の中の「筆を加えて」は修正補筆して、添削して、「私の文は行方不明になった」は自分の書いたもとの文章が跡形もなくなって、の意。多少誇張を含んだ表現だが、これに類することは少なくとも明治前半期にはそんなに珍しいことではなかった。

【用例】 一月程して私の処女作は 或《ある》 雑誌へ出た。初恋が霜《しも》げて物にならなかった事を書いたのだからとて、題は初霜だ。雪江《せっこう》さんの記念に雪江と署名した。先生が筆を加えて私の文は 行方《ゆくえ》 不明になった 処《ところ》 も大分あったが、 兎《と》 も 角《かく》 も自分の作が活字になったのが嬉しくて嬉しくて耐《たま》らない。

（二葉亭四迷「平凡」四十六）

しゃちこばる　鯱こ張る　〔自ラ五〕

＊しゃちほこだつ・しゃちほこばる・しゃっちこばる・しゃっちょこだつ

【解説】 しゃちほこのように威勢よく身構える。鯱《しゃちほこ》（鱐）は想像上の海獣で、頭部は虎に似て背にはとげがあり形は魚に似たもの。これを城郭の屋根の大棟《おおむね》の両端に、背をしなわせ尾を上に逆立てた形で飾りとしてつけた。この形で逆立つことを「しゃちほこだつ」「しゃっちょこだつ」と言い、「しゃちほこばる」「しゃっちこばる」とも言う。緊張して体がこわばることをも意味する。左の［用例］はこの意味。なお［用例］中の「気が逆上ッて」は上気して、とりのぼせて、「留飲」は胃の具合が悪く胸やけがしたり酸っぱい液を吐いたりする症状のこと。

【用例】 其中《そのうち》 に 切売《きりうり》 の西瓜《すいか》のような弓月形《きゅうげつけい》や、二枚 屏風《びょうぶ》 を開いたような二面角が出て来て、大きなお供《そなえ》に小さいお供が附着《くっつ》いてヤッサモッサを始める段になると、もう気が逆上《うわず》ッて了《（しま）》い、丸呑《まるのみ》にさせられたギゴチない定義や定理が、頭の中でしゃちこばって、其心持《（そのこころもち）》の悪いこと一通りでない。試験が済むと、早速《（さっそく）》咽喉《のど》へ指を突込《つっこ》んで留飲《りゅういん》の黄水《きみず》と一緒に吐出《はきだ》せるものなら、吐出して了って清々《せいせい》したくなる。

（二葉亭四迷「平凡」二十一）

しゃらく　洒落　〔名・形動〕

*しゃしゃらくらく・しゃらくさい・しゃれ

【解説】物事に深い執着がなく、気質やそれによる言動があっさりしていて、わだかまりがないこと、またその様子、の意をあらわす語。近代では、たとえば、「喜多川伯は平民的だ、洒落だ、と云《い》う評判は」（徳冨蘆花「黒潮」）云々というように、形容動詞としての用法が多い。「しゃれ」にこの漢字表記を当てるようになったのは、部分的に意味の類似があったことが理由で、江戸時代初期の儒者藤原惺窩《ふじわらせいか》の手によるものと伝えられている。「洒《しゃ》洒落落《しゃらくらく》だ」という形容動詞、「洒落臭《しゃらくさ》い」（当人は気のきいた洒落たことと思っている言動が、まわりの人が見たり聞いたりするとなまいきで癪にさわって腹立たしい）という形容詞もある。〔用例2〕の中の、「華魁」は上位の遊女の呼び名。「際物屋」は季節に合わせて売り出す品（盆の燈籠、暮れの羽子板など）を扱う商人で、利益も多いが売れ残りはただ同然だから投機性が強い。「頓馬」はのろま、まぬけの意。

【用例1】「爺《（じい）》よ。天《あめ》が下《した》は広しと云《（い）》え、あの頃の予が夢中になって、拙《つたな》い歌や詩を作ったのは皆、恋がさせた業《わざ》じゃ。思えば狐《きつね》の塚を踏んで、物に狂うたのも同然じゃな。」と、まるで御自分を嘲るように、洒落《しゃらく》としてこう仰有《おっしゃ》います。

（芥川龍之介「邪宗門」六）

【用例2】好《（い）》いじゃあ無いか華魁《おいらん》になれば己《お》れは来年から際物屋《きわものや》になってお金をこしらえるのだから、夫《（そ）》れを持って買いに行くのだと頓馬《とんま》のいうに、洒落《しゃら》くさいなあ、左様《そう》すればお前はきっと振られるよ、

（樋口一葉「たけくらべ」十四）

じゅつない　術無い　〔形〕

*じゅつながる

【解説】苦しみや悩みに対処する方法・手段がない。どうしようもない。すべない。ずつない。古くからある語で仮名書きの用法「ずつなし」「ぢつなし」が見られ、現代語でも各地の方言に類似の発音が残っている。また、つらがる、苦しがる、という意味の「じゅつながる」（自ラ五）があるが、これは「じゅつない」の語幹に接尾語の「がる」（……のように感じる、……のふりをする、の意）がついたもので、「蹴躓《けつまず》いて、向う脛《ずね》を擦剥《すりむ》いてからは、戸外《そと》の便所へ出て行くのをさえ術《じゅつ》ながって」（正宗白鳥「牛部屋の臭ひ」）云々のように用いる。

【用例】「阿母《おっか》さんは？」と尋ねました。すると娘は術《じゅつ》なさそうな顔をして、「生憎《あいにく》出まして留守でございますが」と、さも自分が悪い事でもしたように、瞼《まぶた》を染めて答えましたが、ふと涼しい眼を格子戸の外へやると、急に顔の色が変って、「あら」と、かすかに叫びながら、飛び立とうとしたじゃありませんか。

（芥川龍之介「妖婆」）

しゅらをもやす　修羅を燃やす　〔連語〕

【解説】「修羅」は仏教用語。六道（地獄・餓鬼・畜生・阿修羅・人間・天上）の中の一つで、嫉妬や猜疑《さいぎ》の念が盛んで執着心が強いことを言う。従って「修羅を燃やす」はねたみや疑いからくる怒りの念を盛んに燃えたたせる、の意。近世初期から用例が見られる表現で、仏教が広まった影響で普通の生活言語の中に「修羅燃やす」が使われている地方もあり、一種の方言となってもいる。「用例」の中の「文士だから人の腹なんぞは分らない」という断案には、当代文士の視野の狭さや独善性に対する嫌悪が垣間見られよう。

【用例】やあ、僕の理想は多角形で光沢があるの、やあ、僕の神経は錐《きり》の様に尖《とん》がって来たから、是で一つ神経の門を突《つ》ツいて見る積《つもり》だのと、其様事《そんなこと》ばかり言う。でなきゃ、文壇の噂で人の全盛に修羅《しゅら》を燃《もや》し、何かしらケチを附《つ》けたがって、君、何某《なにがし》のと、近頃評判の作家の名を言って、姦通一件を聞いたかという。また始まったと、うんざりしながら、いやそんな事僕は知らんと、ぶっきらぼうに言うけれど、文士だから人の腹なんぞはわからない。　→ぶっきらぼう
（二葉亭四迷「平凡」九）

しょうがには　〔連語〕

【解説】「しょうが」という名詞に助詞「に」「は」がついて接続助詞のように用いることば。ある事態が生じた以上はそこから発生する結果はやむを得ないということをあらわす。……した以上は。……したからには。近世の洒落本あたりから用例の見える口頭語的な表現で、語源は未詳である。また「江戸ッ子の正銘まじりなしの通人のしゃうかにゃァ」（洒落本「風俗通」）や「十両や十五両の目くさり金、工面《くめん》せうといったがせうがにゃァ」（滑稽本「東海道中膝栗毛」）などの用例が示すとおり、「しょうが」の歴史的仮名遣いも必ずしも明らかでない。［用例］の中の「乙う」は「乙《おつ》に」。

【用例】文三と差向《さしむか》いになる毎《ごと》に、お勢は例の事を種にして乙うからんだ水向け文句、やいのやいのと責め立てて、終《つい》には「仰《おっ》しゃらぬとくすぐりますヨ」とまで迫ッたが、石地蔵《いしじぞう》と生れ付たしょうがには、情談《じょうだん》のどさくさ紛れにチョックリチョイといって除《の》ける事の出来ない文三、然《しか》らばという口付《つき》からまず重くろしく折目正敷《おりめただしく》居すまッて、しかつべらしく思いのたけを言い出《い》だそうとすれば
（二葉亭四迷「浮雲」第三回　余程風変《ふうがわり》な初峯入《はつみねいり》下）

しょうし　笑止　〔名・形動〕

＊しょうしせんばん

【解説】①気の毒なこと。同情すべきこと。いたましいこと。また、その様子。左の［用例］はこの意味の例。中世の歌謡、狂言、キリシタン資料、近世の御伽草子、浮世草子、歌舞伎などに用例がある口頭語。②ばかばかしくて、笑うべきこと。おかしいこと。これもほぼ同時代に用例がある。関連語に「笑止千万《しょうしせんばん》」がある。「笑止」を強めた連語で、非常に笑止である、の意。［用例］中の「苦労性」はわずかなことまで気に病んで心配する性質の人、「貯」はいざという時のために大切にしまっておく

こと、「ものから」はものの、ではあるが、の意。

【用例】 鼻高く眼清《すず》しく。口元もまた尋常にて。頗《すこぶ》る上品なる容皃《かおだち》なれども。頬の少しく凹《こけ》たる塩梅《あんばい》。髪に癖《くせ》ある様子なんどは。神経質の人物らしく。俗に所謂《いわ》苦労性《ゆるくろうしょう》ぞと傍《はた》で見るさえ笑止《しょうし》らしく。其粧服《そのいでたち》はいかにというに。此《この》日は日曜日の事にてもあり。且《かつ》は桜見《さくらみ》の事なるから。貯《たくわえ》の晴衣装《はれいしょう》を。着用したりと見ゆるものから。衣服は小袖《こそで》は屑糸銘線《くずいとめいせん》の薄綿入《うすわたいれ》。鉄石《てっせき》の勉強心も。変るならいの飛鳥山《あすかやま》に。物いう花を見る。書生の運動会。）（坪内逍遙「一読三歎当世書生気質」第一回

しょうする　消する・銷する　〔自他サ変〕

【解説】 この語は、自動詞として、消える、なくなる、の意でも、他動詞として、消す、なくする、また、時を送る、暮らす、の意でも用いられたが、現代では他動詞としての用法が多い。左の［用例］の「いかにしてか此恨を銷せむ」は、どのようにしてこんな内心の苦痛を消そうか、の意で、他動詞として使われたもので、同じ鷗外の書いたものでも、「夢寐《むび》の間に往来する所の情の、終《つい》に散じ終に銷すること此飛泉《この》と同じき」（森鷗外訳「即興詩人」）のような自動詞的用法とは違っている。

【用例】 今は心の奥に凝《こ》り固まりて、一点の翳《かげ》とのみなりたれど、文《ふみ》読むごとに、物見るごとに、鏡に映る影、声に応ずる響《ひびき》の如く、限《かぎり》なき懐旧の情を喚《よ》び起《おこ》して、幾度《いくたび》となく我《わが》心を苦《くるし》む。嗚呼《ああ》、いかにしてか此恨《このうらみ》を銷《しょう》せむ。（森鷗外「舞姫」）

しょうずる　請ずる　〔他サ変〕

＊しょうじる

【解説】 招き入れる。案内する。漢字の音読したもの（請《しょう》）にサ変動詞（する）をつけただけの語。こういうことばは概して男性語の場合が多く、「請ず」の場合も同様で、「竹取物語」や降《くだ》って「徒然草」には用例があるが、「源氏物語」や「枕草子」など女流文学作品には用例が見られない。「請ずる」を上一段化した「請じる」という語もあることは、「頻《しきり》に奥へ請じるし」（里見弴「大道無門」）という用例の存在によってわかる。左の［用例］の中の

「房後」は房事（閨房で行うこと。性交を婉曲に言う語）の後、「奉天」は中国遼寧省の省都瀋陽《しんよう》の旧名。


【用例】僕は仕事をすませる度《たび》に妙に弱るのを常としていた。それは房後《ぼうご》の疲労《ひろう》のようにどうすることも出来ないものだった……。

K君の来たのは二時前だった。僕はK君を置き炬燵《こたつ》に請《しょう》じ、差し当りの用談をすませることにした。縞《しま》の背広を着たK君はもとは奉天《ほうてん》の特派員、——今は本社勤めの新聞記者だった。

「どうです？ 暇ならば出ませんか？」

（芥川龍之介「年末の一日」）

じょうずる　乗ずる　〔自他サ変〕

【解説】この語は「乗」の音尾ウからの連濁現象でサ変「する」が濁音化したもので、自動詞として①乗物に乗る、②事を行う際にその時の状況や情勢を巧みに利用する、すきや油断や機会などにつけこむ、それを幸いとして利用する、便乗するの意で用いるほかに、他動詞として③「半径に円周率を乗ずる」のように掛け算をする、掛けるの意でも使う。③は「加減乗除」の「乗」。左の〔用例〕は、赤シャツに釣りに誘われて野だいこと一緒に舟に乗り、そこで腹に一物ある赤シャツの説得を受ける場面である。


【用例】「さあ君はそう率直だから、まだ経験に乏しいと云《い》うんですがね……」

「どうせ経験には乏しい筈《はず》です。履歴書にもかいときましたが二十三年四ケ月ですから」

「さ、そこで思わぬ辺《へん》から乗《じょう》ぜられる事があるんです」

「正直にして居《い》れば誰が乗じたって怖くはないです」

（夏目漱石「坊っちゃん」五）

しょうぜん　悄然　〔形動タリ〕

【解説】しおれて憂いに沈んでいる様子。力なくしょんぼりした様子。「〇然」の語形はタリ活用形容動詞の代表的なもので、中古の時代から漢文訓読系の文章に用例が見られる。明治時代以後の文学作品には「悄然と」「悄然として」「悄然とした」の形の用例が圧倒的に多く、まれに「悄然たる」の用例を見ることがある。［用例］の中の「刀の錆に致した」は刀で切り殺した、「眉をひそめた」は不快に思って顔をしかめた、の意。

【用例】 三右衛門はやはり目を伏せたまま、やっと噤《つぐ》んでいた口を開いた。しかしその口を洩《も》れた言葉は「なぜ」に対する 答《こたえ》 ではない。意外にも甚だ悄然《しょうぜん》とした、罪を謝する言葉である。「あたら御役《おやく》に立つ侍を一人、刀の錆《さび》に致したのは三右衛門の罪でございまする。」治修《はるなが》はちょっと眉《まゆ》をひそめた。が、目は相不変《あいかわらず》厳《おごそ》かに三右衛門の顔に注がれている。三右衛門は更に言葉を続けた。　→あたら　（芥川龍之介「三右衛門の罪」）

しょげる　悄気る　〔自ガ下一〕

＊しょうげる・しょげかえる・しょげきる・しょげこむ・しょげたれる・ふさぐ・めいる

【解説】 失敗したり失望したりして元気がなくなる。しゅんとなる。しおれる。派生語に「悄気返る」「悄気込む」「悄気切る」「悄気垂れる」などがある。いずれも「悄気る」を強調した表現である。「悄気」はあて字。近世後期から文献にあらわれる口頭語で、「しょうげる」の形もある。類義語の「塞《ふさ》ぐ」は心に何かがつまったような感じで気が浮かない意、「滅入《めい》る」は深く考えこんで憂鬱になる意で、「悄気る」などにくらべて内面的な気持にとどまる状態をいう。

【用例】 クラバックは僕に一冊の本を渡す――と云うよりも投げつけました。それから又《また》腕を組んだまま、突《つっ》けんどんにこう言い放ちました。「じゃきょうは失敬しよう。」僕は悄気《しょげ》返ったラップと一しょにもう一度往来《おうらい》へ出ることにしました。人通りの多い往来は不相変《あいかわらず》毛生欅《ぶな》の並み木のかげにいろいろの店を並べています。　→つっけんどんだ　（芥川龍之介「河童」十）

しょたいじみる　所帯染みる　〔自マ上一〕

【解説】 生活臭のしみついた考え方や態度になる、所帯持ちらしい様子になる、の意で用いられる語。地味でふけてみえる、というニュアンスが強い場合もある。「じみる」は体言につく接尾語で、それらしい様子の感じられることをあらわす。「玄人じみる」などといい意味で使うことも稀にはあるが、多くは「汗じみる」「垢じみる」「田舎じみる」「年寄じみる」など好ましくない表現に用いる。［用例］の中の「手絡」は女性の丸髷《まるまげ》（既婚の人の日本髪の結い方）などの根もとにかけて装飾にする縮緬《ちりめん》の布で、新婚の頃は「赤い手絡」を使う。

【用例】御倉《おくら》さんはもう赤い手絡《てがら》の時代さえ通り越して、大分と世帯《（しょたい）》じみた顔を、帳場へ曝《さら》してるだろう。聟《むこ》とは折合がいいか知らん。燕《つばくろ》は年々帰って来て、泥を啣《ふく》んだ嘴《くちばし》を、いそがしげに働かしているか知らん。燕と酒の香とはどうしても想像から切り離せない。（夏目漱石「草枕」七）

しょぼくない　〔形〕

＊しょぼくれる・しょぼしょぼ（と）・しょぼたれる・しょんぼくない

【解説】雨や露に濡れて、哀れな感じである。転じて、人がおちぶれたり老衰したりして、哀れな感じがする。

左の［用例］の「しょんぼくない」も同義。「ない」は打消しではなく、その様子であるの意の接尾語。関連語「しょぼくれる」（自ラ下一）は、気力がなく、弱った、みじめな状態になる。「しょぼたれる」（自ラ下一）は、外見がおちぶれて、みじめな様子になる。「しょぼしょぼ（と）」（副）は、雨や露に濡れてみじめな様子、転じて、人のみすぼらしい様子、を言う。［用例］の中の「御霊屋」は貴人の霊をまつる堂で、ここは寛永寺にある徳川歴代将軍の霊をまつる建物をさしている。「金碧」は金色と青碧色で、ここは「御霊屋」の美しい色彩を言う。「耄碌頭巾」は焙烙《ほうろく》頭巾のなまった言い方とする説がある。焙烙頭巾は僧侶や老人が用いる丸頭巾の袋を大きくしたもの。大黒頭巾。「身柱元」は身柱（ぼんのくぼ）のあたり。えりくび。

【用例】梢越しに御霊屋《おたまや》の金碧《きんぺき》を反射《そりかえ》す夕映《ゆうばえ》の眩《まばゆ》きと、栖《ねぐら》求めに木《こ》の間《ま》を噪《さわ》がす鳥の音《ね》の哀れなると、折から不思議そうに二人を見て通《（とおり）》過ぎた耄碌頭巾《もうろくずきん》の、いかにもしょんぼくない顔とが左《さ》らぬだに人気少なき小路《こうじ》に夕暮の物凄さを添え、颯《さつ》と音して木立を掠《かす》めた寒風《さむかぜ》は身《ちり》柱元《けもと》から慄《ぞう》っと浸徹《しみわた》って、何処《どこ》からか途切《とぎ》れ途切れに聞ゆる軍歌に山は今黄昏《たそが》れかかった。
（内田魯庵「くれの廿八日」其《その》五）

しりこそばゆい　尻擽い　〔形〕

＊くすぐったい

【解説】なんとなく恥ずかしくて、または気がとがめて、落ち着いてすわっていられない。「しりこそばい」とも言う。「くすぐったい」は「こそばゆい」と同義で、近世初期から両語とも用例が見られるが、「尻」のつくのは「こそばゆい」の方だけである。浄瑠璃や歌舞伎の台詞など、口語体の文にだけ用例がある。近現代語になっても変わりはない。左の［用例］の中の「車屋」は利用客を待って人力車を用意している家、車宿のこと。「同盟敬遠主義の的になって」はみんなの敬遠の対象になって、の意。

【用例】車屋の黒は此《この》近辺で知らぬ者なき乱暴猫である。然し車屋丈《だけ》に強い許《ばか》りでちっとも教育がないからあまり誰も交際しない。同盟敬遠主義の的《まと》になって居《い》る奴《やつ》だ。吾輩《わがはい》は彼の名を聞いて少々尻こそばゆき感じを起すと同時に、一方では少々軽侮の念も生じたのである。吾輩は先《ま》ず彼がどの位《くらい》無学であるかを試《ため》して見様《みよう》と想《おも》って左《さ》の問答をして見た。
「一体車屋と教師とはどっちがえらいだろう」
（夏目漱石「吾輩は猫である」一）

しるし　著し　〔形ク〕

【解説】はっきり区別できる。他から際立って明白である。古典的表現。活用は古語そのままク活用で、終止形は「しるし」。終止・連体形「しるい」はない。左の［用例1］は連用形で連用中止法として使っていて、下の用言を修飾していない。［用例2］は下の「痩せたる如く」を修飾している。この形の用例が多いのでこれを副詞と見る説もあるが、［用例1］のような用例も一方にあるところを見ると、副詞と限定することも一考を要する。［用例1］の中の「廓内」は遊廓（ここでは吉原）、「唐桟」は縞織りの厚地の綿布、「柿色」は赤茶色、「三尺」は三尺帯、「黒八」は黒八丈（黒色無地の絹織物の一）、「印の傘」は屋号や店の名などを書いたから傘、「高足駄の爪皮」は歯の高い雨降り用の下駄の爪先にかけるおおいで、男物は黒塗り、「今朝よりぞ」は今朝おろしたばかりだ、「きわぎわしゅう」はきわだって、の意。［用例2］の中の「『ロオレライ』の図」は巨勢が描いていた絵のことで、「ロオレライ」伝説（ドイツ、ライン川中流右岸にそびえる巨岩とその岩上に憩う妖女が舟人を舟もろともに流れにひきこむという伝説）による構図になっていた。

【用例1】　暴れの長吉《ちょうきち》、今廓内《なか》よりの帰りと思《おぼ》しく、浴衣《ゆかた》を重ねし唐桟《とうざん》の着物に柿色の三尺を例の通り腰の先にして黒《くろ》八の襟《えり》のかかった新しい半天《はんてん》、印《しるし》の傘をさしかざし高足駄《たかあしだ》の爪皮《つまかわ》も今朝よりぞとしるく、漆《うるし》の色のきわぎわしゅうて立ちけり。　（樋口一葉「たけくらべ」十三）

【用例2】　エキステルはもしやと思ひて、巨勢《こせ》が「アトリエ」に入りて見しに、彼はこの三日が程に相貌変りて、著《しる》く痩《や》せたる如く、「ロオレライ」の図の下に跪《ひざまず》きてぞ居たりける。（森鷗外「うたかたの記」）

しわめる　皺める　〔他マ下二〕

【解説】　顔に皺《しわ》を寄せる。心に不快なことがあったり、むずかしいことを考えたり、身体的な苦痛をこらえたりする時に、顔の表情をゆがめる。または、見にくい物を見ようとして目をこらす。左の［用例］はこの意味の例で、「目を皺める」とあるが、実際は目もとの筋肉を緊張させるのである。中世頃から用例のある口頭語。「日葡辞書」（一六〇三―四）にFinbi（顰眉）Mayuuo xiuamuruの項目があり、別にXiuame, uru シワメ・シワムルの項目がある。当時はまだ下二段活用。［用例］の中の「名札」は名刺。

【用例】　お前の名は何と云《い》う、名札《なふだ》を呉《く》れ名札をと、同じことを二つ重ねて問懸《といか》けた。名札はありませんと其芸妓はすげなく答えたが、やがて帯の間を探って名札だけ取出《とりだ》し、上げましょうか、おお呉れと二度言わせて渡したのを、彼男《かの》は眼を皺《しわ》めて見て、それじゃア歌ちゃんかと云て、あははアと面白くもないことを声高に独《ひと》り笑って居《い》た。　→すげない

（斎藤緑雨「油地獄」(三)）

しわる　撓る　〔自ラ五〕

＊しなう・しなる

【解説】もとに戻る弾力を保って曲がる。しなう。たわむ。近世後期以後、浄瑠璃、歌舞伎の台本などに用例の見える話しことば。近代になってからの用例はあまり多くはない。現代語でもあまり目にしない。なお、「しわる」と「しなう」の融合（contamination）であろうか、「しなる」が現代語にはある。「俚言集覧」（一七九七頃）には「しわる　しをる也。又上方にて腹のひもじきをもしわると云」とあるが、近現代の作品にはこの用例を見ない。左の［用例］の中の「逆賊門」はロンドン塔四門の一 The Traitor's Gate、「聖タマス塔」は一三世紀のヘンリー三世時代に建てられた塔The St. Thomas' Tower。

【用例】又《また》少し行くと右手に逆賊門《ぎゃくぞくもん》がある。門の上には聖《セント》タマス塔が聳《そび》えて居る。逆賊門とは名前からが既に恐ろしい。古来から塔中に生きながら葬られたる幾千の罪人は皆舟から此《この》門迄《まで》護送されたのである。（略）此門に横付《よこづけ》につく舟の中に坐して居《い》る罪人の途中の心はどんなであったろう。櫂《かい》がしわる時、雫《しずく》が舟縁《ふなべり》に滴《した》たる時、漕《こ》ぐ人の手の動く時毎《ごと》に吾《わ》が命を刻《きざ》まるる様に思ったであろう。（夏目漱石「倫敦塔《ロンドン》」）

しんきだ　辛気だ　〔形動〕

＊しんきくさい

【解説】①心が苦しくてつらい、じれったい、気がくさくさする、気が重くなる、②苦しくてつらい、の意で用いられる語。普通は活用語尾を伴った形で使うが、「ヲヲしんき」（浄瑠璃「一谷嫩軍記《いちのたにふたばぐんき》」）といった語幹だけの用法もある。関連語の「辛気臭い」は「辛気だ」の語幹に接尾語「くさい」をつけたもの。左の［用例］は①の意で使われたものであるが、「揺られながら船で眠るのは、（略）辛気なものだった」（正宗白鳥「牛部屋の臭ひ」）のような②の用例も見られる。

【用例】昇は其《その》後ふッつり遊びに来ない。顔を視《み》れば閲《いが》み合う事にしていた母子ゆえ、折合《おりあい》が付《つ》いてみれば、咄《はなし》も無く、文三の影口も今は道尽《いいつく》す、——家内が何時《いつ》からと無く湿《しめ》ッて来た。「ああ辛気《しんき》だこと！」と一夜《あるよ》お勢が欠《あく》びまじりに云って泪《なみだ》ぐンだ。

新聞を拾《ひろい》読《よみ》していたお政は眼鏡越《めがねご》しに娘を見遣《みや》ッて、

（二葉亭四迷「浮雲」第十七回）

すえる　饐える　〔自ア下一〕

【解説】食べ物が腐って、すっぱくなる。また、腐って、すっぱい匂いがする。口に入れる前に匂いで腐ったことがわかるせいか、味についての表現よりも「饐えた匂い」とか「饐えたような匂い」といったような、匂いとか、左の［用例］の」ように「くさみ」とかの表現に使った例が多い。中世末期頃の抄物に用例が見られるが、多くはない。なお江戸時代にはラ行四段活用の例もあった。［用例］は「曇日」の一、二連で、曇ったまま暮れてゆく春の一日の動物園のイメージに青春の感傷を重ねてうたおうとしたもの。「いぎたなき」は眠りこけていてなかなか目をさまさない、の意。

【用例】曇日《くもりび》の空気のなかに、／狂いいずる樟《くす》の芽の鬱憂《メランコリア》よ……／そのもとに桐《きり》は咲く。／Whisky《ウイスキイ》の香《か》のごときしぶき、かなしみ……／そこここにいぎたなき駱駝《らくだ》の寝息、／見よ、鈍き綿羊《めんよう》の色のよごれに／饐《す》えて病む藁《わら》のくさみ、／その湿《しめ》る泥濘《ぬかるみ》に花はこぼれて／紫の薄き色鋭《するど》になげく……／はた、空のわか葉の威圧。

（北原白秋「邪宗門」曇日）

すかす　賺す　〔他サ五〕

＊なだめすかす・なだめたりすかしたり・なだめる

【解説】①言いくるめてだます、あざむく、②やさしく言って気持を変えさせる、の意をあらわす語。②の類義語の「なだめる」と重ねて「宥《なだ》め賺す」と使うことが多い。両語を比較すると、「賺す」の方が、相手をほめておだててその気にさせる意であるのに対して、「宥める」の方は、たかぶっている人の心を和らげ穏やかな状態になるように話す、なぐさめとりなす意で用いる。「宥めたり賺したりして」という言い方もある。左の〔用例〕は、女主人の命令でその娘を使用人が宥め賺す場面の一節だから、②の意味で用いられたものである。

【用例】 留めれば留めるほど、尚《な》お喚《わめ》く。散々《さんざん》喚かして置いて、最《も》う好《い》い時分と成《な》ッてから、お政が「彼方《あっち》へ、」と頤《あご》でしゃくる。しゃくられて、放心して人の顔ばかり視《み》ていたお鍋は初めて心附《づ》き、倉皇《あわてて》箸《はし》を棄《す》ててお勢の傍《そば》へ飛んで来て、いろいろに賺《す》かして連れて行こうとするが、仲々《なかなか》素直に連れて行かれない。 （二葉亭四迷「浮雲」第十五回）

すがれる　尽れる・末枯れる・闌れる　〔自ラ下二〕

＊しおれる

【解説】 草木や花などが盛りを過ぎてしおれる。転じて、人の気持や体などが盛りを過ぎて衰えることにも、また、物が古くなってみすぼらしく見えることにも用いる。類義語の「しお（萎・凋）れる」が、水分が足りなかったり温度が上がったり雪などの重みが加わったりしたことが原因となって勢いがなくなることを言うのに対して、「すがれる」は、時が経って自然に衰えることを言う。比喩的に人に用いる場合も、「しおれる」は、悲しみなどの原因があって勢いがなくなることを言う。左の〔用例〕中、「小股の切上ッた」は背丈がすらりとして小《こ》粋《いき》な、「垢抜けのした」は容姿が洗練されていて素人《しろうと》ばなれした、「でんぽう肌」（伝法肌）は荒っぽい言動を好む性質、「櫛巻き」は髪を櫛に巻きつけて結《ゆ》う女の髪型、「小弁慶」の「弁慶」は弁慶縞《じま》で縞柄《しまがら》の一種、「養老」は養老絞《しぼ》りで絞り染めの一種、「黒繻子」の「繻子」は繻子織《おり》、「八段」は八段織《おり》、「腹合わせの帯」は表と裏とを違った布地で縫い合わせた女帯、「ヒッカケに結び」は引っ掛け結び（お太鼓に結ばず垂らしておく女帯の結び方）に結んで、の意。

【用例】 年配四十恰好の年増《としま》、些《すこ》し痩肉《やせぎす》で色が浅黒いが、小股《こまた》の切上《きりあが》ッた、垢抜《あかぬ》けのした、何処《どこ》ともでんぽう肌の、萎《すが》れてもまだ見所《みどころ》のある花。櫛巻《くしま》きとかいうものに髪を取上《とりあ》げて、小弁慶《こべんけい》の糸織《おり》の袷《あわ》衣《せ》と養老の浴衣《ゆかた》とを重ねた奴《やつ》を素肌に着て、黒襦子《くろじゅす》と八段《はったん》の腹合わせの帯をヒツカケに結び、微《ほろ》酔《えい》機嫌《きげん》の啣楊枝《くわえようじ》でいびつに坐《すわ》ッていたのはお政で、

（二葉亭四迷「浮雲」第四回　言うに言われぬ胸の中《うち》）

すくまる　竦まる　〔自ラ五〕

＊すくむ・すくめる

【解説】恐れや疲労や寒さなどのために、体が緊張してちぢまる。転じて、先細りになる。マ行四段活用の自動詞「すくむ」があって、それに対するマ行下一段活用の他動詞「すくめる」がある。この他動詞「すくめる」からの類推で自動詞「すくまる」が発生したものと思われる。「すくむ」も「すくまる」も同義で、用例は両方とも「宇津保物語」から既にある。左の〔用例〕の中の「牀几」は腰掛、「聞くと斉く」は聞くと同時に。


【用例】彼は急に牀几《しょうぎ》を離れて五《いつあし》六歩《むあし》進行《すすみゆ》きしが、彼方《あなた》よりも見付けて、逸《いち》早く呼びぬ。

「其処《そこ》に御出《おいで》でしたか。」

其《その》声は静《しずか》なる林を動《うごか》して響きぬ。宮《みや》は聞くと斉《ひとし》く、恐れたる風情《ふぜい》にて牀几の端に竦《すくま》りつ。

「はい、唯今《ただいま》し方《がた》参ったばかりでございます。好《よ》くお出掛《でかけ》でございましたこと。」

母は恁《か》く挨拶しつつ彼を迎えて立てり。

（尾崎紅葉「金色夜叉」前編第七章）

すげない　素気無い　〔形〕

【解説】応対のしかたが無愛想である。思いやりがない。つれない。中古から現代まで用例は続いてあるが、中世にはこの意味のほかにも、あまり面白みのない、優美でない、などの意味のあったことが、「日葡辞書」（一六〇三―四）の記述からわかる。しかも「スゲナイ　キ」とあって樹木について使った例があがっている。「すげ」が「素気」だとしたら、「ない」は「無い」ではなく、その様子が顕著であるの意の接尾語の「ない」ということになる。

【用例】彼《か》の右隣の男は、今や十二分《ぶん》に酩酊《めいてい》で、オイと云《いっ》て猪口《ちょく》を其芸妓《そのげいしゃ》に献《さ》し、お前の名は何と云《い》う、名《な》札《ふだ》を呉《く》れ名札をと、同じことを二つ重ねて問懸《といか》けた。やがて名札はありませんと其芸妓はすげなく答えたが、やがて帯の間を探って名札だけ取出《とりだ》し、上げましょうか、おお呉れと二度言わせて渡したのを。彼《かの》男は眼を皺《しわ》めて見て、↓しわめる
（斎藤緑雨「油地獄」(三)）

すける　助ける　〔他カ下一〕

【解説】①手伝う。手助けをする。手をかす。②酒の席で酒の飲めない人を助けてかわって飲んでやる。③家具などの傾きをなおすために低い方の下部に板などを敷く。④かかった費用の一部分を負担する。「低い方に板を敷いて食卓を助けた」と言えば③、「家賃が高いから少し助けてやろう」と言えば④の意で使っていることになる。左の[用例]は②であるが、その中にある「道学先生」は、道徳を偏重して融通のきかない頑固な学者を嘲って言うことば。

【用例】文三の胸算用は、是《ここ》に至ッてガラリ外れた。昇が酒を強《し》いた、飲めぬと云ッたら助《す》けた、何でも無い事。送り込んでから巫山戯《ふざけ》た……道学先生に聞かせたら巫山戯させて置くのが悪いと云うかも知れぬが、シカシ是れとても酒の上の事、一時の戯《たわむれ》なら然《そ》う立腹する訳にもいかなかッたろう。要するにお勢の噺《はなし》に於《おい》て深く咎《とが》むべき節《ふし》も無《な》い。
（二葉亭四迷「浮雲」第八回　団子坂《だんござか》の観菊《きくみ》　下）

すさび　遊び　〔名〕

＊すさぶ

【解説】気のむくままにすること。慰み事。左の[用例]もこの意味である。もとバ行上二段活用の動詞「すさぶ」の連用形が名詞化したもので、その意味は、①自動詞で、物事の進行するなりゆきのままになる。動作、程度がはなはだしくなる。②他動詞で、心のおもむくままに物事を進める。慰み興ずる。両者とも中古から用例があるが、後にマ行音・バ行音の交替があったり、四段活用になったりした。[用例]中の「Loupe」は拡大鏡、

虫めがね、「Zeiss」はドイツの顕微鏡製造会社、「Merz」はドイツのゲオルヒ・メルツ光学器械会社のこと。

【用例】書物の外《ほか》で、主人の翁《おきな》の翫《もてあそ》んでいるのは、小さいLoupe《ルウペ》である。砂の山から摘《つ》んで来た小さい草の花などを見る。その外Zeiss《ツアイス》の顕微鏡がある。Merz《メルツ》の望遠鏡がある。海の雫《しずく》の中にいる小さい動物などを見る。晴れた夜の空の星を見る。これは翁が自然科学の記憶を呼び返す、折々のすさびである。（森鷗外「妄想」）

すさむ　荒む　〔自マ五〕

＊すさぶ・すさみ

【解説】①（人の行動、生活、思想などが）荒廃する、荒れる、②注意が行き届かず粗雑になる、③何かに心を奪われて他を顧みない、ふける、の意で現代では用いられている語。「すさぶ」の変化したもので、この語の連用形の名詞化したものが「すさみ」である。左の［用例］は自らの学問が後退したことを否定的ニュアンスで述べているようだが、前後の叙述を見ると、アカデミックな学問は後退したが他方で自分の知識は総合的、実際的になったとあるので、「我学問は荒みぬ」という一文には含みがあるといえる。

【用例】この頃よりは思ひしよりも忙はしくして、多くもあらぬ蔵書を繙《ひもと》き、旧業をたづぬることも難《かた》く、大学の籍はまだ刪《けず》られねど、謝金を収むることの難ければ、唯《た》だ一つにしたる講筵《こうえん》だに往《ゆ》きて聴《き》くことは稀《まれ》なりき。我《わが》学問は荒《すさ》みぬ。（森鷗外「舞姫」）

すさる　退る　〔自ラ五〕

＊すざる

【解説】前を向いたままで後退する。あとずさる。あとじさる。しさる。いずれも近世後期から用いられた口頭語である。「迂回して敵の退路を絶とうと云う計画であつた。併し一手のものが悉く跡へ跡へとすざるので脇等三人との間が切れる」（森鷗外「大塩平八郎」）、「彼はもう一度抱いてやるぞと云う意を示してどっと身体を動かすと、彼等は泣き声を一層張って周章《あわ》てて後へすざった」

（横光利一「御身」）のように、「すざる」という用例もある。

「用例」にある「居ざり」はいざる人、膝行する人。


【用例】 浄観《じょうかん》は見る見る微笑を浮べた。伝吉はこの微笑の中に何か妙に凄《すご》いものを感じた。

「おぬしは己《おれ》が昔のように立ち上がれると思うているのか？ 己は居《い》ざりじゃ。腰抜けじゃ。」

伝吉は思わず一足《ひとあし》すさった。いつか彼の構えた刀はぶるぶる切先《きっさき》を震《ふる》わしていた。浄観はその容子《ようす》を見やったなり、歯の抜けた口をあからさまにもう一度こうつけ加えた。

「立ち居さえ自由にはならぬ体じゃ。」

（芥川龍之介「伝吉の敵打ち」）

すじりもじる　**捩り捩る・斜り捩る**　〔他ラ五〕

＊すじる・もじる

【解説】 体を複雑に曲げくねらせる。また自動詞的に用いて、複雑に曲がりくねる。「すじる」も「もじる」も元来類義の語で、両語を重ねて使うことによって更に複雑に曲げくねらせる意味をあらわす口頭語。中世の「日葡辞書」（一六〇三―四）にはSugiri, u, itta スヂリ・ル・ッタ の項目があり、「樹木に絡みついて登っている木蔦のように、ねじれよじれる」（邦訳・岩波版）と語釈があって、次に「すじりもじる」の項目があり、「同上」とある。また「もじる」の項目にも「すじりもじるを見よ」とある。

【用例1】 アア偶々《たまたま》咲懸ッた恋の蕾《つぼみ》も、事情という思わぬ沍《いて》にかじけて、可笑《おか》しく葛藤《もつ》れた縁《えにし》の糸のすじりもじった間柄、海へも附《つ》かず河《かわ》へも附かぬ中ぶらりん、月下翁《むすぶのかみ》の悪戯《たわむれ》か、それにしても余程風変りな恋の初峯入り。 →かじける
（二葉亭四迷「浮雲」第三回 余程風変《ふうがわり》な恋の初峯入《はつみねいり》 下）

【用例2】 筋はもう忘れて了《しま》ったが、何でも自分を主人公にして、雪江さんが相手の女主人公《じょしゅじんこう》で、紛紜《ごたごた》した挙句《あげく》に幾度《いくたび》となく姦淫《かんいん》するのを、あやふやな理想や人生観で紛らかして、高尚めかしてすじり捩《もじ》った物であったように記憶する。（二葉亭四迷「平凡」四十四）

すすびる　煤びる　〔自バ上二〕

＊すすける・すすばむ・すすぶる

【解説】　煤でよごれて黒ずむ。同義の類形語に、「すすける」「すすばむ」「すすぶる」などがある。近世初期から用例があり、国語史の一般的傾向から見て、おそらく古くは上二段活用で終止形は「すすぶ」であっただろうと考えられるが、連用形の用例しか見つからないので、確証はない。口頭語的な表現である。「びる」は「大人びる」「田舎びる」などと同様の接尾語。その状態になるの意。「用例」の中の「名物に甘き物ありて」は「名物に甘き物なし」という諺《ことわざ》を踏まえた言い方、「空腹に須原の」は「すきはら」に類似音の「すはら」を重ねた表現で、「須原」は中山道の木曽十一宿の一つ、「士族」は明治維新後の族称の一つで、旧武士身分の平士以上の者に与えられた身分、「山本勘介」は戦国時代の武田信玄の軍師として有名な兵法家山本勘介の名にちなんだもの、「大江山退治」は源《みなもとの》頼光《よりみつ》が勅命で行なった酒呑童子《しゅてんどうじ》退治のことで、「大江山」は酒呑童子が住んだという窟《いわや》がある、京都府北西部の山の名、「禿筆」は毛先のすりきれた筆。

【用例】　名物《めいぶつ》に甘《うま》き物ありて、空腹《すきはら》に須原《(すはら)》のとろろ汁《じる》殊《(こと)》の外《(ほか)》妙《みょう》なるに、飯《めし》幾杯《(いくはい)》か滑《すべ》り込ませたる身体《からだ》を此儘《(このまま)》寝さするも毒とは思えど為《す》る事なく、道《どう》中日記《ちゅうにっき》注《つ》け終《しま》いて、のつそつしながら煤《すす》びたる行燈《あんどん》の横手の落書《らくがき》を読めば、山梨県《やまなしけん》士族《しぞく》山本勘介《やまもとかんすけ》大江山《おおえやま》退治《たいじ》の際《さい》一泊と禿筆《ちびふで》の跡。→のつそつ（幸田露伴「風流仏」第一　如是相《にょぜそう》　書けぬ所が美しさの第一《だいいち》義諦《ぎたい》）

すだく　集く　〔自カ五〕

【解説】　①多くのものが群がり集まる。②多くの虫や鳥などが集まってしきりに鳴く。元来は人も含めて生きものが多く集まることを意味したようであるが、中世頃から鳴く虫が多く集まって鳴く意味になったらしい。「日葡辞書」（一六〇三―四）には「Sudaqi, u　スダキ、クこおろぎなど、多くの小虫が一緒になって鳴く」（邦訳・岩波版）とあり、「次項を見よ」とあって、次項には「また詩人の間では〝集まる〟という意に用いられる」（邦訳・岩波版）とある。当時の古語、雅語の意味であろう。「用例」中の「婆娑」はここでは影の乱れ動くさまを言う。「須臾」はしばらく、「蕭然」はひっそり。

【用例】　夕顔の影法師が婆娑《ばさ》として舞い出し、さは百合《ゆり》の葉末にすがる露の珠《(たま)》が、忽ち《(たちま)》蛍《(ほたる)》と成ッて飛《(とび)》迷う。艸花立樹《くさばなたちき》の風に揉《(も)》まれる音の颯々《ざわざわ》とするにつれて、しばしは人の心も騒ぎ立つとも、須臾《しゅゆ》にして風が吹罷《ふきや》めば、また四辺《あたり》蕭然《ひっそ》となって、軒の下艸《したくさ》に集《すだ》く虫の音《ね》のみ独り高く聞える。眼に見る景色《(けしき)》はあわれに面白い。
（二葉亭四迷「浮雲」第三回　余程風変《ふうがわり》な恋の初峯入《はつみねいり》　下）

すたる　廃る　〔自ラ五〕

＊すたれる

【解説】　値打ちが下がる。面目が失われる。中世から用例がる。「日葡辞書」（一六〇三―四）にはSutare, ruru, eta スタレ・ルル・レタとSutari, ru, atta スタリ・ル・ッタと二つの見出し項目がある。当時既に下二段活用と四段活用が両存していたことがわかる。近世の用例は四段活用が多く、近代から現代にかけては下一段活用「すたれる」が多くなる。ただし、慣用句や複合名詞では「名がすたる」「はやりすたり」などのように四段形が多い。［用例］の中の「口つき」はものを言う様子、口ぶり、「少しは入るだろう」は少々は必要になるだろう、「埒を明ましよ」は物事のきまりをつけましょう、の意。

【用例】　御前の云《(い)》わぬ訳も先後《あとさき》を考えて大方は分って居ること、兎《と》も角《かく》も私《わたし》の云事《いう》に付《つい》たがよい、悪気《わるぎ》でするではなし、私の詞《ことば》を立《たて》て呉《(く)》れても女のすたるでもあるまい、斯《こう》しましよ、是《これ》からあの正直律義《しょうじきりちぎ》は口つきにも見ゆる亀屋の亭主に御前を預けて、金《かね》も少しは入《(い)》るだろうがそれも私がどうなりとして埒《らち》を明《あけ》ましよ、
（幸田露伴「風流仏」第五　如是作《にょぜさ》　中　仁《なさけ》はあつき心念《しんねん》口演《くえん》）

すぼめる　窄める　〔他マ下二〕

＊すぼむ

【解説】　広がっている状態のものをせばめたり、開いている状態のものをたたんだり閉じたりしてちぢめる。

中世から用例が見られるが、「日葡辞書」（一六〇三―四）にはSubome, muru, eta　スボメ・ムル・メタ　と下二段活用で記述されている。「傘を窄むる」のほかに、「口を窄めて申す」（卑下して畏まって話す）の例があげてある。これに対する自動詞は四段活用「窄む」で、縮む、小さくなる、すぼまる、の意。［用例］の中の「鳩羽鼠」は濃い紫を帯びたねずみ色、「濃浅黄地」は濃い水色の織物の地、「中形模様」は中間の大きさの型紙を用いた染模様のこと、「シオール」は肩掛（ショール）。このように宮は比較的めだたぬ服装をしているが、それは宮という女主人公の素顔の白さ、美貌を強調するためだった、という説がある。

【用例】　宮《みや》は鳩羽《はとば》鼠《ねずみ》の頭巾《ずきん》を被《かぶ》りて、濃浅黄地《こいあさぎじ》に白く中形《ちゅうがた》模様ある毛織のシオールを絡《まと》い、学生は焦茶《こげちゃ》の外套《オバコート》を着たるが、身を窄《すほ》めて吹来《ふき》る凩《こがらし》を遣過《やりすご》しつつ、遅れし宮の辿《たどり》着くを待ちて言出《いいだ》せり。「宮《みい》さん、那《あ》の金剛石《ダイアモンド》の指環を穿《は》めて居《い》た奴《やつ》は如何《どう》だい、可厭《いや》に気取《きど》った奴じゃないか。」

（尾崎紅葉「金色夜叉」前編第二章）

ずぼら

〔名・自サ変・形動〕

＊ずべら

【解説】　行動や態度がおおざっぱでだらしないこと、また、その様子をいう。「ずぼらだ」と形容動詞として、「ずぼらする」とサ変動詞として使うこともある。「ずべら」ともいう。「放埒」という漢字をあてて「ずぼら」と読ませる例も、特に明治期の文章には散見する。大阪堂島の米相場で、ずるずるとさがる相場を「ずぼら」というところに、この語の語源があるとする説もある。［用例］は、宿直当番の夜、学校を出て温泉に行こうとしている時に校長に出会い、その後今度は山嵐に出くわしてたしなめられる場面である。

【用例】　「君のづぼらにも困るな、校長か教頭に出逢うと面倒だぜ」と山嵐に似合《にあ》わない事を云《い》うから「校長にはたった今逢った。暑い時には散歩でもしないと宿直も骨でしょうと校長が、おれの散歩をほめたよ」と云って、面倒臭いから、さっさと学校へ帰って来た。

（夏目漱石「坊っちゃん」四）

すまう　争う・抗う・拒う　〔自アワ五〕

【解説】争い抵抗する。こばむ。歴史的仮名遣いでは「すまふ」（ハ行四段活用）で発音はスモー。相撲は連用形「すまひ」の名詞化してウ音便になったものとするのが妥当な説であろう。別に「すまふ」の終止・連体形の名詞化したものとする説も過去にはあったが、現在では連用形のウ音便説が有力である。左の［用例1］は古典的な文章語として使っているもので、用例は多くない。［用例2］は［用例1］より約三〇年後に書かれたものだが、作品の時代設定に対応させて、やはり古典的な文章語を散りばめようとしていると見られる。［用例1］中の「ひかへたる」はおさえている。の意。

【用例1】周囲に茂れる棕櫚《しゅろ》の葉に、瓦斯《ガス》燈の光支へられたるが、濃き五色《しき》にて画きし、窓硝子《ガラス》を洩《も》りてさしこみ、薄暗くあやしげなる影をなしたる裡《うち》に、一人の女の逃げむとすまふを、ひかへたるは王なり。（森鷗外「うたかたの記」中）

【用例2】「（略）やい、誰か助けてくれ。人殺しじゃ。親殺しじゃ。」猪熊《いのくま》の爺《おじ》は、相手の心を見透《みとお》したのか、一しきりはね起きようとして、すまいながら、必死になって、わめきたてた。（芥川龍之介「偸盗」五）

すわや　〔感〕

【解説】急な大事に驚いて発する語。自分の驚きを自分で確認するような使い方の例と、人に注意をうながして声をかけるような使い方の例とがある。「そは」の音の変化したもので、「そ」は指示代名詞「それ」、「は」は助詞で、「それは」がもとの意。「や」は感動の助詞でつかないこともある。中古から用例があるが、中世になると「これは」の「こは」が音変化した「くわ（や）」もある。左の［用例］の中の「茫々と」ははっきりしない様子、空しいさま、「方丈さま」は住職さま（ここでは朗円上人のこと）、「魯鈍の男」はこの小説の主人公のっそり十兵衛をさす。

【用例】願わくは上人《しょうにん》の我《わ》が愚戇《おろか》しきを憐《あわれ》みて

我《われ》に命令《いいつけ》たまわんことをと、（略）茫々《ぼうぼう》と暗路《やみじ》に物を探《さぐ》るごとく念想《おもい》を空《くう》に漂《ただよ》わすこと良久《やや》しきところへ、例の怜悧《りこう》気《げ》な小僧いで来《きた》りて、方丈《ほうじょう》さまの召しますほどに此方《こちら》へおいでなされまし、と先に立って案内すれば、素破《すわ》や願望《のぞみ》の叶《かな》うとも叶わざるとも定まる時ぞと魯鈍《おろか》の男も胸を騒がせ、導かるるまま随《したが》いて一《ひと》室《ま》の中《うち》へずつと入る、（幸田露伴「五重塔」其八）

すんでのこと　既の事　〔連語〕

＊すでに・すんでに・すんでのところ

【解説】　もう少しで。ほとんど。もはや。「すでに」（副）の変化した語「すんでに」（副）の類形としての「すんでのこと」はしばしば「に」を伴って用いられる。「すんでに」「すんでの事に」「すんでの所で」などはいずれも、もう少しのところで……するところだった、の意味をあらわし、……しなくてよかった、の気持で使う。「すんでのこと谷底へころげ込むところであつた」（岩野泡鳴「断橋」）のように「に」を伴わない用例も多い。

【用例1】　犬は三頭が三頭ながら、（略）左右から襲いかかった。一頭の頤《あご》を蹴返すと、一頭が肩先へ躍りかかる。それと同時に、一頭の牙《きば》が、すんでに太刀を持った手を、噛もうとした。（芥川龍之介「偸盗」七）

【用例2】　辰子は（略）鍵盤《けんばん》を打った。それは打つ指に力がないのか、いずれも音とは思われない程、かすかな音を響かせたのに過ぎなかった。が、俊助はその音を聞くと共に、日頃彼の軽蔑《けいべつ》する感傷主義《センチメンタリズム》が、彼自身をもすんでの事に捕えようとしていたのを意識した。（芥川龍之介「路上」二十八）

ぜいする　贅する　〔自サ変〕

【解説】　余分な言葉をつけ加える。必要以上に多くの言葉を用いて言う。音読一字の漢字にサ変動詞をつけただけの、かたい感じの漢文訓読調の文章語であるが、あまり古い用例は見えず、近世中期以後の文語調の文章に用例が見られる。たとえば瀧澤馬琴の読本《よみほん》「椿説弓張月《ちんせつゆみはりづき》」に「印本既に二本ありて世に行はるるが故に今ここに贅せず」とある。あまり見なれない言葉であるが、漢語には「贅句」「贅言」「贅語」「贅説」「贅論」「贅辯（弁）」など、いずれも無用の文句、むだぐち、無益のことば、の意の熟語がある。

【用例】学者仲間に発見ということが今一つある。これは俗に掘り出すというのに当る。（略）一体掘出しはのん気な為事《しごと》に相違ないのだが、これも功名心が伴って来ると、危険がないでもない。其辺《そのへん》は仏蘭西《フランス》のアルフォンス・ドオデエという先生が不死者という本に十分書いているから、僕は復《ま》た贅《せい》せずとして引き下る。この発見の方にも、僕は先ず縁が遠いようだ。（森鷗外「大発見」）

せく　急く　〔自カ五〕

＊きがせく

【解説】早くしようとして気持が冷静さを失う、あせる、という意で用いられる。「気がせく」の形で使うのが普通で、諺に「急いては事を仕損ずる」（あわてて行動すると失敗しやすいから、あせらず落ち着いて行動するのがよい）がある。またこの語を、狼狽する、怒りや悲しみの気持が胸にこみあげる、息などが激しくなる、の意で使うこともある。［用例］の中にある「二間」は約三・六メートル、「廊下」は中学生の寄宿舎（宿直部屋はその中にある）の二階の廊下である。

【用例】おれが駆け出して二間《けん》も来たかと思うと、廊下の真中で、堅《かた》い大きなものに向脛《むこうずね》をぶつけて、あ痛いが頭へひびく間《ま》に、身体《からだ》はすとんと前へ抛り出された。こん畜生《ちきしょう》と起き上がって見たが、駆けられない。気はせくが、足丈《だけ》は云《い》う事を利《き》かない。（夏目漱石「坊っちゃん」四）

せせこましい　〔形〕

＊せせっこましい

【解説】狭くてゆとりがない状況を言う語である。現実の面積よりも精神的な感じをより強く表現する。場所のほかに考え方や人間の性格についても言うことがある。「せせっこましい」とも言う。せまくるしい。気が小さい。度量が狭い。こせこせしている。左の［用例］は、主人公が那美さんに「父にそう云《い》って、いつか御茶でも上げましょう」と言われて辟易する場面で、「詩界」は芸術世界あるいは美の世界、「鞠躬如」（「如」は語調を整えるために添えた語）は身を屈めて慎みかしこまるさま、「あぶく」はここではたてた抹茶の表面にできる泡を言う。

【用例】世間に茶人《ちゃじん》程勿体振《もったいぶ》った風流人はない。広い詩界をわざとらしく窮屈に縄張《なわば》りをして、極《きわ》めて自尊的に、極めてことさらに、極めてせせこましく、必要もないのに鞠躬如《きっきゅうじょ》として、あぶくを飲んで結構がるものが所謂茶人である。（夏目漱石「草枕」四）

ぜひない　是非無い　〔形〕

＊ぜひがない・ぜひのない・ぜひもない

【解説】①しかたがない、やむをえない、是非を論ずる余裕がない、②当然である、言うまでもない、の意で用いられる語。「是非の無いもの（事）」「是非も無い」「是非が無い」などの形で使うことが多い。すなわち、「軍《いくさ》の習い、是非ないことと思し召されよ」（島崎藤村「夜明け前」）のような用例とならんで、「実に迷惑千万な話であるが、是非も無いと詮《あきら》めて、早速其翌日から宇和島に通うこととなった」（徳冨蘆花「思出の記」）、「出来ない事をするのも勤なれば是非が無い。そこで発見とか発明とかいうことには頗る縁遠い身の上となった」（森鷗外「大発見」）のような用例も多く散見する。

【用例】宛《あて》とする所は思い思いながら一様に今年の晩《く》れるを待詫《まちわ》びている矢端《やさき》、誰れの望みも彼れの望みも一ツにからげて背負ッて立つ文三が（略）今日思懸《おもいが》けなくも……諭旨《ゆし》免職となった。さても星煞《まわりあわせ》というものは是非《ぜひ》のないもの、トサ昔気質《むかしかたぎ》の人ならば言う所でも有ろうか。↓からげる
（二葉亭四迷「浮雲」第三回　余程風変《ふうがわり》な恋の初峯入《はつみねいり》下）

せわしい　忙しい　〔形〕

＊せわしない

【解説】①多忙で暇がない、いそがしくて落ち着かない、②速度や調子などがはやく、次から次へと続いている、③せかれることがあって落ち着きがない、せかせかしている、気ぜわしい、の意で用いられる。「せわしない」

と同義だが、この場合の「ない」は否定の意味ではなく、「そつけない」「はしたない」などと同じくその状態であることを示す接尾語である。左の［用例］では、「せわしく」は直前の「せっせと」や直後の「絶間なく」の類語として使われており、それらを重ねることで「せわしく」の意味が強められている。

【用例】忽ち足の下で雲雀《ひばり》の声がし出した。谷を見下《みおろ》したが、どこで鳴いているか影も形も見えぬ。只《ただ》声だけが明らかに聞える。せっせと忙《せわ》しく、絶間《たえま》なく鳴いて居《い》る。方幾里の空気が一面に蚤《のみ》に刺されて居たたまれない様な気がする。（夏目漱石「草枕」一）

せんじつめる　煎じ詰める　〔他マ下一〕

＊せんじる・にる・ゆでる

【解説】薬草などを、その成分・養分などがすっかり出つくすまで茹《ゆ》でる。転じて、考えや物事の事態などを終局まで押し進めて凝縮させる。この意味の場合には「詮じ詰める」の字をあてることがある。「煎じる」はもともと薬草などを熱湯で茹でてその熱湯の中に出た成分・養分を用いることで、薬草などは用済みであるが、「ゆでる」はその茹でた物を食用にするだけで熱湯は食しない。「煮る」はその物も汁も両方食するし調味料で味もつける。［用例］の中の「倫敦塔」はロンドンのテムズ河畔にある城砦で、一一世紀ウイリアム一世の命によって造営、のち牢獄に転用されて、王族や貴族などの国事犯が幽閉されたところ。「戸帳」はたれぎぬで、張・帷と書く。「龕中」は仏像などを安置する容器で、厨子《ずし》ともいう。

【用例】倫敦《ロンドン》塔の歴史は英国の歴史を煎《せん》じ詰めたものである。過去と云《い》う怪しき物を蔽《おお》える戸張《とばり》が自《おの》ずと裂けて龕中《がんちゅう》の幽光《ゆうこう》を二十世紀の上に反射するものは倫敦塔である。凡《すべ》てを葬る時の流れが逆《さか》しまに戻って古代の一片《べん》が現代に漂《ただよ》い来れりとも見るべきは倫敦《ロンドン》塔である。（夏目漱石「倫敦《ロンドン》塔」）

せんする　撰する　〔他サ変〕

＊えらぶ

【解説】①詩歌、文章などを作る。②多くの詩歌や文章の中から、すぐれたものを選びとって編集する。左の［用例］は①の意の例。なお、訓読して「撰《えら》ぶ」とすることもあるが、この場合は編集するの意で使うことが多い。「選ぶ」は多くの中から目的に合ったものを取り出す意味で、「婿選び」「弘法筆を選ばず」などの使い方をする。「択ぶ」は良し悪しを区別してえらびとる意味である。［用例］中の「天然居士」は漱石の親友で早く死んだ米山保三郎が円覚寺管長今北洪川からもらった居士号。「墓銘」は墓石にしるした字句や文章、墓碑銘のこと。

【用例】心配、遠慮、気兼《きがね》、苦労、を生れる時どこかへ振り落した男である。
「又《また》巨人引力かね」と立った儘《まま》主人に聞く。「そう、何時《いつ》でも巨人引力許《ばか》り書いては居《お》らんさ。天然居士の墓銘を撰《せん》して居る所なんだ」と大袈裟《おおげさ》な事を云う。「天然居士と云《い》うなあ矢張《やは》り偶然童子の様な戒名《かいみょう》かね」と迷亭は不相変《あいかわらず》出鱈目《でたらめ》を云う。

（夏目漱石「吾輩《わがはい》は猫である」三）

そうする　草する　〔他サ変〕

【解説】草稿を作る。下書きを書く。文案を作る。漢字一字の音読語にサ変動詞をつけただけのかたい表現で、漢文訓読調の文体の中で使われるのが常である。藤原定家の歌論書「毎月抄《まいげっしょう》」（一二一九）などにおける用例が早く、女流文学作品などには用例がない。中世の軍記物語には用例が見える。やはり一種の男性語とでもいうべきものであろう。滝沢馬琴などもこの歯切れのいい語を多用している。左の［用例］は、漱石がイギリスに滞在した三年の間に一度だけロンドン塔を見物した経験にもとづいて書いた短編の末尾に書きしるした一節である。

【用例】塔中四辺の風致景物を今少し精細に写す方が読者に塔其《その》物を紹介して其地を踏ましむる思いを自然に引き起させる上に於《おい》て必要な条件とは気が付いて居《い》るが、何分かかる文を草する目的で遊覧した訳ではないし、且《かつ》年月が経過して居るから判然たる景色がどうしても眼の前にあらわれ悪《にく》い。従って動《やや》もすると主観的の句が重複《ちょうふく》して、ある時は読者に不愉快な感じを与えはせぬかと思う所もあるが右の次第だから仕方がない。→ややともすると（夏目漱石「倫敦塔《ロンドン》」）

そうぜん　鏘然　〔形動タリ〕

【解説】「鏘」は漢音シヤウ（ショウ）、呉音サウ（ソウ）。金属と金属、または金と珠玉とが触れ合って鳴る音の高く響く様子。美しい音の高く鳴り響く形容。「鏘」自体がこの金と玉との触れ合う美しい音という意味であり、「然」はその様子をあらわす。「〇然」の形はいつもタリ活用で、漢文訓読系の文章に用例があり、和文系の文章には用いられない。左の［用例］は文語文体に近い文体の中での使用例であるが、口語文の中にも用例はある。［用例］中の「牢守り」は牢屋の番人。

【用例】男は鎖《くさ》りを指の先に巻きつけて思案の体《てい》である。かいつぶりはふいと沈む。ややありていう「牢守《ろうも》りは牢の掟《おきて》を破りがたし。御子《みこ》等《ら》は変る事なく、すこやかに月日を過《すご》させ給《たも》う。心安く覚《おぼ》して帰り給《たま》え」と金の鎖りを押戻す。女は身動きもせぬ。

鎖ばかりは敷石の上に落ちて鏘然《そうぜん》と鳴る。→ふいと（夏目漱石「倫敦塔《ロンドン》」）

そうそう　淙淙　〔名・形動タリ〕

【解説】急流の水が音をたてて流れる様子、また、その音。「淙」は漢音ソウ。水の流れる音の意。この漢字を二つ重ねただけのタリ活用形容動詞で、漢文訓読系の文章に用いる語である。左の［用例］における「彼」はこの小説の主人公素戔嗚尊《すさのおのみこと》で、日本神話の中の天照大神《あまてらすおおみかみ》の弟、凶暴で高天原を追放され出雲《いずも》国で八岐大蛇《やまたのおろち》を切ったとされる。「高天原」は日本神話の中で天つ神がいたとされる天上の国。「強力」は力の強い人。「手力雄命」は日本神話の中の大力の神で、天照大神が天《あめ》の岩屋《いわや》戸《ど》に隠れた時に岩屋戸を開いたとされる。

【用例】彼は今も相手の投げた巌石を危く躱《かわ》しながら、とうとうしまいには勇を鼓《こ》して、これも水際《みぎわ》に横《よこた》わっている牛程の岩を引起しにかかった。岩は斜《ななめ》に流れを裂《さ》いて、淙々《そうそう》とたぎる春の水に千年《ちとせ》の苔《こけ》を洗わせていた。この大岩を擡《もた》げる事は、高天原《たかまがはら》第一の強力《ごうりき》と云《い》われた手力雄命《たじからおのみこと》でさえ、たやすく出来ようとは思われなかった。（芥川龍之介「素戔嗚尊《すさのおのみこと》」四）

そうそう　匆匆・怱怱　〔形動ナリ・副〕

【解説】①あわただしい様子、転じて、しなければならないことを簡略にして済ます様子をあらわす語。②手紙の末尾に、礼を尽くさないことを詫びる意味で書き添える語。この場合、「草草」「早早」と書くこともある。ちなみに、手紙の末尾に記す結びの語のうち、「敬具」は冒頭に記す「拝啓」や「拝復」に対応、「敬白」「謹言」「拝具」は「謹啓」に、「怱怱」「草草」「早早」は「前略」「冠省」に対応して用いるものである。左の［用例］は①で、「有給休暇はもう取れないから匆々に出勤しよう」と同じ用法。

【用例】俊助は下を向いた儘《まま》、まるでその癇高《かんだか》い笑い声が聞えないような風をしていたが、やがてあの時代のついた角帽の庇《ひさし》へ手をかけると、二人の顔を等分に眺めながら、「じゃ僕は失敬しよう。いずれ又《また》」と、取ってつけたような挨拶《あいさつ》をして、匆々《そうそう》石段を下りて行った。（芥川龍之介「路上」三）

そうそう　早早・草草　〔名・副〕

【解説】この語には、助詞「に」をつけて使う時もあるが、はやばやと、さっさと、のように急いで事をするさまを副詞的に表現する場合と、……してすぐ、ある動作や状態のあとすぐ、の意で名詞として用いる場合とがある。「帰宅早々家内に問いただした」「新学期早々入院してしまった」などは後者の例である。左の［用例］は前者だが、「新年早々から齷齪《あくせく》として、金儲《かねもうけ》も骨の折れたものじゃの」と伊藤侯爵（伊藤博文がモデルであることが露骨に読者に示唆されている人物）に言わせている木下尚江「火の柱」（十六の二）のケースは後者。

【用例】所へ両隣りの机の所有主も出校したんで赤シャツは早々《そうそう》自分の席へ帰って行った。赤シャツは歩るき方から気取ってる。部屋の中を往来するのでも、音を立てない様に靴の底をそっと落す。音を立てないであるくのが自慢になるもんだとは、此時《このとき》から始めて知った。（夏目漱石「坊っちゃん」六）

そくする　即する　〔自サ変〕

＊そくす

【解説】適応する、ぴったりとあてはまる、くっついて離れない、という意の自動詞。「実際に即して考える」「生活に即して作歌する」のように用いる。同音の「則する」というサ変動詞もあるが、これは「則す」（五段）とも言い、ある事柄を基準としてそれに従う、のっとる、基づく、という意の語である。［用例］中の「ウォーヅウォース」はイギリスの詩人ワーズワースのことで、水仙をうたった詩は有名。「沢風」は万物に恩沢を与えるいい風、「瞭乱」は入り乱れるさま、特に花が咲き乱れるさまを言う語。

【用例】一事に即し、一物に化するのみが詩人の感興とは云《い》わぬ。ある時は一弁《べん》の花に化し、あるときは一双の蝶《ちょう》に化し、あるはウォーヅウォースの如《ごと》く、一団の水仙に化して、心を沢風《たくふう》の裏《うち》に瞭乱《りょうらん》せしむる事もあろうが、何とも知れぬ四辺の風光にわが心を奪われて、わが心を奪えるは那物《なにもの》ぞとも明瞭に意識せぬ場合がある。（夏目漱石「草枕」六）

そくそく　惻惻　〔形動タリ〕

【解説】あわれみ悲しみが身にしみる様子。「惻」は漢音ショク、呉音シキ、慣用音ソク。かなしみ思いやるという意味で、この字を二つ重ねて音読しただけのタリ活用形容動詞。漢文訓読系の文体に多く使われる語。［用例］中の「芭蕉」は松尾芭蕉、蕉風を確立して俳諧を芸術の地位にたかめた。「念珠」は数珠《じゅず》。「丈艸」は内藤丈艸、蕉門十哲の一人。「其角」は榎本其角、蕉門十哲の一人。「去来」は向井去来、蕉門十哲の一人で、蕉門の俳諧集「猿蓑《さるみの》」を野沢凡兆《ぼんちょう》と共編、「去来抄」などを残した。「支考」は各務《かがみ》支考、蕉門十哲の一人。

【用例】芭蕉の床の裾の方に控えていた、何人かの弟子の中からは、それと殆《ほとん》ど同時に洟《はな》をすする声が、しめやかに冴えた座敷の空気をふるわせて、継続しながら聞え始めた。

その惻々《そくそく》として悲しい声の中《うち》に、菩提樹《ぼだいじゅ》の念珠を手頸《てくび》にかけた丈艸《じょうそう》は、元の如く静《しずか》に席へ返って、あとには其角《きかく》や去来《きょらい》と向いあっている、支考《しこう》が枕もとへ進みよった。

（芥川龍之介「枯野抄」）

そこはかと　〔副〕

＊そこはかとない・そこはかとなく

【解説】「そこ」は代名詞、「はか」は目当て、あてどの意、「と」は連用格の助詞。中古の時代の和文の用例では、場所をはっきり指示・識別する様子。どこがどうと確かに、の意であるが、次第に「そこはかとなく」〔副〕「そこはかとなし」〔形〕の形で使われることが多くなり、意味も、どこがどういうこともなく、とりとめもない、何というわけでもない、の意で用いられることが多くなってくる。左の〔用例〕はボードレールの詩を訳した「破鐘」の第一連と第二連一行め。「燃えあがり、燃え尽きにたる」は原詩では「パチパチ音をたて、また煙る」の意、また「夜霧だつ……やをら浮びぬ」は原詩では「霧の中でうたっている鐘の音につれて遠い思い出がゆっくりとわきおこってくるのを聞くのは」の意という。

【用例】悲《かな》しくもまたあはれなり、冬の夜の地爐《いろり》の下《もと》に、／燃えあがり、燃え尽きにたる柴の火に耳傾けて、／夜霧だつ闇夜の空の寺の鐘、ききつつあれば、／過《す》ぎし日《ひ》のそこはかとなき物思ひやをら浮びぬ。
喉太《のどぶと》の古鐘《ふるがね》きけば、その身こそうらやましけれ、（略）
（上田敏「海潮音」破鐘《やれがね》）
→やおら

そそくれる　〔自ラ下二〕

＊ささくれる・そそくれだつ

【解説】きっかけを失って機会をのがす。「行きそそくれる」「言いそそくれる」などと他の動詞の下につけて、上の動詞の動作をするきっかけを失う意味をあらわす使い方が多い。しそこなう。単に上の動作をしそこなうだけではなく、しそこなった結果その後の状態が好ましくない様子をあらわす。また、単独で用いたり、「そそくれ立つ」の形で用いたりして、感情がとげとげしくなる、気分がすさむ、の意味をあらわす。類似形の「ささくれる」の方が明るく開放的で、それに較べて「そそくれる」の方が暗く、陰にこもる感じがする。両語に含まれる母音の広母音と狭母音のちがいから受ける印象であろう。

【用例】お勢は退屈で退屈で、欠《あく》び計《ばか》り出る、起《たち》上《あが》ッて部屋へ帰ろうとは思いながら、つい起《たち》そそくれて潮合《しおあい》を失い、まじりまじり思慮の無い顔をして面《おも》白《しろ》くもない談話《はなし》を聞いているうちに、いつしか眼が曇り両人《ふたり》の顔がかすんで話声もやや遠く籠《こも》ッて聞こえる……→まじまじ（二葉亭四迷「浮雲」第十八回）

そそける 〔自カ下二〕

＊そそけ・そそけだつ

【解説】髪・鬢《びん》などがほつれて乱れる。転じて、紙がしわになってけばだつ。比喩的に、人が乱れて行儀わるくなる。中古から用例があるが、活用はカ行下二段であった。連用形が名詞化した「そそけ」も近世にはあらわれ、髪の乱れ、また、乱れた髪の意。「そそけ髪」「そそけ鬢」の用例も見られる。また、恐怖や寒さのために、「身の毛がそそけだつ」の表現もある。［用例］の中の「かち色」は濃い紺色、「襟飾」はネクタイ、「所の美術諸生」は土地の美術学生たちのこと。

【用例】こよひも瓦斯《ガス》燈の光、半ば開きたる窓に映じて、内には笑ひさゞめく声聞ゆるをり、かどにきかかりたる二人あり。
先に立ちたるは、かち色の髪のそゝけたるを厭《いと》はず、幅広き襟飾《えりかざり》斜に結びたるさま、誰《た》が目にも、ところの美術諸生と見ゆるなるべし。立ち住《とま》りて、後なる色黒き小男に向ひ、「こゝなり」といひて、戸口をあけつ。（森鷗外「うたかたの記」上）

そぞろ　漫ろ 〔形動・副〕

＊きもそぞろ

【解説】①原因・理由もはっきりしないまま何となく気持や動作などが進行する様子。自然にその状態になるさま。知らず知らず。おのずから。すずろ。②何かに心を奪われて、気持が落ちつかない様子。そわそわしている様子。中古から用例の多い和語で、古語としての意味は多義にわたり、不満・不本意・無意味なさま、むやみやたらなさま、無関係なさま、などがあったが、現代語にはそういう用法はない。②の類語に「気も漫ろ」（連語）がある。［用例1］の中の「彼」は間貫一《はざまかんいち》、「裀」は敷物、座蒲団のこと。［用例2］は鴫沢宮《しぎさわみや》が富山唯継《とみやまただつぐ》と見合いをしているところに間貫一があらわれて宮とその母を驚かせる場面の一節。

【用例1】　彼は十五の少年の驚くまでに大人びたる己《おのれ》を見て、其《そ》の着たる衣《きぬ》を見て、其の坐れる裀《しとね》を見て、旋《やが》て美《うつくし》き宮《みや》と共《とも》に此《この》家の主《ぬし》となるべき其《その》身を思いて、漫《そぞろ》に涙を催《もよお》せり。

（尾崎紅葉「金色夜叉」前編（六）の二）

【用例2】　「姨《おば》さん、参りましたよ。」

母子《おやこ》は動顚《どうてん》して殆《ほとん》ど人心地《ひとごこち》を失いぬ。（略）

想《おも》うに彼等の驚愕《おどろき》と恐怖《おそれ》とは其《そ》の殺せし人の計《はか》らずも今生きて来《きた》れるに会えるが如きものならん。気も不《そ》覚《ぞろ》なれば母は譫語《うわごと》のように言出《いいいだ》せり。

「おや、お出《いで》なの。」

（尾崎紅葉「金色夜叉」前編第七章）

ぞっこん　〔副〕

【解説】　心の底からひきつけられる様子、すっかり魅了される様子、などに用いる場合が多い。「日葡辞書」（一六〇三—四）には Soccon スナワチ Cocorono soco の記述があって、Soccon yori mõsu「心の底から真実をもって話す」（邦訳・岩波版）の例文があげられている。またその他の例文から、古くは「そっこん」（名詞）で「底根」の転とする説もあるが未詳。左の［用例］は「感じて居る」を修飾している。［用例］の中の「一寸の虫にも五分の意地が承知せぬ」は「一寸の虫にも五分の魂」を踏まえた言い方で、小さく弱い者にもそれ相応の意地がある、の意。

【用例】　ぞっこん善女《ぜんにょ》と感じて居《(い)》る御前《おまえ》の憂目《うきめ》を余所《よそ》にするは、一寸《すん》の虫にも五分《ぶ》の意地が承知せぬ、御前の云《(い)》わぬ訳も先後《あとさき》を考えて大方は分って居ること、兎《と》も角《かく》も私《わたし》の云《いう》事に付《つい》たがよい、悪気《わるぎ》でするではなし、斯《こう》私の詞《ことば》を立《たて》て呉《(く)》れても女のすたるでもあるまい、しましよ、　↓すたる

（幸田露伴「風流仏」第五　如是作《にょぜさ》中　仁《なさけ》はあつき心念《しんねん》口演《くえん》）

そつぜん　卒然・率然〔形動タリ・副〕

＊そつじ

【解説】にわかな様子。だしぬけなさま。いきなり。突然。卒爾《そつじ》（にわかなさま）。卒爾は「卒爾ながら」という形で使われることが多く、突然声をかけたり何かを頼んだりする無礼を謝することばとして、突然で失礼ながら、の意で言うものである。「卒然」の方は、「と」または「として」を下ににつけて副詞的に、あるいは「たり」「たる」をつけて形容動詞として用いることもあるが、文語調の文章では［用例］のようにそのままの形で使うことが多い。［用例］の中の「答の範囲」とは、自分の述べた答えによって生ずる影響の及ぶ範囲のことである。

【用例】余《よ》はおのれが信じて頼む心を生じたる人に、卒然《そつぜん》ものを問はれたるときは、咄嗟《とっさ》の間《かん》、その答《いらえ》の範囲を善《よ》くも量《はか》らず、直ちにうべなふことあり。さてうべなひし上にて、その為《な》し難きに心づきても、強《し》いて当時の心虚なりしを掩《おお》ひ隠し、耐忍してこれを実行すること屢々《しばしば》なり。　↓うべなう

（森鷗外「舞姫」）

そでない　然でない〔形〕

【解説】然るべきでない、不都合である、の意から転じて、そっけない、薄情である、つれない、などの意。当時の話しことばで書きかえたとされる「天草本平家物語」（一五九二）に「ヒゴロノ　フルマイガ　Sodenacatta（ソデナカッタ）ニヨッテ　イノレドモ　カナワズ」（原文ローマ字）の用例がある。近世の人情本、歌舞伎、浄瑠璃などや明治期の文学作品に多くの用例を見ることができる。左の［用例］の中の「八犬伝」は瀧沢馬琴が書いた読本《よみほん》「南総里見八犬伝」全九輯百六冊のこと。「浜路だ、信乃が……逢いに来る」は、八犬士のひとり犬塚信乃が名刀村雨丸を献上するため出発しようとする前の夜、許婚の浜路が別れを悲しんで両親の眠った後で信乃のところへ忍んで来て愛情を約束させる、という場面を想起し

たもの。「内の浜路」は宮、「信乃」は貫一自身をさす。

【用例】小説的かも知れんけれど、八犬伝の浜路《はまじ》だ、信乃《しの》が明朝《あした》は立って了《しま》うと云《い》うので、親の目を忍んで夜更《よふけ》に逢《あ》いに来る、あの情合《じょうあい》でなければならない。いや、妙だ！　自分の身の上も信乃に似ている。幼少から親に別れて此《こ》の鴫沢《しぎさわ》の世話になっていて、其処《そこ》の娘と許婚《いいなずけ》……似ている、似ている。然《しか》し内の浜路は困る、信乃にばかり気を揉《も》まして、余り憎いな、そでない為方《しかた》だ。（尾崎紅葉「金色夜叉」前編第六章）

そばだつ　峙つ・聳つ　〔自夕五〕

【解説】高くそびえ立つ。角ばってしっかりと立つ。群を抜いて堂々と立つ。転じて、言葉がとげとげしく角ばって親しみが感じられないことにも比喩的に用いる。「そば」は、かたわら（側・傍）の意味のそれではなく、蕎麦《そば》の実が角ばってとがっていることが語源と思われる。他動詞タ下一に「そばだてる」がある。左の［用例］は上野公園を人々が散策している場面の一節で、「古廟」（古い神社）は公園にある東照宮をさしている。「翼然」は鳥がつばさを張ったように左右にひろがるさま、「轆々」は馬車などが音をたてて進むさま。

【用例】折柄四時頃の事とて日影も大分傾《かたぶ》いた塩梅《あんばい》、立騈《たちなら》んだ樹立《こだち》の影は古廟《こびょう》の築墻《ついじ》を斑《まだら》に染めて、不忍《しのばず》の池水《ちすい》は大魚の鱗《うろこ》かなぞのように燦《きら》めく。ツイ眼下に瓦葺《かわらぶき》の大家根《おおやね》の、翼然《よくぜん》として峙《そばだ》ッているのが視下《みおろ》される。アレハ大方馬見所《ばけんじょ》の家根で、土手に隠れて形は見えないが、車馬の声が轆々《ろくろく》として聞える。（二葉亭四迷「浮雲」第七回　団子坂《だんござか》の観菊《きくみ》　上）

そばめる　側める　〔他マ下一〕

＊めをそばめる

【解説】①じゃまになりそうな物をかたわらに寄せる。横へ押しやる。②「目をそばめる」の形で用いて、困惑・嫌悪・忌避・侮辱などの感情をあらわした目で顔をしかめて見る。顔をそむけたり、視線をそらしたりすることではない。このような誤解が多いので注意を要する。「目をそばめる」は、左の［用例］にあるように、かならず「見る」「視る」のであり、その時の目つき、顔つきの表現になっている。［用例］の中で「裸体なら猶結構だ！」と言われているのはヒロインの宮、「綱曳にて駈着けし紳士」は富山唯継をさす。

【用例】「裸体なら猶《なお》結構だ！」

此の強き合槌撃つは、美術学校の学生なり。

綱曳《つなひき》にて駈着《かけつ》けし紳士は姑《しばら》く休息の後内儀《ないぎ》に導かれて入来《いりきた》りつ。其後《そのうしろ》には、今まで居間に潜みたりし主《あるじ》の箕輪《みのわ》亮輔《りょうすけ》も附添《つきそ》いたり。席上は入乱れて、爰《ここ》を先途《せんど》と激《はげし》き勝負の最中なれば、彼等の来《きた》れるに心着《づ》きしは稀《まれ》なりけれど、片隅に物語れる二人は逸《いち》早く目を側《そば》めて紳士の風采《ふうさい》を視《み》たり。

（尾崎紅葉「金色夜叉」前編（一）の二）

そぼふる　そぼ降る　〔自ラ五〕

＊しょぼつく・しょぼふる

【解説】こまかい雨が静かに降る。しめやかに降る。古語。「そほふる」「そほぶる」「そをふる」「そをぶる」の時代もあったことが古い資料からわかる。用例は「万葉集」からある。「ソホフル」はハ行転呼で「ソヲフル」「ソヲブル」となり、やがて雅語となって口頭語の文体からは退き、代って擬声語的音象徴の効果を伴った「ソボフル」が生まれ、「ショボフル」「ショボック」なども現われた。［用例］の中の「夕月の光砕きつつ」は舟を漕ぐにつれて波に映る夕月の光が砕けてきらきらする様子をいう。

【用例】櫓《ろ》こぐにも酒《さけ》の勢《いきおい》ならでは歌《うた》はず、醍醐《だいご》の入江《いりえ》を夕月《ゆうづき》の光《ひかり》砕《くだ》きつつ朗《ほが》らかに歌《うた》ふ声《こえ》さへ哀《あわれ》をこめたり、こは聞くものの心《こころ》にや、あらず、妻失《つまうしな》ひし事は元気《げんき》よかりし彼《かれ》が心《こころ》を半《なか》ば砕《くだ》き去《さ》りたり。雨のそぼ降《ふ》る日など、淋《さみ》しき家《いえ》に幸助一人《こうすけひとり》をのこし置《お》くは不憫《ふびん》なりとて、客《きゃく》と共に舟に乗せゆけば、人々《ひとびと》哀《あわ》れがりぬ。

（国木田独歩「源おぢ」上）

そやす　〔他サ五〕

【解説】おだてる。機嫌をとる。そそのかす。派生語として「ほめそやす」「言いそやす」などがある。左の［用例］にある「抱きそやす」は赤児を抱いて機嫌をとる意。

「何《ど》うしても来年からは横町も表もお前の手下だよとそやすに、よして呉《く》れ二銭貰うと長吉の組に成るだろう」（樋口一葉「たけくらべ」）という例は、龍華寺の信如が「何がしの学林」に入るため町を離れるのを聞いた三五郎が、力関係の変化を察知して表町組の正太郎の機嫌をとろうとして相手（正太郎）に腹の中を見抜かれる場面の一節で、「そやす」という語が効果的に用いられている。中世中期頃から用例の見える口頭語系のことばである。

【用例】女中《じょちゅう》が、ばたばた上草履《うわぞうり》を鳴らせながら、泣き立てる赤児《あかご》を抱《だ》きそやして来た。赤児を、――美しいメリンスの着物の中に、しかめた顔ばかり出した赤児を、――敏子が内心見まいとしていた、丈夫そうに頤《あご》の括《くく》れた赤児を！
「私が窓を拭《ふ》きに参りますとね、すぐにもう眼を御覚ましなすって。」　↓くくれる　（芥川龍之介「母」二）

それぎり　〔名・副〕

＊それきり・それっきり

【解説】それが最後で、それから後はない。それかぎり。「それきり」「それっきり」とも言い、副詞として下の用言を修飾する。左の［用例］は夏目漱石の作品の中のものだが、同じ漱石の他の作品の中には「それきり」「それっきり」が出てくる。その場面の雰囲気や会話文を発する登場人物の性格などで、微妙な使い分けをしているらしい。どの語形も近世の文芸作品から用例のある口頭語である。［用例］中の「雑司ヶ谷の墓地」は東京都豊島区南東部にあって、谷中や青山などとともに東京で最も有名な墓地の一つ。漱石の墓もここにある。「結滞」は脈搏が不規則になったり一搏動が脱落したりすること。

【用例】私が始めて其《その》曇りを先生の眉間《みけん》に認めたのは、雑司ヶ谷の墓地で、不意に先生を呼び掛けた時であった。私は其異様の瞬間に、今迄快《こころ》よく流れていた心臓の潮流を一寸《ちょっと》鈍《にぶ》らせた。然しそれは単に一時の結滞に過ぎなかった。私の心は五分と経たないうちに平素の弾力を回復した。私はそれぎり暗そうなこの雲の影を忘れてしまった。
（夏目漱石「こころ」上六）

そわつく 〔自カ五〕

＊そわそわ（と）・そわそわしい・そわそわだ

【解説】そわそわする。落ち着かない様子をする。「つく」は接尾語で、その様子をする、の意。「お鈴は（略）雪のある庭に向った廊下をそわそわ『離れ』へ急いで行った」（芥川龍之介「玄鶴山房」）における副詞「そわそわ（と）」、「互いの思いそわそわに成りて、物言えば頓《やが》て争いの糸口を引出し」（樋口一葉「われから」）における形容動詞「そわそわだ」、「木村の様子の方が却ってそわそわしく眺めやられた」（有島武郎「或る女」）における形容詞「そわそわしい」などと同根である。［用例］の中の「隣家の疝気」は「隣り（他人）の疝気を頭痛に病む」（自分に無関係なことに余計な心配をすることのたとえ）をふまえた言い方、「関繫」は関係、掛け構い。

【用例】境界《きょうがい》に随《つ》れて僻《ひが》みを起し、一昨日《おとつい》昇に誘引《さそわれ》た時既にキッパリ辞《ことわ》ッて行かぬと決心したからは、人が騒ごうが騒ぐまいが隣家《となり》の疝気《せんき》で関繫《かけかまい》のない噺《はなし》、ズット澄《（すま）》して居られそうなものの扨居《さてい》られぬ。嬉しそうに人のそわつくを見るに付《（つ）》け聞くに付け、またしても昨日《きのう》の我《（われ）》が憶出《おもいだ》されて、五月雨頃《さみだれごろ》の空と湿《し》める、嘆息もする面白くも無い。（二葉亭四迷「浮雲」第七回　団子坂《だんござか》の観菊《きくみ》　上）

ぞんがい　存外 〔名・形動〕

＊あんがい・いがい・りょがい

【解説】思いのほか。予想外のこと。また、その様子。思っていたことと別の。［用例］に示すような「……な」のほか「……に」「……だ」の用法もあるが、「存外まじめだ」のように「存外」だけで副詞的に用いることもある。また、「存外至極《しごく》」（きわめて存外なこと）、「存外千万《せんばん》」（「存外至極」に同じ）、「存外者《もの》」（無礼者、慮外者）のような慣用的なことばもある。類義語に「意外」「案外」「慮外」があるが、「意外」は軽く思っていたことと別、の意、「案外」はもう少し深く考えていたことと別、の意、「慮外」は非常識で無礼なほどに思いの外のこと。

【用例】お政はまた人の幸福《しあわせ》をいいだして羨《（うら）》やむ

ので、お勢は最早《もはや》勘弁がならず、胸に積《つも》る昼間からの鬱憤《うっぷん》を一時に霽《はら》そうという意気込《こみ》で、言葉鋭く云いまくッてみると、母の方にも存外《ぞんがい》な道理が有ッて、ついにはお勢も成程《なるほど》と思ッたか、少し受太刀《うけだち》になッた。が、負けじ魂から、滅多には屈服せず、尚《な》お彼此《かれこれ》と諍論《いいあらそ》ッている。

（二葉亭四迷「浮雲」第十八回）

ぞんざいだ 〔形動〕

【解説】動作や話し方の態度、使う言葉などが粗略で投げやりなこと。また、その様子。音の感じから判断すると字音語らしく思われるが、ここにあげた用例以外には漢字表記の用例はほとんど見られない。「大言海」（一九三四版）には「麁雑《そざつ》ノ転カ、或ハ、存在《あり》ノママノ意カト云フ」とあって、たしかに「存在」をゾンザイと読ませている明治期の辞書も散見する。（明治期の小説作品には、「粗略」をゾンザイと読ませた例もある。）ちなみに「存」は漢音ソン、呉音ゾン。漢字表記、語源ともに未詳。用例は江戸時代の浮世草子あたりからあらわれる。

【用例】若《も》し相愛《あいあい》していなければ、文三に親しんでから、お勢が言葉遣《づか》いを改め起居動作《たちいふるまい》を変え、蓮葉《はすは》を罷《や》めて優に艶《やさ》しく女性《にょしょう》らしく成《な》る筈《はず》もなし、又《また》今年の夏一夕《いっせき》の情話に、我から隔《へだて》の関を取除《の》け、乙《おつ》な眼遣《めづかい》をし麁匆《ぞんざい》な言葉を遣《つか》って、折節《おりふし》に物思いをする理由《いわれ》もない。

（二葉亭四迷「浮雲」第八回　団子坂《だんござか》の観菊《きくみ》　下）

ぞんずる　存ずる 〔他サ変〕

＊ぞんじる

【解説】この語は、「思う」「考える」の謙譲語として、また「知る」「承知する」「心得る」の謙譲語として用いる。自分（話し手）が相手（聞き手）に対してへりくだっていることを表現するので、文末では普通「存じます」と丁寧語の「ます」を加える。「存ずる」はサ変動詞だが、それが上一段活用に転じたものが「存じる」である。なお尊敬語は「御存知」（古くはごぞんち）で別語である。左の［用例］は「知る」「心得る」の謙譲語としての用法で、主人公が那古井《なこい》へ行くため山越えする途中で峠の茶屋に立ち寄る、有名な場面の一節で使われたものである。


【用例】「お婆《ばあ》さん、此処《ここ》を一寸《ちょっと》借りたよ」

「はい、是《これ》は、一向存じませんで」

「大分《だいぶ》降ったね」

「生憎《あいにく》な御天気で、嘸《さぞ》御困りで御坐《ござ》んしょ。おおおお大分御濡れなさった。今火を焚《た》いて乾かして上げましょ」（夏目漱石「草枕」二）

た行

たいじる　退治る　〔他ザ上一〕

【解説】名詞「退治」の動詞化した語で、古くはダ行上一段活用「たいぢる」として用いられた。害となるものを殺したりこらしめたりして、害を及ぼさないようにする。退治する。ほろぼす。また比喩的に、量の多い食物をすっかり食べる、たいらげる、量の多い仕事を処理する、の意で使われることもある。斎藤緑雨「油地獄」に「膳の物を退治ることも頗《すこぶ》る神速だ」のような例がある。この語は、江戸時代末期頃の人情本などに既に用例が見出される。

【用例】頭へ付いた奴《やつ》は枕で叩《たた》く訳に行かないから、手で攫《つか》んで、一生懸命に擲《たた》きつける。忌々《いまいま》しい事に、いくら力を出しても、ぶつかる先が蚊張だから、ふわりと動く丈《だけ》で少しも手答《てごたえ》がない。バッタは擲きつけられた儘《まま》蚊張へつらまって居《い》る。

死にもどうもしない。漸くの事に三十分許《ばかり》でバッタは退治《たいじ》た。箒《ほうき》を持って来てバッタの死骸を掃《は》き出した。（夏目漱石「坊っちゃん」四）

たいらかだ　平かだ　〔形動〕

＊たいらだ

【解説】高低や凹凸のない様子。転じて、平和で心やすらかでいられる様子。同じ形容動詞で類語の「たいら」があって両語とも古くから用例があり、平安末期の漢和辞書「類聚名義抄」や「色葉字類抄」では「平」の字に、「タヒラ」と「タヒラカ」の訓が併記されている。「たいら」と「たいらか」の意味のちがいは明確ではないが、具体的なものには「たいら」を用いることが多く、抽象的なものについては「たいらか」を用いることが多い。

【用例】博士の方でも、奥さんが母君に聞えるように、母君の声の小言《こごと》を言うのを、甚《はなは》だ不都合だとは思っているが、それを咎《とが》めれば、風波が起る、それ位の事を咎めるようでは、此《この》家庭の水面が平《たいら》かでいる時はない。そこで黙っている。此睨合《にらみあい》が此家庭の雰囲気である。博士と奥さんと玉ちゃんとは七年間此雰囲気の間に棲息《せいそく》しているのである。（森鷗外「半日」）

たえて　絶えて　〔副〕

【解説】動詞「絶える」の連用形に接続助詞「て」がついてできた語で、否定表現の前にあって否定の意味を強調する。全く。少しも。一向に。全然。また、あることがやんでから長い間再び起こらないさま、たえて久しく、の意で用いることもある。中古平安時代の物語や歌などから既に用例が見られる。ただし平安時代の用例の中には、必ずしも否定表現に限らず、否定的、悲観的な内容の肯定文にも用いられたものがある。「風ふけば峯にわかるる白雲のたえてつれなき君が心か」（「古今和歌集」壬生忠岑《みぶのただみね》）がその一例。［用例］中の「おじゃる」はあります、ございます（「天草本伊曽保物語」の文体にならったもの）、「しりあ」Syriaは地中海東岸一帯の地域の総称、「おりなかった」はありませんでした、「三丈」は約九メートル。

【用例】遠い昔のことでおじゃる。「しりあ」の国の山奥に、「れぷろぼす」と申す山男がおじゃった。その頃「れぷろぼす」ほどな大男は、御主《おんあるじ》の日輪の照らさせ給う天《あめ》が下はひろしと云《い》え、絶えて一人もおりなかったと申す。まず身の丈《たけ》は三丈《さんじょう》あまりもおじゃろうか。葡萄蔓《えびかずら》かとも見ゆる髪の中には、いたいけな四十雀《しじゅうから》が何羽とも知れず巣食うて居《お》った。（芥川龍之介「きりしとほろ上人伝」一）

たおやかだ　嫋やかだ　〔形動〕

＊たおやめ・たわむ

【解説】（主として女性の）姿や動作などがしなやかで美しい様子だ、また、気だてや性質がしっとりとやさしい様子だ、おだやかだ、おだやかで美しい様子だ、あるいは、物の姿や形などがしなやかな様子だ、柔らかだ、という意で用いる語。「たおやか」の「たお」は「撓《たわ》む」（力を加えられて折れないで曲がる、しなう）の「たわ」の変化したものという説がある。「やか」は接尾語。「手弱女《たおやめ》」はたおやかな女の意をもった語。左の［用例］は主人公がエリスという若い女に出会ってはじめて彼女の家を訪問した場面で、「氈」は毛氈《もうせん》（毛織物の敷物）、「陶瓶」は陶製の花瓶を言う。

【用例】中央なる机には美しき氈《かも》を掛けて、上には書物一、二巻と写真帖とを列《なら》べ、陶瓶《とうへい》にはここに似合はしからぬ価《あたい》高き花束を生《い》けたり。そが傍《かたわら》に少女は羞《はじ》を帯《お》びて立てり。

彼は優《すぐ》れて美なり。乳《ち》の如《ごと》き色の顔は燈火《ともしび》に映じて微紅《うすくれない》を潮《さ》したり。手足の繊《かぼそ》く嫋《たおやか》なるは、貧家の女《おみな》に似ず。（森鷗外「舞姫」）

たかる　集る　〔自ラ五〕

＊ひとだかり・よってたかって

【解説】①群がりあつまる。「蠅がたかる」「蟻がたかる」などと虫について使うことが多く、人の場合は、左の［用例］のように「寄ってたかって」と慣用的に使って、集まる人の人格を重んじない表現にするか、または「人だかり」という名詞で、これも人の人格は無視した表現にするかであろう。②虫が食品にたかるように、人が人にしつこくつきまとって金品をねだる。この意味では大勢でなく単独の行為にも用いる。［用例］の中の「腹散々」は思う存分の意。

【用例】熟《つらつ》ら視《み》て、金持《かねもち》なら、うう、貧乏人だと云《い》う、学者なら、うう、無学な奴だと云う、詩人なら、うう、俗物だと云う、而《そう》して匆々《さっさ》と行って了《しま》う。平生《へいぜい》尤も親《した》しらしい面《かお》をして親友とか何とか云っている人達でも、斯《こ》うなると寄って集《たか》って、手《て》ン手《で》ンに腹散々《はらさんざ》私の欠点を算《かぞ》え立てて、それで君は斯うなったんだ、自業自得だ、諦め玉え諦め玉えと三度回向《えこう》して、彼方《あちら》向いて匆々と行って了う。→てんでんに　（二葉亭四迷「平凡」五）

ただに　啻に・唯に・只に　〔副〕

【解説】ただ単に。ひたすら。多くは下に「のみならず」「のみでない」「ばかりでない」などの限定プラス打消の語を伴う。形容動詞の「ただなり」が上代から和文に多くの用例を見るのに反して、この副詞「ただに」は漢文訓読系の文体にだけ用例のあるかたい文語調の語である。左の［用例］のように森鷗外や夏目漱石などは口語体の文章の中でもそれほど違和感なく使いこなしているが、それは彼らに漢籍漢文に対する深い素養があるからで、現代のものには少ない。［用例］の文章を書いた頃の鷗外の小説には、彼に対する自然主義文壇からの批評らしいものが散見する。「僕なんぞも文学の大家だそうだ」もその一例かも知れない。

【用例】諸君は頭から僕を法螺吹《ほらふき》とせられることであろう。それも御尤《ごもっとも》である。大発見。ちと大袈裟《おおげさ》かな。併《しか》し大小なんぞというのは比較の詞《ことば》である。お山の大将も大将である。僕なんぞも文学の大家だそうだ。啻《ただ》に比較の詞であるのみでない。大小は又《また》主観的に物を形容することに使っても差支《さしつかえ》ないのである。→ちと　（森鷗外「大発見」）

たたむ　畳む　〔他マ五〕

＊たたまる

【解説】①紙や布など薄くて広い物を折り返して重ねる。②開いている物を閉じて小さくする。「傘をたたむ」。

③同じものをいくつも折り重ねる。「月日の数をたたむ」。「額に皺をたたむ」。④石材や煉瓦《れんが》などの同じ物を積み重ねる、あるいは敷きつめる。左の［用例］はこれである。「石だたみ」。⑤閉鎖する。「店をたたむ」。⑥心の中にかくして表面に出さない。⑦（俗語）殺す。やっつける。これに対する自動詞「たたまる」（自ラ五）は「たたむ」の類推で発生した語と思われるが、用例は意外に古く、芭蕉の俳諧や浮世草子、歌舞伎などに既に見える。［用例］中にある「血塔」はロンドン塔のThe Bloody Towerの訳、「薔薇の乱」は、白薔薇《ばら》の徽章のヨーク家と紅薔薇のランカスター家とが三〇年間戦ったいわゆる薔薇戦争のこと、「乾鮭」ははらわたを取り除いて乾した鮭。

【用例】　左《ひだ》りへ折れて血塔の門に入る。今は昔《むか》し薔薇《しょうび》の乱《らん》に目に余る多くの人を幽閉したのは此《この》塔である。草の如く人を薙《な》ぎ、鶏《にわとり》の如く人を潰《つぶ》し、乾鮭《からさけ》の如く屍《しかばね》を積んだのは此塔である。血塔と名をつけたのも無理はない。（略）塔の壁は不規則な石を畳み上げて厚く造ってあるから表面は決して滑《なめらか》ではない。（夏目漱石「倫敦《ロンドン》塔」）

たって　達て〔副〕

【解説】　強いて。是非とも。無理に。無理を押してもがむしゃらに物事をするさまを言う語。「達って望まれて来たのである」（田山花袋「妻」）のように使う。普通はこのまま副詞として用いるが、下に助詞「の」を伴って下の体言を修飾する「たっての願い」などの用法もある。下にくる行為が切実であることを強調する言い方。強い、切迫した、の意。「財産も戸村の家に倍以上であり、それで向うから民子を絶っての所望、媒妁人というのも戸村が世話になる人である」（伊藤左千夫「野菊の墓」）のように使う。

【用例】　彼は躊躇《ちゅうちょ》した。もし、その時に、相手が、少し面倒臭《めんどうくさ》そうな声で、「おいやなら、たってとは申すまい」と云《い》わなかったら、五位《ごい》は、何時《いつ》までも、椀《わん》と利仁《としひと》とを、見比べていた事であろう。彼は、それを聞くと、慌《あわただ》しく答えた。

「いや…… 忝《かたじけの》うござる。」この問答を聞いていた者は、皆、一時に、失笑した。（芥川龍之介「芋粥」）

たてつける　立て付ける・建て付ける　〔他カ下二〕

【解説】①戸や障子をぴったりしめる、また、取りつける、②休みなく次々に連続して行なう、たて続けに行なう、転じて、続けざまに攻めたてる、の意で用いられる語。「ヘイヲットヲットトットごぜえますごぜえますそうたてつけていただくと夜席がつとまりやせん」（仮名垣魯文「牛店雑談安愚楽鍋《あぐらなべ》」）は明治最初期の落語家の話しことばを模したもので、そこではたて続けに酒を飲むと夜の高座がつとまらないと言って口先だけで辞退しているのだから、左の〔用例〕と同じく②の意味で用いられた例である。

【用例】昇、例の如く、好もしそうな眼付《めつき》をしてお勢の顔を視《み》て、挨拶よりまず戯言《ざれごと》をいう、お勢は莞爾《にっこり》ともせず、真面目《まじめ》な挨拶をする、――彼此齟齬《かれこれくいちが》う。から、昇も怪訝《けげん》な顔色《かおつき》をして何か云おうとしたが、突然お政《まさ》が、三日も物を云わずにいたように、たてつけて饒舌《しゃべ》り懸《か》けたので、つい紛《はぐ》らされて其方《そのほう》を向く。（二葉亭四迷「浮雲」第十四回）↓はぐらす

ためる　矯める・揉める・撓める　〔他マ下二〕

＊ためつすがめつ

【解説】①曲がっているものを伸ばしたり、真直な物を曲げたりして形を整える。②悪い点を改めて良くする。矯正する。左の〔用例〕はこれである。③ねらいをつける。視点を定めて見つめる。「ためつ眇《すが》めつ」は、視点を定めて見つめたり、片目を閉じてねらいをつけたりする、の意。④次の動作に移る準備として、じっと力をたくわえる。「銃を腰撓めに構える」（腰にあてがった状態で構える）。〔用例〕の中の「百計」はさまざまのはかりごと、「木偶」は木彫りの人形。

【用例】どッこいと取捉《とっつら》まえて厭がる者を無理無体に、シャモを鶏籠《とりかご》へ推込《おしこ》むように推込む。私は型の

中で出ようと藻掻《もが》く。知らん面《かお》している。（略）百計尽きて、仕様《しよう》がないと観念して、性を矯《た》め、情を矯《た》め、生《いき》ながら木偶《でく》の様な生気のない人間になって了《しま》えば、親達は始めて満足して、漸《ようや》く善良な傾向が見えて来たと曰《い》う。世間の所謂《いわゆる》家庭教育というものは皆　是《これ》ではないか。（二葉亭四迷「平凡」五）

→むりむたい

たゆたう　援蕩う・猶予う　〔自アワ五〕

【解説】この語は、古典仮名遣いでは「たゆたふ」（八四）と書き、終止・連体形はタユトーと発音する。①水などに浮いている物や煙などがあちらこちらとゆれ動く。ひとところにとどまらずゆらゆらとゆらぎ動く。ゆらぎただよう。②心が動揺して決心がつかない。ためらう。躊躇《ちゅうちょ》する。①②ともに用例は上代から各時代を通して豊富に目にすることができるが、古典的雅語であって口語体の文章には少ない。左の［用例］は②で、そのことは「王」（バイエルン王ルドウィヒ二世）と「父」（王のお気に入りの画工で、この小説の女主人公マリイの父）との身分関係を見れば明らかである。

【用例】瓦斯《ガス》燈の光支へられたるが、濃き五色《しき》にて画きし、窓硝子《ガラス》を洩《も》りてさしこみ、薄暗くあやしげなる影をなしたる裡《うち》に、一人の女の逃げむとすまふを、ひかへたるは王なり。その女のおもて見し時の、父が心はいかなりけむ。かれは我《わが》母なりき。父はあまりの事に、しばしたゆたひしが、『許したまへ、陛下』と叫びて、王を推《お》し倒しつ。（森鷗外「うたかたの記」中）

→すまう

たゆむ　弛む・撓む・廻む　〔自マ五〕

＊うまずたゆまず・うむ

【解説】①張りつめていた気持がゆるむ。気がぬける。「倦《う》まず弛まず」と連語にすることがある。「倦む」は、いやになる、飽きる、の意。②自然に勢いが弱まる。続くはずのものがとだえる。とどこおる。③身体の一部が疲れてだるくなる。「足がたゆむ」。④糸や綱など真直に張っていたものがゆるむ。たるむ。中古から用例があり、中世には口語資料にも③④の用例が見られる。現代語としては文語的表現となっている。左の［用例］中の「塵土」は汚れたこの世、「塵土に埋もれて……終るべかりし男」は後出の「十兵衛」（この小説の主人公）、「師」は五重塔建立を依頼した谷中感応寺の朗円上人、「奇因縁」は不思議な因縁、「妙因縁」はすぐれた因縁、「諸天善神」は仏典にあることばで、天上界に位置して仏と仏法を守護するという神々。

【用例】殊更《ことさら》塵土《じんど》に埋《うず》もれて光も放たず終るべかりし男を拾いあげられて、心の宝珠《たま》の輝きを世に発出《いだ》されし師の美徳、困苦に撓《たゆ》まず知己に酬《むく》いて遂に仕遂《しと》げし十兵衛が頼もしさ、おもしろくまた美《うる》わしき奇因縁《きいんねん》なり妙因縁なり、天の成《な》せしか人の成せし歟《か》将又《はたまた》諸天善神《しょてんぜんじん》の蔭《かげ》にて操《あやつ》り玉いし歟、→はたまた

（幸田露伴「五重塔」其三十一）

たれる　垂れる　〔他ラ下二〕

＊たれこめる

【解説】上から下へさがる、下につりさげる意をあらわす語。「首を垂れる」は首を力無く前倒しにすることを言う。「垂れる」は「しずくが垂れる」のように現代語では自動詞として用いるのが普通だが、文章語としては格助詞「を」を伴って他動詞として用いる。また、大小便や屁《へ》をする、「お説教を垂れる」「教訓を垂れる」のように目下の者に対して教え示す、という意でも使う。類語に「垂れ込める」（〈自動詞〉外出しないで家の中にこもる、一室にこもって人と会わない、雲が低く空を覆う、〈他動詞〉戸などをしめてとじこめる、簾などをつるしてさえぎる）がある。左の［用例1］は、女主人公の那美さんが、小説中では「野武士」と呼ばれている別れた夫と出会う場面の一節である。［用例2］は自動詞としての用法で、「縷々」はこまごまと述べるさまを言う語。

【用例1】男女《なんにょ》は向き合うた儘、しばらくは、同じ態度で立って居《い》る。動く景色は見えぬ。口は動かして居るかも知れんが、言葉は丸《まる》で聞えぬ。男はやがて首を垂れた。女は山の方を向く。顔は余《よ》の眼に入《い》らぬ。

（夏目漱石「草枕」十二）

【用例2】文三《ぶんぞう》は朝から一室《ひとま》に垂籠《たれこ》めて、独《ひと》り屈托の頭《こうべ》を疾《や》ましていた。実は昨日《きのう》朝飯《あさはん》の時、文三が叔母に対《むか》って、一昨日《おととい》教師を番町に訪《と》うて身の振方《ふりかた》

を依頼して来た趣を縷々《るる》咄《はな》し出したが、叔母は木然《ぼくぜん》として情《じょう》寡《すくな》き者の如く
（二葉亭四迷「浮雲」第九回　すわらぬ肚）

たわいない　〔形〕

【解説】①正体がない。意志や理性のはたらかない状態。②相手が力不足で手応えがない。張り合いがない。③思慮分別がなく取るに足りない。無邪気な様子。大人《おとな》気《げ》ない。簡単な例をあげれば、「たわいなく眠っている」は①、「あの人を負かすぐらいたわいないことはない」は②、「子供のたわいない喧嘩」は③。近世以後の口頭語である。「他愛ない」「多愛ない」と表記されることがあるが、いずれもあて字である。[用例]の中の「勘当」は主従・親子・師弟の関係を断つこと。ここでは、殿様からのきびしいお叱り、くらいの意か。


【用例】「（略）『遅れまいぞ。遅れれば、おのれが、殿の御勘当《ごかんどう》をうけねばならぬ。』と、しっきりなしに、お泣きになるのでございまする。」

「して、それから、如何《いかが》した。」

「それから、多愛《たわい》なく、お休みになりましてな。手前共の出て参りまする時にも、まだ、お眼覚《めざめ》にはならぬようで、ございました。」

（芥川龍之介「芋粥」）

たわむ　撓む　〔自マ五〕

＊たわめる・たわわ

【解説】①棒や枝などに力や重みが加えられて折れずに曲がる。弧をえがいた状態になる。加えられた力や重みが取り除かれれば棒や枝などはもとに戻る弾力性を保っている。類義語に「枝もたわわに実がなる」などの「たわわ」（形動）がある。②心弱くなり一途さが失われる。この意味では①の弾力性はなくなることになる。左の[用例]は①。上代から現代まで用例がある。これに対して他動詞に「たわめる」（マ下一）、古語に「たわむ」（マ下二）がある。[用例]中の「説経」は経書を講義すること（セッキョウ）、または、仏教の経典を講義すること（セッケイ）だが、ここではいわゆる説教とほぼ同義か。

【用例】大抵《たいてい》内で喧嘩の好きな女房に支配せられ

て居《い》る男は、世間で平和を好み、誰にでも従って、好い人だと言わるるものです。人の性質は家内の不和という火力の強い炉で柔に、撓《たわ》み易《やす》くせられるもので、美人になるには、世界中の高僧の説教を聴くより、女房の窓帷《まどかけ》の下の説経を聴くに限ります。この説経の外に、まあ何が柔和と忍辱《にんにく》とを教えましょう。
（W・アーヴィング、森鷗外訳「新浦島」）

だんずる　断ずる　〔他サ変〕

＊だんじる

【解説】　この語は、①断定する、決定する、②裁決する、③おしきってする、断行する、④切断する、特に、煩悩や迷いを断ちきる、の意で用いられる。「容易に其《その》得失を断ず可《べか》らず」（福沢諭吉「文明論之概略」）は①、「断じて行なえば鬼神もこれを避く（断而敢行、鬼神避之）」という「史記」にあることば（決心して断行すれば、何ものもそれを妨げはしない）の場合は③の意で用いられているが、［用例］は②で、「獄を断ずる」は刑事事件に裁決をくだすことである。なお、［用例］中の「まことの我」は「我ならぬ我」に対して本当の自分と思われるもの（「まこと」を真実と言い換えて近代的自我などと重く意味づける必要はない）、「やうやう」は次第に、だんだんと、「雄飛」は勢い盛んに活動する、の意。「断じる」はサ変「断ずる」を上一段活用に変化させたものである。

【用例】　久しくこの自由なる大学の風に当りたればにや、心の中なにとなく妥《おだやか》ならず、奥深く潜《ひそ》みたりしまことの我《われ》は、やうやう表《おもて》にあらはれて、きのふまでの我ならぬ我を攻むるに似たり。余は我身《わがみ》の今の世に雄飛すべき政治家になるにも宜《よろ》しからず、また善《よ》く法典を諳《そらん》じて獄を断ずる法律家になるにもふさはしからざるを悟りたりと思ひぬ。
（森鷗外「舞姫」）

たんと　〔副〕

【解説】　口語の中でもくだけた言い方である。①数量の多いこと。たくさん。どっさり。②程度が甚しい様子。大変に。非常に。中世の抄物や狂言記、浄瑠璃、近世の人情本、浮世草子などに用例を見る。またキリシタン資料の一つ「日葡辞書」（一六〇三―四）にもTantoの項目がある。また、稀ではあるが、形容動詞的用法の「たんとな書物」などの用例もある。語源説は数説あって定まらない。左の［用例］の中の「太平楽」は、のんきに勝手なことを言ったりしたりすること、好き放題、という意味。

【用例】「それはあなたは太平楽《たいへいらく》を言っていられますでしょう。わたしさえどうにかなってしまえば好いのだから。」

「おかしいなあ。どうにかなるなんて。どうなるにも及ばない。その儘《まま》でいれば好い。」

「たんと茶にしてお出《いで》なさい。いてもいなくっても好い人間だから、相手にはならないでしょう。そうね。いてもいなくってもじゃない。いない方が好いに極《き》まっているのだっけ。」

（森鷗外「雁」拾肆《じゅうし》）

ちかしい　近しい　〔形〕

＊したしい

【解説】親しい、親密である、仲むつまじい、交際の程度が深い、という意で用いる語。人と人との心理的な近さをあらわす時にだけ使う。「近しき中に（も）礼儀あり」「近しき中に（も）垣を結《ゆ》え」という諺が、ほとんど「親しき中に（も）礼儀あり」「親しき中に（も）垣をせよ」という諺と同義で用いられていることに、それはよくあらわれている。［用例］の場合、現象的には坊っちゃんと山嵐の机が教員控所（職員室）の中で隣りあっていて距離的に近いことを言っているようにみえても、赤シャツの陰謀でいったん山嵐から遠ざかった坊っちゃんが、心理的な障壁を取り除いて再度親しくなっていることを、この語が如実に表現している。

【用例】山嵐の鼻に至っては、紫色に膨張《ぼうちょう》して、掘ったら中から膿《うみ》が出そうに見える。自惚《うぬぼれ》の所為《せい》か、おれの顔より余《よ》っ程《ぽど》手ひどく遣《や》られている。おれと山嵐は机を並べて、隣り同志の近《ちか》しい仲で、御負《おま》けに其《その》机が部屋の戸口から真正面にあるんだから運がわるい。妙な顔が二つ塊《かた》まっている。

（夏目漱石「坊っちゃん」十一）

ちと　些・少　〔副〕

＊ちっと・ちょっと

【解説】①量や程度がわずかであることをあらわす語。はなはだしくない様子。すこし。わずか。いささか。②時間の短い様子をあらわす語。しばらく。くだけた言い方ではあるが、現代語としては「ちっと」「ちょっと」の方が普通で「ちと」は多少気どった言い方である。用例は意外に古くからあり、「毎月抄」や「徒然草」に見えるが、いずれも手紙の候文の中と会話文の中で用いられている。

【用例】僕は此頃《このごろ》期せずして大発見をした。今そのお話をしようと思う。
こう吹聴したら、諸君は頭から僕を法螺吹《ほらふき》とせられることであろう。それも御尤《ごもっとも》である。大発見。ちと大袈裟《おおげさ》かな。併《しか》し大小なんぞというのは比較の詞《ことば》である。お山の大将も大将である。僕なんぞも文学の大家だそうだ。啻《ただ》に比較の詞であるのみでない。大小は又《また》主観的に物を形容することに使っても差支《さしつかえ》ないのである。→きせずして・ただに　（森鷗外「大発見」）

ちなむ　因む　〔自マ五〕

＊ちなみに

【解説】他のことに関連する。因縁がある。つながる。関連語に「ちなみに」がある。これはかつては「ちなみにいう」の形で使うことが多かったが、今ではしばしば「ちなみに」だけを接続詞的に用いている。それにつけて、ついでに言うと、などの意。前の話とあまり関連性のない内容の話を、ところで、ぐらいの意味で話題の転換に用いている例を散見するが、これは誤った用い方である。「用例」の中の「チョイス・リイダア」はかつて中学（旧制）でよく使われた英語の教科書（読本）Choice Readerのこと、「サアム・オブ・ライフ」はロングフェローの詩集「人生讃歌」"Psalm of Life"のこと、「ロングフェロオ」は一九世紀アメリカの詩人H. W. Longfellow。

【用例】毛利先生は例の通り、金切声《かなきりごえ》をふりしぼって、熱心にチョイス・リイダアの中にあるサアム・オブ・ライフを教えていたが、勿論誰も真面目《まじめ》になって、耳を傾けている生徒はない。（略）
それが彼是《かれこれ》二三十分も続いたであろう。その中に毛利先生は、急に椅子《いす》から身を起すと、丁度《ちょうど》今教えているロングフェロオの語にちなんで、人生と云《い》う問題を弁じ出した。
（芥川龍之介「毛利先生」）

ちゃくする　着する　〔自他サ変〕

【解説】この語は、自動詞として①到着する、とどく、いたる、②付着する、ぴったりとくっつく、他動詞として③衣服などを身につける、着用する、身にまとう、④視線などをあるものに注意して向ける、の意として用いられる。「マルセイユの港に着した」は①、「羽織を着する」は③、「綿屑に眼を着する」は④の用法で、左の［用例］は二つとも②の付着する、端的に言い換えれば執着する、の意で使われている。［用例］中、「待対世界」は利害や美醜などあらゆるものの対立から成り立っているこの世界、「精華を嚼んで」はその真価をかみしめて、「霞を餐し、露を嚥み」は霞を食べ露を飲んで生きる仙人のように自然に融けこんで、「紫を品し、紅を評して」は紫や紅のような色彩の美を品評して、の意。「草枕」六は主人公画工の芸術観を正面から叙述しようとしたところで、この［用例］はその冒頭に近い一節である。

【用例】目に見る富は土である。握る名と奪える誉《ほまれ》とは、小賢《こざ》かしき蜂《はち》が甘く醸《かも》すと見せて、針を棄《す》て去る蜜の如《ごと》きものであろう。所謂楽《たのしみ》は物に着《ちゃく》するより起るが故《ゆえ》に、あらゆる苦しみを含む。但《ただし》詩人と画客《がかく》なるものあって、飽《あ》くまで此《この》待対《たいたい》世界の精華を嚼《か》んで、徹骨徹髄《てっこつてつずい》の清きを知る。霞《かすみ》を餐《さん》し、露を嚥《の》み、紫《し》を品《ひん》し、紅《こう》を評して、死に至って悔いぬ。彼等の楽《たのしみ》は物に着するのではない。同化して其《その》物になるのである。
（夏目漱石「草枕」六）

ちゃっかり　〔副〕

【解説】抜け目がなく、利己的である様子。左の［用例］のように「ちゃっかり性」という言い方で性質をあらわしたり、「ちゃっかり屋」という表現を抜け目がなく利己的な人の意味で使ったりする。また「ちゃっかりしている」とサ変動詞のような形で使うこともある。口頭語の表現。「大日本国語辞典」（一九一七）同修正版（一九二九）や「大言海」（一九三二—七）「辞苑」（一九三五）などには、まだ見出し項目もない。「広辞苑」初版（一九五五）には見出し項目がある。


【用例】汚い露路の奥の、二階家で、堀木は二階のたった一部屋の六畳を使い、下では、堀木の老父母と、それから若い職人と三人、下駄の鼻緒を縫ったり叩いたりして製造しているのでした。

堀木は、その日、彼の都会人としての新しい一面を自分に見せてくれました。それは、俗にいうチャッカリ性でした。田舎者の自分が、愕然と眼をみはったたくらいの、冷たく、ずるいエゴイズムでした。

（太宰治「人間失格」第三の手記一）

ちゅうする　注する・註する　〔他サ変〕

【解説】この語は、現在では、書きつける、書く、しるすという意で用いられている。しかし「註する」と表記した時には、多く、説きあかす、注釈する（文章や語句などにわかりやすく説明を補足する）、の意で使われている。「註」の方は、当用漢字やそれに続く常用漢字からはぶかれたため、一九四六年以降は用例を眼にすることが少なくなったが、それ以前には普通に説きあかすという意味で用いられていた。ただし漢字の歴史の上では明《みん》以後の新しい造字という説もある。左の［用例］は現在の用法と同じ。なおここは、主人公がその日出会ったばかりの「少女」（女主人公エリス）の家の前にたたずんでいる場面で、「すぎぬ」は死んだことを言っている。


【用例】余《よ》は暫《しば》し茫然《ぼうぜん》として立ちたりしが、ふと油燈《ランプ》の光に透《すか》して戸を見れば、エルンスト・ワイゲルトと漆《うるし》もて書き、下に仕立物師《したてものし》と注したり。これすぎぬといふ少女が父の名なるべし。内には言ひ争ふごとき声聞えしが、また静《しずか》になりて戸は再び明《あ》きぬ。

（森鷗外「舞姫」）

ちゅうっぱら　中っ腹　〔名・形動〕

＊こばら・むかっぱら・やけっぱら

【解説】①心の中の怒りを半分は押さえて半分は外面に出している状態。怒りを発散し切らないで中途半端な気分であること。また、その様子。②気短かで腹を立てやすい気性。また、その行動や人。短気。関連語の「小《こ》腹《ばら》」は「小腹が立つ」（ちょっと腹が立つ）の形で、「むかっ腹」「やけっ腹」は「むかっ腹を立てる」（むかむかと腹を立てる）「やけっ腹を立てる」（やけをおこして腹を立てる）の形で用いることが多い。「小腹がすく」はすこし空腹を感じる。［用例］中の「髪結床」は理髪店。


【用例】「冗談じゃあねえや。怪我《けが》でもしたらどうするんだ。」之《これ》はまだ、平吉が巫山戯《ふざけ》ていると思った町内の頭《かしら》が、中《ちゅう》っ腹《ぱら》で云《い》ったのである。けれども、平吉は動くけしきがない。

すると頭《かしら》の隣にいた髪結床《かみゆいどこ》の親方が、流石《さすが》におかしいと思ったか、平吉の肩へ手をかけて、「旦那《だんな》、旦那…もし…旦那…旦那」と呼んで見たが、やはり何とも返事がない。

（芥川龍之介「ひょっとこ」）

ちょうじょう　重畳　〔名・自サ変・形動〕

＊ちょうじょうせんばん

【解説】①（名・自サ変・形動）幾重にも重なり合っていること、が原義だが、転じて、②（名・形動）喜ばしいこと、都合のいいことが重なってきわめて満足なこと、好都合なこと、の意で用いるようになった語で、文章語的表現である。「重畳」だけを感動詞のように用いることも多い。なお、「重畳」を繰り返して使う場合に「重〻畳〻」と書くことがある。また、「重畳千万《せんばん》」（大変結構なこと、きわめて喜ばしいこと）などのことばもある。


【用例】「次第によっては、御意《ぎょい》通り仕《つかまつ》らぬものでもございませぬ。」

恐ろしい位《くらい》ひっそりと静まり返っていた盗人《ぬすびと》たちの中から、頭《かしら》だったのが半《なかば》恐る恐るこう御答え申し上げますと、若殿様は御満足そうに、はたはたと扇を御鳴らしになりながら、例の気軽な御調子で、「それは重畳《ちょうじょう》じゃ。何、予が頼みと申しても、格別むずかしい儀ではない。（略）」

（芥川龍之介「邪宗門」十五）

ちょうぜん　悵然・惆然　〔形動タリ〕

【解説】失望してかなしみ嘆く様子。文語調のかたい表現で、タリ活用形容動詞であるが、ほとんど連用形「悵然（惆然）と」か連体形「悵然（惆然）たる」の用例ばかりである。また、古い用例としては、「万葉集」の歌の詞書《ことばがき》の部分の漢文の中などに使われているだけで、和文体の文章中には見られない。幕末から明治期にかけては、タリ活用形容動詞の歯切れのよさが好まれて、比較的よく使われるようになる。左の［用例］中の「方角」は方法、手段、「幾星霜」の「星霜」は、星が一年に天を一周し霜は年ごとに降るところから、歳月、としつきの意。

【用例】石塔も白い痂《かさぶた》のような物に蔽《おお》われ、天辺《てっぺん》に二処三処《ふたとこみとこ》ベットリと白い鳥の糞《ふん》が附《つい》ている。勿論木葉《このは》は堆《うずたか》く積《つも》って、雑草も生《は》えていたが、花立《はなたて》の竹筒は何処《どこ》へ行った事やら、影さえ見えなかった。私は掃除する方角もなく、之《これ》に対して暫く悵然《ちょうぜん》としていた。祖母の死後数年《すねん》、父母《ちちはは》も其跡《そのあと》を追うて此《この》墓の下に埋まってから既に幾星霜を経ている。（二葉亭四迷「平凡」八）

ちょうちょうしい　喋喋しい　〔形〕

＊ちょうちょう・ちょうちょうしげ・ちょうちょうしさ・ちょうちょうなんなん

【解説】口数が多く、調子よくしゃべりたてる様子。好ましい形容ではなく、やや軽蔑した表現である。「喋々しげ」（おおげさで軽薄なさま）という形容動詞もあり、また「喋々しさ」という、接尾語「さ」のついた名詞もある。軽々しく多弁なこと、また、その程度を言う。更に「ちょうちょうなんなん［喋々喃々］」という名詞もある。「喃々」は小声でささやく様子。小声で親しそうにささやき合う様子から、恋し合う男女がむつまじげに語り合うこと、また、その間柄を言う。左の［用例］中の「匆わしく」は忙しく、せわしく、「後」はうしろの方、の意。

【用例】お政は、茫然《ぼうぜん》としていたお勢の袖《そで》を匆《いそが》わしく曳揺《ひきうご》かして疾歩《あしばや》に外面《おもて》へ立出《たちい》で、路傍《みちばた》に鵠在《たたずん》で待合《まちあ》わせしていると、暫《しば》らくして昇も紳士の後《しりえ》に随《したが》って出て参り、木戸口の所でまた更に小腰を屈《かが》めて皆其々《それぞれ》に分袂《わかれ》の挨拶、叮嚀《ていねい》に慇懃《いんぎん》に喋々《ちょうちょう》しく陳《の》べ立てて、さて別れて独《ひと》り此方《こちら》へ両三歩来て、フト何か憶出《おもいだ》したような面相《かおつき》をしてキョロキョロと四辺《あたり》を環視《みま》わした。

（二葉亭四迷「浮雲」第七回　団子坂《だんござか》の観菊《きくみ》　上）

ちょうと　丁と〔副〕

＊ちょうちょうはっし

【解説】物が激しくぶつかりあう音をあらわす語。激しく打ったり、切ったり、射たり、取ったりする様子を擬態語的に表現する。また、強くにらみつける様子をあらわすのにも用いる。「日葡辞書」（一六〇三—四）のローマ字表記ではChŏdoとあるので、語末の「と」はウ音の後の連濁になっていたらしい。関連語に「丁丁発矢《はっし》」（打打発止）があるが、これは多く助詞の「と」を伴って使われ、激しい音をたてて互いに打ち合うさま、また、激しく議論をたたかわせあうさまをあらわす。左の［用例］の中の「脾腹」は横腹、脇腹のこと。


【用例】次郎の太刀は、早くもその男の脾腹《ひばら》を斜《ななめ》に、腰のつがいまで斬りこんだのであろう。骨を切る音が鈍く響いて、横に薙《な》いだ太刀の光が、うす暗《やみ》をやぶってきらりとする。——と、その太刀が宙におどって、もう一人の侍の太刀を、丁《ちょう》と下から払ったと見る間に、相手は肘《ひじ》をしたたか斬られて、矢庭に元来た方へ、敗走した。

（芥川龍之介「偸盗」七）

ちょこなんと〔副〕

＊ちょこんと

【解説】ひとりで行儀良くかしこまって座っている様子。比喩的に、小動物などがじっと動かないでいる様子などについても言う。類義語に「ちょこんと」があるが、「ちょこんと」と同義であるほかに、「ちょこんと頭をさげた」など、単独での小さな動作の様子にも使う。しかし「ちょこなんと」の方は動作をする様子には使わない。近現代の話しことばである。左の［用例］中の「烟草ばかりが愛しまれ」は煙草を喫する以外にはどうしていいか全くわからず、の意。

【用例】　座蒲団《ざぶとん》火鉢茶菓それから手を突《つい》てお肴《さかな》はと尋ねるに、袂《たもと》の巻烟草《まきたばこ》を出しかけて、さて何と云《いっ》たものかと躊躇《たのら》って居《い》ると、見繕《みつくろ》いましょうかと云《いわ》れたので、殆《ほと》んど蘇生《よみがえ》った心持で唯《ただ》うんと首肯《うなづ》いた。ちょこなんと独《ひと》り待つ間も、胸さわぎする外は烟草ばかりが愛《いつく》しまれ、二十分程経《た》った所で、椀《わん》の物を載せた膳《ぜん》と杯洗《はいせん》とを婢《おんな》が持来《もちきた》り、（斎藤緑雨「油地獄」（七））

ちらつく　〔自カ五〕

＊ちらめく

【解説】　ちらちらする、目の前に見えたり消えたりが繰り返しおこる、（比喩的に）心に浮かんだり消えたりする、また、小さいものが細かくゆれ動きながら落ちる、雪がちらちら降る、の意で用いる語である。「散らつく」という表記はあて字。「つく」は接尾語。「ちらめく」（「めく」は接尾語）の形で使うこともある。左の［用例］は、主人公が立ち寄った峠の茶屋の「御婆さん」が、通りかかった馬子の「源さん」と、女主人公那美さんの嫁入りの時の姿が髣髴《ほうふつ》することを話し合っているところである。

【用例】　御婆さんが云《（い）》う。「源さん、わたしゃ、お嫁入りのときの姿が、まだ眼前《めさき》に散らついて居る。裾《（すそ）》模様の振袖《（ふりそで）》に、高島田で、馬に乗って……」「そうさ、船ではなかった。馬であった。矢張《（やは）》り此所《こ》で休んで行ったな、御叔母《おば》さん」（夏目漱石「草枕」二）

つかねる　束ねる　〔他ナ下一〕

＊つか・つかむ・てをつかねる

【解説】　①集めて一つにくくる。たばねる。②集めてひとところに置く。まとめて積みあげる。③両手を前にそろえる。また、腕ぐみをする。また、「手を束ねる」の形で、何もしないでじっとしている、の意に用いる。④比喩的に、統帥する。「万葉集」の昔から用例のある古い和語（ただし江戸中期まで下二段活用）。動詞「つかむ」や「刀の柄《つか》」、長さの単位としての握りこぶしの幅の「つか」などと同源である。左の［用例］に登場する「カーライル」は一九世紀イギリスの評論家・歴史家、「チェイン、ロー」はチェルシー（テームズ川北岸、ロンドン市南西部の地名）にある小路の名。

【用例】カーライルは書物の上でこそ自分独《ひと》りわかった様な事をいうが、家を極《き》めるには細君の助けに依らなくては駄目と覚悟をしたものと見えて、夫人の上京する迄《まで》手を束《つか》ねて待って居《い》た。四五日《しごんち》すると夫人が来る。そこで今度は二人して又《また》東西南北を馳《か》け廻った揚句《あげく》の果《はて》矢張《やはり》チェイン、ローが善《い》いという事になった。（夏目漱石「カーライル博物館」）

つくねんと 〔副〕

【解説】なすこともなく、話相手もなく、瞑想にふけるわけでもなく、なんとなくじっとしている様子。まれに「つくねんたる」というタリ活用形容動詞のような例もあるらしい。「大言海」（一九三二―七）は「つくづくト念ジ居ル意」としているが、多くの用例はむしろ、考えることもなくぼんやりしている場面の方が多いように見える。山田孝雄の「国語の中に於ける漢語の研究」（一九四〇）は、「大言海」の説を否定した上で、「これは『自《ジ》然《ネン》』『黙然《モクネン》』などの『然《ネン》』を『つくづく』の『つく』に加へて漢語めかしたる語としたるなるべし。これ『何然』といふ語が、状態を形容する形式の語と思惟せられしによるものならむ」としているが、どうであろうか。

【用例】折合《おりあい》が付《つ》いてみれば、咄《はなし》も無く、文三の影口も今は道尽《いいつく》す、――家内が何時《いつ》からと無く湿《しめ》ッて来た。「ああ辛気《しんき》だこと！」と一夜《あるよ》お勢が欠《あく》びまじりに云って泪《なみだ》ぐンだ。新聞を拾読《ひろいよみ》していたお政は眼鏡越《めがねご》しに娘を見遣《みや》ッて、「欠びをして徒然《つくねん》としていることは無《な》いやァね。本でも出して来てお復習《さらい》なさい。」（二葉亭四迷「浮雲」第十七回）→しんきだ

つぐむ　噤む 〔他マ五〕

＊つぐ（蹲）む

【解説】口を閉じてものを言わない。おしだまる。しゃべらない。古辞書「色葉字類抄」（一一七七―八一）

に「噤ツム　ツクム　閉口也。鉗掛已上同」とあり、口を閉じることにきまっているのに、用例はすべて「口をつぐむ」の形で「口を」をつけている理由は、という疑問が生じるが、それは同音異義語の「蹲《つぐ》む（他マ五）」（かがむ。地にうずくまる）と区別するためだったと考えられる。左の［用例］は、雁を逃がすつもりで投げた石つぶてに当たって雁が死ぬという、この作品の中での象徴的な場面に続く部分の一節である。

【用例】「岡田君の外套《がいとう》が一番大きいから、あの下に入れて持って貰《もら》うのだ。料理は僕の所でさせる。」石原は素人家《しろうとや》の一間を借りていた。主人の婆《ば》あさんは、余り人の好くないのが取柄で、獲ものを分けて遣《や》れば、口を噤《つぐ》ませることも出来そうである。其家《その》は湯島切通しから、岩崎邸《てい》の裏手へ出る横町で、曲りくねった奥にある。石原はそこへ雁を持ち込む道筋を手短に説明した。（森鷗外「雁」弐拾参《にじゅうさん》）

つっけんどんだ　突慳貪だ　〈形動〉

＊けんどんだ・じゃけんどんだ

【解説】とげとげしい話し方や態度をとるさま。無作法で乱暴な様子。漢字表記はあて字。「慳」は物惜しみをする意、「貪」はむさぼる意で、けちで物欲が深く冷淡なことをあらわす。語源未詳。類義語に「邪険（慳）だ」（思いやりがなく意地悪なさま）があるが、「突慳貪だ」には愛情の欠如が感じられるのに対して、「邪険（慳）だ」の方には悪意が感じられる。類義語の「慳貪だ」（けちで欲が深いさま、冷淡で無愛想なさま）とほとんど同義であるが、「慳貪」が「日本霊異記」や「宇津保物語」「宇治拾遺物語」など男性の筆と思われるものに用例があり、女流文学作品には用例が見当らないのに対して、「突慳貪」は古典には全く用例が見られず、近世後期頃から会話文に使われた口頭語と思われる。

【用例1】クラバックは（略）腕を組んだまま、突《つっ》けんどんにこう言い放ちました。
「じゃきょうは失敬しよう。」
僕は悄気《しょげ》返ったラップと一しょにもう一度往来《おうらい》へ出ることにしました。↓しょげる
（芥川龍之介「河童」十）

【用例2】ふと気がついて見ると、何時《いつ》の間《ま》にか後《うし》ろに立っているのは兄の英吉《えいきち》でございます。兄はわたしを見下しながら、不相変慳貪《あいかわらずけんどん》にこう申しました。「わからず屋！　又《また》お雛様のことだろう？　お父さんに叱られたのを忘れたのか？」（芥川龍之介「雛」）

つづる　綴る　〔他ラ五〕

【解説】①二つ以上のものを糸などで一つにつなぎ合わせる、とじ合わせる、②ことばをつなぎ合わせて文章や詩歌を作る、③アルファベットや仮名を組み合わせて単語を書きあらわす、の意で用いられる語である。左の［用例］は②で、②は①のような原義から派生したと考えられる。（昔、小学校の作文のことを「綴り方」と呼んだ。）［用例］にある「房奴」は（ここでは客船の）船室のボーイのこと。この小説は、「いで、その概略を文に綴りて見む」ということで、以下過去の回想に入っていくような構成になっている。「いで」はここでは動作を始める時の感動詞で、さあ、の意。

【用例】もし外《ほか》の恨《うらみ》なりせば、詩に詠じ歌によめる後は心地《ここち》すが〳〵しくもなりなむ。これのみは余りに深く我《わが》心に彫《え》りつけられたればさはあらじと思へど、今宵はあたりに人もなし、房奴《ぼうど》の来て電気線の鍵を捩《ひね》るにはなほほどもあるべければ、いで、その概略を文に綴《つづ》りて見む。（森鷗外「舞姫」）

つのめだつ　角目立つ　〔自タ五〕

＊つのめかなめ

【解説】意見の合わない二人が互いに目をいからせて睨み合う。目かどを立てる。角のように生えた芽のことを角芽というところから「角芽立つ」と書くこともあり、また「角突き合う」との連想から、多くは、争う二人の表情についての表現だが、時には「角目立つ心を押しずめ」のように一人の内心について言う場合もある。関連語に「角目要《つのめかなめ》」（互いに目かどを立てて争うこと）などがある。

【用例】私は気が気でないから、（略）地面を売れば如何《どう》にかなりそうなものだ、それとも私の将来よりも地面の方が大事なら、学資は出して貰《もら》わんでも好い、旅費だけ都合して貰いたい、私は其《それ》で上京して苦学生になると、突飛《とっぴ》な事を言い出せば、父は其様《そん》な事には同意が出来ぬという、それは圧制だ、いや聞分《ききわけ》ないというものだと、親子顔を赤めて角芽立《つめだ》つ側《そば》で、母がおろおろするという騒ぎ。

→ききわける

（二葉亭四迷「平凡」二十三）

つまされる 〔連語〕

*ほだされる

【解説】①人に対する愛情や同情などに影響されて、判断やそれに伴う行為が左右される。情にひかされる。②わが身にひきくらべて同情しないではいられない。「身につまされる」という言い方になることが多い。類義語「ほだされる」は、愛情・同情の影響が濃厚で決心やそれに伴う行為が制限される、の意で、情愛が濃く通い合う間柄のゆえに身動きがとれなくなることを言うのに対して、「身につまされる」の方は、個人的には縁のない場合でも自分の身にひきくらべて感じてしまう、が結局は他人事であってその時感じるだけの感情をあらわす。この語の「れる」は受身よりも自発の意味が強い。

【用例】「何しろあんな内気な女が、二三度会ったばかりの僕の所へ、尋ねて来ようと云《い》うんだから、よくよく思い余っての上なんだろう。そう思うと、僕もすっかりつまされてしまってね、すぐに待合《まちあい》をとも考えたんだが、婆の手前は御湯へ行くと云って、出て来るんだと聞いて見りゃ、川向うは少し遠すぎるし――（略）」

（芥川龍之介「妖婆」）

つままれる 誑まれる 〔連語〕

*つまむ

【解説】「撮《つ》まむ」の未然形に受身の助動詞「れる」のついた受身の表現。狐《きつね》や狸《たぬき》にばかされる。転じて、人にだまされる。「撮まむ」の意味の一つに、本気ではなく一時の慰みに手を出す、があり、転じて人を愚弄する、の意となったものがあるのが、この表現のもとである。キリシタン資料の「日葡辞書」（一六〇三―四）に「Tçumami, u, ŏda（ツマミ・ツマム・ツモウダ）人を愚弄する」（邦訳・岩波版）とある。〔用例〕中の「駄力」は無駄な馬鹿力、「近江のお兼」は長唄「晒女《さらしめ》」の女主人公で大力女として知られた。「多福面」は鼻が低く頬や顎のふくれた女性の顔で、いわゆるおたふくのこと。「房州出」は安房《あわ》国（今の千葉県の南部）出身、「猿臂」は猿のひじのように長い腕。

【用例】 狐憑《きつねつき》め忌々《いまいま》しい、と駄力《だぢから》ばかりは近江《おうみ》のお兼《かね》、顔は子供の福笑戯《ふくわらい》に眼を付け歪《ゆが》めた多福面《おかめ》の如き房州出《ぼうしゅうで》らしき下婢《おさん》の憤怒《ふんぬ》、拳《こぶし》を挙《あ》げて丁《ちょう》と打ち猿臂《えんぴ》を伸ばして突き飛ばせば、十兵衛堪《たま》らず汚塵《ほこり》に塗《まみ》れ、はいはい、狐に誑《つま》まれました御免《ごめん》なされ、と云《い》いながら悪口雑言《あっこうぞうごん》聞き捨《すて》に痛さを忍びて逃げ走り、漸く我《わが》家《や》に帰りつけば、　（幸田露伴「五重塔」其十）

つゆほども　露程も　〔副〕

＊つゆ・つゆひとつ・つゆも

【解説】 下に打消の表現を伴って打消を強める副詞の「つゆ」があるが、それを更に強調した表現。すこしばかりも。わずかばかりも。同じく「つゆ」を強めた表現に「つゆも」「つゆひとつ」などがある。いずれも普通はかな書きである。「つゆ」「つゆも」は平安時代の文学作品から用例が見られるが、「つゆほども」は南北朝頃の「曽我物語」の例が古く、当時の口語で書かれた「天草本平家物語」にも用例がある。「つゆひとつ」は現代語。

【用例】 君の言葉も容子《ようす》も私には忘れる事の出来ないものになった。その時は胡坐《あぐら》にした両　脛《すね》を手でつぶれそうに堅く握って、胸に余る興奮を静かな太い声でおとなしく云い現わそうとしていた。

私　共《ども》が一時過ぎまで語り合って寝床に這入《はい》って後も、吹きまくる吹雪は露ほども力をゆるめなかった。君は君で、私は私で、妙に寝つかれない一夜だった。　（有島武郎「生れ出づる悩み」三）

つらまえる　捉える　〔他ア下一〕

＊つかまえる・つかむ・とらえる・とらまえる・とる

【解説】 とらえる、とりおさえる、の意で用いる語。「つかむ（掴む・攫む）――つかまえる（捕まえる・掴まえる・捉まえる）」（しっかりつかんで離さない）と「とる（捕る）――とらまえる（捕まえる・捉まえる）」（とらえる）との融合語である。「とらまえる」は「とらえる」と「つかまえる」との混合。この語は江戸時代後期の洒落本、黄表紙、歌舞伎などの中に用例が見られる。左の［用例］は、主人公が最初に下宿した骨董《こっとう》商の主人から道楽に骨董品を買うことを暗にすすめられる場面の一節で、その主人の腹の中を「只の曲者じゃない」と坊っちゃんはそれなりに看破している。

【用例】 今日迄見損《こんにちまでみそくな》われた事は随分あるが、まだおれをつらまえて大分御風流で居《い》らっしゃると云《い》ったものはない。大抵《たいてい》はなりや様子でも分る。風流人なんて云うものは、画を見ても、頭巾《ずきん》を被《かぶ》るか短冊《たんざく》を持ってるものだ。このおれを風流人だ抔《など》と真面目に云うのは只《ただ》の曲者《くせもの》じゃない。
（夏目漱石「坊っちゃん」三）

つれない 〔形〕

＊けんもほろろ・すげない・そっけない・にべ（も）ない・よそよそしい

【解説】 ①人に対して思いやりがない。薄情である。冷淡である。②無関心のふりをする。素知らぬ顔をする。左の［用例］は①。「連無い」はあて字で、普通はかな書き。「万葉集」から既に用例があり、「つれもなし」の形も見えて、連語・複合語も多い。類義語としては「すげなし」が平安時代初期から、「よそよそし」が平安時代末期から、「そっけない」「けんもほろろ」が中世のキリシタン資料から、「にべ（も）ない」が江戸時代中期から見える。［用例］中の「案の外」は意外な、「さりとては」はそうだからといって、「豆計の」は比喩的表現で、非力な、の意、「赤栴檀」は赤い栴檀で牛頭《ごず》栴檀ともいわれるもの、「飴細工の刀で彫をする」は飴細工（白飴でいろいろなものの形をつくった細工で、こわれやすい）の刀で彫る、つまり不可能なことを比喩的に表現したもの。

【用例】 案の外《ほか》の言葉に珠運《しゅうん》驚き、是《これ》は是はとんでもなき事、色々入り込んだ訳もあろうがさりとては強面《つれない》御頼み、縛った奴《やつ》を打《ぶ》てとでも云《い》うのならば痩《やせ》腕《うで》に豆計《ばかり》の力瘤《ちからこぶ》も出しましょうが、いとしうていとしうて一日二晩《いちにちふたばん》絶間《たえま》なく感心しつめて、天晴《あっぱれ》菩薩《(ぼさつ)》と信仰して居《(い)》る御前様《おまえさま》を縛ることは、赤栴檀《しゃくせんだん》に飴細工《あめざいく》の刀《かたな》で彫《ほり》をするよりまだ難《むずか》し、（幸田露伴「風流仏」第五　如是作《にょぜさ》　上　我を忘れて而生《にしょう》其心《こしん》）

つんざく　劈く・擘く　〔他カ五〕

＊さく・つむ

【解説】　強く破る。勢いよく破る。突き破る。「つみさく」の音便形で、「つむ（抓む）」は爪の先で引き破る意、「さく（裂く）」は一つのものに力を加えて二つ以上に分ける意である。この語を「突き裂く」の音便とする説は誤り。「梭《ひ》の音はわが耳を擘裂《つんざ》く如くにきこゆるなる」（北村透谷「蓬莱曲」）では音が耳を、「冷たい空気を劈いて鋭く聞えた」（田山花袋「妻」）では音が空気を強く破るのに対して、左の［用例］では女の「白い姿」が湯煙を強く破ったとする。［用例］中の「霊亀」は、尾に一束の毛がある、神秘な力をもった亀のこと。

【用例】　緑の髪は、波を切る霊亀《れいき》の尾の如《(ごと)》くに風を起して莽《さつ》と靡《なび》いた。渦捲《(うずま)》く烟《(けむ)》りを劈《(つんざ)》いて、白い姿は階段を飛び上がる。ホホホホと鋭どく笑う女の声が、廊下に響いて、静かなる風呂場を次第に向《むこう》へ遠《とお》退《の》く。余《(よ)》はがぶりと湯を呑《(の)》んだ儘《(まま)》槽《ゆぶね》の中《うち》に突立つ。　（夏目漱石「草枕」七）

てこずる　手子摺る・梃摺る　〔自ラ五〕

＊あつかいかねる・きゅうする・てこずらす・てこずり・もてあます

【解説】　対処のしかたに苦労する、の意で用いられる語。類義語のうち、「扱いかねる」「もてあます」が対処しきれなくて放棄する意を含むのに対して、「てこずる」は対処するのに苦労するが放棄してはいないという含みをもつ。類義語「窮する」はゆきづまってどうにも処置のしようがなく身動きできなくなるという含みの語。「てこずる」の連用形が名詞化した「てこずり」もあり、「てこずらす」（処置に困らせる、手を焼かせる）という他動詞（サ五）もある。［用例］の中の「輪を懸け枝を添えて」は一層はなはだしくして、更に誇張して、「百万陀羅」は何度もくり返し同じことを言うことの形容。

【用例】其夜文三は断念《おもいき》ッて叔母に詫言をもうしたがヤ梃《てこ》ずったの梃《てこ》ずらないのと言《いっ》てそれはそれは……まずお政が今朝言ッた厭味に輪を懸け枝を添えて百万陀羅并《なら》べ立てた上句《あげく》、お勢の親を麁末《そまつ》にするの迄を文三の罪にして難題を言懸ける。されども文三が死だ気になって諸事お容《ゆ》るされてで持切ッているに、↓もちきる
（二葉亭四迷「浮雲」第五回　胸算《むなさん》違いから見一《けんいち》無法《むほう》は難題）

てずれる | 手擦れる 〔自ラ下一〕

＊せけんずれする・てずれ

【解説】長い年月身近にあって使いこんでいるために、よく手のあたる部分がすれて変色したりなめらかになったりしている。使いふるした物であることは一目で判るが、物によっては高い付加価値を示すこともある。転じて、人に対してこの語を使う場合には、多くの人に接して世馴れる、の意味になるが、概して「世間なれして人が悪くなる」のように低い評価に言うことが多い。同義語に「世間ずれする」がある。連用形の名詞化した「手擦れ」は、骨董品や古本などにある場合は欠点・傷の意味になることが多い。「高く積み重ねた書物がある。手摺れ、指の垢《あか》、で黒くなっている」（夏目漱石「三四郎」）のような例がある。〔用例〕の中の「火入れ」は煙草を吸うための火を入れる小さな器、「摺附木の死体」は明治時代のマッチの残り滓《かす》、「毛団」は毛布、「衣紋竹」は竹製の衣紋かけ。

【用例】机の下に差入《さしい》れたは縁《ふち》の欠けた火入《ひいれ》、是《こ》れには摺附木《すりつけぎ》の死体《しがい》が横《よこたわ》ッている。其外《そのほか》坐舗《ざしき》一杯に敷詰《しきつ》めた毛団《けっと》、衣紋竹《えもんだけ》に釣るした袷衣《あわせ》、柱の釘《くぎ》に懸《か》けた手拭《てぬぐい》、いずれを見ても皆年数物《ねんすうもの》、その証拠には手摺《てず》れていて古色蒼然《そうぜん》たり、だが自《おのずか》ら秩然と取旁付《とりかたづ》ている。
（二葉亭四迷「浮雲」第一回　アアラ怪しの人の挙動《ふるまい》）

でくわす | 出会す・出交す 〔自サ五〕

＊でくわす・でっくわせる

【解説】「でくわす」の強調した言い方。思いがけず人や場合などに出会う。遭遇する。「不本意ながら」という場合が多いようであるが、かならずしもそうとばかりも言えない用例もあるので、突然という意味が強いのであろう。「でっくわせる」と下二段活用の例もあって、同じ自動詞として使っている。話しことばであるが用例は意外に古く、江戸時代中期の浄瑠璃、歌舞伎、浮世草子などからある。

【用例】 おお、斯《こ》うしてもいられん、と独言《ひとりごと》を言って、机を持出《もちだ》して、生計《くらし》の足しの安翻訳を始める。外国の貯蓄銀行の条例か何ぞに、絞ったら水の出そうな頭を散散《さんざん》悩ませつつ、一枚二枚は余所目《よそめ》を振らず一心に筆を運ぶが、其中《そのうち》に曖昧《あやふや》な処《ところ》に出会《でっくわ》してグッと詰《つま》ると、まず一服と旧式の烟管《きせる》を取上《とりあ》げる。と、又忽然《またこつぜん》として懐かしい昔が眼前に浮ぶから、不《っ》覚其《いそれ》に現《うつつ》を脱《ぬ》かし、 →うつつをぬかす

（二葉亭四迷「平凡」二）

でばる　出張る　〔自ラ五〕

＊でっぱる

【解説】①外側へ突き出る。「でっぱる」とも、また古くは「ではる」とも言う。「日葡辞書」（一六〇三―四）には「Defari, u, atta（デハリ、デハル、デハッタ）外側へ突き出ている」（邦訳・岩波版）とある。②仕事をするために出向く。「出張《しゅっちょう》」はこれの音読が固定したものである。この意味の用例は江戸時代中期の浮世草子から見られる。左の［用例］中の「カーライル」は一九世紀イギリスの評論家・歴史家、「大製造場」は大工場のこと。

【用例】 庵《いお》りというと物寂《ものさ》びた感じがある。少なくとも瀟洒《しょうしゃ》とか風流とかいう念を伴う。然《しか》しカーライルの庵《いおり》はそんな脂《やに》っこい華奢《きゃしゃ》なものではない。往来から直ちに戸が敲《たた》ける程の道傍《みちばた》に建てられた四階造《つくり》の真四角な家である。

出張った所も引き込んだ所もないのべつに真直《まっすぐ》に立って居る。丸《まる》で大製造場の烟突《えんとつ》の根本を切ってきて之《これ》に天井を張って窓をつけた様に見える。 →も

のさびる・やにっこい　（夏目漱石「カーライル博物館」）

てもなく　〔連語〕

【解説】①手数もかからないで。たやすく。容易に。②論もなく。そのまま。左の〔用例〕はこの意味で使ったもの。室町時代の抄物は漢籍・仏典の講義録で講義口調の口語で記されたものだが、これに「てもなく」が早い例として出てくる。また「俚言集覧」（一七九四―一八二九）は江戸時代中期の口語・俗語の辞書であるが、これにも用例があり、狂歌、人情本などから近現代の作品まで口語の例として存在する。〔用例〕の中の「背戸」は裏口、または家のうしろ、「ハンバーグ」はドイツ原産の鶏の一品種、「飼殺し」は能力を発揮できる仕事を与えないままで雇っておくこと、「音締」は弦を巻き締めて調子を整えること、転じてその音色をいう。

【用例】旦那様《だんなさま》は二階の書斎に閉籠《とじこも》った切《ぎり》で背戸《せど》の鶏舎《とりべや》でくっくと餌《え》を求める秘蔵のハンバーグをも飼《かい》殺しの久助爺《きゅうすけじい》さんに任して了《しま》い、奥様は離れのお部屋を閉切《しめき》って自慢の栄左衛門《えいざえもん》の音締《ねじめ》をペンともさせないで一切の家事を仲働きの銀《ぎん》が詮事《しょうこと》なしに取《とり》仕切っているままに打棄《うっちゃ》って置いた。てもなく他人同士が下宿している様なもんで、顔を見合わしても緘黙《むっつり》と口を交《き》かずにいた。（内田魯庵「くれの廿八日」其《その》一）

てらう　衒う　〔他アワ五〕

＊てらいげ・げんがく・げんがくてき・げんき

【解説】自分自身を、または自分の才能や学識などを人に誇り示す、ひけらかす、の意で用いる語。夏目漱石の作品によくこの語やその類語が使われている。「異を衒い新を競《きそ》って」（「吾輩は猫である」）、「衒い気《げ》」（自分をひけらかすようなそぶり）を用いた「衒い気のない其《その》態度がお延《のぶ》には嬉しかった」（「明暗」）、それと同義の「衒気《げんき》」を用いた「嘘を吐いて世間を欺く程の衒気がない」（「硝子戸の中」）など。類語に、学問や知識のあることを鼻にかける意のペダントリーpedantryの訳語としての「衒《げん》学《がく》」（名）、ペダンティックpedanticの訳語としての「衒学的」（形動）などがある。

【用例】芝居気《しばいぎ》があると人の行為を笑う事がある。うつくしき趣味を貫かんが為《（た）》めに、不必要なる犠牲を敢てするの人情に遠きを嗤《わら》うのである。自然にうつくしき性格を発揮するの機会を待たずして、無理矢理に自己の趣味観を衒《てら》うの愚を笑うのである。（夏目漱石「草枕」十二）

でんぐりがえる　でんぐり返る　〔自ラ五〕

＊でんぐりがえし・でんぐりがえす・でんぐりがえり・ひっくりかえる

【解説】自分自身が前方または後方に一回転することから、天地・上下・明暗などがすっかり逆転する、さかさまになる、また、がらりと変わる、の意で用いる語。「ひっくりかえる」を強調した言い方である。「でんぐりかえる」とも言う。これは自動詞だが、他動詞として「でんぐりがえす」、名詞として「でんぐりがえり」「でんぐりがえし」という語もある。更に、「その瞬間に葉子の心はでんぐり返しを打った」（有島武郎「或る女」）のような言い方もある。

【用例】耳元《（もと）》にききっと女の笑い声がしたと思ったら眼がさめた。見れば夜の幕はとくに切り落されて、天下は隅《（すみ）》から隅迄《（まで）》明るい。（略）浴衣《ゆかた》の儘《（まま）》、風呂場へ下りて、五分ばかり偶然と湯壺《（ゆつぼ）》のなかで顔を浮かして居《（い）》た、洗う気にも、出る気にもならない。第一昨夕《ゆうべ》はどうしてあんな心持ちになったのだろう。昼と夜を界《さかい》にこう天地が、でんぐり返るのは妙だ。（夏目漱石「草枕」三）

てんてつ　点綴　〔名・自他サ変〕

＊てんてい

【解説】「綴」は漢音にテツのほかにテイがあり、「点綴」は「てんてい」と読む場合が多い。ほどよく散らばっていて、しかも全体が一つの眺めとしてまとまっていること。また、その点在を統一していること。国文学関係の古典にはほとんど用例がなく、明治時代以降の小説その他に用例を見ることが多くなるが、近年はあまり使われていない漢語である。日常の言語使用における漢字・漢語の使用頻度の低下を示す例の一つ。［用例］の中の「カーライル」は一九世紀イギリスの評論家・歴史家。

【用例】カーライル云う。裏の窓より見渡せば見ゆるものは茂る葉の木株、碧《みど》りなる野原、及びその間に点綴《てんてつ》する勾配《こうばい》の急なる赤き屋根のみ。西風の吹く此《この》頃の眺めはいと晴れやかに心地よし。
　余は茂る葉を見様《みよう》と思い、青き野を眺め様と思うて実は裏の窓から首を出したのである。首は既に二返許《へんばか》り出したが青いものも何にも見えぬ。
（夏目漱石「カーライル博物館」）

てんでんに 〔副〕

＊てんでに・てんでん・てんでんばらばら

【解説】この語は、「手に手に」の音の変化したものとする説と、「手手に」の転じたものとする説との両説があって定まらない。それぞれに。各自で。「てんでに」とも言う。また、「てんでん」だけで名詞としても使う。意味は、各自、各人。中世末期の謡曲あたりから用例がある。関連語に「てんでんばらばら」（形動）がある。各人が勝手気ままに行動して、統一のとれない様子を言う。左の［用例］の中の「つらつら」はつくづく、念入りに、「腹散々」は思う存分、さんざっぱら、の意。

【用例】熟《つらつ》ら視《み》て、金持《かねもち》なら、うう、貧乏人だと云《い》う、学者なら、うう、無学な奴だと云う、詩人なら、ううう、俗物だと云う、而《そう》して匆々《さっさ》と行って了《しま》う。平生《へいぜい》尤も親《した》しらしい面《かお》をして親友とか何とか云っている人達でも、斯《こ》うなると寄って集《たか》って、手《て》ン手《で》ンに腹散々《はらさんざ》私の欠点を算《かぞ》え立てて、それで君は斯うなったんだ、自業自得だ、諦め玉え諦め玉えと三度回向《えこう》して、彼方《あちら》向いて匆々と行って了う。→たかる
（二葉亭四迷「平凡」五）

てんめんする　纏綿する 〔自サ変〕

【解説】物がまつわりつく、からみつく、の意で用いられる。「改正増補和英英和語林集成」（一八八六）には「ツタガキニtemmen（テンメン）スル」とある。「纏綿」はほかにタリ活用形容動詞としての用法もあり、①感

情・情緒などが深く感じられて離れがたい様子、②話がとぎれることなく続く様子、の意で用いられる。いずれもかたい文章語表現の中で使われる。［用例］の中にある「高等学校」は旧制で、旧制中学（五年制）から進学する三年制の男子校。


【用例】大学へはいって以来、初めて大井を知った俊助は、今日《こんにち》まであの黒木綿《くろもめん》の紋附《もんつき》にそんな脂粉《しふん》の気が纏綿《てんめん》していようとは、夢にも思いがけなかった。そこで思わず驚いた声を出しながら、

「へええ、あれで道楽者ですか。」

「さあ、道楽者かどうですか――兎《と》に角《かく》女はよく征服する人ですもの。そう云《い》う点にかけちゃ高等学校時代から、ずっと我々の先輩でした。」

（芥川龍之介「路上」二十三）

どうせ　何うせ　〔副〕

＊どうで

【解説】これは、①一つの行為や状態がもはや動かしがたくなっていることを受けいれる気持をあらわし、いずれにしても、どのようにしても、の意で、また②期待や興味を持たず、投げやりな、あきらめやあざけりの気持をあらわし、どっちみち、いずれにしても、の意で用いる語である。左の［用例］は①。これと同義のやや古めかしい言い方としては「どうで」〔副〕があり、「顔を見てさえ逃げ出すのだから仕方がない、どうで諦め物で別口へかかるのだが」（樋口一葉「にごりえ」）のように②の意で使っている例も見られる。


【用例】レオナルド、ダ、ギンチが弟子に告げた言《ことば》に、あの鐘の音を聞け、鐘は一つだが、音はどうとも聞かれるとある。一人の男、一人の女も見様《みよう》次第で如何様《いかよう》とも見立てがつく。どうせ非人情をしに出掛《でか》けた旅だから、其《その》積りで人間を見たら、浮世小路《うきよこうじ》の何軒目に狭苦しく暮した時とは違うだろう。

（夏目漱石「草枕」一）

どうも　何うも・如何も　〔副〕

＊どうもどうも

【解説】①下に打消の表現または否定的内容の表現を

伴って、どのようにしても、どう考えてみても、の意をあらわす。②判断の根拠や物事の原因が不確かだったり、現実のあり方に疑念をもったりして、どうやら、なんだか、の意をあらわす。③感謝や謝罪の意味の挨拶のことばの上につけて、「ありがとう」「すみません」の意味を強める。内容を省略して「どうもどうも」と重ねて用いることもある。④あいまいな、あるいは単なる挨拶の語としても使う。左の〔用例〕は①で、峠の茶屋で婆さんが那美さんの不縁のいきさつを説明している個所の一節である。

【用例】「(略) 先方《さき》でも器量望みで御貰《おもら》いなさったのだから、随分《ずいぶん》大事にはなすったかも知れませぬが、もともと強いられて御出《おいで》なさったのだから、どうも折合《おれあい》がわるくて、御親類でも大分《だいぶ》御心配の様子で御座《ござ》んした。(略)」（夏目漱石「草枕」二）

どうよく　胴慾　〔名・形動〕

【解説】①非常に欲が深いこと。また、その様子。また、そのような欲望。②思いやりのないこと。また、その様子。不人情。非道。非情。「貪欲《どんよく》」の音の変化した語という説があるが、「どうよく」の用例が見えはじめる中世後期ごろには、「貪欲」は「どんよく」ではなく、キリシタン資料などにも Tonyocu とあること、近世前期まで漢字表記の例がないことなどから説得力に欠ける。当時存在の確認されている強調の接頭語「どう」が「欲」に上接したとする説もある。「胴」はあて字。〔用例〕中の「身代」は身分、地位、「えら過ぎる」はひどすぎる、とんでもなさすぎる。

【用例】今度はまた何《どう》した事か感応寺に五重塔の建《た》つという事聞くや否《いな》や、急にむらむらと其《その》仕事を是非《ぜひ》為《す》る気になって、恩のある親方様が望まるるをも関《かま》わず胴慾《どうよく》に、此様《こん》な身代《しんだい》の身に引き受けようとは、些《ちと》えら過ぎると連添《つれそ》う妾《わたし》でさえ思うものを、他人は何んと噂《うわ》さするであろう、（幸田露伴「五重塔」其三）

とかく　兎角・左右　〔副〕

＊とかくに・とこう

【解説】「とにもかくにも」「ともかくも」などの「と」

と「かく」という二つの副詞を連ねたもの。「兎角」「左右」はいずれもあて字。「かく」のウ音便が「かう」で、現代仮名遣いでは発音に近く「こう」と書き、「とかう」が「とこう」と表記される。①こうしたりああしたり、あれやこれやいろいろと、②いろいろあるがいずれにしても、③ややもすると、どうかすると、よくない傾向があらわれやすい様子、などの意味で用いられる。「とかくに（兎角に）」も同じように使われ、「兎角に人の世は住みにくい」（夏目漱石「草枕」）は②、「あわてるととかく失敗しがちだ」は③の例。

【用例】とかう思案するほどに、心の誠を顕《あら》はして、助《たすけ》の綱をわれに投げ掛けしはエリスなりき。かれはいかに母を説き動かしけん、余《よ》は彼ら親子の家に寄寓《きぐう》することとなり、エリスと余とはいつよりとはなしに、有るか無きかの収入を合せて、憂《う》きがなかにも楽しき月日を送りぬ。（森鷗外「舞姫」）

ときならぬ　時ならぬ　〔連体〕

【解説】その物事が起こるのにふさわしくない時節に生じた、の意で用いられる語。時節はずれの。予想外の。思いもよらぬ。「あきらかにそらの月、ほしをうごかし、時ならぬしもゆきをふらせ」（「源氏物語」）のように、「時ならず」（連語）を連体修飾で用いた例は古くからあり、それが固定化して現代語として生き残ったものである。左の［用例］は、すぐれた俳人でもあった夏目漱石が、榎本其角《えのもときかく》の「鶯の身を逆まに初音哉《かな》」や与謝蕪村の「鶯の鳴くや小き口あけて」という句を踏まえて描いた叙述の一節である。

【用例】ほーう、ほけきょうと忘れかけた鶯《うぐいす》が、いつ勢《いきおい》を盛り返してか、時ならぬ高音《たかね》を不意に張った。一度立て直すと、あとは自然に出ると見える。身を逆《さか》しまにして、ふくらむ咽喉《のど》の底を震わして、小さき口の張り裂くる許りに ほーう、ほけきょーう。ほーう、ほけっーきょうーと、つづけ様《ざま》に囀《さえ》ずる。（夏目漱石「草枕」四）

とつおいつ　〔自サ変・副〕

【解説】「取りつ置きつ」の変化した語。手に取ったり下に置いたり、という意から、ああしたりこうしたり迷うこと、また、その様子を言う。更に、心の中でああすればよいか、こうすればよいかと思案にくれること、また、その様子をも言う。室町末期頃の狂言などから用例が見える。「……たり……たり」の形が並立をあらわす口頭語として既に存在している時代なので、「とつおいつ」は連語的な文語調の表現だったと思われる。左の［用例］の中の「左顧右眄」は人のおもわくを気にして決断をためらうこと、右顧左眄、「oeillères」は馬車馬の目隠し、「疑懼」は疑いおそれること、「屑ともしない」は物の数ともしない、の意。

【用例】 一体女は何事によらず決心するまでには気の毒な程迷って、とつおいつする癖《くせ》に、既に決心したとなると、男のように左顧右眄《さこゆうべん》しないで、oeillères《オヨイエエル》を装われた馬のように、向うばかり見て猛進するものである。思慮のある男には疑懼《ぎく》を懐《いだ》かしむる程の障礙物《しょうがいぶつ》が前途に横《よこた》わっていても、女はそれを屑《もののくず》ともしない。

（森鷗外「雁」貳拾壹《にじゅういち》）

とつかわ 〔副〕

【解説】「かわ」は接続語。「と」を伴って用いることもある。①突然に行動する様子。②物事が急に起こる様子。左の［用例］はこの意味の例。「和英語林集成」初版（一八六七）には「TOTSZKAWA, トツカハ」とあり「突然・急に」の訳語がついている。咄本「醒睡笑」（一六二八）の例が早い。旧仮名遣いでは「とつかは」となっているので「は」は助詞かと疑ってみたが、「とつか」だけの用例は見つからない。［用例］中の「棕櫚箒」はしゅろの毛を束ねてつくったほうき、「隻」は片方、「掩げたる」はちぎれて離れ落ちた、「忽」はおざなり、疎略の意。

【用例】 鬘《かつら》を被たるように梳《くしけず》りたりし彼の髪は棕櫚箒《しゅろほうき》の如く乱れて、環《かん》の隻《かたかた》掩《も》げたる羽織の紐《ひも》は、手長猿の月を捉《とら》えんとする状《かたち》して搖曳《ぶらぶら》と垂《さが》れり。主《あるじ》は見るより然《さ》も慌《あわ》てたる顔して、

「どう遊ばしました。おお、お手から血が出て居《お》ります。」

彼は矢庭に煙管《きせる》を捨てて、忽《ゆるがせ》にすべからざらんよ

うに急遽《とつかわ》と身を起せり。
（尾崎紅葉「金色夜叉」前編（一）の二）

とっこつ　突兀　〔形動ナリ・タリ〕

【解説】高く突き出ている様子。大槻文彦「言海」初版（一八八九—九一）には「『とくごつ』（副）突兀物、高ク低ク尖リ聳エテ。」とある。「低ク」とはどういうことか、低くても尖っていればいいのか、という疑問が残るが、「大言海」（一九三二—七）になると見出しは「とつこつ」となり「物、高ク尖リ聳ユル状ニ云フ語」となって、「低ク」はなくなっている。引用例はすべて漢籍。左の［用例］の中の「大丸髷」は丸髷（日本髪の一種で既婚女性の結うもの）の髷の大きいもの、「水際の立つ」はひときわ目立つ、「風姿」は風体（身なりや態度にあらわれる人の様子）。

【用例】昇は忽ち平身低頭、何事をか喃々《くどくど》と言いながら続けさまに二ツ三ツ礼拝した。
紳士の随伴《つれ》と見える両人《ふたり》の婦人は、一人《（ひとり）》は今様《いまよう》おはつとか称《（とな）》える突兀《とつこつ》たる大丸髷、今一人は落雪《ぼっとり》とした妙齢の束髪頭、孰《いず》れも水際の立つ玉揃《（ぞろ）》い、面相《かおつき》といい風姿《ふうつき》といい、如何《どう》も姉妹《きょうだい》らしく見える。昇はまず丸髷の婦人に一礼して、次に束髪の令嬢に及ぶと、令嬢は狼狽《あわ》て率方《そっぽう》を向いて礼を返《（か）》えして、サット顔を赧《あか》めた。↓ぼっとり
（二葉亭四迷「浮雲」第七回　団子坂《だんござか》の観菊《きくみ》　上）

とっこにとる　とっこに取る　〔連語〕

＊とっこ

【解説】「とっこ」は人をだまして物をとる者。詐欺師。かたり。盗人。「とっこに取る」は、人を困らせるための材料にする、言質《げんち》にとる、言い掛かりをつけてからむ、の意。近世中期頃から口頭語の資料に用例の見える表現。左の［用例］は銘酒屋菊の井の一枚看板お力のなじみ客源七とその妻お初との言い争いの場面の一節で、「女郎」は女性を卑しめていう時の言い方（「野郎」に対応するもの）、「何しに」はどうして、なにゆえに。

【用例】 気に入らぬ奴《やつ》を家《うち》には置かぬ、何処《どこ》へなりと出てゆけ、出てゆけ、面白くもない女郎《めろう》めと叱りつけられて、夫《そ》れはお前無理だ、邪推が過《すぎ》る、何しにお前に当《あて》つけよう、この子が余《あん》り分らぬと、お力《りき》の仕方が憎くらしさに思いあまって言った事を、とっこに取って出てゆけとまでは惨《むご》う御座《ござ》んす、家《うち》の為をおもえばこそ気に入らぬ事を言いもする、家《うち》を出るほどなら此様《こん》な貧乏世帯の苦労をば忍んでは居ませぬ （樋口一葉「にごりえ」七）

どっとしない 〔連語〕

＊ぞっとしない

【解説】 人の態度や風体《ふうてい》、物事の出来映えなどがあまり感心しない。あまり好感が持てない。それほどいいと思わない。気に入らない。ぱっとしない。同じ意味と思われるものに、「裸石鹸を（略）濡らした水は、幾日前に汲んだ、溜め置きかと考えると、余りぞっとしない」（夏目漱石「草枕」）に見られるような「ぞっとしない」がある。用例もほぼ同じ頃からあり、両者の区別は不明。左の［用例］の中の「常に異ッた」はいつもと違った、「眉を開いて」は心配がなくなって安心して、の意。

【用例】 今文三の説話《はなし》を聴《きい》て当惑をしたも其筈《そのはず》の事で。「お袋の申通《もうすとお》り家《うち》を有《も》つようになれば到底妻《さい》を貰《もら》わずに置けますまいが、しかし気心も解らぬ者を無暗《むやみ》に貰うのは余りドッとしませぬから、此《この》縁談はまず辞《ことわ》ッてやろうかと思います。」ト常に異《かわ》ッた文三の決心を聞いてお政は漸《ようや》く眉《まゆ》を開いて切《しき》りに点頭《うなず》き、（二葉亭四迷「浮雲」第三回　余程風変《ふうがわり》な恋の初峯入《はつみねいり》　下）

とみこうみ 左見右見 〔連語〕

【解説】 古典仮名遣いでは「とみかうみ」で、「かう」は「かく」のウ音便。「と」と「かく」は「とかく」「とにかく」「ともかくも」などの一対の副詞。従って「と見かう見」は、ああやって見たり、こうやって見たり、の意。用例は意外に古く、平安中期頃の「伊勢物語」にすでに見られる。「右視左視」「右顧左顧」などのあて字の例がある。［用例］中の「かたえ」はかたわら、そば、「（守）」

は登場人物のひとり守山友芳《もりやまともよし》が以下の部分をつぶやいたことを示す独特の記号的表現、「封じ袋」は封筒、「陳者」は候文の手紙で挨拶のことばのあと本文に入る前に記すもので、申し上げますと、の意、「不肖」は自分の謙称、「儀」は文章語として人を示す体言に添えて、それについて言えば、の意を示すもの。

【用例】かたえに落散《おちち》る一通の。書簡《てがみ》にキット目をとどめて。(守)オヤオヤお規則どおり。きょうは書簡《てがみ》をおとしていった。封《ふう》じ袋《ぶくろ》もなしで。暴露《むきだし》になって居《い》るが。一体出すのか来たのか。見てやろう。と手に取《とり》あげて。右《と》み左《こう》み(守)エエ。ナンダ。拝啓仕候《はいけいつかまつりそうろう》。追日《ひをおうて》炎暑酷敷相成候処《はなはだしくあいなりそろところ》。○エエ此様《こん》な事はどうでもよい○陳者不肖儀《のぶればふしょうぎ》(略)敢《あえ》て御願申上候《おんねがいもうしあげそろ》は○何の事だ。人を馬鹿にして居やあがる。(坪内逍遙「一読三歎当世書生気質」第三回　真心《まごころ》もあつき朋友《ともだち》の粋《すい》な意見に額の汗を拭《ふき》あえぬ夏の日の下宿住居《ずまい》)

とむねをつく　吐胸を突く　〈連語〉

*とむね・とむねする

【解説】予期せぬ事態に驚いてどきっとする、びっくりする、の意で用いられる表現。「とむね」は胸をどきつかせること。「と」は接頭語で「胸」を強める。別に「と胸する」という動詞もあり、「と胸の気(をしずめる)」という名詞の用例もあって、近世初期の浮世草子や浄瑠璃に見られる口頭語である。左の〔用例1〕の中の「轟然と」はとどろき響くさま、「車」は人力車、〔用例2〕の「ふとした」はちょっとした、「沮喪」は元気がくじけて勢いがなくなること。

【用例1】轟然(ごうぜん)と駆《かけ》て来た車の音が、家の前でパッタリ止まる。ガラガラと格子戸(こうしど)が開《あ》く、ガヤガヤと人声がする。ソリャコソと文三が、まず起直(おきなお)ッて突胸《とむね》をついた。両手を杖(つえ)に起《たた》んとしてはまた坐り、坐らんとしてはまた起(た)つ。

(二葉亭四迷「浮雲」第四回　言うに言われぬ胸の中《うち》)

【用例2】「(略)もしその時私がふとした事でも申

しましたら――」と、術《じゅつ》なさそうに云《い》うのです。これには新蔵も二度吐胸《とむね》を衝《つ》いて、折角《せっかく》のつけ元気さえ、全く沮喪《そそう》せずにはいられませんでした。
（芥川龍之介「妖婆」）

ともかく　兎も角　〔副〕

＊とにかく・ともかくも

【解説】「ともかくも」の変化したもの。①いずれにせよ。とにかく。何はともあれ。②（「……はともかく」の形で）……はしばらく問題外として。……はさておいて。「と」「かく」はそれぞれ副詞で、「兎」「角」はあて字。類語の「とにかく（兎に角）」は「とにもかくにも」の短縮形で、「とにかくに」の変化したもの。意味は①どうあってもこうあっても、いずれにしても、②いろいろな事情や条件はさておいて、考慮すべきことはいろいろあるがそれはいちおう保留しておいて、それはそれとして。左の［用例1］は①だが、②はたとえば「壮健者は兎も角僕は外出が困難である」（国木田独歩「渚」）のような例で、「僕」は「呼吸器病」（肺結核）にかかっているので、健康な人は別として私は、の意で用いられたことが明らかである。独歩の死の一年前に書かれた「渚」は、いかにも独歩を思わせる「K生」が「親友のT君」（いかにも田山花袋を思わせる）に送った手紙の形になっている小説で、晩年の独歩の心情の色濃くにじんだものである。［用例2］は、赤シャツ一派の策謀もあって坊ちゃんと山嵐が誤解から仲違いする場面の一節である。

【用例1】五円の茶代を奮発してすぐ移るのはちと残念だがどうせ移る者なら、早く引き越して落ち付く方が便利だから、そこの所はよろしく山嵐に頼む事にした。すると山嵐は兎《と》も角《かく》一所に来て見ろと云《い》うから、行った。
（夏目漱石「坊ちゃん」二）

【用例2】「おれが、いつ下宿の女房に足を拭《ふ》かせた」「拭かせたかどうだか知らないが、兎《と》に角《かく》向うじゃ、君に困ってるんだ。下宿料の十円や十五円は懸物《かけもの》を一幅《ぷく》売りゃ、すぐ浮いてくるって云《い》ってたぜ」
（夏目漱石「坊ちゃん」六）

ともす　灯す・点す　〔他サ五〕

【解説】　点灯する。灯火をつける。上代から平安初期にかけては「ともす」がもっぱら使われたが、平安中期にm音からb音への音交替で「とぼす」が出現する。「日葡辞書」（一六〇三—四）に Tomoxi, su と Toboxi, su, oita と両方の見出し項目がある。ただし「ともしび」は「とぼしび」とはならなかったらしい。近世になると再び「ともす」が盛んになり、「とぼす」は方言のみとなる。左の［用例］の中の「幾竈もある」は幾所帯もある、「chambre garnie」は家具つきの貸し間、「化粧棚」はここでは洋家具の一種で物を飾るようにしつらえられた棚のこと。

【用例】　宿と云《い》っても、幾竈《いくかまど》もあるおお家《いえ》の入口の戸を、邪魔になる大鍵《おおかぎ》で開《あ》けて、三階か四階へ、蝋《ろう》マッチを擦《す》り擦り登って行って、ようようchambre garnie《シャンブル　ガルニィ》の前に来るのである。
　高机《たかづくえ》一つに椅子《いす》二つ三つ。寝台《ねだい》に箪笥《たんす》に化粧棚。その外にはなんにもない。火を点《とも》して着物を脱いで、その火を消すと直《す》ぐ、寝台の上に横になる。心の寂しさを感ずるのはこういう時である。（森鷗外「妄想」）

どやぐや　〔名・副〕

＊じゃらくら・とやくや・どやくや・どやぐやまぎれ

【解説】　①（名詞）混乱、どさくさ、無秩序、②（副詞）混乱する様子、無秩序・乱雑になる様子（助詞「と」を伴って用いることもある）、の意をあらわす。「とやくや」「どやくや」とも言う。類義語に「じゃらくら」があって、だらしない行動、秩序のない不真面目なふるまい、の意だが、それよりも「どやぐや」の方が乱雑の度が甚だしいことが、左の［用例］からもわかる。「どやぐや」の混乱に乗じて、の意で「どやぐやまぎれ」（名）という語もあり、助詞「に」を伴って副詞的に用いることが多い。

【用例】　尤《（もっと）》も曽《（かつ）》てじゃらくらが高《こう》じてどやぐやと成《（な）》ッた時、今まで嬉しそうに笑ッていた文三が俄《にわ》かに両眼を閉じて静まり返えり何と言ッても口をきかぬので、お勢が笑らいながら「そんなに真面目《まじめ》にお成《なん》なさるとこう成《す》るからいい。」とくすぐりに懸《かか》ッた其《そ》の手頭《てさき》を払らい除《の》けて、文三が熱気《やっき》となり、「アア我々の感情はまだ習慣の奴隷だ。お勢さん下へ降りて下さい。」

（二葉亭四迷「浮雲」第三回　余程風変《ふうがわり》な恋の初峯入《はつみねいり》　下）

どよめく　響く　〔自カ五〕

【解説】①鳥や獣や自然現象などが大きな音をたてる。大勢の人が大きな声・音をたてる。古くは清音で、平安中期頃から濁音になったと言われている「とよむ」の語幹に接尾語の「めく」が付いたもの。この「めく」は名詞に付いてそれらしくなる。「春めく」。擬態語に付いてその様子になる。「ひらめく」。擬声語に付いてその声を出す。「わめく」。「うめく」。②動揺する。〔用例〕中の「青楼」は妓楼のことで、昔中国で青漆を塗ったところからこういう。

【用例】夏の夜の月明らかな晩であるから船の者は甲板《かんぱん》に出《い》で家の者は戸外《そと》に出で、海にのぞむ窓は悉《ことごと》く開かれ、燈火《ともしび》は風にそよげども水面は油の如く、笛を吹く者あり、歌うものあり、三絃《さみせん》の音につれて笑いどよめく声は水に臨める青楼《せいろう》より起るなど、如何《いか》にも楽しそうな花やかな有様であったことで、然《しか》し同時に此《この》花やかな一幅の画図を包む処《ところ》の、寂寥《せきりょう》たる月色山影水光を忘るることが出来ないのである。

（国木田独歩「少年の悲哀」）

どよもす　響す　〔他サ五〕

＊どよむ・どよめく

【解説】音や声を鳴り響かせる。どよめくようにする。自動詞「どよむ」（古くは「とよむ」）に対する他動詞。自動詞「散る」に対する他動詞「散らす」のように。「とよます」が「とよ」の先行母音「オ」に引かれて母音相通で「ま」が「も」に変化したものであろう。「どよむ」「どよめく」などと同根の語。「万葉集」の頃から用例のある古語であるが、現代語としては雅語に属する。左の〔用例」の中の「安乗」は今の三重県志摩郡阿児町安乗、「早手風」は急にはげしく吹き起こる風、または、かかるとすぐ死ぬ疫痢《えきり》のようなはげしい風、「根こじて」は根からえぐるようにして、「断れの細葉」は吹きちぎられた柳の細葉、「逆上げ」はさかさまに押しあげ、「病」は病気、「波の大鋸」は鋸《のこぎり》の歯のような波、「過げとこそ船をまつらめ」は寄らないで行き過ぎよと船を待ちかまえているのだろう、の意。「安乗の稚児」は名詩集「孔雀船」中の代表作とよく言われる詩編である。

【用例】 志摩《しま》の果安乗《はてあのり》の小村《こむら》／早手風岩《はやてかぜいわ》をどよもし／柳道木々《やなぎみちきぎ》を根《ね》こじて／虚空飛《みそらと》ぶ断《ち》れの細葉《ほそば》
水底《みなそこ》の泥を逆上《さかあ》げ／かきにごす海《うみ》の 病《いたずき》／そそり立《た》つ
波《なみ》の大鋸《おおのこ》／過《よ》げとこそ船《ふね》をまつらめ
（伊良子清白「孔雀船《くじやくぶね》」安乗《あのり》の稚児《ちご》）

とられる　取られる・偸られる　〔自ラ下一〕

＊ゆかれる

【解説】 ①自由を失う。「流れに足をとられる」「ハンドルを取られる」など。②近親者に死なれる。特に年少者の死について言うことが多い。それに対して年長者の死には「逝《ゆ》かれる」を使うことが多い。いずれも「死ぬ」という言葉を忌み嫌っての婉曲表現。「死なれる」「逝かれる」の「れる」は自動詞につく、いわゆる迷惑の受身。「にわか雨に降られておおいに迷惑した」「恩師に逝かれて寂しい思いをしている」など。口頭語。

【用例】 俊坊というのは私の兄で、私も虚弱だったが、矢張《やっぱり》虚弱で、六ツの時偸《と》られたのだそうだ。それも急性胃《い》加答児《カタル》で偸られたのだと云《（い）》うから、事に寄ると祖母が可愛がりごかしに口を慎《つつし》ませなかった祟《たたり》かも知れぬ。併《（しか）》し虚弱な児《こ》は大食させ付《つけ》ると達者になると言われて、然《そ》うかなと思う程の父だから、祖母の矛盾には気が附かない。　→ごかし
（二葉亭四迷「平凡」四）

とりとめる　取り留める　〔他マ下一〕

＊とりとめ

【解説】 ①移動していこうとするものをしっかりと押

さえて自分の手にとどめる、②失いそうになった人の命を失わないようにする、③確かなものにする、確かにそれと定める、はっきりさせる、の意で用いる語。この語の連用形を名詞化したものが「取り留め」で、「取り留めがない」は、まとまりがない、これといった主題がない、の意をあらわす。稀に「取り留めが（の）ある」「取り留めをつける」などと使うこともある。左の［用例］は③の意で、「要事」は大切な用事、用件。

【用例】行くも厭《いや》なり留まるも厭なりで気がムシャクシャとして肝癪《かんしゃく》が起《おこ》る。誰と云《いっ》て取留《とりと》めた相手は無いが腹が立つ。何か火急の要事が有るようでまた無いようで、無いようでまた有るようで、立《たっ》ても居《い》られず坐《すわっ》てもいられず、如何《どう》しても斯《こ》うしても落着《おちつ》かれない。（二葉亭四迷「浮雲」第七回　団子坂《だんござか》の観菊《きくみ》上）

とんと　頓と　〔副〕

【解説】①（下に打消を伴う陳述副詞）少しも。いっこうに。②すっかり。まったく。まるっきり。江戸時代中期ごろから浮世草子や歌舞伎、浄瑠璃などに用例を見る口頭語である。打消の表現を伴わない場合でも、否定的内容、またはマイナス評価の内容の表現を強める場合がほとんどである。「とんと忘れてしまった」「とんと調子がちがう」「とんと御無沙汰」等々。左の［用例］中にある「書生」は、他人の家に世話になって家事を手伝いながら学問をする者のこと。

【用例】吾輩《わがはい》は猫である。名前はまだ無い。
どこで生れたか頓《とん》と見当《けんとう》がつかぬ。何でも薄暗いじめじめした所でニャーニャー泣いて居《い》た事丈《だけ》は記憶して居る。吾輩はここで始めて人間というものを見た。然《しか》もあとで聞くとそれは書生という人間中で一番獰悪《どうあく》な種族であったそうだ。此《この》書生というのは時々我々を捕《つかま》えて煮《に》て食うという話である。然し其《その》当時は何という考《かんがえ》もなかったから別段恐しいとも思わなかった。（夏目漱石「吾輩は猫である」一）

な行

ないがしろ　〔名・形動〕

【解説】「ない」は「無き」のイ音便で、連体形の準体法「無いもの」の意。「が」は連体格の助詞。「しろ」は「代」で、それに当るものの意味。つまり、無いものに匹敵するもの、の意で、多く「無いが代にする」の形で用い、存在を認めないで無視する、軽んじあなどる、の意をあらわす。その意味で「蔑」の漢字をあてる。平安時代からある語で、古語としてはもう少し広い意味があるが、現代語ではこの意味に限られる。やや文章語的表現。[用例] 中の「官員」は明治時代の語で、官吏、役人のこと。

【用例】「何処《どこ》かの人」が親を蔑《ないがし》ろにしてさらにいうことを用いず、何時《いつ》身を極《き》めるという考《かんがえ》も無いとて、苦情をならべ出すと、娘の親は失礼な、なに此娘《このこ》の姿色《きりょう》なら、ゆくゆくは「立派な官員さん」でも夫《おっと》に持ツて親に安楽をさせることで有ろうと云ツて、嘲けるように高く笑う。見よう見真似に娘までが、お勢の方を顧みて、これもまた嘲けるようにほほと笑う。（二葉亭四迷「浮雲」第十八回）

なおる　直る　〔自ラ五〕

【解説】もとの状態にもどる。本来あるべき位置・地位・身分などに復帰する。小学校で整列する時に「前へならえ」の号令で両腕を肩の高さに水平・平行に上げ、「なおれ」の号令で腕を下ろした。あらかじめ決められた座席に坐ることにも言う。左の[用例]がそれである。近頃はいろいろな式場で司会者の「ご着席ください」などという言葉をよく聞くようになったが、以前は「お直りください」という優雅な言葉が普通に聞かれた。なお、特殊な用法としては、めかけ・側妾などが本妻の座につくことをも言う。[用例] 中の「准判任」は判任官（旧制の官吏の身分の一つで、高等官の下に位置する）に次ぐ身分、「蚤取眼」は蚤をさがす時のように対象を取り逃がすまいと気を配って見る目つき、「校合」は印刷物などで本文を基準とする本や原稿と照合すること。

【用例】某《なにがし》省の准判任《じゅんはんにん》御用掛《がかり》となッた時は天へも昇《のぼ》る心地《ここち》がされて、ホッと一息吐《つ》きは吐いたが、始《はじめ》て出勤した時は異《おつ》な感じがした。まず取調物《とりしらべもの》を受取《うけと》って我坐《わがざ》になおり、さて落着《おちつい》て居廻《いまわ》りを視回《みまわ》すと、仔細《しさい》らしく頸《くび》を傾《かたぶ》けて書物《かきもの》をするもの、蚤取眼《のみとりまなこ》になって校合《きょうごう》をするもの、筆を啣《くわ》えて忙《いそがわ》し気に帳簿を繰るものと種々さまざま有る中に、→おつだ

（二葉亭四迷「浮雲」第二回　風変りな恋の初峯入《はつみねいり》上）

ながながしい　長々しい　〔形〕

【解説】挨拶や説明などのことばが無駄に長い、長くて好ましくない、などの意で用いられる。古語では単に、非常に長いという意味だが、現代語ではマイナス評価を含んで使われる場合が多く、そこではながたらしいというニュアンスがこめられている。「こんな些細なことを余り長々しく説明したりすると、さぞ迷惑でしょう」というように使うのが普通。左の［用例］では、山嵐の弁解が坊っちゃんには「長々し」く聞こえるというので、気の短い江戸っ子らしさが端的に表現されている。

【用例】全く君の事も出鱈目《でたらめ》に違《ちがい》ない。君に懸物《かけもの》や骨董《こっとう》を売りつけて、商売にしようと思ってた所が、君が取り合わないで儲《もう》けがないものだから、あんな作りごとをこしらえて胡魔化《ごまか》したのだ。僕はあの人物を知らなかったので君に大変失敬した、勘弁し給えと長々《ながなが》しい謝罪をした。

（夏目漱石「坊っちゃん」九）

なかんずく　就中　〔副〕

【解説】同種の物事の中でとりわけ。特に。「中《なか》に就《つ》く」の音便形。古くは「に」を伴って「なかんづくに」の形でも用いられた。漢文訓読語に由来すると言われているが、訓点資料には用例が見られない。近現代語としては、ややかたい感じの文章語系のことばである。念のため付記すると、左の［用例］の後半に叙されている内容は、芥川が自死した年のはじめに起こった、義兄の鉄道自殺にまつわる諸事実とほぼ対応している。

【用例】　僕は巻煙草をふかしながら、いつかペンを動かさずにいろいろのことを考えていた。妻のことを、子供たちのことを、就中《なかんずく》姉の夫のことを。……

姉の夫は自殺する前に放火の嫌疑《けんぎ》を蒙《こうむ》っていた。それも亦《また》実際仕かたはなかった。彼は家の焼ける前に家の価格に二倍する火災保険に加入していた。

（芥川龍之介「歯車」二）

なぐれる　〔自ラ下一〕

＊なぐれ・なぐれこむ

【解説】①横道にそれる。風や煙などが横なぎに吹き流れる。②おちぶれる。身を持ちくずして放浪する。③売れ残る。仕事にあぶれる。④力がなくなる。なえる。「莨《たばこ》の煙白く横になぐれて」（小杉天外「はやり唄」）は①の、「北海道へ行ってなぐれていると聞いた」（鈴木三重吉「小鳥の巣」）は②の例。近世中期以後の口頭語で、江戸期の雑俳などには、「なぐれ」という名詞や「なぐれこむ」という自動詞のような類義語の用例も見られる。


【用例】　俊介は（略）辰子《たつこ》の前の吊革《つりかわ》へ手をかけながら、

「先夜は――」と、平凡に挨拶《あいさつ》した。

「私《わたし》こそ――」

それぎり二人は口を噤《つぐ》んだ。電車の窓から外を見ると、時々風がなぐれる度に、往来が一面に灰色になると思うと又《また》、銀座通りの町並が、その灰色の中から浮き上って、崩《くず》れるように後《うしろ》へ流れて行く。

（芥川龍之介「路上」十五）

なずむ　泥む・滞む　〔自マ五〕

＊くれなずむ・なじむ

【解説】①はかばかしく進行しない。とどこおる。渋滞する。②かかわり続けて思い悩む。執着する。こだわる。③馴れ親しむ。ひたむきに思いをよせる。執心する。この意味で使うのは近世末期。「なじむ」との音の類似もこの用法を生む一因であったと思われる。左の［用例］は一種の成句の引用で、②の意味の例である。上代から各時代を通して用例が多いが、現代語では「暮れなずむ」

のような複合動詞に残るのみである。〔用例〕の中の「大功細瑾を省みず」は「大行は細謹を顧みず」（「史記」項羽本紀）のことで、大事業を成就しようとする者は細かい物事には頓着しない、の意、「小義」はちょっとした私的な義理、「愚の極」は「愚の骨頂」（全くくだらないこと）と同じ、「善知識」はここでは善の方向に導いてくれる人のこと、「架空の癖」はアイデアリズムidealismのことで、ここでは現実を見ずひたすら理想的、観念的な傾向に走ることをいう。

【用例】 日頃の真実をば。思いもやらで心強く。理由《わけ》もしらせず遠ざかるは。あまりに不実な仕方なれど。大功細瑾《さいきん》を省《かえり》みず。小義に泥《なず》むは愚《ぐ》の極《きょく》なり。ああさりながら田《た》の次《じ》こそ。我身に取《とり》ての善《ぜん》知識。あの守山《もりやま》が説ではなけれど。人若き時は架空の癖《へき》あり。ただ一向《ひたすら》に奇《き》を求めて。身を忘るるに至れる事。まことにおろかなる振舞《ふるまい》なり。
（坪内逍遙「一読三歎当世書生気質」第拾壱《じゅういち》回　つきせぬ縁日のそぞろあるきに小町田《こまちだ》はからずも旧《むかし》知己《なじみ》にあう）

なぞらえる

準える・准える・擬える　〔他ア下二〕

＊なずらえる

【解説】 ①あるものを仮にそうだと見なす。見立てる。②他のものに似せてつくる。摸する。まねしてそれらしく見せる。中古以来「なぞらえる」「なずらえる」の両形が認められるが、原形がどちらであったか判断するに至っていない。現代語では「なぞらえる」の方がやや一般的である。文語的表現に用いられる。「なぞる」が原形との説もあるが、「なぞる」の方が文献にあらわれるのははるかに遅い。〔用例〕の中の「佳人才子」は美女と才知すぐれた男、「さもあらばあれ」はそれはそうとして、ままよ、「架空の病」はアイデアリズム（理想的、観念的傾向）という病気、「如何ともすべきようなし」はどうともする方法がない、「蹉躓」はつまずき、失敗。

【用例】 佳人才子の奇遇を羨《うらや》み。そを身の上になぞらえたる。我《わが》身の行《おこない》のおぞましさよ。さもあらばあれ架空の病《やまい》は。行わずしては悟るに由《よし》なし。行って後に非を悟るは。已《すで》に後《おく》れたるに似たりと雖《いえど》も。智恵浅はかなる凡夫の身にては。之《これ》を如何《いかん》ともすべきようなし。経験は知識の母。蹉躓《さてつ》は覚悟の門。
（坪内逍遙「一読三歎当世書生気質」第拾壱《じゅういち》回　つきせぬ縁日のそぞろあるきに小町田《こまちだ》はからずも旧知己《むかしなじみ》にあう）

なにがな　何がな　〔副〕

【解説】　下に意志・希望・願望の表現を伴って、何かあればいいな、何か欲しいな、あったらそれを……しよう・したい、の意味をあらわす。もと願望の終助詞「もが」が詠嘆の助詞「な」を伴って「もがな」となり、やがて「も」の部分が係助詞の「も」と混同されてなくてもいいものとなり「がな」が一語の願望の終助詞として用いられるようになって、「何がな」が副詞として独立することになった。左の［用例］の中の「砂書き」は大道芸人の一種で、手にした砂を地上に少しずつこぼして絵を描き、見物料をもらう人、「九段」は今の東京都千代田区九段で、靖国神社のあるあたり。当時は「五厘」（一銭の半分）や「二銭」（一銭の倍）の貨幣があった。

【用例】　何がな面白ろい職を得たいものと、先ず東京中を足に任《ま》かして遍巡《へめぐ》り歩いた。そして思いついたのは新聞売《うり》と砂書き。九段《くだん》の公園で砂書きの翁《おやじ》を見て、彼は直ちにこれと物語り、事情を明《あか》して弟子《でし》入《いり》を頼み、それより二三日の間《あいだ》稽古をして、間もなく大道の傍《かたわら》に坐り、一銭、五厘、時には二銭を投げて貰って出駄目《でたらめ》を書き、幾銭《いくら》かずつの収入を得た。
（国木田独歩「非凡なる凡人」下）

なにかなし　何か無し　〔連語〕

＊なにがなし（に）

【解説】　「なにがなし」の形で使うこともあり、下に「に」を伴うこともある。副詞的表現である。①何がどうという、はっきりしたわけもなく。なんということなしに。②あれこれ言うこととなしに。あれやこれやと迷うことなしに。江戸時代中期から浮世草子・滑稽本・浄瑠璃などに用例の見られる口頭語系の副詞句である。現代語としては「なにがなし」の形で使う方が多いかもしれない。［用例］の中の「小蝸殻」は小さなかたつむりの殻の意で、家庭の中の比喩、「跼蹐」は肩身を狭くしておそれはばかって暮らすこと、「激称」は激賞。

【用例】朔一《さくいち》老人は（略）頻《しきり》に純之助が小蝸殻《しょうかこく》に跼蹐《きょくせき》するを屑《いさぎよ》しとせざる意気壮《さか》んなるを激称し、「私《わし》も十年若かったら……」と萎《しな》びた腕を撫《さす》って力味《りきみ》返《かえ》った。善兵衛《ぜんべえ》先生は何かなしに無事に済んだのが嬉しく胸摩で下《おろ》して吻《ほっ》と息を吐《つ》いた。
之《これ》が即《すなわ》ち昨夜の始末で、恐らく今朝がた偶然静江が来たを幸いに此顛末《このてんまつ》を物語って其《その》力を借ろうとしたのであろう。（内田魯庵「くれの廿八日」其四《その》）

なにごころない　何心無い　〔形〕

【解説】これといった深い意図も配慮もない。なにげない。転じて、無邪気である。さらに転じて、あつかましい。古語としては「何心無し」（ク活用）。ここでは一語の形容詞として取り上げたが、「何心も無し」の形で連語としての用法や、さらに「何心も無しに」と助詞「に」を伴った副詞的用法や、「何心も無げなり」（形動）の形で使った例もあり、いずれも中古の時代から用例がある。

左の［用例］は小説の冒頭近く、「自分」が主人公に出会う場面の一節で、その主人公の語る話を独歩の出生の秘密に結びつける読み方もあるが、より多く執筆の少し前に独歩が読んだモーパッサンの短編などの示唆によると解した方がよさそうである。

【用例】人声も聞えず、汀《なぎさ》に転がる波音の穏かに重々しく聞える外は四面《あたり》寂然《ひっそり》として居るので、何時《いつ》しか心を全然《すっかり》書籍《ほん》に取られて了《しま》った。
然《しかる》にふと物音の為《し》たようであるから何心《なにごころ》なく頭を上げると、自分から四五間離れた処《ところ》に人が立《たっ》て居たのである。（国木田独歩「運命論者」一）

なぶる　嬲る　〔他ラ五〕

＊なぶりもの

【解説】おもしろがってからかう。自分がたのしむために人をいじめ困らせる。嘲弄する。越谷吾山「物類《ぶつるい》称呼《しょうこ》」（一七七五）には「手にてなれふるるなり関西にて、いらふと云《いう》。東国にて、いぢる又いびるといふ」とある。髪や袂《たもと》などを風の吹くのにまかせるの意味で「髪・袂を風になぶらせる」とか、水辺に立って「素足を波になぶらせる」などと使う場合には、困惑の意味はない。また、なぶる対象になる人を「なぶりもの」という。［用例］中の「淫哇しい」はみだりがましくて不愉快な、の意。

【用例】「今夜は大分御機嫌《ごきげん》だが、」と昇も心附《づ》いたか、お勢を調戯《なぶり》だす。「此《この》間は如何《どう》したもンだッた？　何を云ッても、『まだ明日《あした》の支度をしませんから。』はッ、はッ、はッ、憶出《おもいだ》すと可笑《おか》しくなる。」「だって、気分が悪かッたンですものを、」と淫哇《いやら》しい、形容も出来ない身振り。

（二葉亭四迷「浮雲」第十七回）

なべて　並べて　〔副〕

＊なべてならず

【解説】動詞「並《な》ぶ」（ならべる）の連用形に接続助詞「て」の付いてできた語。さらに格助詞「の」を伴って「なべての」の形で、連体修飾語として用いる場合もある。みんな一様に。程度や状態が並み一通りで格別の差が見られない様子。概して。おしなべて。平安時代の文学作品から用例のある古い語であるが、「日葡辞書」（一六〇三―四）には詩歌語の意の註記がある。現代でも文章語である。関連語に「なべてならず」がある。［用例］中の「知られなんだげに」は知られなかったように、「譬えようず」はたとえられるだろう、「水沫」は水の泡。この一節はこの小説の主題を開示する最も重要な個所といえる。

【用例】その女の一生は、この外に何一つ、知られなんだげに聞き及んだ。なれどそれが、何事でござろうぞ。なべて人の世の尊さは、何ものにも換え難い、刹《せつ》那《な》の感動に極《きわま》るものじゃ。暗夜《やみよ》の海にも譬《たと》えようず煩悩心の空に一波《いっぱ》をあげて、未《いま》だ出ぬ月の光を、水沫《みなわ》の中へ捕えてこそ、生きて甲斐ある命とも申そうず。

（芥川龍之介「奉教人の死」二）

なまじい　慭・憖　〔形動・副〕

＊なま

【解説】中途はんぱなさま。不用意なさま。しなければよかったのに中途はんぱなことをしてという後悔の気持をあらわす。なまじ。なまじっか。「なまじいに」「なまじいなる」の形で形容動詞としての用例も散見する。中途はんぱの意味の副詞「なま（生）」に動詞「しいる（強いる）」の連用形がついたものという語源説が一般に行われている。用例は古く「万葉集」からある。


【用例】「（略）寐《ね》ても寤《さ》めても忘られればこそ、死ぬより辛いおもいをしていても、先では毫《すこ》しも汲んで呉れない。寧ろ強顔《つれ》なくされたならば、また思い切りようも有ろうけれども……」

ト些《すこ》し声をかすませて
「なまじい力におもうの親友だのといわれて見れば私は……どうも……どう有ッても思い……」

「アラ月が……まるで竹の中から出るようですよ、鳥渡《ちょっと》御覧なさいヨ。」

（二葉亭四迷「浮雲」第三回　余程風変《ふうがわり》な恋の初峯入《はつみねいり》　下）

なまなか　生なか　〔形動・副〕

【解説】①（副）中途はんぱである様子をあらわす。多く中途はんぱで、なにもないのより、かえって具合が悪いという気持をこめていう。なまじっか。②（形動）不完全・不十分で、相対する二つのどちらにも属しきらない様子。どっちつかず。中途はんぱ。近世の仮名草子・浄瑠璃・浮世草子などの口頭語に用例を見ることができる。左の［用例］中の「呉姫越女」は中国春秋時代の呉と越はともに美人の多い国とされたところから、美女の意、「錦衣玉食」は美衣を着て美食するようなぜいたくな生活をすること、「蕭条無人の域に孑然たる」は人気のないさびしいところでひとりでいる様子、「残骸」はメキシコ植民の夢をこわされた純之助自身のこと、「猿鶴」は猿や鶴、「千恨万悔」は何度も何度も恨み後悔すること、「満身の血液を氷らして」は人間らしい感情や希望をすべて抑制して、の意で、それが「活ける木乃伊となる」ことにほかならない。「断然たる処分」は、ここでは、純之助がメキシコ植民の夢の実現の障害になっている妻と離別することを意味することば。

【用例】純之助の墨西哥《メキシコ》経綸は殆んど其《（その）》生命で、之《（これ）》なくんば呉姫越女《ごきえつじょ》に囲繞《とりま》かれて錦衣玉食《きんいぎょくしょく》するも蕭条無人《しょうじょうむにん》の域に孑然《けつぜん》たる如く、生《なま》なかに偽善《いつわり》多き市井《しせい》に住するよりは寧《（むし）》ろ林間に残骸を養うて猿鶴《えんかく》の伴侶《とも》たるが勝《ま》しで、今更に由《よし》なき悪縁を結んだを千《せん》恨万悔《こんまんかい》しても効《かい》がないから、所詮満身の血液を氷《こお》らして活《い》ける木乃伊《みいら》となる　能《あた》わざる限りは　暫《しば》らく眼を閉《つぶ》って断然たる処分をしようと決心した。

（内田魯庵「くれの廿八日」其《その》四）

なまなまと　生生と　〔副〕

＊いきいきと・なまなましい・みずみずしい

【解説】　新鮮なままの素材に手が加えられていない様子。いかにも生《なま》であることがはっきりとわかる様子。転じて、過去の言動や状況がその当時のまま思い出されたり再現されたりする様子。関連語の「生き生きと」〔副〕は、生命力があふれるような感じで活発な様子、「みずみずしい」〔形〕は、生命を支える水分が内部に満ちて新鮮である様子、を言う。「なまなましい」は美と醜とに二分すれば醜の方に使うことが多い。

【用例】　しかし、それは、竹一のお世辞の「惚《ほ》れられる」事の実現では未だ決して無かったのでした。（略）竹一の無智なお世辞が、いまわしい予言として、なまなまと生きて来て、不吉な形貌を呈するようになったのは、更にそれから、数年経った後の事でありました。

竹一は、また、自分にもう一つ、重大な贈り物をしていました。

「お化けの絵だよ。」（太宰治「人間失格」第二の手記）

なみする　無みする・蔑する　〔他サ変〕

＊ないがしろにする・なみ

【解説】　蔑視する。無視する。ないがしろにする。形容詞「無し」の語幹「な」に接尾語の「み」を付けて、ないこと、または、ないので、の意をあらわす「無み」にサ変動詞「す（する）」の付いたもので、ないことにする、または、ないので、とする、というのが原義であろう。一連の語構成としては、「無いが代《しろ》にする」（あってもないことにする）と類似している。文章語。［用例］の中にある「摩利の教」はキリスト教の一派で八世紀頃日本にも渡来した景教と思われる。

【用例】或《あるい》はその上に摩利《まり》の教《おしえ》へも、御帰依《ごきえ》なすってしまわないとは限りません。こう思いますと私は、おちおち相手の申します事も、耳にはいらない位《くらい》でございましたが、うつかりそんな素振《そぶり》を見せましては、又《また》どんな恐ろしい目に遇《あ》わされないものでもございますまい。しかも摩利信乃法師《まりしのほうし》の容子《ようす》では、私どもも唯《ただ》、神仏を蔑《なみ》されるのが口惜《くちお》しいので、闇討をしかけたものだとでも思ったのでございましょう。（芥川龍之介「邪宗門」二十八）

なやす　萎やす　〔他サ五〕

【解説】なよなよとさせる。物をやわらかにする。気力をなくさせる。「日葡辞書」（一六〇三―四）にNaye, uru, eta（ナエ・ナユル・ナエタ）があり、古くヤ行下二段であったことがわかる。この自動詞「萎ゆ」に対しての他動詞が「なやす」で、平安中期から用例の見える語である。左の［用例］は、女を囲っているらしい末造に対して妻のお常が、心中に怒りを抱きながらいつも夫にごまかされている事情を描いた部分の一節である。

【用例】これまでもひどい勢《いきおい》で、石垣に頭を打ち附ける積りで、夫に衝突したことは、度々《たびたび》ある。併《しか》しいつも頭にあらがう筈《はず》の石垣が、腕を避ける暖簾《のれん》であるのに驚かされる。そして夫が滑《なめら》かな舌で、道理らしい事を言うのを聞いていると、いつかその道理に服するのではなくて、只《ただ》何がなしに萎《な》やされてしまうのである。　↓あらがう　（森鷗外「雁」拾肆《じゅうし》）

なよやかだ　〔形動〕

＊なよなよと

【解説】力がぬけてやわらかくなる意の「萎ゆ」に形容動詞をつくる接尾語「やか」のついた語。やわらかくしなやかな様子。「なよよか」「なよらか」の語形も、また「なよぶ」「なよびか」など同源と思われる語もあり、用例は古く平安時代の作品から見える。また「なよなよと」などの副詞は、現代語でも普通に用いられるように、弱々しい様子ではあるが、劣性をあらわすのではなく、好ましい様子をあらわす語である。左の［用例］の中の「七難を隠くす」は「色の白いは七難隠す」（女の肌が白いのは少しくらい醜くても美しく見せる）という諺を含意としたもの、「羽二重肌」はきめが細かく色の白い滑らかな肌、「親には似ぬ鬼子」は「親に似ぬ子は鬼子《おにご》」（子は必ず親に似るものだ）という諺を含意とした言い方。

【用例】 振反《ふりかえ》ッて見れば……お勢で、（略）壷々口《つぼつぼぐち》の緊笑《しめわら》いにも　愛嬌《あいきょう》　をくくんで無暗には滴《こぼ》さぬほどのさび、背《せい》はスラリとして風に　揺《ゆら》　めく女郎花《おみなえし》の、一時をくねる細腰もしんなりとしてなよやか、慾には最《も》うすこし生際《はえぎわ》と襟足とを善くして貰い度《たい》が、何《な》にしても七難を隠くすという雪白《ゆきじろ》の羽二重肌《はぶたえはだ》、浅黒い親には似ぬ鬼子《おにっこ》でない天人娘、（二葉亭四迷「浮雲」第四回　言うに言われぬ胸の中《うち》）
→くくむ

にぎわしい　賑わしい　〔形〕

＊にぎにぎしい・にぎやかす・にぎやかだ

【解説】 繁昌している、人がたくさんいて活気がある、という意の語。「にぎやかだ」という形容動詞が表面的な賑やかさを言うのに対して、それよりも内面的、心情的なものを言う表現である。なお「にぎやかす」という他動詞は賑やかにする、陽気に景気をつける意、「にぎにぎしい」という形容詞は非常に賑やかである意をあらわす表現。左の［用例］は、主人公を帰国させて再度立身出世の途につけるだけの力を持った大臣に、帰国することを約束してしまった主人公が、エリスの待つわが家に帰れなくて厳寒のベルリン市中を彷徨する場面である。「ウンテル・デン・リンデン」はブランデンブルク門の東にあるベルリンの中心街の名。「ふつに」は打消の語を伴って用いる副詞で、全く。

【用例】 一月上旬の夜なれば、ウンテル・デン・リンデンの酒家、茶店はなほ人の出入《でいり》盛りにて賑《にぎ》はしかりしならめど、ふつに覚えず。我《わが》脳中には唯々《ただただ》我《われ》は免《ゆる》すべからぬ罪人なりと思ふ心のみ満ち満ちたりき。（森鷗外「舞姫」）

にくさげだ　憎さげだ　〔形動〕

【解説】 「げ」は接尾語。①表情が醜く、不体裁である様子。親しみや好感のもてない様子を客観的に表現する。②心の中で他を憎いと思っている様子。にくにくしいという感情を心に思っている様子。この時の思っている人自身の顔の美醜は関係ない。これが①の意味と異なるところであり、誤解を生む原因ともなり易いところである。左の［用例］の中の「火口」は火打ち石で打ち出した火をうつし取るもので、イチビの殻を焼いて消炭《けしずみ》にしたものを用いる。「猿尾枷」はサルオガセ属の地衣類の一群で、山地の針葉樹に付着し互いにからまりあって垂れ下がる。「引詰」は女の髪の結い方の一。「腸見えたるぼろ畳」は畳の糸が切れて中の藁がはみ出ている状態をいう。「香露凝る半にして璧尚柔輭な」は、露が凝りかたまって璧になるのにまだそうなりきれないうちの柔かさのような、の意で、直後の「繊細な身体」を修飾している。

【用例】火口《ほくち》の如き煤《すす》は高山《たかやま》の樹《き》にかかれる猿尾《さるお》枷《がせ》のようにさがりたる下に、あのしなやかなる黒髪引《ひっ》詰《つめ》に結《ゆ》うて、腸《はらわた》見えたるぼろ畳《だたみ》の上に、香露《こうろ》凝る半《なかば》にして璧《たま》尚《なお》柔輭《やわらか》な繊細《きゃしゃ》な身体《からだ》を厭《いと》いもせず、なよやかにおとなしく坐りて居る事か、人情なしの七蔵め、多方《おおかた》は小鼻《こばな》怒らし大胡坐《おおあぐら》かきて爐《ろ》の傍《はた》に、アア憎さげの顔の見ゆる様な、
（幸田露伴「風流仏」第四　如是因《にょぜいん》　下　思いやるより増長の愛）

にくていだ　憎体だ　〔形動〕

＊にくい

【解説】憎らしい様子。憎々しい様子。形容詞「憎し（憎い）」の語幹に、様子の意の「体」を付けた湯桶読みの語。ありのままの意味の「有体《ありてい》」、（低く見下して）あの程度の意味の「彼体《あれてい》」、こせこせしない様子の意味の「大体《おおてい》」、小ぶりでつつましいという意味の「小体《こてい》」など、語構成の似ている単語はいくつかある。

【用例】兄の英吉位《えいきちくらい》、妙な人間はございません。優しい声を出したかと思うと、今度は又《また》ふだんの通り、突然わたしを嚇《おど》すようにこう申すのでございます。「そりゃあ云《い》いたけりゃあ云っても好《い》い。その代り痛い目に遇《あ》わされると思え。」兄は憎体《にくてい》に云い放ったなり、徳蔵《とくぞう》には挨拶《あいさつ》も何もせ

ずに、さっさと何処《どこ》かへ行ってしまいました。

（芥川龍之介「雛」）

にげない　似気無い　〔形〕

【解説】似つかわしくない。ふさわしくない。不相応である。「伊勢物語」「源氏物語」の頃から使われている古いことばで、しかも意味もほとんど変っていない点はめずらしいことである。左の［用例］の中で「免を喰た」というのは官職を解かれ免官になったこと、「弔すべくまた賀すべし」は悲しむべくまたよろこぶべきことだ、の意、「小川町」は今の東京都千代田区神田小川町で、夏目漱石の小説「彼岸過迄」の「停留所」の舞台になったところである。


【用例】「ダガ君の免を喰《くっ》たのは、弔《ちょう》すべくまた賀すべしだぜ。」

「何故《なぜ》。」

「何故と言って、君、是《こ》れからは朝から晩まで情婦《いろ》の側《そば》にへばり付《つい》ている事が出来らアネ。アハアハアハ。」

「フフン、馬鹿《ばか》を言給《いいたも》うな。」ト高い男は顔に似気《にげ》なく微笑を含み、さて失敬の挨拶も手軽るく、別れて独《ひと》り小川町《おがわまち》の方へ参る。

（二葉亭四迷「浮雲」第一回　アアラ怪《あや》しの人《ひと》の挙動《ふるまい》）

にべ（も）ない　鮸（も）無い・鰾（も）無い・鮸膠（も）無い　〔連語〕

＊にべもしゃしゃりもない・にべもつやもない

【解説】「も」は強調。愛嬌もない。思いやりもない。お世辞もない。「にべ（鮸・鰾）」はスズキ目ニベ科の海産魚で、全長約八〇センチに達する。これの浮きぶくろから製する膠《にかわ》が接着力・粘着力の強いことからの連想で、愛嬌《あいきょう》・愛想《あいそう》をあらわすようになる。類義語に「にべもしゃしゃりも無い」「にべも艶《つや》も無い」などがある。左の［用例］中の「無益」は役に立たないこと、無益《むえき》、「小人」は徳や器量のない人、小人物、「掌の裏の蛍に脱去られし」は絶好のチャンスを失ったことの比喩的表現。

【用例】取次いでも無益《むやく》なれば我が計《はかろ》うて得《え》さ

せんと、甘《あま》く過《あしら》えば附上《つけあが》る言分《いいぶん》、最早《もはや》何も彼《か》も聞いてやらぬ、帰れ帰れ、と小人《しょうじん》の常態《つね》とて語気たちまち粗暴《あら》くなり、膠《にべ》なく言い捨て立《たた》んとするに周章《あわ》てし十兵衛、ではござりましょうなれど、と半分いう間《ま》なく、五月蝿《うるさい》、喧《やかま》しいと打消され、奥の方《かた》に入《はい》られて仕舞《（しも）》うて茫然《ぼんやり》と土間《どま》に突立《つった》ったまま掌《て》の裏《うち》の蛍《ほたる》に脱去《ぬけ》られし如き思いをなしけるが、（幸田露伴「五重塔」其五）

にやつく 〔自カ五〕

＊にやにや・にやり

【解説】心の中に思うことがあって、意味ありげな薄笑いをする。にやにやする。あまり感じのよくない笑い方の表現である。「にや」は「にやにや」「にやり」などの擬態語の一部分、「つく」は「ふらつく」「べたつく」「いらつく」などの「つく」と同類で、そういう状態・様子になったり、したりする意味をあらわす接尾語。現代語の口頭語的表現で、古い用例はない。［用例］の中の「羅生門」は京都平安京の中央大通り朱雀大路の南端にあった門で、今の東寺の西にあたる。「亥の上刻」は午後一〇時三〇分頃。

【用例】「用のあるは、何時《（いつ）》も娘ばかりさね。鳶《とび》が鷹《たか》を生んだおかげには。」

猪熊《いのくま》の婆《（ばば）》は、厭味らしく、唇を反《そ》らせながら、にやついた。

「用と云《（い）》う程の用じゃないが、今夜の手筈も、まだ聞かないからな。」

「なに、手筈に変りがあるものかね。集《（あつま）》るのは羅生門《らしょうもん》、刻限は亥《い》の上刻《じょうこく》――みんな昔から、きまっている通りさ。」（芥川龍之介「偸盗」一）

により　**似寄り** 〔名・形動〕

＊による

【解説】近似する意味の動詞「似寄る」（自ラ五）の連用形が名詞化したものと、それにさらに形容動詞の活用語尾「ダ・ナ・ナラ・ニ」が付いて形容動詞化したものであるが、連用形「似寄りに」、連体形「似寄りな」の用例がなかなか見つからない。体言を修飾する形は「似寄りの」が多いようである。その意味で、形容動詞としては不完全なものと言わざるを得ない。［用例］中の「南八丁堀」は今の東京都中央区にあった町名で、江戸時代には奉行所所属の与力や同心の住まいがあった。

【用例】　忠左衛門は、けげんな顔をして、藤左衛門を見た。相手は、この話をして聞かせるのが、何故《なぜ》か非常に得意らしい。
「今も似よりの話を二つ三つ聞いて来ましたが、中でも可笑《おか》しかったのは、南《みなみ》八丁堀《はっちょうぼり》の湊《みなと》町《ちょう》辺にあった話です。何でも事の起りは、あの界隈《かいわい》の米屋の亭主が、風呂屋で、隣同志の紺屋の職人と喧嘩をしたのですな。（略）」
（芥川龍之介「或日の大石内蔵助」）

ねたばをあわす　寝刃を合わす　〔連語〕

【解説】　「寝刃《ねたば》」は切れ味の鈍くなった刃。「合わす」は刃物を研《と》ぐの意。従って「寝刃を合わす」は、切れ味の悪くなった刃物を研いでよく切れるようにする、転じて、比喩的に、ひそかに悪事をたくらむ、という意で用いる。「寝」の文字からの連想で、夜、人の寝ている時にひそかに研ぐ、と解し、従ってこの「刃」は人を切る刀剣にほかならず、人を切る準備をする、という意味に発展したものであろうか。左の［用例］は刀を研ぐ意で使っているが、「誹風柳多留」にある「油壷《あぶらつぼ》紅蓮《ぐれん》寝刃を合せてる」などは、ひそかに悪事をたくらむという意味で用いている。

【用例】　が、彼等の菩提《ぼだい》を弔《とむら》っている兵衛《ひょうえ》の心を酌《く》む事なぞは、二人とも全然忘却していた。
平太郎の命日は、一日毎《ごと》に近づいて来た。二人は妬刃《ねたば》を合せながら、心静《しずか》にその日を待った。今はもう敵打《かたきうち》は、成否の問題ではなくなっていた。すべての懸案は唯《ただ》その日、唯その時刻だけであった。↓こころをくむ
（芥川龍之介「或《ある》敵打の話」三）

ねつをふく　熱を吹く　〔連語〕

＊ねつをはく

【解説】　気炎をあげる、広言を吐く、傍若無人な発言をする、の意で用いる表現。「自分の好きな熱を吹いて暮らしても」（島崎藤村「家」）のように使う。「熱を吐く」も同義。「『人間地道に事をするようじゃ役に立たぬ』な

ど と勝手な熱を吐散《はきち》らす」（二葉亭四迷「浮雲」）などの例があるが、ここを「熱を吹く」と入れ換えても意味は変わらない。左の［用例］は、職員会議での教頭の発言を聞いて怒った主人公が心中で吐く啖呵の一節で、食欲の満足も「精神的娯楽」とする考え方を、暴論とする見方も、正論とする見方もある。「ゴルキ」は「母」「どん底」などを代表作とするロシアの文学者の名で、ベラに似た魚の名と似ていることがこの小説中では話題になっていた。

【用例】だまって聞いてると勝手な熱を吹く。沖へ行って肥料《こやし》を釣ったり、ゴルキが露西亜《ロシア》の文学者だったり、馴染《なじみ》の芸者が松の木の下に立ったり、古池へ蛙《かわず》が飛び込んだりするのが精神的娯楽なら、天麩羅《てんぷら》を食って団子《だんご》を呑《の》み込むのも精神的娯楽だ。（夏目漱石「坊っちゃん」六）

ねめる　睨める　〔他マ下一〕

＊にらむ・ねめかえす・ねめかける・ねめすえる・ねめつける・わめまわす

【解説】にらむ。敵意や憎悪の念をもって見る。左に挙げた［用例］の「睨付ける」はにらみつける、の意。ほかに「睨め返す」「睨めかける」「睨め据《す》える」「睨めまわす」などの複合語がある。同義語の「にらむ」の方が古く「日本書紀」から用例があるが、「ねめる」（古語では「睨《ね》む」マ下二）の方は「宇治拾遺物語」の用例が古いもので、口頭語的な一面がある。また「にらむ」の方が派生的な意味も多い。［用例］の中の「養す」は養う、「空嘯き」はそらとぼけたふうをして、の意。

【用例】「実に母親《おふくろ》には面目が御座《ござ》んせん。」「当然《あたりまえ》サ。廿三《にじゅうさん》にも成《な》ッて母親さん一人さえ楽に養《すご》す事が出来ないんだものヲ。フフン面目が無くッてサ。」ト、フンと済まして空嘯《そらうそぶ》き、烟草《たばこ》を環《わ》に吹《ふ》いている。其《そ》のお政の半面《よこがお》を文三は畏《こわ》らしい顔をして佶《きつ》と睨《ね》め付《つ》け、何事をか言わんとしたが……気を取直《とりなお》して莞爾《にっこり》微笑した積《つもり》でも顔へ顕《あら》われた所は苦笑《にがわら》い、
↓こわらしい
（二葉亭四迷「浮雲」第五回　胸算《むなさん》違いから見一《けんいち》無法《むほう》は難題）

のうじおわる　能事畢る・能事終る　〔連語〕

＊のうじたる

【解説】　できる事、なすべき事はすべてすましたと満足する。「能事終れりとする」の形で用いることが多い。また、「能事足《た》れりとする」の言い方で用いることもある。古い文章語的な慣用句である。出典は漢籍で、「易経」繋辞上に「引而伸レ之、触レ類而長レ之、天下之能事畢矣」とあるものなどがあげられるが、漢籍で既に一種の慣用句となっていたものと思われる。［用例］の中の「日の要求」はその日その日になすべきこと、「足る」は「足りる」の本来の形で、満たされる、充足される、の意。

【用例】　日の要求を義務として、それを果して行く。これは丁度《ちょうど》現在の事実を蔑《ないがしろ》にする反対である。自分はどうしてそう云《い》う境地に身を置くことが出来ないだろう。

日の要求に応じて能事畢《のうじおわ》るとするには足ることを知らなくてはならない。足ることを知るということが、自分には出来ない。自分は永遠なる不平家である。どうしても自分のいない筈の所に自分がいるようである。

（森鷗外「妄想」）

のす　伸す・熨す　〔自他サ五〕

【解説】　自動詞としては、①のび広がる、②地位があがったり身代がゆたかになったりする、③遠くまで行く、足をのばす、の意で、また他動詞としては、④ちぢんだものや曲がったものなどを真直に、または平らにのばす、⑤勢力や権力や規模などを発展させる、⑥なぐる、なぐってやっつける、の意で用いる語。「火のしの火が熾《おこ》りましたぞえ」（樋口一葉「たけくらべ」）にあるように、炭火をいれるようになっている古風なアイロンのことを火熨《ひのし》といったが、「のし」は「のす」の連用形を名詞化したもので、④の意の例である。左の［用例1］は①、［用例2］は②。［用例1］中の「水道の水臭い」はいわゆる水道育ち（玉川上水、神田上水などの水道の水で育った江戸っ子）を示唆するもの、「等外」は等外官（明治初期の官制で、判任官の下に位置した官吏の称）のこと、「吹小歇のない」はしばらくも吹きやむことがない、の意、「出来星」はにわかに立身出世した成上り者のこと。

【用例1】 産《うまれ》は東京《とうけい》で、水道の水臭い士族の一人《かたわれ》だと履歴書を見た者の噺《はな》し、是ばかりは偽《うそ》でない。本田昇《のぼる》と言ッて、文三より二年前に某省の等外《とうがい》を拝命した以来《このかた》、吹小歇《ふきおやみ》のない仕合《しあわせ》の風にグットのした出来星《できぼし》判任、

（二葉亭四迷「浮雲」第六回　どちら着《つか》ずのちくらが沖）

【用例2】 しばらくは路《みち》が平《たいら》で、右は雑木山《ぞうきやま》、左は菜の花の見つづけである。足の下に時々蒲公英《たんぽぽ》を踏みつける。鋸《のこぎり》の様な葉が遠慮なく四方へのして真中に黄色な珠《たま》を擁護して居る。

（夏目漱石「草枕」一）

のぞかせる　覗かせる　〔他サ下一〕

【解説】 ①一部分だけが人から見えるようにする。②相撲で、相手の脇《わき》に浅く手をさし込む。動詞（自カ五）の未然形に使役の助動詞「せる」の付いたもので、サ行下一段活用のはずであるが、一方で、未然形「覗かさない」、連用形「覗かして」、連体形「覗かす時」などの用例も散見するので、他動詞サ行五段活用と分類せざるを得ない場合もある。

【用例】 其処《そこ》へ移ってから、まだ一週間も経《た》たない或夜《あるよ》、もう何処《どこ》かで飲んだ田宮《たみや》が、ふらりと妾宅《しょうたく》へ遊びに来た。丁度《ちょうど》一杯始めていた牧野《まきの》は、この飲み仲間の顔を見ると、早速手にあった猪口《ちょく》をさした。田宮はその猪口を貰う前に、襯衣《シャツ》を覗《のぞ》かせた懐《ふところ》から、赤い缶詰《かんづめ》を一つ出した。そうしてお蓮《れん》の酌《しゃく》を受けながら、「これは御土産《おみやげ》です。お蓮夫人。これはあなたへ御土産です。」と云《い》った。

（芥川龍之介「奇怪な再会」十四）

のっそつ　〔副〕

【解説】 からだを伸ばしたりそらせたりする。伸ばす意味の「のす」と、背中を後ろへ曲げる意味の「反《そ》る」との二語を「……つ……つ」の形で並列にした「伸しつ反りつ」で、これが促音便になって「のっつそっつ」となり、さらに音変化した語である。背中をまるめて背筋を伸ばしたり、反りかえって背筋を縮めたりする。する事がなくて退屈する様子をあらわす語。左の〔用例〕の中の「英雄殿」は落書きにある「山本勘介」と名のった

人をからかって言ったもの、「わざくれ」はいたずら、たわむれにすること、の意で、前出の落書きをさしている。

【用例】 飯《めし》 幾杯《(いくはい)》 か滑《すべ》り込ませたる身体《からだ》を 此儘《(このまま)》 寝さするも毒とは思えど為《す》る事なく、 道中日記《どうちゅうにっき》注《つ》け終《しま》いて、のつそつしながら煤《すす》びたる行燈《あんどん》の横手の楽書《らくがき》を読めば、 山梨県《やまなしけん》士族《しぞく》山本勘介《やまもとかんすけ》大江山《おおえやま》退治《たいじ》の際《さい》一泊と禿《ちび》筆《ふで》の跡。さては英雄殿もひとり旅の退屈に閉口しての御《おん》わざくれ、おかしき計《ばか》りかあわれに覚えて、初対面から膝をくずして語る炬燵《こたつ》に相宿《あいやど》の友もなき珠運、

→すすびる

（幸田露伴「風流仏」第一　如是相《にょぜそう》　書けぬ所が美しさの第《だい》一義諦《いちぎたい》）

のっぺらぼう 〔名・形動〕

＊のっぺらぼう・のっぺらほん・のっぺらぽん・のっぺらやろう

【解説】 ①一面にたいらで変化がなく、つかみどころもないこと。②何の変化もないこと。また、その様子。左の［用例］はこの意味。③間《ま》がぬけていて愚かなこと。また、その人。④目・鼻・口がない化け物。「のっぺらぼう」とも言う。「野篦坊」はあて字。「のっぺらほん」の用例も近世の人情本などに見える。関連語に「のっぺらほん」「のっぺら野郎」（道理のわからない愚かな男）などもある。［用例］中の「ヘーゲル」は一九世紀ドイツの哲学者で一八一八年からベルリン大学で哲学を講じた。「決定」はケチジョウともいい、決めること、「公等」は君たち、「タイプ、ライター」はキーをたたいて文字を紙に印字する機械で、ここでは講義を受身で聞いてノートをとるだけですませてしまう学生たちを批判的に比喩したもの。

【用例】「（略）ヘーゲルの講義を聞かんとして、四方より 伯林《(ベルリン)》 に集まれる学生は、（略）ヘーゲルを聞《きい》て、彼等の未来を 決定《けつじょう》 し得たり。自己の運命を改造し得たり。のっぺらぼうに講義を聴いて、のっぺらぼうに卒業し去る公等《こうら》日本の大学生と同じ事と思うは、天下の己惚《うぬぼれ》なり。公等はタイプ、ライターに過ぎず。しかも慾張ったるタイプ、ライターなり。（略）」

（夏目漱石「三四郎」三）

のべつだ 〔形動〕

＊のべつひまなし・のべつまくなし

【解説】 間《ま》をおかないで区切りなしに続く様子。ひっきりなしであるさま。休み休みにして欲しいという気持を込めて用いることが多い。同じ意味で「のべつ幕無し」「のべつ暇無し」と言うこともある。「幕無し」は、歌舞伎などの演劇で一つの場面が終ると幕を引く（または幕をおろす）ことで区切りをつける、その幕がない、つまり区切りがないことを意味する表現。「暇無し」はひっきりなしで休む暇がないこと。「に」を付けた用例の多いことから、副詞とする説もある。左の［用例1］の中の「傍聞」は他人に聞かれること。［用例2］の中の「梗槩」は梗概、あらすじ。「槩」は「概」と同字で、「枩」「枀」が「松」と同字であることと同じ。「Act1,Scene2」は第一幕第二場。「人間以上」は講義をしている先生以上に講義が退屈でつまらない、という意味。

【用例1】 昇は得々として機嫌顔《きげんがお》、是《こ》れ見よがしに母子《おやこ》の者を其処兹処《そこここ》と植木屋を引廻《ひきま》わしながらも片時と黙してはいない、人の傍聞《かたえぎき》するにも関《かま》わず例の無駄口をのべつに並べ立てた。
（二葉亭四迷「浮雲」第七回　団子坂《だんござか》の観菊《きくみ》　上）

【用例2】 講義のつまらない事は、当時定評があった。が、その朝は殊につまらなかった。始《はじめ》からのべつ幕なしに、梗槩《こうがい》ばかり聴かされる。それも一々Act1.Scene2と云《い》う調子で、一くさりずつやるのだから、その退屈《たいくつ》さは人間以上だった。
（芥川龍之介「あの頃の自分の事」一）

のべる 伸べる・延べる・展べる 〔他バ下二〕

＊のばす・のぶ

【解説】 ①空間的に長くする。広げる。巻いたりたたんだりしてあるものを広げる。②時間的に長くする。広げる。期限を先おくりにする。③心をのびのびとさせる。気持をゆるめる。くつろがせる。バ行上一段活用（文語は上二段活用「のぶ」）の自動詞「のぶ」に対する他動詞（文語はバ行下二段活用「のぶ」）で、両者一対となって中古から用例がある。もう一つの他動詞「のばす」は中世になってからあらわれる。左の〔用例2〕の中の「Salvarsan」は六〇六号とも呼ばれ、梅毒の特効薬として一時ひろく用いられたものの商標名。

【用例1】 台所で、「おや、まだお湯は湧《わ》かないのかねえ」と、鋭い声で云《い》うのが聞えた。忽《たちま》ち奥さんが白い華奢《きゃしゃ》な手を伸べて、夜着を跳ね上げた。奥さんは頭からすっぽり夜着を被《かぶ》って寝る癖がある。（森鷗外「半日」）

【用例2】 近くは梅毒がSalvarsanで直るようになった。Elias《エリアス》 Metschnikoff《メチュニコッフ》の楽天哲学が、未来に属している希望のように、人間の命をずっと延《の》べることも、或《あるい》は出来ないには限らないと思う。（森鷗外「妄想」）

のべんくらり 〔副〕

＊のんべん（と）・のんべんぐらり（と）・のんべんぐらりん（と）・のんべんだらり（と）

【解説】 いつまで続くか際限もなく時間を浪費して続く様子。また、事の進展がはかばかしくなくはっきりしないで続く様子。「と」を伴って用いることが多い。「のんべんぐらり（と）」「のんべんだらり（と）」「のんべんぐらりん（と）」「のんべん（と）」などの類形がある。江戸時代後期に用例が見える口頭語。「そう何時までも、のんべんぐらりとずるずるにしていては」（近松秋江「別れた妻に送る手紙」）のように「ずるずる」のような語と重ねて用いることもある。左の〔用例〕中「押が重い」は押しが強い、「数が知れない」は程度が知れない、の意。

【用例】「そうしてね、まだ私《わたし》の事を浮気者だなンぞッて。」
「ほんとに其様《そん》な事も云《いっ》たそうですがね、なにも、其《そ》様《ん》なに腹がたったら、此処《ここ》の家《うち》に居ないが宜《いい》じゃ有りませんか。私ならすぐ下宿か何かして仕舞《しま》いまさア。それを、其様《そん》な事を云ッて置きながら、ずうずうしく、のべんくらりと、大飯を食らッて……ているとは何処《どこ》まで押《おし》が重《おもた》いンだか数《すう》が知れないと思って。」（二葉亭四迷「浮雲」第十七回）

のみならず 〔接〕

【解説】 ①体言または活用語の連体形、副詞「しか」

などの下に付いて、ばかりでなく、だけでなく、と、上の語句の内容にさらに付け加える意味をあらわす。②文頭にあって、前の文の内容にさらに加えた内容の文を述べ起こす。文章語的な改まった表現。限定の副助詞に断定の助動詞「なり」が付き、その未然形に打消の助動詞「ず」の付いた連語表現で、①の使い方が本来のもので、②の使い方は派生的な用法である。本来、文中にのみあるはずの「だが」「だから」を、文頭にも使うようになるのと同じ用法。

【用例】迷亭《めいてい》は人の家《うち》も自分の家も同じものと心得て居《い》るのか案内も乞《こ》わず、ずかずか上ってくる、のみならず時には勝手口から飄然《ひょうぜん》と舞い込む事もある、心配、遠慮、気兼《きがね》、苦労、を生れる時どこかへ振り落した男である。

「又《また》巨人引力かね」と立った儘《まま》主人に聞く。「そう、何時《いつ》でも巨人引力許《ばか》り書いては居《お》らんさ。天然居士の墓銘を撰《せん》して居る所なんだ」と大袈裟な事を云う。　↓せんする　（夏目漱石「我輩《わがはい》は猫である」三）

は行

はいする　廃する　〔自他サ変〕

＊はいす

【解説】他動詞としては、①それまで存続していたことをやめて行わなくする、廃止する、②その地位にあったものを退かせる、退位させる、の意で、自動詞としては、③働かなくなる、機能しない、の意で用いる語。「廃す」（他サ五）という言い方もあるが、これはサ変動詞から転じたものと考えられる。「旧弊を廃さずに論じりゃア」（仮名垣魯文「西洋道中膝栗毛」）のように使われた。左の［用例］は③で、作品の末尾近く、主人公の行動が原因でエリスに異常が起こったことを叙した一節である。彼女の病状を、五年の留学を終えて帰国した軍医鷗外は「パラノイア」（Paranoia 偏執病）と判定した。

【用例】これよりは騒ぐことはなけれど、精神の作用は殆《ほとんど》全く廃して、その痴《ち》なること赤児《あかご》の如《ごと》くなり。医に見せしに、過劇《かげき》なる心労にて急に起りし「パラノイア」といふ病なれば、治癒の見込《みこみ》なしといふ。（森鷗外「舞姫」）

はいつくばう　這い蹲う　〔自アワ五〕

＊つくばう・つくばる・はいつくばる

【解説】両手両ひざをついて、うずくまる。かしこまって平伏する。転じて、服従する。「はいつくばる」とも言う。「這う」と「蹲う」との複合動詞で「蹲う」（古文は「蹲ふ」自ハ四）は「突き這う」で、よつんばいになる、平伏する、または、うずくまる、しゃがむ、の意。また「這い蹲る」は「這う」と「蹲る」の複合動詞。「蹲る」は、うずくまる、しゃがむ、の意。「蹲ふ」は中世中期、「蹲る」は近世中期から用例が見られる。左の〔用例1〕の中の「己」はこの小説の女主人公お玉を妾として囲っている末造。この部分は末造の内的独白になっている。〔用例2〕では江戸っ子らしく「へえつく張って」（はいつく張って）と発音しているが、こちらは「はいつくばる」（自ラ五）を用いたもの。

【用例1】己《おれ》には目上も目下もない。己に金を儲《もう》けさせてくれるものの前には這《は》いつくばう。そうでない奴は、誰でも彼でも一切いるもいないも同じ事だ。てんで相手にならない。打ち遣《や》って置く。（森鷗外「雁」拾伍《じゅうご》）

【用例2】只今《ただいま》は校長、教頭其他《そのた》諸君の送別の辞を頂戴《ちょうだい》して、大いに難有く服膺《ふくよう》する訳であります。私は是《これ》から遠方へ参りますが、何卒《なにとぞ》従前の通り御見捨《おみすて》なく御愛顧《ごあいこ》の程を願います。とへえつく張《ば》って席に戻った。（夏目漱石「坊っちゃん」九）

はかなむ　果無む・果敢なむ・儚む　〔他マ五〕

＊はかない・はかなくなる

【解説】たよりにならない、むなしいとなげく意で用いる語。形容詞「はかない」の動詞化で、「む」は接尾語。だから〔用例1〕中の「身をはかなみて」はわが身をはかないと思って、ということになる。「はかない」は、①安定していなくて頼りにならない、心細い、あっけない、②取るに足りない、つまらない、③弱々しい、などの意味で用いられるもので、死ぬ、亡くなるの意の雅語「はかなくなる」（平安時代に既に用例がある）とともに、今でも多く使われている。左の［用例1］の中にある「腸日ごとに九廻す」は腸が毎日九回ねじれる（ほどに苦しい）意、「惨痛」は心のひどい苦しみのこと。［用例2］の中の「験も見えず」はききめもあらわれず、「愁傷」は嘆き悲しむこと。

【用例1】この恨《うらみ》は初め一抹《いちまつ》の雲の如《ごと》く我《わが》心を掠《かす》めて、（略）中頃は世を厭《いと》ひ、身をはかなみて、腸《はらわた》日ごとに九廻《きゅうかい》すともいふべき惨痛《さんつう》をわれに負はせ、今は心の奥に凝《こ》り固まりて、一点の翳《かげ》とのみなりたれど、（森鷗外「舞姫」）

【用例2】薬餌《やくじ》、呪《まじない》、加持祈祷《かじきとう》と人の善《よ》いと言う程の事を為尽《しつく》して見たが、さて験《げん》も見えず、次第々々に頼み少なに成《なっ》て、遂に文三の事を言い死《じに》に果敢《はか》なく成《なっ》て仕舞《しま》う。生残《いきのこっ》た妻子の愁傷は実に比喩《たとえ》を取るに言葉もなくばかり、（二葉亭四迷「浮雲」第二回　風変りな恋の初峯入《はつみねいり》　上）

はがみ　歯噛み　〔名・自サ変〕

＊はぎしり

【解説】怒ったり悔しがったりして、歯を強くかみしめること。同義語に「歯ぎしり」がある。「歯ぎしり」の方はこの意のほかに睡眠中に無意識に歯を強くかみ合わせて音を出すことの意もある。「日葡辞書」（一六〇三―四）にはFagami（ハガミ）すなわちFauocamu（歯ヲカム）の項に「怒って歯をむき出すこと、または、眠っている時などに、我知らず歯をむき出すこと」（邦訳・岩波版）とあって、「歯噛み」の方にも二つの意味があったことがわかる。「日葡辞書」に「歯ぎしり」の項目はなくFaguiximi（歯ギシミ）があって二つの意味が出ている。

【用例】馬は、尾と鬣《たてがみ》とを、長く風になびかせながら、蹄《ひづめ》に火花を散らして、まっしぐらに狂奔する。（略）

すると忽《たちま》ち又《また》、彼の唇を衝《つ》いて、なつかしい語《ことば》が、溢れて来た。「弟」である。肉身の、忘れる事の出来ない「弟」である。太郎は、緊く手綱を握った儘《まま》、血相を変えて歯噛《はが》みをした。この語《ことば》の前には、一切の分別が眼底を払って、消えてしまう。

（芥川龍之介「偸盗」七）

はからずも　計らずも・図らずも　〔連語〕

＊はかる

【解説】予想もしなかった結果になる様子。思いもかけず。期せずして。動詞「はかる」の未然形に打消の助動詞「ず」が付いて、その連用形に強調の副助詞「も」が付いたもので副詞的に用いる。漢文訓読調の表現らしく国文系の古い作品には用例を見ない。近世末期の洒落本あたりが早い例。動詞「はかる」は他動詞ラ行五段（古くは四段）活用。推しはかる。推察する。予想する。見はからう。配慮する。左の［用例］の中の「チェントラアルテアアテル」は中央劇場 Zentral Theater で鷗外がしばらく滞在していたドレスデン（ドイツ）にある。「ブリュウル石階」はドレスデンを流れるエルベ川の南岸、アウグストウス橋のたもとから東に四〇〇メートルほど作られている石階 Brühlsche Terrasse で、古来眺めの美しい所として知られる。


【用例】女が突然「あなた少しも妬《ねた》んでは下さらないのね」と云《い》った。チェントラアルテアアテルがはねて、ブリュウル石階の上の料理屋の卓に、丁度《ちょうど》こんな風に向き合って据《す》わっていて、おこったり、中直りをしたりした昔の事を、意味のない話をしていながらも、女は想い浮べずにはいられなかったのである。女は笑談《じょうだん》のように言おうと心に思ったのが、図《はか》らずも真面目に声に出たので、悔やしいような心持がした。

（森鷗外「普請中」）

はぐらす　〔他サ五〕

＊はぐらかす

【解説】はぐれさせる。自分にとって都合の悪い話題を避けてごまかす。話をそらす。「はぐらかす」の形で用いることが多い。接尾語「かす」は上の動詞の語尾をア段にして他動性をきわだたせ強調する。「はぐらす」の方がやや弱い語調と言えようか。いずれにしても口頭語的表現と思われる。「日葡辞書」（一六〇三—四）には

Faguracaxi, su, aita の見出しがあり、「たとえば、こちらがきまり悪く恥ずかしくなるような、具合の悪いことを、誰かが言ったりしたりしようとするのを、おさえつけて咎める」（邦訳・岩波版）とあって、「馬をはぐらかす」の例を引き、「轡を引き締めなどして、馬が悪い癖を出したり、よくない動きをしたりしないように防ぎ止める」とあるが、江戸時代の用例はもっと、ごまかす、の意味が強い。

【用例】 昇も怪訝《けげん》な顔色《かおつき》をして何か云おうとしたが、突然お政《まさ》が、三日も物を云わずにいたように、たてつけて饒舌《しゃべ》り懸《か》けたので、つい紛《はぐ》らされて其方《そのほう》を向く。其間《そのま》にお勢はコッソリ起上《たちあが》ッて坐舗《ざしき》を滑り出ようとして……見附《みっ》けられた。
「何処《どこ》へ、勢ちゃん？」 ↓たてつける
（二葉亭四迷「浮雲」第十四回）

はすは　蓮葉　〔名・形動〕

＊はすっぱ

【解説】 ①女性の言動が下品で軽薄な様子。転じて、女性が浮気で身持ちの悪いこと。また、そのような女性。②軽はずみ・軽率なこと。もともと②が原義であろうと思われるが、現代語では①の意味で用いる。「はすっぱ」と促音便の形で言うことが多い。江戸時代から「はすは女《おんな》」「はすは女《め》」「はすは商《あきない》」「はすは者《もの》」「はすは娘《むすめ》」などの用例がある。

【用例1】「神山さん？」
お絹ははすはに顔をしかめて、長火鉢の側へすり寄った。
「何だねえ。そんな顔をして。――お前さんの所はみんな御達者かえ？」（芥川龍之介「お律と子等と」一）
【用例2】 すぐに新蔵の姿を見つけたのでしょう。まだ気づかわしそうな眼でほほ笑むと、ちと蓮葉《はすっぱ》に男の側へ歩み寄って、「長い事御待たせ申しまして」と便《たより》なさそうに云《い》いました。（芥川龍之介「妖婆」）

はたと　〔副〕

【解説】 ①手を叩いたり、物がぶつかったりする音。②突然思いついたり、忘れたりする様子。ふと。③動作や、進行している状態などが急に止まる様子。ふいに。④強く一点をにらむ様子。はったと。「今昔物語集」（一一二〇頃か）の用例が古いが、その後は「宇治拾遺物語」「古今著聞集」「平家物語」「徒然草」や抄物《しょうもの》、キリシタン資料などに用例がある。ただ女流文学作品には何故か見当らない。左の［用例］は「金色夜叉」の中で最も一般に知られた場面の一部である。「弱腰」は腰の左右の細くなった部分。


【用例】「嗚呼《ああ》、私は如何《どう》したら可《よ》かろう！　若《も》し私が彼方《あっち》へ嫁《い》ったら、貫一さんは如何するの、それを聞かして下さいな。」

木を裂《さ》く如く貫一《かんいち》は宮《みや》を突放して、

「それじゃ断然《いよいよ》お前は嫁《ゆ》く気だね！　是迄《これまで》に僕が言っても聴《き》いてくれんのだね。ちぇえ、腸《はらわた》の腐《くさ》った女！　姦婦《かんぷ》!!」

其《その》声と与《とも》に貫一は脚《あし》を挙げて宮の弱腰《よわごし》を礑《はた》と踢《け》たり。

（尾崎紅葉「金色夜叉」前編第八章）

はたはた　〔副〕

＊ばたばた・ぱたぱた

【解説】①続けざまに手を叩いたり、物を打ち合わせて音をたてる様子。②旗や幟《のぼり》などが強い風に吹かれて翻る音を擬音的に表現したもの。③うちわであおいだり、鳥がはばたいたりする時の様子。また、その音を擬音語的に表現したもの。多く「と」を伴って用いる。用例は平安時代の文学作品からあるが、濁点、半濁点が明記されていないから、「ばたばた」「ぱたぱた」との識別は不明である。左の［用例］の中の「（守）」は以下の部分が主要登場人物のひとり守山友芳のことばであることを示したもの、「フハザア」は父親 father、「天保度の人間」は江戸後期の天保年間（一八三〇—四四）に生きた人、つまり時勢おくれの旧弊な人間のこと。

【用例】（守）（略）フハザアにもあってくれたまえ。純たる天保度《てんぽうど》の人間だから。逢《あ》っても面白くはなかろうけれども。頗《すこぶ》る書生風の気象だから。却《かえ》って我輩《わがはい》より気は若いよ。決して気のつまる老爺《じじい》じゃないから。まあ兎《と》も角《かく》も逢ってくれたまえ。しかし。一寸《ちょっと》失礼して。まず挨拶をして来ましょう。といいつつはたはたと手を鳴らせば。書生はふたたび襖《ふすま》をひらきて。手をつかえつつ面《かお》さしいだす。（坪内逍遙「一読三歎当世書生気質」第拾《じゅう》七回　文意を文字通りにみや賀《が》の兄弟そぞろにコレラ病の報知におどろく）

はたまた　将又　〔接〕

＊はた

【解説】二つの事柄のどちらを選ぶか迷う気持をあらわす。あるいは。それともまた。「はた」だけにもこの意味はあり、「はたまた」はそれを強調した言い方。「はた」だけの用例は古く「宇津保物語」「源氏物語」「枕草子」などに見られるが、「はたまた」の例は「方丈記」（一二一二）に見えるものが現在見つかっている例としては最も古いようである。左の［用例］の中の「達膩伽尊者」は草屋を建てて三度人々にこわされ、赤色の陶器の家を作って仏に叱られこわされたが、のち巨材を取り木屋を作って王に招喚されたといわれる人、「世尊」は仏、釈迦、「いで」は誘いかける語で、さあ、の意、「偈」は韻文の形で仏の功徳をたたえ教理を述べるもの。

【用例】困苦に撓《たゆ》まず知己に酬《むく》いて遂に仕遂《しと》げし十兵衛が頼もしさ、おもしろくまた美《うる》わしき奇因縁《(きいんねん)》なり妙因縁なり、天の成《な》せしか人の成せし歟《か》将又《はたまた》諸天《しょてん》善神《ぜんじん》の蔭《(かげ)》にて操《あやつ》り玉いし歟、屋《おく》を造るに巧妙《たくみ》なりし達膩伽尊者《たにかそんじゃ》の噂はあれど世尊在世《せそんざいせ》の御《おん》時にも如是《かく》快《こころよ》き事ありしを未《(いま)》だきかねば漢土《から》にもきかず、いで落成の式あらば我《(われ)》偈《げ》を作らむ文《ぶん》を作らむ、→たゆむ
（幸田露伴「五重塔」其三十一）

はちぶする　八分する　〔他サ変〕

＊むらはちぶ

【解説】仲間はずれにする。のけものにする。助詞「を」を伴って「八分をする」とも、また助詞「に」を伴って「八分にする」とも言う。「八分される」と受身の形で使うことも多い。「八分」は「村八分」を略したもので、「村八分」は江戸時代以降に村落で行われた私罰の慣習をさす。村の規約とされていることに違反した者を村の人一同が申し合わせて絶交すること。［用例］中の「地袋」

は、違い棚の下などに地板に接して設けた小さい戸棚のことで、天袋《てんぶくろ》と対をなす。

【用例】茶を入れ、地袋《じぶくろ》の菓子を取出して昇に侑《すす》め、またお鍋を以《もっ》てお勢を召《よ》ばせる。何時《いつ》もならば文三にもと言う所を今日は八分《ぶ》したゆえ、お鍋が不審に思い、「お二階へは」ト尋ねると、「ナニ茶がカッ食《くら》いたきゃア……言《いわ》ないでも宣《い》ヨ。」ト答えた。之を名《な》づけて、Woman's《ウーマンス》 revenge《レヴェンジ》（婦人の復讐）という。（二葉亭四迷「浮雲」第六回　どちら着《つか》ずのちくらが沖）

はなじろむ　鼻白む　〔自マ五〕

【解説】①気後れした顔つきになる。きまり悪そうなためらった様子になる。②興ざめして、不愉快な気持になる。意外に古い語で、「源氏物語」に既に用例が見られる。左の［用例］は①の意。一条兼良の著した「源氏物語」の註釈書「花鳥余情」（一四七二）には、「はなじろむ」の註に、「人のをくしたる時は（略）かならず鼻のうへかしろ〳〵と見ゆるなり」とある。［用例］中の「険句冷語」はけわしい語句やひややかで人を嘲るようなことば、「ラムネの塞子の抜けた」は炭酸ガスが発散したラムネのように気が抜けた、という比喩、「凱歌」は勝利を祝う歌、「赧然」は恥じて赤面するさま。

【用例】単《ひと》り純之助は（略）偏《へん》てつなる長演説で、平生《いつも》は此《この》演説者の得意な険句冷語をラムネの塞子《せん》の抜けたほどにも思わなかったのが身に染々《しみじみ》と悪感情《いやなこころもち》がした。其《その》上に一同から祝杯を挙げられたは恰度《ちょうど》敗軍の将が凱歌に迎えられたと同様で純之助は窃《ひそか》に赧《たん》然《ぜん》として羞《はなじ》ろんだ。↓へんてつ（内田魯庵「くれの廿八日」其《その》六）

はばかりさま　憚り様　〔連語〕

＊はばかる

【解説】①人の世話になった時、または人に頼みごとをする時の挨拶のことば。おそれ入ります。すみません。②自分に向けられた非難のことばなどに反発して、皮肉や嫌味の気持を込めて、期待はずれで気の毒だ、の意味で言う定まり文句。「憚る」〔自ラ五〕は、遠慮する、人前を慎む、などの意。「さま」は接尾語。近世の滑稽本、人情本などの会話の部分から用例が見られる。

【用例】「其《そ》の件の外に未《ま》だお話があるのでございます。」「大相《たいそう》有りますな。」「酔わないと申上げ難《にく》い事なのですから、私少々酔いますから貴方《あなた》、憚様《はばかりさま》ですが、最一《もう》つお酌を。」「酔っちゃ困ります。用事は酔わん内にお話し下さい。」「今晩は私酔う意《つもり》なのでございますもの。」（尾崎紅葉「金色夜叉」中編第二章）

はばかりながら　憚り乍ら　〔連語〕

【解説】①遠慮しながらの言動であるという気持をあらわす言葉。恐れいるけれども。失礼ではあるが。②自己を誇示したい時に、前置きとして言う言葉。本来は目上の人などに向かって遠慮しながら意見を述べる時などに言う語で、恐れながら、の意の前置きの語であったが、転じて②の用法となり、これの方が主流となる。「発心集」（一二一六頃）の用例が早い。左の［用例］の中の「感投詞を奉呈した」は、感嘆の気持をほめ言葉にして述べた、というぐらいの意味。

【用例】「君不相変《あいかわらず》やってるな」と今迄の行き掛りは忘れて、つい感投詞《かんとうし》を奉呈した。黒は其位な事では中々《(なかなか)》機嫌《きげん》を直さない。「何がやってるでえ、此《(この)》野郎。しゃけの一切《ひときれ》や二切《ふたきれ》で相変らずたあ何だ。人を見縊《みくび》った事をいうねえ。憚《はばか》りながら車屋の黒だあ」と腕まくりの代りに右の前足を逆《さ》かに肩の辺迄《へんまで》掻《か》き上《あ》げた。「君が黒君だと云《(い)》う事は、始めから知ってるさ」（夏目漱石「吾輩《(わがはい)》は猫である」二）

ひかされる　引かされる・惹かされる　〔自ラ下一〕

＊ひかれる

【解説】サ行五段活用の他動詞「引かす」の未然形に受身の助動詞「れる」の付いたもの。一まとまりの連語のように用いる（古文では下二段）。心が引きつけられる。ほだされる。平安時代の「源氏物語」などから既に用例の見られる古い語である。他動詞の「引く」に受身の意を加えた「引かれる」は一方的に相手の「引く」動作をこっちが受けるだけであるが、「引かされる」には「引く」動作をこっちに相手がさせる、そのことをしないではいられないようにさせられるという意味がある。

【用例】其中《そのうち》に小狗《こいぬ》も独寝《ひとりね》に慣れて、夜も啼《な》かなくなる。と、逐出《おいだ》す筈《はず》の者に、如何《いっ》しかポチという名まで附《つ》いて、姿が見えぬと父までが一緒に捜すようになって了った。
父が斯《こ》うなったのも、無論ポチを愛したからではない。唯《ただ》私に羈《ひか》されたのだ。私とてもポチを手放し得なかったのは、強《あなが》ちポチを愛したからではない。
（二葉亭四迷「平凡」十三）

ひかす　引かす・落籍す　〔他サ四〕

＊ひかされる

【解説】①芸者や遊女などの前借金を払ってやって廃業させる。身受けする。身代金《みのしろきん》を払ってやり芸者や遊女などをやめさせる。受け出す。②人に命じて学校や職場をやめさせる。①の用例がほとんどで、芸者や遊女・娼婦等の方を主語にして「ひかされる」と受身の形にした表現も多い。近世から現代にかけて多用された花柳界の用語がもとである。左の［用例］は、「（継）」（継原青造）と「（須）」（須河悌三郎）という大学生が、牛肉店で酒を酌《く》みかわしながら、小説の主人公のひとり小町田粲爾《さんじ》が代言人の吉住から芸妓田《た》の次《じ》（粲爾の妹のようにして育てられた女）のことでいじめられた出来事を、無責任に噂している場面の一部である。「田の的」は田の次、「九尺二間」は間口が九尺（約二・七メートル）、奥行きが二間（約三・六メートル）の狭くて粗末な住居や裏長屋、「僕」はここでは吉住のこと。

【用例】（継）それからが大変だったっさ。（略）や。これは失敬。已《すで》に近々《きんきん》に御退校。いや御卒業になるそうで。誠《まこと》にお楽《たのし》みなお身の上だ。流石《さすが》放蕩に熱心なだけに、君は万端に如才がないよ。だから田《た》の的《てき》が恋着するよ。どうです。田の的を廃業《ひか》してしまって。九尺《しゃく》二間《けん》へ引込んじゃあ。僕が家賃だけ借《か》そうかなんぞと。そりゃあもう続々《のべつ》にやっつけたそうさ（須）非《ひ》道《ど》く小町《こま》田《ちだ》はやられたなあ。それでも小町田は黙っちょったかなあ

（坪内逍遥「一読三歎当世書生気質」第拾《じっ》回　生兵法《なまびょうほう》大きな間違《まちがい》をしてかして味方をぶちのめす書生の腕立《うでたて》）

ひく　挽く・碾く　〔他カ五〕

【解説】①臼《うす》やろくろをまわす、②のこぎりを使って木を切る、③食肉をみじん切りにする、④穀物や茶や肉などを碾《ひ》き臼などで磨《す》り砕く、の意で用いる語。左の［用例］では④の意で使われているが、そこで提示されている「石臼」（碾き臼）は、上下二個の円筒形の臼で、上臼をまわして両臼の間で穀物などを摺《す》って籾殻《もみがら》を取り去るもの。摺るのにはそれなりの力がいる。だから「達者」な証拠に、峠の茶屋の御婆さんは「御団子の粉も磨きます」と言ったのである。

【用例】手持無沙汰《てもちぶさた》に写生帖を、火にあてて乾かしながら
「御婆《おばあ》さん、丈夫《じょうぶ》そうだね」と訊《たず》ねた。
「はい。難有《ありがた》い事に達者で――針も持ちます、苧《お》もうみます、御団子《おだんご》の粉《こ》も磨《ひ》きます」
此《この》御婆さんに石臼《いしうす》を挽《ひ》かして見たくなった。（夏目漱石「草枕」二）

ぴくつく　〔自カ五〕

＊びくつく・びくびく・ぴくぴく

【解説】ぴくぴくする、断続的に小さく動く、という意で用いる語。「ぴく」は擬態語、「つく」は接尾語で、上の擬態語のあらわす状態が自然におこることをあらわす。（「むかつく」「ふらつく」「まごつく」なども同類。）この語とよく似た「びくつく」（自カ五）は、①細かく揺れ動く、②こわがり恐れてふるえる、の意で使うもの。また［用例1］の中にもある「ぴくぴく」（副）は、細かく動くさま、とりわけ体や体の一部がひきつるようにふるえるさまをあらわす語、それとよく似た［用例2］の中にある「びくびく」（副）は、①体や体の一部が細かくふるえ動くさま、②不安や恐怖などのために絶えず恐れるさまをあらわす語で、①の方は古辞書「名語記《みょうごき》」（一二七五）に用例があるが、②は近世から現代までのものである。

【用例1】しばらくすると、何だかピクピクと糸に

あたるものがある。おれは考えた。こいつは魚《さかな》に相違ない。生きてるものでなくちゃ、こうピクつく訳がない。しめた、釣れたとぐいぐい手繰《たぐ》り寄せた。（夏目漱石「坊っちゃん」五）

【用例2】お吉の顳顬《こめかみ》は忽《たちま》ちびくびくっと動いて眼尻が釣《つり》上って来た。

「中条さん――静江さんかい」と慄《ふる》える声を故《わざ》と和《やわら》げて、「久しく来ないと思ったら……那様《どんな》衣裳《なり》をしてえたい、（略）」（内田魯庵「くれの廿八日」其《その》二）

ひけらかす 〔他サ五〕

【解説】自慢して見せつける。得意になって誇示する。見せるだけではなく、地位・学歴・家系などの高いことを人に自慢して知らせる。中世の抄物、狂言、近世の仮名草子などに用例が見える。口頭語として現代語にそのまま続いている。「ひけらかす」の語源については今日定説はないが、「……かす」という接尾語の付いた用例は古く、平安初期からあり、俗語的・口頭語的な語を作る接尾語であったらしい。左の［用例］は「私」という語り手が「指を文学に染め」た最初の状況を説明している個所の一節で、「下らぬ物」「卑しい負ぬ気」「どうせ録な物ではない」という表現の端々に、二葉亭四迷の晩年の文学意識（同じ時期のいくつかの談話筆記にもその一端があらわれている）が垣間見られよう。

【用例】文学の毒に中《あて》られた者は必ず終《つい》に自分も指を文学に染めねば止《や》まぬ。私達が即《すなわ》ち然《そ》うであった。先《ま》ず友が何か下《くだ》らぬ物を書いて私に誇示《ひけらか》した。すると私も直ぐ卑《さも》しい負《まけ》ぬ気を出して短編を書いた。どうせ録《ろく》な物ではない。（二葉亭四迷「平凡」四十四）

ひける　引ける・退ける 〔自カ下一〕

＊ひけをとる

【解説】①「引く」のいわゆる可能動詞であるが、意味は可能よりはむしろ自発の場合がほとんどである。②会社・役所・学校などが終わって帰宅の時刻となる。③気遅れがする。弱気になる。ためらわれる。怯《ひる》む。「気が退ける」「腰が退ける」などとも言う。また類義語に「ひけをとる」がある。近世の口頭語として用例が多く、その意味も多義にわたるが、近現代語としては右の①②③しか残らなかった。中世室町頃の、売れ行きが良い、などの意の「ひくる」（カ下二）は別語と見たい。左の［用例］は②。なお［用例］中の「角海老」は吉原で一番の妓楼で三階の屋根に時計塔があったことで有名、「箱夫」は宴席に出る芸妓に従って、箱に入れた三味線を持って行く男のこと。


【用例】（年）いいますよ角海老《かどえび》の（吉）まいったまいったいうべからずいうべからず（園）アハハハハハ吉住《よしずみ》さん頻《しきり》に敗北の様子だね（梅）兎角《とかく》お胸に弱身《ひけるところ》が有《あり》ましてはお達者なお口でも叶《かな》いませんものと見えます。へへへへへへ（吉）ナンダ此《この》野郎。汝《てめい》まで僕をいじめるな。覚えて居《い》ろと箱夫《はこや》を撃《う》とうとする。

（坪内逍遙「一読三歎当世書生気質」第一回　鉄石《てっせき》の勉強心も。変るならいの飛鳥山《あすかやま》に。物いう花を見る。書生の運動会。）

ひこつかす　〔他サ五〕

＊ひこつかせる

【解説】鼻をひくひくと細かく動かす。「ひこつかせる」とサ行下一段活用で使う場合もある。転じて比喩的に、興味をもってさぐろうとする意味にも用いる。また、知っていて知らないふりをする時の表情とか、内心得意であるがまともに顔に出さないでいる時の表情とかをあらわすのに用いることもある。現代語らしい表現だが「東海道中膝栗毛」に既に用例がある。左の［用例］中の「生駒山」は大阪府と奈良県との間にある山、「食蜃人」ははっきりしないが、「蜃」は赤いたてがみがあり腰部から下部の鱗《うろこ》は逆立っていて海市（蜃気楼）を起こすというみずち（蛟《こう》）の一種。


【用例】髪長彦《（かみながひこ）》は（略）白犬の頭を撫でて、「嗅《か》げ。嗅げ。御姫様たちの御行方を嗅ぎ出せ。」と云いました。

　すると白犬は、折から吹いて来た風に向って、頻《（しきり）》に鼻をひこつかせていましたが、忽《（たちま）》ち身ぶるいを一つするが早いか、

「わん、わん、御姉様《おあねえさま》の御姫様は、生駒山《いこまやま》の洞穴《（ほらあな）》に住んでいる食蜃人《しょくしんじん》の虜《とりこ》になっています。」と答え

ました。　（芥川龍之介「犬と笛」二）

ひしぐ　拉ぐ・挫ぐ　〔他ガ五〕

＊ひしげる・ひしゃぐ・ひしゃげる

【解説】①押しつけてつぶす。押しつけて砕く。②勢いをくじく。面目をつぶす。一方、「ひしげる」（自ガ下二）は①おされてつぶれる。おし砕かれる。②勢いがなくなる。面目がつぶれる。「ひしぐ」に対して「ひしゃぐ」、「ひしげる」に対して「ひしゃげる」の形があり、意味や用法の変わりはないが、「ひしゃぐ」「ひしゃげる」の方が用例が新しく、近世になってからの口頭語である。左の［用例］は①。言うまでもなく「金色夜叉」の中で最もよく知られている場面の一節である。

【用例】「（略）可《い》いか、宮《みい》さん、一月の十七日だ。来年の今月今夜になったならば、僕の涙で必ず月は曇《くも》らして見せるから、月が……月が……月が……曇ったらば、宮さん、貫一《かんいち》は何処《どこ》かでお前を恨んで、今夜のように泣いて居ると思ってくれ。」

宮は挫《ひし》ぐばかりに貫一《かんいち》に取着《とりつ》きて、物狂《ものぐるお》しゅう咽入《むせびい》りぬ。　（尾崎紅葉「金色夜叉」前編第八章）

ひしめく　犇めく　〔自カ五〕

＊ひしひし

【解説】人が大勢で混雑して押し合う。混雑して押し合うほど大勢の人が集まる。「めく」は接尾語で、①名詞について、その名詞らしくなる。「春めく」。②擬声語に付いて、その音（声）を出す。「わめく」。「うめく」。③擬態語に付いて、その擬態語のあらわす様子や状態になる。「ざわめく」。「ひらめく」。「ひしひし」であらわされる様子・状態になるのが「ひしめく」である。左の［用例］の中の「中塔」The Middle Tower はエドワード一世（一二三九―一三〇七）時代に立てられた塔、「鐘塔」The Bell Tower は中塔より前の一二世紀後半に建てられた塔で、今でも夕鐘を鳴らしているもの、「君」は君主。

【用例】空濠《からぼり》にかけてある石橋を渡って行くと向う

に一つの塔がある。（略）中塔とは此《この》事である。少し行くと左手に鐘塔《しゅとう》が峙《そばだ》つ。（略）心傲《おご》れる市民の、君の政《まつりごと》非なりとて蟻《あり》の如く塔下に押し寄せて犇《ひし》めき騒ぐときも亦《また》塔上の鐘を鳴らす。塔上の鐘は事あれば必ず鳴らす。（夏目漱石「倫敦《ロンドン》塔」）

ひそめる　顰める・嚬める・蹙める　〈他マ下一〉

＊ひそみ

【解説】不愉快な気持や苦痛をあらわす表情として両方の眉を寄せてしわを作る。しかめる。「眉をひそめる」の形で使うことが多い。古く平安時代に自動詞「ひそむ」（マ四）（眉が寄って泣き顔になる）があった。これの連用形の名詞化したものが「顰み」。「ひそみに倣《なら》う」（連語）は中国春秋時代の美女西施《せいし》が病身でいつも顔をしかめているのを、美しいものとして世の女性たちが真似をした、という故事によったもの。

【用例】馬は、高く嘶《いなな》きながら、長い鬣《たてがみ》をさっと振うと、四つの蹄《ひづめ》に砂煙《すなけむり》をまき上げて、瞬く暇に太郎をそこへ疾風のように持って行った。

「次郎か。」

太郎は、我を忘れて、叫びながら、険しく眉を顰《ひそ》めて、弟を見た。次郎も片手に太刀をかざしながら、項《うなじ》を反《そ》らせて、兄を見た。そうして刹那《せつな》に二人とも、相手の瞳の奥にひそんでいる、恐しいものを感じ合った。（芥川龍之介「偸盗」七）

ひぞる　乾反る・干反る　〈自ラ五〉

【解説】板や木製の家具などが、乾燥してそりかえる。転じて、すねる、ひねくれる、の意。しかしこの方の用例は近世の浮世草子や洒落本などには見えるが、近現代のものには見当たらない。また、「日葡辞書」（一六〇三—四）には Fizori, u, otta ヒゾリ・ヒゾル・ヒゾッタと Fisori, u, otta ヒソリ・ヒソル・ヒソッタとの両形があげてあるので、古くは清濁両形があったものらしい。近現代語としては「ひぞる」だけ。左の［用例］の中の「建前」は建築で土台・棟・梁《はり》など主要部材を組み立てること、「鉄舟先生」は幕末・明治の政治家で無刀流を創始し、また書をよくした山岡鉄舟、「半折物」は唐紙・白紙・画仙紙などの全紙を縦に二つに切ったもの、また、それに書かれた書画をいう。

【用例】私は此《この》家《うち》で一番上等にしてある二階の八畳の部屋を占領していた。なに、一番上等といっても、元来下宿屋に建てた家だから、建前《たてまえ》は粗末なもので、動《やや》もすると障子が乾反《ひぞ》って開閉《あけたて》に困難するような安普《やすぶ》請《しん》ではあったが、形《かた》の如《ごと》く床の間もあって、年中鉄《てっ》舟《しゅう》先生やら誰やらの半折物《はんせつもの》が掛けてあって、花活《はないけ》に花の絶えたことがない……

（二葉亭四迷「平凡」五十）

ひたと　直と・頓と　〔副〕

【解説】①間を隔てる物がなく、直接に接する様子をあらわす語。じかに。直接。ぴたりと。左の［用例］はこの意味。②ひとつのことに集中する様子をあらわす語。もっぱら。ひたすら。いちずに。③突然その状態になる様子をあらわす語。にわかに。急に。④固い物で打つ音。「和英語林集成」初版（一八六七）に「HITA-TO　ヒタト」とある。①の用例は早く「今昔物語集」にあり、②の用例は中世の抄物に見える。［用例］に出てくる兄弟はエドワード四世の王子たちで、兄のエドワード（一三歳）、弟のリチャード（一一歳）ともに、彼らをあざむいて即位した叔父リチャード三世の犠牲になってロンドン塔に幽閉され、一四八三年に暗殺されている。

【用例】折から遠くより吹く木枯《こがら》しの高き塔を撼《ゆる》がして一度《ひとたび》は壁も落つる許《ばか》りにゴーと鳴る。弟はひたと身を寄せて兄の肩に顔をすり付ける。雪の如く白い蒲団《ふとん》の一部がほかと膨《ふく》れ返る。兄は又《また》読み初める。

「朝ならば夜の前に死ぬと思え。夜ならば翌日《あす》ありと頼むな。覚悟をこそ尊《とうと》べ。見苦しき死に様《ざま》ぞ恥の極《きわ》みなる……」弟又「アーメン」と云う。其《その》声は顫《ふる》えて居《い》る。

（夏目漱石「倫敦《ロンドン》塔」）

ひとしなみ　等し並み　〔名・形動〕

【解説】一般と同列であること、また、その様子。同じ程度であること、また、その様子。「源氏物語」の註釈書「花鳥餘情《かちょうよせい》」（一四七二）には「人しなみはただ人なみなり。しは助詞なり」とある。つまり、「人並み」に強調の助詞「し」を加えた語と説いているが、最初の近代的な国語辞書「言海」初版（一八八九―九一）は「等並」の漢字をあて、「同じ列《つら》のものに」として、「花鳥餘情」が註をつけたのと同じ「源氏物語」の例文をあげている。［用例］中の「一尺」は約三〇センチ。

【用例】 冬は遠慮なく進んで行った。見渡す大空が先ず雪に埋められたように何処《どこ》から何処まで真白になった。そこから雪は滾々《こんこん》としてとめ度《ど》なく降って来た。人間の哀れな敗残の跡を物語る畑も、勝ちほこった自然の領土である森林も等しなみに雪の下に埋もれて行った。一夜の中《うち》に一尺も二尺も積もり重なる日があった。

（有島武郎「カインの末裔」七）

ひなびる　鄙びる　〔自バ上二〕

＊ひな・みやび・みやびる

【解説】 いなかふうになる。いなかくさくやぼったい感じになる。古くはバ行上二段活用「ひなぶ」。「鄙《ひな》」はいなかの意。「宮＝御屋」のある所が「みやこ」、都会風になるのが「みやぶ」で、「ひなぶ」の対義語になる。「みやぶ」は後一段化して「みやびる」（都会風になること）。これの連用形の名詞化したものが「みやび（雅）」である。左の［用例］の中の「国技館」は回向院前にあった常設の相撲場で今の国技館（墨田区横網）の前身、「回向院」は東京都墨田区両国（もと本所区元町）にある浄土宗の寺、「鼠小僧」は江戸末期の義賊で、その墓は回向院の境内にある。「二昔前」は二〇年前、「本所」は墨田区の一地域で隅田川東岸の低地。

【用例】 これは勿論国技館の影の境内《けいだい》に落ちる回向院《えこういん》ではない。まだ野分《のわき》の朝などには鼠小僧《ねずみこぞう》の墓のあたりにも銀杏落葉《いちょうおちば》の山の出来る二昔前《ふたむかしまえ》の回向院である。妙に鄙《ひな》びた当時の景色――江戸と云《い》うよりも江戸のはずれの本所《ほんじょ》と云う当時の景色はとうの昔に消え去ってしまった。しかし唯鳩《ただはと》だけは同じことである。いや、鳩も違っているかも知れない。

（芥川龍之介「少年」六）

ひねもす　終日　〔名〕

＊ひねむす・ひめむす・ひめもす・よもすがら

【解説】　朝から晩まで。左の〔用例〕に示すとおり「昼はひねもす、夜はよもすがら」と慣用的に用いることが多い。「夜もすがら」（一晩中）に対応した表現。「ひねむす」「ひめもす」「ひめむす」などの類似形がある。用例は上代から中古にかけて多用され、中世以後語形が乱れたが、近世以降もとの形にもどり雅語として多用された。「よもすがら」（終夜）は日没から翌朝まで一晩中、夜どおし、終夜。左の〔用例〕の中の「妹背山」は妹山《いもやま》（女・妻に見立てる）と背山《せやま》（男・夫に見立てる）、「芦垣の」は「間近《まぢか》し」「旧《ふる》」「みだる」「ほか」「吉野」にかかる枕詞、「砧」は槌《つち》で布を打ってやわらげつやを出すのに用いる木または石の台、「きぬいた」の約言、「末摘花」はベニバナの異称、「岩堰水」は岩にさえぎられ音立てて流れる水。

【用例】　今一言《(ひとこと)》……今一言の言葉の関《せき》を、踰《こ》えれば先は妹背山《いもせやま》。芦垣《あしがき》の間近き人を恋い初《そ》めてより、昼は終日《ひねもす》夜は終夜《よもすがら》、唯其《(ただその)》人の面影《(おもかげ)》而已《のみ》常に眼前《めさき》にちらついて、砧《きぬた》に映《うつ》る軒の月の、払ッてもまた去りかねていながら、人の心を測りかねて、末摘花《すえつむはな》の色にも出さず、岩堰水《いわせくみず》の音にも立てず、独《(ひと)》りクヨクヨ物をおもう、（二葉亭四迷「浮雲」第三回　余程風変《ふうがわり》な恋の初峯入《はつみねいり》　下）

ひびわれる　罅割れる　〔自ラ下二〕

【解説】　①ひびが入って割れ目ができる。本来は陶磁器やガラス器について使う語であるが、左の〔用例〕のように比喩的に使う場合も多い。人間関係がうまくいかなくなった場合などにも使う。②声に余計な震動が入り、濁った感じになる。「日葡辞書」（一六〇三―四）にはFibiuare, uru, eta　ヒビワレ・ヒビワルル・ヒビワレタとあり、下二段活用であったことがわかる。このあたりが最も古い例ではないかと思われる。

【用例】　ヨシ子が汚されたという事よりも、ヨシ子の信頼が汚されたという事が、自分にとってそののち永く、生きておられないほどの苦悩の種になりました。

自分のような、いやらしくおどおどして、ひとの顔いろばかり伺《うかが》い、人を信じる能力が、ひび割れてしまっているものにとって、ヨシ子の無垢《むく》な信頼心は、それこそ青葉の滝のようにすがすがしく思われていたのです。（太宰治「人間失格」第三の手記二）

ひょうびょう　縹緲　〔形動タリ〕

＊びょうびょう・びょうぼう

【解説】ほんのりかすかであるさま。遠くかすんではっきりしないさま。文語的表現。漢文訓読系の資料に用例があるばかりで、国文関係ではわずかに謡曲などに用例が見える。また、発音も似ていて意味も類似の「渺《びょう》渺《びょう》」（古典仮名遣いでは「べうべう」）ははるかに遠くまで広がって、はてしないさまの意、「渺茫《びょうぼう》」（古典仮名遣いでは「べうばう」）ははてしなく遠く広がるさまの意である。［用例］中の「居廻り」はいる所の周囲、あたり、「虚有」はあるものとないもの、の意。

【用例】何時《いつ》も可笑《おか》しく気が改まり、円《まる》めていた背を引伸《ひきのば》して頸《くび》を据え、巽《おつ》う済《すま》して変に片付《かたづけ》る。魂が裳抜《もぬけ》れば一心に主《しゅう》とする所なく、居廻りに在《あ》る程のもの悉《ことごと》く薄烟《うすけぶり》に包《つつ》まれて、虚有《きょうう》縹緲《ひょうびょう》の中《うち》に漂い、有る歟《か》と思えばあり、無い歟《か》と思えばない中《なか》に、唯一物《あるもの》ばかりは見ないでも見えるが、此《この》感情は未《ま》だ何《なに》とも名《なづ》け難い。→もぬける
（二葉亭四迷「浮雲」第二回 風変りな恋の初峯入《はつみねいり》上）

ひらめる　平める　〔他マ下二〕

【解説】ひらたくする。全体をたいらにして広くのばす。「める」は接尾語で形容詞の語幹に付いて「強める」「弱める」「緩《ゆる》める」「早める」「清める」「高める」「低める」「深める」などと使う。左の［用例］は猫がいつもは立っている耳を平たく横に倒して警戒している様子を描写したもの。これに似た使い方の「弓をひらめ、矢をそばめて通し奉る」が「平治物語」（一二二〇頃）に見える。［用例］中の「酒筵」は酒樽を包装してあるこもで、これを乞食などが雨具や夜具として用いたりする。「濡れ色」は水に濡れた色。

【用例】彼は古い手拭をかぶった首だけ前へ伸《の》ばしたなり、しばらくは静かな家のけはいにじっと耳を澄ませていた。が、人音《ひとおと》のないのを見定めると、これだけは真新しい酒筵《さかむしろ》に鮮《あざや》かな濡れ色を見せたまま、そっと台所へ上《あが》って来た。猫は耳を平《ひら》めながら、二足《ふたあし》三足跡《みあしあと》ずさりをした。しかし乞食は驚きもせず後手《うしろで》に障子をしめてから、徐《おも》ろに顔の手拭をとった。↓

（芥川龍之介「お富の貞操」一）

ひる　簸る　〔他ハ上一〕

【解説】箕《み》で穀物などをあおり振るって、ごみ・くずなど不要の物を除き去る。古くからの数少ない一段活用動詞である。「簸る」という動作そのものが農民の作業であろうから、「源氏物語」の世界には出て来ないのも当然であるが、「新撰字鏡」（八九八―九〇一頃）には「簸米比流」とある。なお「日葡辞書」（一六〇三―四）には、「風が窓を簸る」の例文をあげて「風が戸をひどく揺り動かす。文書語」（邦訳・岩波版）という記述があるが、現代語にその用法は見当たらない。左の［用例］の中の「渋紙」は張り合わせて柿渋を塗った紙で、敷物や荷物の包み紙にするもの、「五味」は塵芥のこと。

【用例】婆あさんが、その渋紙のような手の平に、一《ひと》撮《つまみ》程の赤小豆《（あずき）》の屑《（くず）》を入れて、五味《ごみ》を選《よ》り出している。博士はそれに気が留まって、一寸《（ちょっと）》立ち留まって見た。そしてこう思った。山のように積んである穀物を簸《ひ》るのだから、屑は沢山出る。それをあの婆あさんが一撮《（つまみ）》程ずつ手に取って、翳《かす》んだ目で五味を選《よ》り出したところで、それが何の足《たし》になるのでもない。

（森鷗外「半日」）

ひる　放る　〔他ラ五〕

＊ひりだす

【解説】排泄器官から排泄物を排泄する、体外へ出す、たれる、の意の語。卑俗な言い方で、子を産むことにも使う。「放り出す」（「放る」と「出す」の複合動詞）とも言う。「文明の御《お》玉杓子《たまじゃくし》を苦もなくひり出す東京が怖しいのは無論の事である」（夏目漱石「虞美人草」）のように用いる。左の［用例］は全体が比喩的な言説になっているが、あえて読み解けば、「人の臀に探偵をつけ」るは他人の生活を裏の方から探る、「人のひる屁の勘定を」するは他人の短所を数えたてる、「後ろの方から」は陰にかくれて、くらいの意味であろう。

【用例】五年も十年も人の臀《しり》に探偵をつけて、人のひる屁《へ》の勘定をして、それが人世だと思ってる。そうして人の前へ出て来て、御前《おまえ》は屁をいくつ、ひった、いくつ、ひったと頼みもせぬ事を教える。前へ出て云《（い）》うなら、それも参考にして、やらんでもないが、後ろの方から、御前は屁をいくつ、ひった、いくつ、ひったと云う。うるさいと云えば　猶々《（なおなお）》云う。
（夏目漱石「草枕」十一）

びろう　尾籠　〔名・形動〕

【解説】上代からある古語の「おこ（痴）」の多種のあて字の中で鎌倉時代に特に用例の多い「尾籠《おこ》」の字を、音読して和製漢語のように使われたもの。意味は、①礼儀をわきまえないこと。不作法なこと。また、その様子。②恥ずべきこと。見苦しいこと。また、その様子。③まずしいこと。貧乏。④話題とするにきたならしく、はばかりがあること。左の［用例］は「犬の糞」を話の中にとりあげるので「汚い話で恐縮ですが」の意味でことわったものである。この例のように「尾籠ながら」と前置き風に使う場合が多い。

【用例】不思議な事には、親しくなるに随《したが》い次第に愛想《あいそ》が無くなり、鼻の頭《さき》で待遇《あしらっ》て、折に触れては気に障《（さわ）》る事を言うか、さなくば厭《（いや）》におひゃらかす。其れを憤《いか》りて喰《くっ》て懸《（かか）》れば、手に合う者は其場《（そのば）》で捻返《ねじかえ》し、手に合わぬ者は一時笑ッて済まして後、必ず讐《あだ》を酬《（むく）》ゆる……尾籠《（びろう）》ながら、犬の糞で横面《そっぽう》を打曲《はりま》げる。↓おひゃらかす
（二葉亭四迷「浮雲」第六回　どちら着《つか》ずのちくらが沖）

ふいと　〔副〕

【解説】前ぶれなしに急に。思いがけなく突然である様子をあらわす語。「不意と」の表記を用いることもある。近世初期から用例の見られる口頭語。一人の人間の行動

や感情・心理状態、あるいは小動物の出没などについての表現に用いるのが普通で、大勢の人の動作や気象現象などには使わない。左の［用例］はエドワード四世の妃エリザベス（「女」）がロンドン塔に幽閉されている二人の王子エドワードとリチャード（「御子等」）に会わせてほしいと牢番（「牢守り」）に頼んでいる場面の一節である。

【用例】　女は頸《うなじ》に懸《か》けたる金《きん》の鎖を解いて男に与えて「只束《つか》の間《ま》を垣間《かいま》見んとの願《ねがい》なり。女人《にょにん》の頼み引き受けぬ君はつれなし」と云《い》う。男は鎖《くさ》りを指の先に巻きつけて思案の体《てい》である。かいつぶりはふいと沈む。ややありていう「牢守《ろうも》りは牢の掟《おきて》を破りがたし。御子《みこ》等《ら》は変る事なく、すこやかに月日を過《すご》させ給《たも》う。心安く覚《おぼ》して帰り給《たま》え」と金の鎖りを押戻す。　（夏目漱石「倫敦《ロンドン》塔」）

ふうする　諷する　〔他サ変〕

【解説】　①あらわには言わず他のことにかこつけて遠まわしに非難する。人物や社会などの欠点・悪事などを嘲笑的にほのめかす。ウ音の後の連濁で「諷ずる」とサ変の活用語尾の部分が濁音になることもある。特に使役の助動詞「しむ」が付いた場合は、「人をして諷ぜしむ」のように濁音化することが多い。一四世紀後半の「太平記」の例が古い。②そらで唱えたり歌ったりする。こちらは近代の用法である。左の［用例］中の「俚謡」は民間のはやりうた、俗謡。

【用例】　私は、それを、妻と私との間の秘密として、今日まで誰にも洩《も》らしませんでした。しかし今はもう、その時ではございません。世間は公然、私を嘲《あざけ》り始めました。そうして又《また》、私の妻を憎み始めました。現にこの頃では、妻の不品行を諷《ふう》した俚謡《りよう》をうたって、私の宅の前を通るものさえございます。私として、どうして、それを黙視する事が出来ましょう。
（芥川龍之介「二つの手紙」第一の手紙）

ふくぞうない　腹蔵無い・覆蔵無い　〔形〕

＊ふくぞう

【解説】　心中にふくむところがない、心中につつみ隠さない、腹をわって話す、の意の表現である。意見、発言、物言いなどに関して普通用いる。「腹蔵」は、しまっておく、かくすの意の「蔵」という漢字が示すとおり、心に思っていることを隠して外にあらわさないこと、自分の考えを秘め隠すことを意味する語で、「無い」はそれを否定、反対するものである。［用例］の中で使われている「慚愧」は心に深く恥じること、「善後策」は事件などの後始末をうまくつけるための方策を言う。この個所は、バッタ事件の処置についてひらかれた職員会議冒頭の校長の老猾な挨拶の一部である。

【用例】「（略）不幸にして今回も亦《また》かかる騒動を引起《ひきおこ》したのは、深く諸君に向って謝罪しなければならん。然《しか》し一たび起った以上は仕方がない、どうにか処分をせんければならん、事実は既に諸君の御承知の通《とおり》であるからして、善後策について腹蔵《ふくぞう》のない事を参考の為めに御述べ下さい」

（夏目漱石「坊っちゃん」六）

ふさわしい　相応しい　〔形〕

＊ふさう

【解説】この語は、似つかわしい、つりあっている、心に適っている、の意で用いられる。動詞「ふさふ」（自ハ四・現代仮名遣いアワ五）。「お前たちは不思議な運命から自分を解放するために、身にふさわない境遇の中に自分をはめ込むために、闘った」（有島武郎「小さき者へ」）のように使う。その形容詞化したもの。左の［用例］の中にある「我ならぬ我」は、文脈に従って読めば、「活きたる辞書」、あるいは「活きたる法律」つまり「善く法典を諳じて獄を断ずる法律家」になれという周囲の要請をそのまま受容していた自分のこと、また「まことの我」は、そうなることに「我」はふさわしくないと悟った自分のこと、と具体的には理解される。

【用例】奥深く潜《ひそ》みたりしまことの我《われ》は、やうやう表《おもて》にあらはれて、きのふまでの我ならぬ我を攻むるに似たり。余は我身《わがみ》の今の世に雄飛すべき政治家になるにも宜《よろ》しからず、また善《よ》く法典を諳《そらん》じて獄を断ずる法律家になるにもふさはしからざるを悟りたりと思ひぬ。余は私《ひそか》に思ふやう、我《わが》母は余を活《い》きたる辞書となさんとし、我官長は余を活きたる法律となさんとやしけん。（森鷗外「舞姫」）

ふしくれだつ　節くれだつ　〔自タ五〕

【解説】①樹木の幹や枝が節が多くてでこぼこしている。②指の関節の部分が太くなってごつごつしていたり、腕や脚の筋肉が盛りあがって硬くなっていたりする。③言葉づかい・表現がとげとげしくて、なめらかさに欠ける。「節榑立つ」の表記を時に見るが「榑」は板屋根を葺《ふ》いたり壁を張ったりする薄板、または規格通りに製材した板材でなめらかに削ってあるもので、「節くれだつ」には合わない。丸太を製材して残った背板をも「くれ」と言う。これが「端《はし》くれ」であろうか。とすれば、背板の節のあるところは「節くれ」であろう。左の［用例］は短編小説の末尾の一節で、「Leonid Andrejew」はロシアの小説家・劇作家レオニード・アンドレイエフで、「七人の戮せられたるもの」（一九〇八）はその後期の作。

【用例】これを書いた後に、Leonid Andrejew の「七人の戮《りく》せられたるもの」という小説を読んで見ると、これにも主人を小刀で刺した百姓 Iwan Jans-son が法廷で、節榑立《ふしくれだ》った指で、鼻の穴を掘っているということが書いてあった。　↓りくする
（森鷗外「大発見」）

ふししずむ　伏し沈む　〔自マ五〕

＊しずむ・ふす

【解説】深いもの思いや悲しみの底から浮きあがれないでいる、嘆きにしずむ意で用いる語。「伏す」と「沈む」の複合動詞で、「伏す」は①うつむく、腹ばいになる、②横になる、寝る、③じっとしている、ひそむ、の意、「沈む」は①水などの深いところに入っている、②低くなって見えなくなる、③不幸な状況に陥る、④元気がなくなる、⑤悩み苦しむ、の意。左の［用例］中の「数奇」は不運、ここでは主人公が讒言《ざんげん》によって免官されたこと、「ここに及びし」の「ここ」は主人公とエリスとが離れがたい仲になることを言う。この個所には、かつてエリス

を「一輪の名花」にたとえたことにもあらわれている、主人公の美しいものに惹かれやすい気質が、端的に表現されていると見られる。

【用例】余《よ》がエリスを愛する情は、始めて相見し時よりあさくはあらぬに、いま我数奇《わがさつき》を憐《あわれ》み、また別離を悲《かなし》みて伏し沈みたる面《おもて》に、鬢《びん》の毛の解けてかかりたる、その美しき、いぢらしき姿は、余が悲痛感慨の刺激によりて常ならずなりたる脳髄を射て、恍惚の間にここに及びしを奈何《いかん》にせむ。

（森鷗外「舞姫」）

ふしょうぶしょう　不承不承　〔形動・副〕

【解説】不満足だが、それで我慢する様子。いやいやながら承知するさま。「日葡辞書」（一六〇三―四）にFuxŏbuxŏni suru　フシャウブシャウニスル　とあって、「しぶしぶ、あるいは、嫌々ながら物事をする」（邦訳・岩波版）とあり、この頃から口頭語として用いられていたことがわかる。ただし「承」の音は漢音ショウでキリシタン表記では合音 xô となるはずなのに、「日葡辞書」では開音 xŏ と記されていて、問題が残る。オ列長音の開音、合音（現行の発音記号で書けば開音［ɔː］と合音［oː］）の区別の無くなった近世になってからの用字と考えるべきものか。［用例1］の中の「飛鳥山」は東京都北区にある小丘陵で、江戸時代には上野、隅田と並ぶ桜の名所だった所。

【用例1】「（略）然《そ》う然《そ》うは方図《ほうず》が無いと思ッて如何《どう》しても遣《や》らなかッたらネ、不承々々《ふしょうぶしょう》に五十銭取ッて仕舞《しま》ッてネ、それからまた今度は、明後日《あさって》お友達同志寄ッて飛鳥山《あすかやま》で饂飩会《うどんかい》とかを……」

（二葉亭四迷「浮雲」第七回　団子坂《だんござか》の観菊《きくみ》　上）

【用例2】お由《よし》――母の名だ――彼様《あんな》に言うもんだから、買って来てお遣《や》りよ、という。祖母の声掛りだから、母も不承不承《ふしょうぶしょう》起《た》って、雨降りでも私の口のお使に番傘《ばんがさ》傾《かた》げて出懸《でか》けようとする。　↓かたげる

（二葉亭四迷「平凡」四）

ふする　付する・附する〔自他サ変〕

＊ふす

【解説】他動詞としては、①つけ加える。添える。②渡す。与える。交付する。③まかせる。託す。ゆだねる。④（③から転じて）心を奪われる。かまける。また、自動詞としては、⑤つきしたがう。付随する。他動詞、自動詞とも「付す」（サ五）とも言う。いずれも漢文訓読系の文語的表現である。左の［用例］の中の「長窪」は長野県小県郡長門町で、長窪古町と呼ばれていた。「下男」は下働きの男、下僕。「才覚」は機知、機転、商才。「旅籠屋」は普通の旅人を宿泊させる宿屋。「（註四）」は考証の文体らしく似せたものか。「諸説」は伝吉の敵討に幾通りかの伝承があることを示したもの。

【用例】伝吉は父を葬《ほうむ》った後《のち》、長窪《ながくぼ》にいる叔父《おじ》のもとに下男《げなん》同様に住みこむことになった。叔父は枡屋善《ますやぜん》作《さく》（一説によれば善兵衛《ぜんべえ》）と云う、才覚《さいかく》の利《き》いた旅籠屋《はたごや》である。（註四）伝吉は下男部屋に起臥《きが》しながら仇打《あだう》ちの工夫《くふう》を凝《こ》らしつづけた。この仇打の工夫に就《つ》いても、諸説のいずれが正しいかは少時《しばらく》疑問に附する外《ほか》はない。（芥川龍之介「伝吉の敵打ち」）

ぶっきらぼう　打切棒〔名・形動〕

＊ぶあいそう・ぶっきりぼう

【解説】ぶつ切りにした棒の切れはしのように、話し方や振舞いなどが粗雑で愛想《あいそう》がないこと。そっけないこと。またその様子。類義語に「ぶあいそう」があり、比較すると、「ぶっきらぼう」の方が愛想がない上に丁重さに欠ける。近世後期から見える口頭語であり、「ぶっきりぼう」の表記の例もあるので、こちらの方がもとの形であろうと思われる。左の［用例］の中に「神経」の語があるが、これが小説中で一般に用いられるようになったのは大正期だから、これは比較的古い用例と見られる。

【用例】やあ、僕の神経は錐《きり》の様に尖《とん》がって来たから、是で一つ神経の門を突《つ》ッついて見る積《つもり》だのと、其様《そんな》事《こと》ばかり言う。でなきゃ、文壇の噂で人の全盛に修羅《しゅら》を燃《もや》し、何かしらケチを附《つ》けたがって、君、何某《なにがし》のと、近頃評判の作家の名を言って、姦通一件を聞いたかという。また始まったと、うんざりしながら、いやそんな事僕は知らんと、ぶっきらぼうに言うけれど、文士だから人の腹なんぞは分らない。

（二葉亭四迷「平凡」九）

→しゅらをもやす

ぶばる　武張る　〔自ラ五〕

【解説】武力をそなえていて強そうだという外見をよそおう。武勇に長《た》けていて、いかめしく、ごつごつした感じに振舞う。普通は人の動作や態度について言うが、時には言葉づかい・物言いについて言うこともある。軽蔑の意味はないが、あまり好感を抱いての表現とも言えない。近世後期の俳諧や滑稽本などから用例が見られる。左の［用例］の中の「奥秘」は大切な秘訣《ひけつ》、奥義、極意《ごくい》のこと。


【用例】大殿様は何かにつけて、武張《ぶば》った事を御好みになりましたが、若殿様は又《また》詩歌《しいか》管弦《かんげん》を何よりも御喜びなさいまして、その道々の名人上手とは、御身分の上下も御忘れになったような、隔てない御つき合いがございました。いや、それも唯《ただ》、そう云《い》うものが御好きだったと申すばかりでなく、御自分も永年御心を諸芸の奥秘《おうひ》に御潜めになったので、

（芥川龍之介「邪宗門」二）

ふみかえす　踏み返す　〔他サ五〕

＊しそこなう・ふみかえし

【解説】①繰り返して踏む。多くの人や牛馬や車などが通る。②踏みそこなう。踏みはずす。左の［用例］はこの意味。③踏まれた人が仕返しに踏む。①の意味から発した、連用形の名詞化した「踏み返し」ということばは、庭の踏み石や玄関の沓脱《くつぬぎ》石を言う。他の動詞の下に「かえす」を付けて「……返す」の形にした複合動詞は数多くあるが、②の「しそこなう」の意の「かえす」は「踏み返す」以外には見当らない。左の［用例］中の「渡るにゃ怕し渡らねば」は端唄《はうた》三下り「わが恋は」の一節、「何うで」はどうせ、「幾代もの恨み」は父や祖父の踏み返して世にいれられなかった恨み、の意。

【用例】渡るにゃ怕《こわ》し渡らねばと自分の謳《うた》いし声を其《その》まま何処《どこ》ともなく響いて来るに、仕方がない矢張《やっぱ》り私も丸木橋をば渡らずばなるまい、父《とと》さんも踏《ふみ》かえして落《おち》てお仕舞《しまい》なされ、祖父《おじい》さんも同じ事であったという、何《ど》うで幾代もの恨みを背負《せおう》て出た私なれば為《す》る丈《だけ》の事はしなければ死んでも死なれぬのであろう、（樋口一葉「にごりえ」五）

ふみしだく　踏み拉く　〔他カ五〕

【解説】踏んでめちゃめちゃにする。踏み荒らす。「しだく」は古くは清音であったようで「日葡辞書」（一六〇三―四）には Fumixitaqi, qu, aita　フミシタキ・ク・イタ　とあり、別に Fumixidaqi, u, aita　フミシダキ・ク・イタ　というのがあるが、それは「裾が引きずるほどで、足の下に敷かれるような長い着物を踏みつける」（邦訳・岩波版）とあって別の語である。xitaqi, u は「踏みしたく」の形以外に単独で用いられることはない（邦訳・岩波版）とあるが、「噛みしだく」の用例は近世前期からある。[用例] 中の「辮髪」は男子の頭髪を一部を残して剃り落とし、残りを編んで長く後ろに垂らす髪形で、清朝の滅亡まで漢民族一般に強制されていたもの。

【用例】人の身の丈《たけ》よりも高い高粱《こうりょう》は、無二無三《むにむさん》に駈《か》けてゆく馬に踏みしだかれて、波のように起伏する。それが右からも左からも、或《あるい》は彼の辮髪《べんぱつ》を掃《はら》ったり、或は彼の軍服を叩《たた》いたり、或は又《また》彼の頸《くび》から流れている、どす黒い血を拭《ぬぐ》ったりした。（芥川龍之介「首が落ちた話」上）

へしこむ　圧し込む　〔他マ五〕

＊へしおる・へしたおす・へしまげる・へす

【解説】無理に押し込む。無造作に押し込む。「へす（圧す）」は平安時代から用例のある古語で、現代語にも「押し合い圧《へ》し合い」などの表現に残っている動詞。「へし折る」が「へしょる」、「押し圧し折る」が「おっぺしょる」となったり、「へし曲げる」「へし倒す」など複合動詞も多い。「押す」と較べると、古語としては「圧《へ》す」の方が精神的・抽象的に圧倒するような意味合いの用法が多く見られるようである。[用例] の中の「舌鼓」は、思いどおりにならない時やいまいましい時にする舌打ちのこと。

【用例】坐舗《ざしき》一杯に敷詰《しきつ》めた毛団《けつと》、衣紋竹《えもんだけ》に釣るした袷衣《あわせ》、柱の釘《くぎ》に懸《か》けた手拭《てぬぐい》、いずれを見ても皆年数《ねんすう》物、その証拠には手摺《ず》れていて古色蒼然《そうぜん》たり、だが自《おのずか》ら秩然と取旁付《とりかたづい》ている。高い男は徐《しず》かに和服に着替え、脱棄《ぬぎす》てた服を畳みかけて見て、舌鼓《したつづみ》を撃ちながら其儘押入《そのままおしいれ》へへし込んで仕舞《しま》う。（二葉亭四迷「浮雲」第一回　アアラ怪しの人の挙動《ふるまい》）

べっして　別して　〔副〕

【解説】とりわけ。とくに。ことに。「別」の字音にサ変動詞を付けた「別す」（これだけで使われた用例は見当らないが）の連用形に接続助詞の「て」がついて一語となったもので、漢文訓読調のかたい言い方である。中世前期頃から文献に用例が見え、「日葡辞書」（一六〇三―四）にも「Bexxite　ベッシテ（副詞）特に。」（邦訳・岩波版）の項目があるが、いずれも男性用語としての用例である。現代語としても、やはり文章語的なかたさの感じられる語と言うべきであろう。

【用例】自分と沙金《しゃきん》とが、今のような事になって見れば、無理のない事に相違ない。が、自分は、あの女に会う度に、始終兄にすまないと思っている。別して、会った後《のち》のさびしい心もちでは、よく兄がいとしくなって、人知れない涙もこぼしこぼしした。現に、一度なぞは、この儘《まま》、兄にも沙金にも別れて、東国へでも下ろうとさえ、思った事がある。（芥川龍之介「偸盗」四）

へめぐる　経巡る・歴回る・歴廻る　〔自ラ五〕

＊へる・めぐる

【解説】あちらこちらの地方から地方を旅行して廻り歩く。遍歴する。複合動詞の上位語の「経る」には、立ち寄ってそこを通り過ぎるという意があり、下位語の「めぐる」には、あちらこちら移動する意のほか「独立をめぐる諸問題」のように、まわりをとり囲む、関連する、の意や、「年月がめぐる」のように、時間が経過する、の意もある。複合動詞は両方の意味が補い合うものもあるが、これは二語が互いに他の意味を規制し合う例である。［用例］の中の「三丁」は三町で約三三〇メートル、「窮理」は物事の道理をきわめること。

【用例】悉《ことごと》く眼前に浮《うか》んで、其《そ》れが我膳《わがぜん》の前へ坐った始めから、三丁（ちょう）来た角で車が別れた終りまで、何遍《べん》となく何十遍となく何百遍となく、繰返《くりかえ》し繰返し肚裡《はらのうち》を歴環《へめぐ》って居（い）る、勿論歴環る間にも一々窮理する所があるので、隣の男が投《なげ》与えた烟草《たばこ》を棄《す》てて、我《わが》烟草《たばこ》を取ったことを思出《おもいだ》して見ると、彼《か》れに冷《ひやや》かで我れに温《あたた》かであったように考えられ、
（斎藤緑雨「油地獄」（四））

へんがえ　変換え・変替え　〔名・他サ変〕

【解説】①これまでの状態を変え改めること。②心変りして約束などを破ること。左の［用例］のように「変易」の字をあてることもある。「日葡辞書」（一六〇三―四）には Fengaye と Fengai との二つの見出し項目があり、Yacusocuuo fengai suru の例をあげて、「Fengai と言う方がまさる」（邦訳・岩波版）とある。室町時代に［ai］と［ae］との母音交替現象が多く見られ、特に「変改」とは意味用法の差異も感じられないまま一般化したものであろうと言われている。［用例］中の「可愧からん」は恥ずかしくない、の意。

【用例】「（略）私《わし》たちは追々《おいおい》年を取るばかり、お前たちは若しと云うもので、爰《ここ》に可頼《たのもし》い親類が有れば、何《ど》程《ほど》心丈夫だか知れんて、のう。因《そこ》で富山《とみやま》ならば親類に持っても可愧《はずかし》からん家格《いえがら》だ。気の毒な思《おもい》をしてお前との約束を変易《へんがえ》するのも、私《わし》たちが一人娘を他《よそ》へ遣《や》って了《しま》うのも、究竟《つまり》は銘々《めいめい》の為に行末《ゆくすえ》好《よ》かれと思うより外は無いのだ。（略）」
（尾崎紅葉「金色夜叉」前編（六）の二）

へんずる　変ずる　〔自他サ変〕　＊へんじる

【解説】①（自サ変）かわる。変化する。改まる。②（他サ変）変える。改める。左の［用例］はこの意味の例。「変」の漢字音にサ変動詞を付け、「ン」のあ

との連濁現象が起こってサ変動詞がザ行に活用するようになったもので、「念ずる」「減ずる」「免ずる」など同類は多い。いずれも文章語的なかたさのある語である。また、これらの語は現代語としてはザ行上一段活用「――じる」の形になりやすい点も共通している。［用例］中の「見るがうちに」は見る間に、見る見る、「暗憺たる雲」は薄暗くてあざやかでない雲。

【用例】帰りも矢張《やはり》凡《およ》その方角をきめて、別な路を当てもなく歩くが妙。そうすると思わず落日の美観をうる事がある。日は富士の背に落ちんとして未《いま》だ全く落ちず、富士の中腹に群《むら》がる雲は黄金色に染《そまっ》て、見るがうちに様々の形に変ずる。連山の頂《いただき》は白銀の鎖《くさり》の様な雪が次第に遠く北に走《はしっ》て、終《おわり》は暗憺《あんたん》たる雲のうちに没してしまう。
（国木田独歩「武蔵野」五）

へんてつ　変哲　〔名・形動〕

＊へんてつもない

【解説】普通と変わっていること。また、その様子。「へんてつもない」の形で使うことが多く、これといって変ったところがない、とりたてて言うべきこともない、平凡である、といった意味をあらわす。また、上に「何《なん》の」を付けることもある。左の［用例］のように連体形は「変哲なる」であって「――な」ではない。やはりかなり古風な、文章語的な表現である。［用例］中の「好下物」は上等な酒のさかな、「如何」はどうだ、なんとする、の意。

【用例】単《ひと》り純之助は（略）偏《へん》てつなる長演説で、平生《いつも》は此《この》演説者の得意な険句冷語をラムネの塞子《せん》の抜けたほどにも思わなかったのが身に染々《しみじみ》と悪感情《いやなこころもち》がした。其《その》上に一同から祝杯を挙げられたは恰度《ちょうど》敗軍の将が凱歌に迎えられたと同様で純之助は窃《ひそか》に赧《たん》然《ぜん》として羞《はなじ》ろんだ。
「好下物《こうかぶつ》あり、好丈夫《こうじょうぶ》あり。美酒あって美人なきを如何《いかん》、」と突然叫んだものがあった。　→はなじろむ
（内田魯庵「くれの廿八日」其《その》六）

べんべん　便便　〔形動タリ〕

＊べんべんだらだら・べんべんだらり

【解説】①肥満して腹が出ている様子。②無駄に時間がたつ様子。何をするでもなく無駄に時を過ごす様子。③文章や話などがしまりなく長たらしい様子。「日葡辞書」（一六〇三—四）には Benbento xita fito に「悠然と落ち着いた人」（邦訳・岩波版）という解釈があり、プラス評価のおもむきがあるが、近世になると「べんべんだらり」「べんべんだらだら」などの複合語も出てくるように、マイナス評価の語となる。左の［用例1］の中の「団子坂」は東京都文京区北東端にある坂で、明治末年までは秋に菊人形をつくり並べて東京名物の一つになっていた所、「お神輿を据えて」は尻を据えてゆっくり構えて、の意。

【用例1】名打《なうて》の長尻《ながッちり》で、アノ只今《ただいま》から団子坂へ参ろうと存じて、という言葉にまで力瘤《こぶ》を入れて見ても、まや薬ほども利《き》かず、平気で済まして便々とお神輿《みこし》を据えていられる、そのじれッたさもどかしさ。

（二葉亭四迷「浮雲」第七回　団子坂《だんござか》の観菊《きくみ》　上）

【用例2】「僕はね、昨日の電話の一件があって以来、とても便々と家にゃいられないからね。これからすぐに君の所へ行くよ。いいえ、電話で君の話を聞いたくらいじゃ、とても気が休まらないんだ。好いかい。すぐに行くからね。」

（芥川龍之介「妖婆」）

ほいない　本意無い　〔形〕

【解説】本来の意志や期待がはずれて残念である。不本意な結果でものたりない。日本語には本来「ン」の音はなく漢字が渡来してその音の中に今日「ン」や「ん」で書きあらわされる音が含まれていた。「天気」を「てけ」または「ていけ」と仮名書きしたり、「面目」を「めいぼく」と書き、「対面」を「たいめ」としたのは、「ん（ン）」という音の表記が定まっていなかったからで、それをそのまま読むようになってしまったもの。「本意」も「ほい」と書いて「ホンイ」と発音していたのだが、古文では書いてある仮名の通りに読むようになったものである。

【用例】何でも苦学すると思って辛抱して、品行を慎むは勿論、勉強も人一倍するようにという話で、聴いていても面白くも変哲もない話だから、雪江さんは話半《はなしなかば》に小さな欠《あく》びを一つして、起《た》って何処へか行って了った。私は少し本意《ほい》なかつたが、やがて奥まった処《（ところ）》で琴の音がする。雪江さんに違いない。（二葉亭四迷「平凡」三十）

ほうける　惚ける・呆ける　〔自カ下二〕

＊やみほうける

【解説】①知覚がにぶくなる。ぼんやりする。ぼけおとろえる。②一つのことに夢中になって、ほかのことが正確に判断できなくなる。のぼせる。①の意味の複合動詞に「病《や》みほうける」、②の意味の複合動詞に「遊びほうける」などがある。「病みほうける」は、長い病気のためやつれて反応がにぶくなる、の意で、「病み耄ける」と表記することもある。意味の類似と音の近似から「ぼける」との関連が予想されやすいが、語源については諸説あって今日定まらない。左の［用例］中の「恭謙」は慎み深くへりくだっていること、「芭蕉」は松尾芭蕉（蕉風を確立し俳諧に高い芸術性を与えた江戸前期の俳人）のこと。

【用例】日頃から恭謙《きょうけん》の名を得ていた彼は、一同に軽く会釈《えしゃく》をして、芭蕉《ばしょう》の枕もとへすりよったが、そこに横《よこた》わっている老俳諧師の病みほうけた顔を眺めると、或《（ある）》満足と悔恨《かいこん》との不思議に錯雑した心もちを、嫌でも味《（あじわ）》わなければならなかった。（芥川龍之介「枯野抄」）

ほおける　蓬ける　〔自カ下二〕

【解説】古典仮名遣いでは「ほほける」で、「呆《ほう》・惚《ほう》・耄《ほう》ける」とは別語。草や毛髪・毛皮などがほつれ乱れる。けばだつ。そそける。古辞書「色葉字類抄」（一一七七―八一）には「潦倒（ラウタウ）《ホホク・ホホケタリ》」とあるので、仮名遣いの点から「蓬ける」と同語かとも思われるが、漢語「潦倒」には「老衰の義。李丹『潦倒之人』」とあるところから見ると、こちらはやはり「呆・惚・耄」の方らしい。左の［用例］の中の「四五間先」は八、九メートル先（一間は約一・八メートル）、「築土」は土塀の上に屋根を葺《ふ》いたもの、築地塀。

【用例】　四五間先に、路と芒原《すすきばら》とを（これも、元は誰かの広庭であったのかも知れない。）隔てる、崩れかかった築土《ついじ》があって、その中に、盛りをすぎた合歓《ねむ》の樹が二三本、苔《こけ》の色の日に焼けた瓦の上に、ほおけた、赤い花を垂らしている。それを空に、枯竹の柱を四隅《よすみ》へ立てて、古蓆《ふるむしろ》の壁を下げた、怪しげな小屋が一つ、しょんぼりとかけてある。

（芥川龍之介「偸盗」二）

ほこりが　誇貌　〔名・形動ナリ〕

【解説】「誇顔」とも書く。「ほこりか」とも発音し、本来「か」は、いささか、さやか、しずか、ほのか、などの「か」と同じく、情態をあらわす接尾語であったものが、「ほこり顔」と意味が近似していたため「――がお」と連濁するのにひかれて、あたかも「――がお」の下略ででもあるかのように「ほこりが」と濁音になり、表記は「誇顔」と書くまでになったものと思われる。「ほこりか」の用例は古く平安時代から見られるが、「ほこりが」と濁音となり「誇貌」「誇顔」の表記の出てくるのは、近世後期からである。ほこらしい顔つきや態度、の意。

【用例】　娘の親も親で、慶《(よろこ)》びを陳《(の)》べられて、一層得意になり、さも誇貌《ほこりが》に婿《(むこ)》の財産を数《(かぞ)》え、または支度《(したく)》に費《つか》ッた金額の総計から内訳まで細々《こまごま》と計算をして聞かせれば、聞く事毎《(こと)》にお政は且《(か)》つ驚き、且つ羨やんで、果《(はて)》は、どうしてか、婚姻の原因を娘の行状に見出《いだ》して、これというも平生の心掛《(がけ)》がいいからだと、口を極《きわ》めて賞《ほ》める、

（二葉亭四迷「浮雲」第十八回）

ほしいままだ　擅だ・縦だ・恣だ　〔形動〕

【解説】　自分の思いどおりにする様子、思うように物事を行うさま、の意で用いられる語。勝手気ままで他人の迷惑など考えない、放肆《ほうし》という意味合いを含むことが多い。〔用例〕中で二度使われている「擅にする」は、①自分勝手にする、②わがものにして十分満足する、という意。ちなみに、「擅」という漢字はしばしば「独擅場《どくせんじょう》」

＊どくせんじょう・どくだんじょう

という形で用いられ、その人だけが思うままに活動できる場、ひとり舞台という意味をあらわしているが、今日ではそれを誤読し漢字をとりちがえた「独壇場《どくだんじょう》」という語が横行している。左の［用例］は、主人公の二十世紀文明観を述べた個所の一節で、この前後の認識は夏目漱石のそれとほぼ同じと見られる。「一人前何坪何合かの地面」は、平均化された個人の権利、束縛されたひとりひとりの自由を比喩的に示したもの。

【用例】一人前《ひとりまえ》何坪何合《なんつぼなんごう》かの地面を与えて、此《この》地面のうちでは寝《ね》るとも起きるとも勝手にせよと云《い》うのが現今の文明である。同時に此何坪何合の周囲に鉄柵《てつさく》を設けて、これよりさきへは一歩も出てはならぬぞと威嚇《おど》かすのが現今の文明である。何坪何合のうちで自由を擅《ほしいまま》にしたものが、此鉄柵外にも自由を擅にしたくなるのは自然の勢《いきおい》である。（夏目漱石「草枕」十三）

ほぞをかむ　臍を噬む・蔕を噛む・枘を噛む　〔連語〕

＊ほぞをくう

【解説】悔やんでも返らないことを後悔する。「ほぞを食う」という表現もある。「ほぞ」はへそのこと。鎌倉時代中期の辞書「塵袋《ちりぶくろ》」（一二六四―八八）によれば、「ほぞを食ふ」の説明として「後悔スルニハホソヲクフトイフ事其ノ説如何（略）ウツフキテ、クハントスレトモ、クハレヌハヘソナリ、クヤシキ事ヲシテ、トリカヘサントスレトモ、カナハヌハヘソヲクハントスルニヲヨハスシテ、クハレヌカ如シトタトフル也」とある。

【用例】ああ、初《はじめ》て部屋へ来た時、何故《なぜ》私は物を言わなかったろうと、千悔万悔、それこそ臍《ほぞ》を噬《か》むけれど、追付《おっつ》かない。然《しか》るに、私は接近が出来ないで此《こん》様なに煩悶しているのに、隣の俗物は苦《く》もなく日増しに女に親しむ様子で、物を言交《いいかわ》す五分間がいつか十分二十分になる。何だか知らんが、睦《むつ》まじそうに密々《ひそひそ》話《ばなし》をしているような事もある。（二葉亭四迷「平凡」五十二）

ほだてる　攪てる　〔他タ下一〕

【解説】①液体に物を入れてかきまぜる。かきまわす。

攪拌《かくはん》する。②火鉢や竈《かまど》の火などを火箸《ひばし》などでつつきまわす。③乱暴な動作で埃《ほこり》をたてる。左の［用例］はこの意味の例。近世後期頃の洒落本や滑稽本、雑俳あたりから用例の見られる口頭語系の動詞である。左の［用例］の中の「不手廻り」は手配りがわるいこと、不手回し。特に金の都合がうまくつかないこと、手もとが不如意なこと、の意で用いることが多い。

【用例】万事が常よりも不手廻《ふてまわ》りで、掃除にはいつも来るお糸さんが来ないで、小女《ちび》が代りに来たから、私は不平に思って、如何《どう》したのだと詰《なじ》るようにいうと、今日はお竹どんが病気で寝ているので、受持なんぞの事を言っていられないのだと云う。其《それ》なら仕方が無いようなものだけれど、小女は掃除するのじゃなくて、埃《（ほこり）》をほだてて行くのだから、私が叱り付けてやったら、小女は何だか沸々《ぶつぶつ》言って出て行った。

（二葉亭四迷「平凡」五十四）

ぼっとり 〔副〕

【解説】「と」を伴って用いることが多い。①顔や体形がやわらかくふくらみのある様子。女性に対して言うことが多いが、時に若い男性に対して使うこともある。転じて、小物のやわらかい厚みなどに言うこともある。②動作や身のこなしが初々しくかわいい様子。③雪などのやわらかいものが静かに落ちる様子。「和英語林集成」初版（一八六七）のBottoriの項目に「雪がぼっとりと落ちる」（原文ローマ字）の用例が引いてある。左の［用例］に「落雪」と書き、読み仮名を「ぼっとり」と付けてあるのは、偶然だろうか。

【用例】紳士の随伴《つれ》と見える両人《ふたり》の婦人は、一人《（ひとり）》は今様《いまよう》おはつとか称《（とな）》える突兀《とっこつ》たる大丸髷、今一人は落雪《ぼっとり》とした妙齢の束髪頭、孰《いず》れも水際の立つ玉揃《（ぞろ）》い、面相《かおつき》といい風姿《ふうつき》といい、如何《どう》も姉妹《きょうだい》らしく見える。昇はまず丸髷の婦人に一礼して、次に束髪の令嬢に及ぶと、令嬢は狼狽《あわ》て率方《そっぽう》を向いて礼を返《（か）》えして、サット顔を赧《あか》めた。

（二葉亭四迷「浮雲」第七回　団子坂《だんござか》の観菊《きくみ》　上）

↓とっこつ

ぽつねんと　〔副〕

*つくねんと

【解説】ひとりだけで、することもなく、手持ちぶさたで寂しそうな様子。つくねんと。「徒然と」「孑然と」などの当て字の例が見られる。「言海」初版（一八八九―九一）には項目がなく、「大言海」（一九三二―七）に「獨居シテ、サビシキ状ニ云フ語。ツクネン。煢然　孑然」とある。「煢然」はケイゼン、ひとり憂いおもうさま、「孑然」はケツゼン、孤独の貌、である。比較して「つくねんと」の方には寂しさは強調されない。左の［用例］の中の「カレードスコープ」は kaleidoscope で万華鏡、百色めがねのこと。

【用例】日曜に妻子を親類へ無沙汰見舞《（ぶさたみまい）》に遣《（や）》った跡《（あと）》で、長火鉢の側で徒然《ぽつねん》としていると、半生の悔《くや》しかった事、悲しかった事、乃至《ないし》嬉しかった事が、玩具《おもちゃ》のカレードスコープを見るように、紛々《ごたごた》と目まぐるしく心の上面《うわつら》を過ぎて行く。初《はじめ》は面白半分に目を瞑《ねむ》って之《（これ）》に対《むか》っている中に、いつしか魂が藻脱《もぬ》けて其《（その）》中へ紛れ込んだように、恍惚《うつとり》として暫く夢現《ゆめうつつ》の境《さかい》を迷っていると、（二葉亭四迷「平凡」二）

ほつれる　解れる　〔自ラ下一〕

*がんほどき・てほどき・ほぐす・ほぐれる・ほどく・ほどける

【解説】縫ったり編んだり結んだり束ねたりしてある物が解けたりゆるんだりして乱れる。転じて、人と人との関係がゆるんで乱れる。類義語に「ほぐれる」「ほどける」があるが、「ほぐれる」は、複雑にからんでいた糸やひもなどが解ける、転じて、人と人とのわだかまりが解ける、の意。「ほどける」は、結び目や縫い目などが望まないのに自然にゆるくなり解ける、の意。「ほぐれる」に対する他動詞は「ほぐす」。「ほどける」の他動詞は「ほどく」。意識的にゆるめて楽にする、の意。なお、「手ほどき」「願ほどき」などの関連語がある。

【用例】それまではお勢の言動に一々目を注《つ》けて、その狂う意《こころ》の跟《あと》を随《した》いながら、我《（われ）》も意《こころ》を狂わしていた文三も此《ここ》に至って忽《たちま》ち道を失って暫《しばら》く思念の歩《あゆみ》を留《とど》めた。彼程《あれほど》までにからんだ両人《ふたり》の関繋《かんけい》が故《ゆえ》なくして解《ほつ》れて仕《し》舞《ま》う筈《はず》は無いから、早まって安心はならん、けれど、喜ぶまいとしても、喜ばずには居《い》られんはお勢の文三に対する感情の変動で、

（二葉亭四迷「浮雲」第十九回）

ほとほと　殆・幾　〔副〕

【解説】①全体の中のあらかた。ほとんどの部分。「忘れる」「思い出せない」などの状態について言うことが多い。②深く切実に感じる様子をあらわす。ほんとうに。まったく。「感心する」様子にも使うが、「あきれる」「困惑する」「精神的に弱り果てる」などの状態について使うことが多い。「辺」や「側」の「ほとり」の「ほと」と同源と言われ、室町時代中期に「ほとんど」となるとされるが、現代語では別語である。

【用例】浪は一面に湧き立ち返って、宙に舞上る水煙も、さながら無数の天使《あんじょ》たちが雪の翼をはためかいて、飛びしきるかとも思うばかりじゃ。さればさすがの「きりしとほろ」も、今宵《こよい》はほとほと渡りなやんで、太杖《ふとづえ》にしかとすがりながら、礎《いしずえ》の朽ちた塔のように、幾度《いくたび》もゆらゆらと立ちすくんだが、雨風よりも更に難儀だったは、怪《けし》からず肩のわらんべが次第に重うなったことでおじゃる。　↓けしからず

（芥川龍之介「きりしとほろ上人伝」四）

ほふる　屠る・宰る　〔他ラ五〕

【解説】①体を切り裂く、切り殺す、②敵を破る、の意で用いる語。ただし①は鳥や獣などの場合に使うのが本来の言い方で、人に対して用いる場合は、人格を認めない乱暴な意味合いが加わる。記紀の頃から使われた。左の［用例］は、滞在先にほど近い鏡が池にやって来た主人公が「黒ずんだ、毒気のある、恐ろし味を帯びた」椿の花の「ぱっと咲き、ぽたりと落ち」るさまを見て、「ええ、見なければよかった」と思うことを叙した個所の一節で、「彼女」は主人公が妖女に連想した椿の花をさしている。

【用例】只《ただ》一眼見たが最後！ 見た人は彼女の魔力から金輪際《こんりんざい》、免《のが》るる事は出来ない。あの色は只の赤ではない。屠《ほふ》られたる囚人の血が、自《おの》ずから人の眼を惹《ひ》いて、自から人の心を不快にする如《こと》く一種異様な赤である。（夏目漱石「草枕」十）

ま行

まがなすきがな　間がな隙がな　〔連語〕

＊まがなひまがな

【解説】間があったらその間に、隙があればその隙に。すこしでも時間さえあればいつでも。「間がな暇（ひま）がな」とも言う。近世中期の浄瑠璃や滑稽本などから用例の見える話しことばの中の表現。「がな」は中世・近世の会話文体の中にあらわれる副助詞で、たとえば……でも、と漠然と例示する意味で、特に「……がな……がな」と類似の語を並列して強調した表現である。左の［用例］はいずれもこのことばを副詞的に用いたもの。

【用例1】「用がないのに何故《なぜ》お出《い》でだ。先刻《さっき》あれほど、最《も》う是《こ》れからは今迄《まで》のようにヘタクタ二階へ往《い》ッてはならないと言ッたのがお前にはまだ解らないかエ。さかりの附《つい》た犬じゃアあるまいし、間《ま》がな透《すき》がな文三の傍《そば》へばッかし往きたがるよ。」

（二葉亭四迷「浮雲」第五回　胸算《むなさん》違いから見一《けんいち》無法《むほう》は難題）

【用例2】　明けても小歌《こうた》暮れても小歌、日として夜として、小歌の姿が眼に映らぬことはなく、学校の往《ゆき》帰《かえ》りにも小歌が送迎《おくりむか》いをするようで、間《ま》がな隙《すき》がな忘れたことがない。　（斎藤緑雨「油地獄」（五））

まことしやかだ　〔形動〕

【解説】　ほんとうではないのにいかにも本当であるような様子。また、そのようによそおう様子。連用形「まことしやかに」の形で連用修飾語になる用法が多い。「まこと」という名詞に「し」を付けて形容詞「まことし」となり、これが意外に古く「更級日記」（一〇五九頃）から使われているが、これに更に接尾語「やか」を付けて形容動詞となったもの。これも南北朝頃の「曽我物語」に既に用例が見られる。左の［用例］中の「琵琶法師」は琵琶に合わせて平家物語を語った盲目の僧。「俊寛」は平家討伐の密議の場を提供したことを密告されて鬼界が島に流された平安末期の僧。「有王」は俊寛の忠僕で、鬼界が島に主をたずね、その死後遺骨を高野山に納めて出家した。

【用例】　又《また》もう一人の琵琶法師は、俊寛様はあの島の女と、夫婦の談《かた》らいをなすった上、子供も大勢御出来になり、都にいらしった時よりも、楽しい生涯《しょうがい》を御送りになったとか、まことしやかに語っていました。前の琵琶法師の語った事が、跡方《あとかた》もない嘘だと云《い》う事は、この有王《ありおう》が生きているのでも、おわかりになるかと思いますが、　（芥川龍之介「俊寛」一）

まじまじ　〔副〕

＊まじりまじり

【解説】　「と」を伴って使うことが多い。①眠ろうとして眠れない様子。「日葡辞書」（一六〇三―四）にはMajimajito（マジマジト）シテと、また、「眠ろうとして眠れないで臥していること」（邦訳・岩波版）とある。同根のさらに強調した表現「まんじりともしない」は、眠ろうとして眠れないでいる、眠る努力さえもしない、の意味であろう。②他のはたらきかけや誘いに動じないで、変らぬ態度でいる。「日葡辞書」の同じ項目に「何一つとして心を配ることもなく、非常にのんびりとしていること」(邦訳・岩波版)ともある。「和英語林集成」初版(一八六七)には「マジマジシテ」の項目に、まじめ、態度がさえない、鈍い、無関心な、などと訳せそうな単語が並んでいる。「まじめ」と「まじまじ」は同根であるらしい。「まじまじと見つめる」という表現は、周囲にも相手にも配慮することなく、一心に見つめることを言う。「まじりまじり」は「まじまじ」を強めた言い方。

【用例1】此様《このよう》な薬袋《やくたい》も無い事に拘《かかずら》ッて徒《いたずら》に日を送るを極《きわめ》て愚《ぐ》のように思われ、もうお勢の事は思うまいと、少時《しばらく》思《おもい》の道を絶ッてまじまじとしていてみるが、それではどうも大切な用事を仕懸《しか》けて罷《や》めたようで心が落居《おちい》ず、狼狽《うろたえ》てまたお勢の事に立《たち》戻って悶《もだ》え苦しむ。 ↓おちいる・やくたいもない

(二葉亭四迷「浮雲」第十九回)

【用例2】お勢は退屈で退屈で、欠《あく》び計《ばか》り出る、起《たち》上《あが》ッて部屋へ帰ろうとは思いながら、つい起《たち》そそくれて潮合《しおあい》を失い、まじりまじり思慮の無い顔をして面《おも》白《しろく》もない談話《はなし》を聞いているうちに、 ↓そそくれる

(二葉亭四迷「浮雲」第十八回)

まする

摩する・磨する 〔自他サ変〕

＊るいをます

【解説】①こする。みがく。②せまる。近づく。接するように近づく。文章語。左の［用例］は②。「日葡辞書」(一六〇三―四)には「Ma(磨)」の項に、Migacu とあって、「磨くこと、あるいはきれいにすること」とあり、「Quenuo masu bexi(剣を磨すべし)剣をきれいにして研磨せよ。文書語」(邦訳・岩波版)とある。「日葡辞書」は室町時代の文章語から口頭語までを取り上げており、特に文章語にはその旨を明記してある。類語に「塁《るい》を摩す」があるが、「塁」は、とりで、よりどころ、の意で、①敵陣に迫る、②技量や地位などがほとんど同等なまでに近づく、迫る、匹敵する、という意味をあらわす。「摩す」という連体形の用例が散見するが、それは四(五)段活用と混乱したものである。

【用例】僕は三年が間に、独逸《ドイツ》のあらゆる階級の人

に交《まじわ》った。（略）
併《しか》し此《この》三年の間鼻糞《はなくそ》をほじるものには一度も出《で》逢《あ》わなかった。
独逸から帰りがけには倫敦《ロンドン》に立ち寄って、鼹鼠《もぐらもち》のように地の底を潜《もぐ》って歩く地下鉄道の車にも乗ったが、鼻糞をほじるものには逢わない。巴里《パリ》にも立ち寄って、天を摩するエッフェル塔の上にも登ったが、鼻糞をほじるものには逢わない。（森鷗外「大発見」）

まだるっこい　間怠っこい　〔形〕

＊まだるい・まだるっこしい

【解説】のろのろしていて、はたで見ていてじれったい。もどかしい。「まだるい」の語幹に、性質・状態をあらわす接尾語の「こい」が付いて「まだるこい」となり、さらに強調するための促音化が行われたもの。接尾語「こい」は「細っこい」「丸っこい」「冷っこい」「人懐っこい」など現代語の口頭語に多い表現である。また、語尾の混乱による「まだるっこしい」の形もある。左の［用例］の中の「鵜呑」は人の言などをよく検討・理解しないでそのまま採用すること、の意であるが、ここでは、教科書の記述などを丸暗記することか。

【用例】同じような青年と一つ埒内《らちない》に鼻を列《なら》べて見ると、負《まけ》るのが可厭《いや》でいきり出す、矢鱈《やたら》に無上《むしょう》にいきり出す。
平生さえ然《そ》うだったから、況《いわん》や試験となると、宛然《さながら》の狂人《きちがい》になって、手拭《てぬぐい》を捻《ねじ》って向鉢巻《むこうはちまき》ばかりでは間怠《まだる》ッこい、氷嚢《ひょうのう》を頭へ載《のっ》けて、其《その》上から頬《ほお》冠《かむ》りをして、夜の目も眠《ね》ずに、例の鵜呑《うのみ》をやる。又鵜呑で大抵間に合う。→いきる　（二葉亭四迷「平凡」二十二）

まっとうする　全うする　〔他サ変〕

＊まったい

【解説】完全に成しとげる。欠けることなく完全にする。「まったくする」が変化して一語化したものである。従って、古典の仮名遣いは「まったうする」。一三世紀初頭頃の「平家物語」などの用例が早い。「日葡辞書」（一六〇三―四）には「Mattai　マッタイ（全い）完全な、疵のない（もの）」があり、「疵つかぬ全い梨は一つもない」（邦訳・岩波版）の例文が挙げてある。また、「全い所」（安全な場所）の例もあげてある。

【用例】「河童の生活と云《い》うものをね。」「河童の生活がどうなるのです？」「我々河童は何《なん》と云っても、河童の生活を完《まっと》うするためには、……」

マッグは多少羞《はずか》しそうにこう小声でつけ加えました。

「兎《と》に角《かく》我々河童以外の何ものかの力を信ずることですね。」

（芥川龍之介「河童」十三）

まどい　円居・団居　〔名・自サ変〕

【解説】古くは「まとゐ」と表記。①大勢の人が集まって輪になって坐ること。車座になって坐ること。②親しい者同士の楽しい会合。「古今和歌集」「源氏物語」などから既に用例の見える語で、現代語としては古典的・詩的表現に属する言い方であって、生活言語のなかにはない。むしろ漢語の「団欒《だんらん》」の方が耳に近いとも言える。

左の［用例］の中の「極楽国」は阿弥陀仏のおわします極楽世界、「迦陵頻伽」は極楽浄土にいるとされる声の美しい鳥、「玉味噌」は味噌に卵・砂糖・酒などを加えて練りあげた練り味噌の一種、「山茶も一時の出花」は「番茶も出花」をもじった言い方で、粗末な山家の茶でも湯を注いだばかりのものは賞味できる、の意、「囲い栗」は貯えておいた栗、「一顆」は一粒、「一顆のなさけ」はささやかなものではあるが厚い人情がこもっている、の意。

【用例】珠運《（しゅうん）》も思い掛《かけ》なく色々の始末に七日《なぬか》余《あま》り逗留して、馴染《なじむ》につけ亭主頼もしくお辰《（たつ）》可愛《かわゆ》く、囲炉裏《いろり》の傍《そば》に極楽国、迦陵頻伽《かりょうびんが》の笑声《わらいごえ》睦《むつま》じければ、客あしらいされざるも却《かえっ》て気楽に、鯛《たい》は無くとも玉味噌《たまみそ》の豆腐汁《とうふじる》、心協《あ》う同志《どし》安らかに団坐《まどい》して食《く》う甘《うま》さ、或《ある》は山茶《やまちゃ》も一時《いっとき》の出花《でばな》に、長き夜の徒然《つれづれ》を慰めて囲《かこ》い栗《くり》の皮剥《むき》てやる一顆《いちか》のなさけ、

（幸田露伴「風流仏」第六　如是縁《にょぜえん》　上　種子《たね》一粒《ひとつぶ》が雨露《うろ》に養わる）

まねぶ　真似ぶ　〔他バ五〕

＊まなぶ

【解説】人の言動や作品などを手本にしてまねをする。そこから学習して身につける。「学ぶ」はこの「まねぶ」が源と言われているが、「枕草子」には既に「まねぶ」「まなぶ」の両方の語形の例があり、しかも意味も、真似する、と、学習する、の両方がある。「日葡辞書」(一六〇三—四)になると、Manebi,u,ôda(マネビ・ブ・ボウダ)の方は真似する意だけとなり、Manabi,u,etdaの方は「真似る、または学習する」(邦訳・岩波版)となっている。左の[用例]中の「そそけ髪」はほつれて乱れた髪、「四分板」は約一・二センチの厚さの板。

【用例】襤褸衣服《ぼろぎもの》にそそけ髪《がみ》ますます悲しき風情《ふぜい》なるが、つくづく独り歎ずる時しも、台所の劃《しき》りの破れ障子《しょうじ》がらりと開《あ》けて、母様これを見てくれ、と猪之《(いの)》が云《(い)》うに吃驚《びっくり》して、汝《そなた》は何時《いつ》から其所《そこ》に居た、と云いながら見れば、四分板《しぶいた》六分板の切端《きれはし》を積んで現然《ありあり》と真似《まね》び建てたる五重塔、(幸田露伴「五重塔」其三)

まましい　継しい　〔形〕

【解説】親子の関係が血縁のない間柄である。「継母《ままはは》」「継子《ままこ》」などの「継《まま》」に形容詞の語尾「しい」(古語では「しき」、終止形は「し」)を付けて形容詞としたもの。一〇世紀末頃の成立とされる「落窪物語」に「いみじき継母といへど、北の方の御心のいみじうまましきよしは」などの用例がある。明治七年(一八七四)文部省から出された「小学読本四」の第二二課に、「まましきなかは姑《しばら》くおかんすべて身にかへて子を思ふは父母の情也」とあるところを見ると、当時は標準的な語であったと思われる。

【用例】 母の言ひたるところに、走り行きて見れば、こはいかに、無残や一人の弟《おとと》は倒《さかし》まに、墓の門なる石桶にうち沈められてあり。(略)走り還《かえ》りて泣き叫びつゝ、近隣の人を呼《よび》ければ、漸く其《その》筋の人も来《きた》りて死体の始末は終りしが、殺せし人の継《まま》しき中にもあらぬ母の身にてありながら、鬼にもあらぬ鬼心《おにごころ》をそしらぬものもなかりけり。(北村透谷「鬼心非鬼心」)

まめやかだ　忠実やかだ・実やかだ　〔形動〕

＊あだ・まめ

【解説】①人の性格がまじめで誠実な様子。②人の働きぶりが行きとどいていて懇切な様子。③かりそめでなく本格的である様子。「まめ」は誠実・忠実・勤勉・本気などの意味で、対義語の「あだ」は不実・不真面目・浮気・無駄などの意味の語。これらは平安時代から用いられていた。なお仇・敵の意味の語は「あた」で別語。中世頃から「まめ」はすこやか・丈夫・達者の意味でも使った。「やか」は接尾語。左の〔用例〕中の「優然」はゆったりと落ち着いているさま、「賓」は客、「駒下駄」は台も歯も一つの材で刳《く》って作った下駄で、形が馬のひずめに似ているところからこう言う。

【用例】彼の忙《せわ》しげに格子を啓《あ》くるを待ちて、紳士は優然《ゆうぜん》と内《うち》に入らんとせしが、土間の一面に充満《みちみち》たる履物《はきもの》の杖を立つべき地さえあらざるに遅《ため》らえるを、彼は虚《すか》さず勤篤《まめやか》に下立《おり》ちて、此《こ》の敬《うやま》うべき賓《まろうど》の為に辛《から》くも一条の道を開けり。恪《かく》て紳士の脱捨《ぬぎす》てし駒下駄のみは独《ひと》り障子の内に取《とり》入れられたり。（尾崎紅葉「金色夜叉」前編第一章）

まもる　守る・護る　〔他ラ五〕

【解説】目を離さないで、じっと見続ける、が原義で、左の【用例】もこの意味の例。「まもる」の「ま」は「瞼《まぶた》（目のふた）」「睫《まつげ》（目の毛）」「眦《まなじり》（目の尻）」などの「ま」、「もる」は、「子守《こもり》」「墓守《はかもり》」などに残る「守《も》る」で、現代語では「ま」の意味を忘れて、もう一つ「見る」を付けて「見守る」となっている。左の〔用例〕中の「落花狼藉」は花などのいりみだれて散らかっているさまで、「狼藉」は狼《おおかみ》のすみか、「逸足」はすばやく走ること、急ぎ足、「さらずは」はそうでなければ、「已まむ」は消え失せるだろう、の意。

【用例】落花狼藉《ろうぜき》、なごりなく泥土《でいと》に委《ゆだ》ねたり。栗うりの童《わらべ》は、逸足出《いちあしいだ》して逃去り、学生らしき男は、欠《あく》びしつゝ狗を叱《しっ》し、女《おみな》の子は呆《あき》れて打守《うちまも》りたり。この菫《すみれ》花うりの忍びて泣かぬは、うきになれて涙の泉涸《か》れたりしか、さらずは驚き惑ひて、一日の生計《たつき》、これがために已《や》まむとまでは想《おもい》到らざりしか。（森鷗外「うたかたの記」上）

まろぶ　転ぶ　〔自バ五〕

【解説】①ころがる。②倒れる。ころぶ。ひっくりかえる。古典的な文章語の表現で、上代の「万葉集」から既に用例があり、中世には「日葡辞書」（一六〇三—四）のMarobi, u, ôda（マロビ・ブ・ゥダ）の項にCorobi marobu（コロビマロブ）の例が引いてあり、別にMarobitauore, uru ęta（マロビタヲレ、ルル、レタ）の項目もある。「倒るる」や「ころぶ」と複合動詞を形成する点から見ると、やはり単に倒れるのではなく、ころがる意味の要素が強かったようである。

【用例】やがて足をふみすべらいて、思わずどうとまろんだれば、えたりやおうと侍だちは、いやが上にも折り重なって、怒り狂う「れぷろぼす」を高手小手《たかてこて》に括《くく》り上げた。帝《みかど》もことの体《てい》たらくを始終残らず御《ご》覧《ろう》ぜられ、「恩を讐《あだ》で返すにっくいやつめ、匆々《そうそう》土の牢へ投げ入れい」と、大いに逆鱗《げきりん》あったによって、あわれや「れぷろぼす」はその夜の内に、見るもいぶせい地の底の牢舎へ、禁獄《きんごく》せられる身の上となった。↓
いぶせい（芥川龍之介「きりしとほろ上人伝」二）

みえすく　見え透く　〔自カ五〕

【解説】①透き通って中まで（または裏側まで）よく見える。②ものごとの真偽がはっきりと見ぬける。また、成行や結果などが明らかに推察できる。連用形がイ音便になって使われることが多い。「見え透いたお世辞」とか、「あいつのたくらみは見え透いている」など、日常の話しことばの中で用いられる。①の意味の用例は中古（平安時代）からあるが、②の用例は近世の浮世草子あたりから見える。左の［用例］中の「竹の皮」は筍《たけのこ》を包んでいる鱗片状の皮で、笠や草履《ぞうり》などを作るほか、食物などを包むのにも用いる。

【用例】大抵《たいてい》は皆私のように苦労に負《め》げて、年よりは老込《おいこ》んで、意久地なく所帯《しょたい》染《じ》みて了《しま》い、役所の帰りに鮭《しゃけ》を二切《ふたきれ》竹の皮に包むで提《さ》げて来る気になる。それが普通だと、まあ、思って自ら慰めている。もう斯《こ》うなると前途が見え透《す》く。もう如何様《どんな》に藻掻《もがい》たとて駄目だと思う。残念と思わぬではないが、思ったとて仕方がない。

↓めげる

（二葉亭四迷「平凡」一）

みそをあげる　味噌を上げる　〔連語〕

*てまえみそ・みそをあげのめす・みそをぶちあげる

【解説】「手前味噌を上げる」がもとで、自家製の味噌の評価を自分から高くする、自慢する、の意で用いる。「手前味噌」は現代でも普通に使われるが、「味噌を上げのめす」「味噌をぶち上げる」は「味噌を上げる」の強調した言い方。「ぶち」は「うち」と同じ強調の接頭語。昔は味噌は各家庭の自家製であったところから、自分の家の味噌が美味であると自慢することがあったらしい。しかしそれは多くの場合、自家製の味噌に慣れた味覚のしからしむるところであり、客観的な評価とは言えなかったところから、「手前味噌」の意味が生じた。左の〔用例〕の中の「浜町」は東京都中央区の町名で、新大橋近くの隅田川西岸に接したところ、「巫女舞」は神社の神楽で巫女や神官の演ずる踊り、「新橋」は東京都港区の町名、「芳町」は東京都中央区の町名で、いずれも遊里のあった所、「お神楽」は神を祭るために奏する舞楽で、遊里での遊芸にもなったもの。

【用例】当人に云《（い）》わせると、昔、浜町《（はまちょう）》の豊田の女将《おかみ》が、巫女舞《みこまい》を習った時分に稽古をしたので、その頃は、新橋でも芳町でも、お神楽《かぐら》が大流行だったと云う事である。しかし、踊は勿論、当人が味噌《みそ》を上げるほどのものではない。（芥川龍之介「ひょっとこ」）

みたてる　見立てる　〔他タ下一〕

【解説】この語は①評価して見定める、②そうでないものを仮にそれと見なす、なぞらえる、③物事を判断する、病状を診察する、④見て選ぶ、という意味で用いられる。「しばらく此《この》旅中に起《おこ》る出来事と、旅中に出逢う人間を能の仕組と能役者の所作《しょさ》に見立てたらどうだろう」（夏目漱石「草枕」）ではこの語は②の意味で使われているが、このような見立てという方法は特に「草枕」では無視しえない大切なものの一つである。左の［用例］も②で、山嵐におごられた氷水代の一銭五厘を返すべきか否かと主人公が考えている個所の一節である。

【用例】たとい氷水だろうが、甘茶《あまちゃ》だろうが、他人から恵《めぐみ》を受けて、だまって居《い》るのは向うを一《ひ》と角《かど》の人間と見立てて、其《その》人間に対する厚意の所《しょ》作《さ》だ。割前《わりまえ》を出せば夫丈《それだけ》の事で済む所を、心のうちで難有《ありがた》いと恩に着るのは銭金《ぜにかね》で買える返礼じゃない。無位無官でも一人前の独立した人間だ。独立した人間が頭を下げるのは百万両より尊《たっ》とい御礼と思わなければならない。（夏目漱石「坊っちゃん」六）

みだりがましい　**濫りがましい・猥りがましい**〔形〕

＊みだりがわしい

【解説】男女の関係が乱れている様子。性的な面で秩序が乱れている様子。古くは動詞「みだる」が自動詞、他動詞とも四段活用であったので、その連用形「みだり」に接尾語「がましい」がついてできた語。類義語「みだりがわしい」は、男女の関係だけではなく、一般に秩序・規律・作法にはずれている様子を言う。また、思慮分別がなくて乱暴な様子、心の平静を失って取り乱している様子、などをもあらわす。類似の「みだれがわし」は秩序・規律・作法に反する様子を言い、「みだれがまし」は乱雑にとり散らかされている様子を言う。左の［用例］の中の「有頂天外へ宿替をすれば」は我を忘れてしまったようになると、「四角四面に喰いしばって」はきわめてかたくるしく真面目な様子で、の意。

【用例】魂が何時《いつ》の間にか有頂天外《うちょうてんがい》へ宿替《やどがえ》をすれば、静かには坐《すわ》ッてもいられず、ウロウロ座舗《ざしき》を徘徊《まごつ》いて、舌を吐《はい》たり肩を縮めたり思い出し笑いをしたり、又は変ぼうらいな手附《つ》きを為《し》たりなど、よろずに瘋癲《きちがい》じみるまで喜びは喜んだが、しかしお勢の前ではいつも四角四面に喰《く》いしばって猥褻《みだり》がましい挙動《ふるまい》はしない。（二葉亭四迷「浮雲」第三回　余程風変《ふうがわり》な恋の初峯入《はつみねいり》　下）

みとむない　見とむない　〔形〕

＊みっともない

【解説】「見たくもない」がウ音便になり「見たうもない」となり、次いで発音に近い仮名遣いで「見とうもない」となり、短音化して「見とむない」となったもの。類語に「見っともない」（「見ともない」の強調形）がある。①見たくもない。見たいとも思わない。中世の狂言あたりから用例がある。②人目に対して外見が悪い。見た目が悪くて恥ずかしい。近世の歌舞伎などから用例がある。左の［用例］の中の「檀家」は寺院に所属して布施をする信徒の家、「経済より割出して」は経済的にも都合がいいと考えて、「御不憫かかり」はおなさけがかかり、お手がついて。

【用例】もとは檀家《だんか》の一人なりしが早くに良人《おっと》を失いて（略）墓場の掃除に男衆の手を助くるまで働けば、和尚さま経済より割出《わりだ》しての御不憫《ごふびん》かかり、年は二十から違うて見とむなき事は女も心得ながら、行き処《ところ》なき身なれば結句よき死場処《しにばしょ》と人目を恥じぬように成《なり》けり、↓わりだす　（樋口一葉「たけくらべ」九）

むくつけい　〔形〕

【解説】文語「むくつけし」に対する口語。終止形の代りに連体形で文を終止するのが常となり、その連体形「むくつけき」がイ音便となって終止形を兼ねるようになる。外見が無骨でむさくるしい。無風流で品がない。文語的表現。古く平安時代から用例のある形容詞で、古くは外見だけでなく、本心がはかりがたく不気味であることなどにも用いた語であったが、現代語としては外見を言う場合に限られる。「日葡辞書」（一六〇三―四）にはMucutçuqena（ムクツケナ）という形容動詞の形があって、狂言や近世の浮世草子、滑稽本などにも用例がある。左の［用例］の中の「流沙河」はおそらく芥川の虚構で、「流沙」は砂漠のことだから、砂漠を流れる川というくらいの意味か。

【用例】その夜この方《かた》流沙河《りゅうさが》のほとりには、あの渡し守《もり》の山男がむくつけい姿を見せずなった。唯《ただ》後《あと》に残ったは、向うの岸の砂にさいた、したたかな柳の太杖《ふとづえ》で、これには枯れ枯れな幹のまわりに、不思議や麗《うるわ》しい紅《くれない》の薔薇《ばら》の花が、薫《かぐわ》しく咲き誇って居《お》ったと申す。↓したたか

（芥川龍之介「きりしとほろ上人伝」四）

むざむざ　〔副〕

【解説】助詞「と」を伴う場合が多い。無分別に大ざっぱに事を行なう様子。特に、価値ある物が無造作に失われるのを惜しむ気持で使う場合が多い。「日葡辞書」（一六〇三―四）のローマ字表記 Musamusato から、中世では清音「むさむさ」であったことがわかる。「ムサムサト日ヲ暮ラス」の例が挙げてある。近世以後は濁音になっている場合が多いが、特に価値あるものが無造作に失われるのを惜しむ気持を込めて言う場合は「むざむざ」と濁音になっている。左の［用例］中の「興も明日も覚める」は「興」が今日との掛詞になっていて、「今日も明日も」と「興も覚める」（興味もそがれる）の両方に意味をかけたもの、「てや」は格助詞「て」に間投助詞「や」がついたもので、感動または強意をあらわす。「衆芳」は多くのかんばしい花。

【用例】一体全体菊というものは、一本《ひともと》の淋敷《さびしき》にもあれ千本《ちもと》八千本《やちもと》の賑敷《にぎわしき》にもあれ、自然の儘《まま》に生茂《おいしげ》ッてこそ見所《みどころ》の有ろう者を、それを此《この》辺の菊のように斯《こ》う無残々々《むざむざ》と作られては、興《きょう》も明日《あす》も覚《さ》めるてや。百草の花のとじめと律義《りちぎ》にも衆芳《しゅうほう》に後《おく》れて折角《せっかく》咲いた黄菊白菊を、何でも御座《ござ》れに寄《よせ》集めて小児《こども》騙斯《だまし》の木偶《でく》の衣裳《べべ》、

（二葉亭四迷「浮雲」第七回　団子坂《だんござか》の観菊《きくみ》　上）

むずと　〔副〕

＊むんずと

【解説】つかむ・握る・取り組む・抱える・押さえる・引っぱる等の動作を、力をこめてしっかりとする様子。「無手と」はあて字。強調して「むんずと」と言うこともある。中世鎌倉時代から用例の見える副詞で、古くはもっと意味の範囲が広く、はばかることなく堂々と、と

か、ひたすら行う様子、とか、まちがいなくその状態である様子、などの意に用いたが、現代語にそれらの意味の用例は見られない。左の［用例］中の「いたいげな」は子供などのいじらしくいたいたしいさま。

【用例】其《その》時忽《たちま》ち暗黒《くらやみ》から、茸々《もじゃもじゃ》と毛の生《は》えた、節くれ立った大きな腕がヌッと出て、正体なく寝入っている所を無手《むず》と引掴《ひっつか》み、宙に釣《つる》す。驚いて目をポッチリ明き、いたいげな声で悲鳴を揚げながら、四足《そく》を張って藻掻《もが》く中に、頭から何かで包まれたようで、真暗《まっくら》になる。（二葉亭四迷「平凡」十二）

むすばる　結ばる　〔自ラ五〕

【解説】「結ぶ」という他動詞に対応する自動詞として自然発生的にできた語で、他動詞「つなぐ」に対して自動詞「つながる」、「つかむ」に対して「つかまる」ができるのと同じようにしてできたもので、古語における用例はない。「結ばれる」という受身表現とは別の語で、自然に結んだ状態になる、という意味である。口が閉じた状態になる。二つの物に結合関係ができる。「蒸《ふ》かす」に対して「蒸《ふ》かる」、「蒸《む》す」に対して「蒸《む》さる」なども時に耳にすることがあるが、まだ一般に認められてはいない。

【用例】耳を借していては際限もなし、そのうちにはまた睡気《ねむけ》がさしそうになる、から、ちと談話《はなし》の仲間入りをしてみようとは思うが、一人が口を箝《つぐ》めば、一人が舌を揮《ふる》い、喋々《ちょうちょう》として両《ふた》つの口が結ばるという事が無ければ、嘴《くちば》しを容《い》れたいにも、更に其《その》間隙《すきま》が見附《つ》からない。その見附からない間隙を漸《よう》やく見附けて、此処《ここ》ぞと思えば、さて肝心のいうことが見附からず迷《まご》つくうちにはや人に取られて仕舞《しま》う。（二葉亭四迷「浮雲」第十八回）
→ちょうちょうしい

むすぼれる　結ぼれる　〔自ラ下一〕

＊むすぼおる

【解説】他動詞「結ぶ」に対応する自動詞。古くは下二段活用であったが、他の二段活用の動詞と同様、江戸時代中期には一段化する。①結んだ状態になる。②水が凍ったり、露が花びらや葉の上で一滴の形を成したりして、ひとかたまりの形になる。③心が鬱屈して晴ればれしなくなる。気がめいる。左の［用例］はこの意味。類義語に「むすぼおる」（古典仮名遣いでは「むすぼほる」で自動詞ラ行下二段活用）があって、古くから共存しているが、その差異は明らかでない。後者の方がやや詩的、情緒的表現として使ったと思われる例が多い。［用例］の中の「搗てて加えて」は、その上に、更に、の意。よくないことが重なる場合に用いることが多い。

【用例】　お勢の澄ましようは、じろりと文三を尻眼《しりめ》に懸《か》けたまま、奥坐舗《おくざしき》へツイとも云わず入《はい》ッて仕舞《しま》ッた。只《ただ》それだけの事で有ッた。
が、それだけで十分。そのじろりと視《み》た眼付《めつき》が眼の底に染付《しみつ》いて忘れようとしても忘れられない。胸は痞《つか》えた。気は結ぼれる。搗《か》てて加えて、朝の薄曇りが昼少し下《さが》る頃より雨となッて、びしょびしょと降り出したので、気も消える計《ばか》り。
（二葉亭四迷「浮雲」第十四回）

むっくと　〔副〕

＊むくっと・むくと・むっくり・むくむくと

【解説】　身を横たえていた人が、にわかに、勢いよく上半身を起こす様子をあらわす語。時に左の［用例］のような表記をあてることもあるが、近世末期以後の口頭語である。類義語に「むっくり」があるが、「むっくと」よりは起きあがる動作がやや緩慢で穏やかな感じである。同義語に「むくと」があって、用例は中世の抄物までさかのぼることができるが、多くはない。同じく「むくっと」があるが、これは全くの現代口語で、文学作品では川端康成の「雪国」などに用例が見える。さらに「むくむくと」は起きあがる動作が継続するか、または動作主体が複数であるかの場合に使われる。

【用例】　叔母もお勢も我《われ》の吾《われ》たるをも何《なに》も角《か》も忘れて仕舞って、一瞬時なりとも此苦悩煩悶を解脱《のが》れようと力《つと》め、良暫《ややしば》らくの間というものは身動もせず息気《いき》をも吐《つ》かず死人の如くに成っていたが、倏忽《たちまち》勃然《むっく》と跳起《はねお》きて、

「もしや本田に……」ト言い懸けて敢て言い詰めず、宛然何歟捜索《さながらなにかさがし》でもするように、愕然として四辺《あたり》を環視《みまわ》した。

（二葉亭四迷「浮雲」第八回　団子坂《だんござか》の観菊《きくみ》　下）

むつむ　睦む　〔自マ五〕

＊むつまじい

【解説】親しくふるまう。仲良くする。平安時代の文学作品には「むつぶ」（自バ上二）が多く、たとえば「源氏物語」には「むつぶ」ばかりで「むつむ」は一例もない。しかし同根の形容詞は「むつまし」で、近世以後「むつまじ」、さらに「むつまじい」となる。「源氏物語」にはないが、古い辞書「新撰字鏡」（八九八—九〇一頃）には「胝牟豆牟」の例がある。やはり「むつむ」もあったらしい。［用例］中の「一昔」はもう昔だと感じられるくらいの過去で、普通は一〇年前を言うが、一七年、二一年、三三年前などを言ったこともあった。


【用例】初《はじめ》の内ははにかむでばかり居《(い)》たが、小供の馴《なじ》むは早いもので、間もなく菓子一《ひとつ》を二ツに割ッて喰《(た)》べる程、睦《(むつ)》み合ッたも今は一昔《ひとむかし》。文三が某校へ入舎してからは、相逢《(あいあ)》う事すら稀《まれ》なれば、況《まし》て一《ひとつ》に居た事は半日もなし。唯《(ただ)》今年の冬期休暇にお勢が帰宅した時而已《のみ》、十日ばかりも朝夕顔を見合わしていたなれど、小供の時とは違い、年頃が年頃だけに、文三もよろずに遠慮勝《(がち)》でよそよそ敷待遇《しくもてな》して、更に打解《(うちと)》けて物など言ッた事なし。

（二葉亭四迷「浮雲」第二回　風変りな恋の初峯入《はつみねいり》　上）

むらむらと　〔副〕

＊むらむらとする

【解説】①激しい感情が急にこみあげる様子。この時の感情は好ましい感情のこともあり、好ましくない場合もあり得る。②サ変動詞を付けて「むらむらとする」の形で、怒りや恨みなどの好ましくない感情が湧き、それが急激に大きくなる様子をあらわす。③群れをなした人が勢いよく移動したり集まったりする様子。左の［用例］はこの意味で、中世から用例がある。また、近世の用例で、雲や煙などの立ちのぼる様子をあらわしたものもあるが、現代語としては用例を見ない。［用例］中の「得物」は得意の武器、「脛布藁沓」は脚絆《きゃはん》（歩きやすくするため脛《すね》にまとう布）と藁沓《わらぐつ》。

【用例】覚《おぼ》つかない星明りに透《す》かして見れば、太刀を佩《は》くもの、矢を負うもの、斧《おの》を執《と》るもの、戟《ほこ》を持つもの、皆それぞれ、得物《えもの》に身を固めて、脛布藁沓《はばきわろうず》の装いも甲斐甲斐しく、門の前に渡した石橋へ、むらむらと集《（あつま）》って、列を作る――と、まっさきには、太郎がいた。（芥川龍之介「偸盗」六）

むりむたい　無理無体　〔名・形動〕

【解説】無理やりにすること。相手の意向を無視して、無法に力ずくで強制すること。また、その様子。「弱気でおとなしいだけの人を無理無体に競争の場に引き出した」というように使う。「日葡辞書」（一六〇三―四）の「Muri」の項に Muri mutai とあって無理に同じ、とあるが、文中の用例は見当たらない。近世江戸時代になると、浄瑠璃や滑稽本などに用例が見られる。「無理無態」の表記もある。

【用例】どッこいと取捉《とっつら》まえて厭がる者を無理無体に、シャモを鶏籠《とりかご》へ推込《（おしこ）》むように推込む。私は型の中で出ようと藻掻《もが》く。知らん面《かお》している。泣いて、喚《わめ》いて、引掻《ひっか》いて出ようとする。知らん面している。欺《だま》して出ようとする。其《（その）》手に乗らない。百計尽きて、仕様《（しよう）》がないと観念して、性を矯《た》め、情を矯《た》め、生《いき》ながら木偶《でく》の様な生気のない人間になって了《（しま）》えば、親達は始めて満足して、漸《ようや》く善良な傾向が見えて来たと曰《い》う。→ためる　（二葉亭四迷「平凡」五）

めいじょうする　名状する　〔他サ変〕

【解説】事の状況や容態を言葉で表現する。「名状し難《がた》い」の形で、口では言いあらわしにくい、の意の文語的表現として用いる場合が多い。「言海」初版（一八八九―九一）には「状、貌ヲ口ニ言ヒ取ル」とあり、「名状スベカラズ」と例文を挙げている。「大言海」（一九三二―七）になると、「其状ヲ云ヒアラハス」が語釈に加わり、例文は同じ「名状すべカラズ」。やはり否定文で用いることが多かったのであろうか。左の［用例］中の「せわしい暇に」は短い間に、の意。

【用例】お常《つね》は最初芸者かと思った。若《も》し芸者なら、数寄屋町《すきやまち》に此《この》女程どこもかしこも揃《そろ》って美しいのは、外《ほか》にあるまいと、せわしい暇に判断した。併《しか》し次の瞬間には、此《この》女が芸者の持っている何物かを持っていないのに気が附いた。その何物かはお常には名状することは出来ない。それを説明しようとすれば、態度の誇張とでも云《い》おうか。（森鷗外「雁」拾参《じゅうさん》）

めげる 〔自ガ下二〕

＊ひるむ

【解説】気が弱くなってくじける。気力が衰える。萎縮する。「貧苦にめげてしまって立ち直れない」「あれだけ批判されたのに一向めげた様子がない」のように用いる。江戸時代の歌舞伎、滑稽本などから用例がある。左の［用例］もこの意味。類義語の「ひるむ（怯む・痿む）」は足がしびれて歩行が困難になる、が原義で、復活が可能であるが、「めげる」の原義はこわれ砕ける、の意で、一度めげてしまったら復活はあり得ない。「日葡辞書」（一六〇三―四）などは原義の方で、浮世草子、洒落本などにも用例がある。

【用例1】多《おおく》もない貯蓄《たくわえ》をゲッソリ遣《(つか)》い減らして、今は残り少なになる。デモ母親は男勝《おとこまさ》りの気丈者、貧苦にめげない煮焚《にたき》の業《わざ》の片手間に一枚三厘の襯衣《しゃつ》を縫《く》けて、身を粉《こ》にして挊《か》了《せ》ぐに追付《(おいつ)》く貧乏もないか、→くける
（二葉亭四迷「浮雲」第二回　風変りな恋の初峯入《はつみねいり》　上）

【用例2】大抵《たいてい》は皆私のように苦労に負《(め)》げて、年よりは老込《(おいこ)》んで、意久地なく所帯染《(しょたいじ)》みて了《(しま)》い、役所の帰りに鮭《しゃけ》を二切《ふたきれ》竹の皮に包むで提《さ》げて来る気になる。それが普通だと、まあ、思って自ら慰めている。もう斯《こ》うなると前途が見え透《す》く。もう如何様《どんな》に藻掻《もがい》たとて駄目だと思う。残念と思わぬではないが、思ったとて仕方がない。→みえすく
（二葉亭四迷「平凡」二）

めざす　芽差す 〔自サ五〕

＊めぐむ・めぶく・もえでる

【解説】 芽がもえ出る。芽ぐむ。芽ぶく。転じて、心の中に或る気持や考えなどが生じる。明治二四年初版の「言海」には「芽ヲ出ス。メグム。芽ヲ吹ク。萌芽」とあり、辞書としてはこれが古いようである。用例は挙げてない。類義語の「芽ぐむ」「芽ぶく」「萌えいづ」などと較べて用例がきわめて少い。古典文学作品の中にもほとんど用例を見ない。左の［用例］は、女主人公のお玉が岡田という大学生を意識しはじめる場面の一部分で、その心理を「芽ざす」という語を用いて効果的に表現している。

【用例】 色の白い、目鼻立《だち》の好《い》い男は、兎角《とかく》軽薄らしく、利《き》いた風《ふう》で、懐かしくない。そうでないのは、学問の出来る人が其中《そのなか》にあるのかは知れぬが、女の目には荒々しく見えて厭である。それでもお玉《たま》は毎日見るともなしに、窓の外を通る学生を見ている。そして或《あ》る日自分の胸に何物かが芽ざして来ているらしく感じて、はっと驚いた。（森鷗外「雁」拾陸《じゅうろく》）

→きいたふう

めをねむる　目を眠る・目を瞑る　〔連語〕

＊めをつぶる・めをつむる

【解説】 ①目を閉じる。目をつむる。②見て見ぬふりをする。③死ぬ。瞑目《めいもく》する。①の用例は中世から見られ、②③の用例は近世の浄瑠璃「冥土の飛脚」や滑稽本「浮世床」などから用例がある。なお、類義の連語に「目をつぶる」「目をつむる」があって①②③の意味で使われているが、この方が新しく、現代語と言える。また「目をつぶる」「目をつむる」には、がまんする、あきらめる、の意もある。

【用例】 私は地方生れだ。戸籍を並べても仕方がないから、唯《ただ》 某県の某市として置く。其処《そこ》で生れて其処で育ったのだ。

子供の時分の事は最《も》う大抵忘れて了《しま》ったが、不思議なもので、覚えている事だと、判然《はっきり》と昨日《きのう》の事のように想《おも》われる事もある。中にも是《これ》ばかりは一生目の底に染付《しみつ》いて忘れられまいと思うのは十《とお》の時死別《しにわか》れた祖母の面《かお》だ。

今でも目を瞑《ねむ》ると、直《す》ぐ顕然《まざまざ》と目の前に浮ぶ。

（二葉亭四迷「平凡」三）

もうもう　濛濛・蒙蒙・矇矇・朦朦　〔形動タリ〕

【解説】①霧・小雨・水しぶきや煙などがたちこめて薄暗い様子。②愚かで事の道理を判断する心の暗い様子。タリ活用形容動詞は語幹の部分が漢語、語尾のタリは、「とあり」の母音が融合してできたもので、古くから用例はあるが、いずれも漢文訓読の文中であり、国文系の作品にはない。「日葡辞書」（一六〇三―四）には「Mômô, l, mômôto モゥモゥまたはモゥモゥト物が暗く朦朧としているさま」（邦訳・岩波版）とあり、「朦々とした心」という例が引いてある。左の［用例］の中の「満都」は都の全体、「紅塵」は市街地に立つ塵、「煤煙」は石炭などを燃やした時にできる、すすを主体とする微細粉を含んだ煙。

【用例】 塔橋を渡って後《（うし）》ろを顧《かえり》みたら、北の国の例か此《（この）》日もいつの間にやら雨となって居《（い）》た。糠粒《ぬかつぶ》を針の目からこぼす様な細かいのが満都の紅塵《こうじん》と煤《（ばい）》煙《（えん）》を溶《（と）》かして濛々《もうもう》と天地を鎖《とざ》す裏《うち》に地獄の影の様に

ぬっと見上げられたのは倫敦塔《ロンドン》であった。（夏目漱石「倫敦《（ロンドン）》塔」）

もぎどう　没義道・莫義道・無義道　〔名・形動〕

【解説】 不人情、冷酷、邪険、非道。むごいこと。また、その様子。漢語風な言葉ではあるが、江戸時代から浮世草子や浄瑠璃などの会話文などに用例が多く、また「没義道者《もぎどうもの》」（邪険・不人情な人）といった言葉もあり、日常会話の中で気軽に使われていた言葉らしい。左の［用例］のように幸田露伴、夏目漱石、有島武郎などの作品に用例が見られるが、近年は目にすることの少ない語である。［用例］の中の「伐って抛げだしたような性質」は愛敬《あいきょう》のないぶっきらぼうな性質、「さりとては」はこれはまた、全く、「絞木」は物を強くしめつける用具で、多くは箱の中の上下の板を螺旋《らせん》によってしめるようにつくってある。

【用例】 如何《いか》に伐《き》って抛《な》げだしたような性質《もちまえ》が為《さ》する返答なればとて、十兵衛厭《いや》でござりまするとは余り

なる挨拶、他《ひと》の情愛《なさけ》の全《まる》で了《わか》らぬ土人形《つちにんぎょう》でも斯《こう》は云《い》うまじきを、さりとては恨めしいほど没義道《もぎどう》な、口惜《くちおし》いほど無分別な、如何《どう》すれば其様《そのよう》に無茶なる夫の了見《りょうけん》と、お浪は呆《あき》れもし驚きもし我身《わがみ》の急に絞木《しめぎ》にかけて絞《しめ》らるる如き心地《ここち》のして、

（幸田露伴「五重塔」其十四）

もくする　目する　〔他サ変〕

【解説】①見る。注目する。目をつける。目にする。②そうであると認める。見なす。評価する。判断する。①②とも文語的表現である。字音語にサ変動詞を付けただけの語で、もとは漢文訓読系の表現であった。特に②の意味で少し改まった言い方をしたい時などに有効な表現である。字音語にサ変を付けただけの同じ語構成の語でも、「愛する」などはそれと気付かないほど日常普通の語になっているが、和語的な動詞が他にないせいと思われる。左の［用例］の中の「卿等」は相手を敬って用いる語、「万死の狂徒」は助かる見込みのほとんどない狂人、「遺憾」は思い通りにいかず心残りなこと、残念、気の毒。

【用例】卿等《けいら》にして若《も》しこの遺書を読むの後、猶《なお》卿等の故人たる予の記憶に対し、一片憐憫《いっぺんれんびん》の情を動《うごか》す事ありとせんか、そは素《もと》より予にとりて、望外の大幸なり。されど又《また》予を目《もく》して、万死の狂徒と做《な》し、当《まさ》に屍《しかばね》に鞭打って後已《や》む可しとするも、予に於《おい》ては毫《ごう》も遺憾とする所なし。

（芥川龍之介「開化の殺人」）

もたげる　擡げる　〔他ガ下二〕

【解説】重い物を持ちあげる。倒れているものを起こす。老人や病人などが寝ている状態から起きようとして頭部をたてる動作を言う用例が多い。「もてあぐ」の[e]母音が脱落して「もたぐ」（ガ下二）となり、一段活用に変わったもの。「徒然草」に興味深い記述がある。「古は車もたげよ、火かかげよ、とこそいひしを、今様の人はもてあげよ、かきあげよ、といふ」（二二段）。その時代の人はもとの語形に戻して発音していたものらしい。作者兼好法師は何故かそれを「今様はむげに賤しうこそ成行くめれ」と評している。左の［用例］の中の「妄想《ぼうそう》」は

妄想《もうそう》、「勃然」は急に勢いよくおこる様子、ある思いや感情が急に心にわきあがる様子、を言う形容動詞（タリ）、「疑心から出た暗鬼」は疑心暗鬼（疑いが生じると何でもないことまで恐ろしくなり不安になる）のこと。

【用例】出て行くお勢の後姿を目送《みおく》って、文三は莞《にっ》爾《こり》した。如何《どう》してこう様子が渝《かわ》ったのか、其《(それ)》を疑って居《(い)》るに遑《いとま》なく、ただ何《なに》となく心嬉しくなって、莞《にっ》爾《こり》した。それからは例の妄想《ぼうそう》が勃然《(ぼっぜん)》と首を擡《もた》げて抑《(おさ)》えても抑え切れぬようになり、種々《さまざま》の取留《とりとめ》も無い事が続々胸に浮んで、遂には総《(すべ)》て此頃《(このごろ)》の事は皆文三の疑心から出た暗鬼で、実際はさして心配する程の事でも無かったかとまで思い込んだ。

（二葉亭四迷「浮雲」第十九回）

もだす　黙す　〈自サ五〉

＊もだしがたい

【解説】①言うべきことを言わず、だまっている。口をつぐむ。②そのままにして黙視する。名詞「もだ（黙）」の動詞化したもので、「万葉集」に用例があるが、中古（平安時代）の和文にはなぜか用例を見ない。中世になると、「平家物語」（一三世紀頃）や「徒然草」（一四世紀）のあたりから用例が見られるが、「もだしがたし」の用例が目につく。現代語でも同じで、「もだしがたい」という複合語の例が多い。だまって見すごすわけにはいかない、の古風な言い方である。左の［用例］の中の「舁かれて」はここでは遺骸が人々にかつがれて、の意。

【用例】「（略）われは其《(その)》夜家にありて、二親の帰るを待ちしに、下女《(はしため)》来て父母帰り玉《(たま)》ひぬといふ。喜びて出《(いで)》迎ふれば、父舁《か》かれて帰り、母は我を抱《(いだ)》きて泣きぬ。」

少女は暫らく黙《(もだ)》しつ。けさより曇りたる空は、雨になりて、をり〳〵窓を打つ雫《しずく》、はら〳〵と音す。

（森鷗外「うたかたの記」中）

もちあぐむ　持ち倦む　〈他マ五〉

【解説】取扱いに困る。手こずる。もてあます。用例があらわれるのは近世以後の作品からである。「持つ」と「倦む」の複合動詞で、「倦む」はこれだけで用いられることは現代語としては方言以外には見られないが、中世の「太平記」（一四世紀後半）あたりから用例があり、江戸の浮世草子や浄瑠璃などまで使われている。行なうことが困難で困り果てる、または、いやになる、もてあます、などの意味で、現代語ではこのほかに、「尋ねあぐむ」「攻めあぐむ」「考えあぐむ」等々の複合動詞がある。なお珍しい例では、文部省から出された「尋常小学読本」（一八八七）の六に「（書物の）紙数の多かりければ、読み倦みて」がある。

【用例】智慧《ちえ》とその深き慈悲とを
もちあぐみ
為《な》すこともなく友は遊べり
（石川啄木「一握の砂」忘れがたき人人 二）

もちきる　持ち切る　〔自他ラ五〕

＊もちきり

【解説】自動詞としては、意識的に態度・状態を保ち続ける、または、同じ文言や話題で通す、という意で用いる。左の［用例］はこの用法。ほかに、他動詞として、終わりまで持ち続ける、全部を持ってしまう、の意で使うこともある。この動詞の連用形の名詞化したものが「持ち切り」で、現在では、「あの人の噂で持ち切りだった」のように、ある期間中同じ話や噂などをすること、もっぱら噂のたねになること、の意で使われることが多い。なお［用例］中の「音締」は、三味線などの弦を締めて調子を合わせることを言うが、ここでは制限する、押さえるの意で用いている。

【用例】お政が今朝言ッた厭味に輪を懸け枝を添えて百万陀羅并《なら》べ立てた上句《あげく》、お勢の親を麁末《そまつ》にするの迄を文三の罪にして難題を言懸ける。されども文三が死だ気になって諸事お容《ゆ》るされてで持切ッているに、お政もスコだれの拍子抜けという光景《きみ》で厭味の音締《ねじめ》をするように成ッたから、まず好しと思う間もなく、不《ふ》図《と》又文三の言葉尻から燃出して以前にも立優《たちまさ》る火勢、（二葉亭四迷「浮雲」第五回　胸算《むなさん》違いから見一《けんいち》無《む》法《ほう》は難題）

もちちょうじる　持ち長じる　〔他ザ上一〕

＊もっちょうずる

【解説】　たいせつにする。尊重する。おだてて便利に使う。同義語「もっちょうずる」と同根らしく、元来はサ変らしいと思われるが、「持長じられる」という未然形の用例が左の［用例］のようにあり、これは、式亭三馬の滑稽本「浮世風呂」までさかのぼることができる。近世の口頭語である。［用例］の中の「我《おれ》」は、現代では男性が同輩以下の者に対して用いるが、もとは男女ともに、また目上にも目下にも用いた。

【用例】　昇は、お政如き愚癡《（ぐち）》無知の婦人に持長《もちちょう》じられると云ッて、我程《おれほど》働き者はないと自惚《うぬぼれ》て仕舞《（しま）》い、加之《しか》も廉潔な心から文三が手を下げて頼まぬと云えば、嫉《ねた》み妬《そね》みから負惜《（まけお）》しみをすると憶測を逞うして、人も有ろうにお勢の前で、
「瘦《（やせ）》我慢なら大抵にしろ。」
口惜《くちお》しい、腹が立つ。余《よ》の事は兎《（と）》も角《（かく）》も、お勢の目前で辱《はずかし》められたのが口惜しい。　→くちおしい
（二葉亭四迷「浮雲」第九回　すわらぬ肚）

もっけ　物怪・勿怪　〔名・形動〕

＊もっけのさいわい

【解説】　できごとや人の言動などが意外なこと、また、その様子。常識では理解できない不思議なこと。「日葡辞書」（一六〇三―四）には、「Mocqe, Mocqena　不幸なこと。あるいは、悪い事や堪え難いことなどが思いがけなく起こること」（邦訳・岩波版）とある。これに従えば、「もっけの幸《さいわい》」を除いては不吉な、不運なことが思いがけなく起こることを言うと思われる。「言海」初版（一八八九―九二）は「もっけ―の―さいはひ」に「設ケヌ幸、ノ音便転カ」として「思ヒ設ケヌニ遇ヘル幸。コボレザイハヒ。僥幸」としている。中世から用例のある口頭語。

【用例】　するとお勢は佶《きっ》と振向《（ふりむ）》いて、可畏《こわ》らしい眼《（め）》付《つき》をして文三を睨《ね》め出した。その容子《ようす》が常で無いから、お勢はふと笑い罷《や》んでもッけな顔をする。文三は色を失ッた……
「どうせ私《わたし》は意久地が有りませんのさ、」とお勢はじぶくりだした、誰に向ッて云うともなく。　→じぶ

くる　（二葉亭四迷「浮雲」第十五回）

もったいぶる　勿体振る　〈自ラ五〉

＊もったい・もったいがる・もったいづける・もったいづらをする・もったいをつける

【解説】意識して威厳があるように見せる。わざとものものしく振舞う。「勿体」は、有様・態度がいかにも重々しいこと、また、その有様・態度、の意、「ぶる」は、わざと意識してその動作をしたり態度をとったりする、の意の接尾語で、「秀才振る」「善人振る」など、ほんとうはそれほどのこともないのだがそれらしい振りをする、という意味で、あまり好感を持たれない場合に使う。類義語に「勿体を付ける」「勿体づける」「勿体がる」「勿体面《づら》をする」などがある。


【用例】「どうも支那らしい」と皿を上げて底を眺めて見た。

「そんなものが、御好きなら、見せましょうか」

「ええ、見せて下さい」

「父が骨董《こっとう》が大好きですから、大部《だいぶ》色々なものがあります。父にそう云って、いつか御茶でも上げましょう」

茶と聞いて少し辟易した。世間に茶人《ちゃじん》程勿躰《もったい》振った風流人はない。　（夏目漱石「草枕」四）

もてあつかう　持て扱う　〈他アワ五〉

【解説】①大切に取り扱う。注意深く世話をする。②取り扱いに困る。もてあます。①の意味から、おろそかには扱えない、いいかげんな扱いはできない、という気持が裏に共存し、その結果として、②の、一見反対のような意味が生じたものであろう。①②両方の意味の用例が既に平安時代の「源氏物語」「宇津保物語」などからある。中世、近世になると②の用例が多くなる。左の「用例」も②の意味である。


【用例】突然盗人《ぬすびと》たちの唯中《ただなか》から、まるで夜鳥《よどり》の鳴くような、嗄《しわが》れた声が起りました。

「やい、ここなうっそりどもめ。まだ乳臭いこの殿の口車に乗せられ居《お》って、抜いた白刃《しらは》を持て扱うばかりか、おめおめ御意に従いましょうなどとは、どの面《つら》下げて申せた義理じゃ。よしよし、ならば己《おの》れらが手は借りぬわ。高《たか》がこの殿の命一つ、平太夫が太《た》刀《ち》ばかりで、見事申し受けようも、瞬《またた》く暇じゃ。」↓うっそり　（芥川龍之介「邪宗門」十五）

もどき　擬・抵牾・牴牾　〔名〕

＊もどかしい・もどかしがる・もどかしげ

【解説】動詞「もどく」の連用形の名詞化した語。名詞の下につけて、その名詞の特徴に似せて行動すること。「芝居もどき」など。またその物に似せて作ったもの。またそれに匹敵する物。「がんもどき」「うめもどき」など。古く平安時代の言葉としては非難・批評などの意味の用例が見られるが、近代語にはない。なお「もどかしい」という形容詞は、この古語の「もどく」から派生した語で、非難したくなる、の意がもとである。「もどかしげ」「もどかしがる」などの関連語がある。

【用例】情談《じょうだん》のどさくさ紛れにチョックリチョイといって除《の》ける事のできない文三、然《しか》らばという口付《つき》からまず重くろしく折目《おりめ》正敷《ただしく》居すまッて、しかつべらしく思いのたけを言い出《い》だそうとすれば、お勢はツイと彼方《あちら》を向いて、「アラ、鳶《とんび》が飛ですますヨ」と知らぬ顔の半兵衛模擬《もどき》、↓しかつべらしい　（二葉亭四迷「浮雲」第三回　余程風変《ふうがわり》な恋の初峯入《はつみねいり》　下）

もとる　悖る・戻る　〔自ラ五〕

【解説】道理にそむく。正しいことに逆らう。反する。たがう。「日本書紀」（七二〇）に「傲」の字を「もとる」と訓じた例はあるが、和文系の文学作品の中には何故か用例を見ない。下って江戸時代、柳沢淇園の随筆集「ひとりね」（一七二四）の上六〇に「古をこのむは、我夫子の道なり。すべての道、古へに悖る事有べからず」とある。しかしこれも、原本に最も近いとされる藤井本には「求る」とあったものを、文脈に合わせて改めたものである。ヘボン（J.C.Hepburn）の「和英語林集成」初版（一八六七）には「Motori, -ru, -tta　モトル、悖」とある。

【用例】「これは残酷《ざんこく》だ。監獄の役人と癲狂院《てんきょういん》の医者とにゃ、なるもんじゃない。」「君のような理想家が、昔は人体解剖《かいぼう》を人道に悖《もと》ると云《い》って攻撃したんだ。」「あれで苦しくは無いんでしょうか。」「無論、苦しいも苦しくないもないんです。」
（芥川龍之介「路上」二十六）

もぬける　蛻ける・裳脱ける　〔自カ下一〕

＊もぬけのから

【解説】　蟬や蛇などが脱皮することから、なかみがすっかり脱け出す、脱出する、の意で用いられる語。「蛻」「裳脱」などの漢字をあてる。「源氏物語」にも「もぬけたるむしのから」などの例がある。成句「もぬけのから」は、いる筈の人が住居や衣類・寝床など外側の物だけを残していなくなっている状態の表現。「日葡辞書」（一六〇三―四）には「もぬけの衣《ころも》」と出ている。左の〔用例〕が描こうとしている主人公内海文三の「魂が裳抜」た精神状態は、魂が肉体から脱出して「虚有縹緲の間に漂」っているということで、まさしく「もぬけのから」になっていることをあらわしている。

【用例】　人一人《ひとり》殖《ふ》えた事ゆえ、是《こ》れは左《さ》もあるべき事ながら、唯《ただ》怪しむ可《べ》きはお勢と席を同《おなじゅう》した時の文三の感情で、何時《いつ》も可笑《おか》しく気が改まり、円《まる》めていた背を引伸《ひきのば》して頸《くび》を据え、異《おつ》う済《すま》して変に片付《かたづけ》る。魂が裳抜《もぬけ》れば一心に主《しゅう》とする所なく、居廻りに在《あ》る程のもの悉《ことごと》く薄烟《うすけぶり》に包《つつま》れて、虚有縹緲《きょうひょうびょう》の中《うち》に漂い、有る歟《か》と思えばあり、無い歟《か》と思えばない　→ひょうびょう
（二葉亭四迷「浮雲」第二回　風変りな恋の初峯入《はつみねいり》　上）

ものあわれ　物哀　〔名・形動〕

【解説】　ことばで表現できないほどの、しみじみとした感じ。また、その様子。「もの」は接頭語で、よく、何となく、の意とされているが、ものうれしい、もの楽しい、などのプラス評価の意の語はなく、もの哀しい、ものさびしい、もの恐しい、ものすごい、等々のマイナス評価の語に限られる。古代の日本人は、人間の理解・判

断の及ばない、恐るべき偉大な力を持った存在を、カミ、オニ、タマ、モノ、と考えた。このモノが接頭語「もの」となったのであろうと考えられる。

【用例】棕櫚《しゅろ》の木はつい硝子《ガラス》窓の外に木末《こずえ》の葉を吹かせていた。その葉は又《また》全体も揺《ゆ》らぎながら、細《こま》かに裂《さ》けた葉の先々を殆《ほとん》ど神経的に震《ふる》わせていた。それは実際近代的な哀《あわ》れを帯びたものに違いなかった。が、僕はこの病室にたった一人暮している彼のことを考え、出来るだけ陽気に返事をした。
「動いているね。何をくよくよ海べの棕櫚はさ。……」（芥川龍之介「彼」五）

ものさびる　物寂びる　〔自バ上二〕

【解説】①ことばで表現できないほどに古びてみすぼらしくなる。②ことばで表現できないほど古風で静かな趣がある。②は①の古めかしさの中に静寂を求める心に適合する興趣の存在を認めるところから生じた意味。左の［用例］も②のプラス評価に転じた意味の例である。「もの」は接頭語で、「物」はあて字（「ものあわれ」の項参照）。「さびる」は文語では「さぶ」（自バ上二）。「金物が錆《さ》びる」などと同源のことばで、平安時代から用例がある。

【用例】庵《いお》りというと物寂《ものさ》びた感じがある。少なくとも瀟洒《しょうしゃ》とか風流とかいう念を伴う。然《しか》しカーライルの庵《いおり》はそんな脂《やに》っこい華奢《きゃしゃ》なものではない。往来から直ちに戸が敲《たた》ける程の道傍《みちばた》に建てられた四階造《づくり》の真四角な家である。
出張った所も引き込んだ所もないのべつに真直《まっすぐ》に立って居る。↓でばる・やにっこい
（夏目漱石「カーライル博物館」）

もやう　舫う　〔他アワ五〕

【解説】船を綱で他の船につなぎ合わせたり、岸の杭《くい》などにつなぎとめたりする。鎌倉時代から用例が見える。「日葡辞書」（一六〇三—四）には、「Moyai, ŏ, ŏta（舫い・う・うた）すなわちTçunagui auasuru（繋ぎ合わする）船と船と相互の間に綱をかけ渡して、ある船から他の船に連絡をし、行き来できるようにする」（邦訳・岩波版）と

ある。左の［用例］は、石船が舫っていた、と解釈できよう。そうとすれば、停泊するの意の自動詞の用法ということになる。

【用例】「（略）あの屍骸《しがい》がどうしても上らなかったんだが、お島婆さんに御札《おふだ》を貰って、それを一つの橋から川へ抛《（ほう）》りこむと、その日の内に浮いて出たじゃないか。しかも御札を抛りこんだ、一の橋の橋杭《はしくい》の所にさ。丁度《（ちょうど）》日の暮の上げ潮だったが、仕合《（しあわ）》せとあすこにもやっていた、石船の船頭が見つけててね。（略）」

（芥川龍之介「妖婆」）

や行

やおら〔副〕

【解説】①ゆっくりと静かに動作・行為を始める様子。徐々に行なう様子。おもむろに。一〇世紀後半頃から使われている語であるが、現代語としては、悠然とした様子に言うことが多い。②状態が時間の経過とともにゆっくりと静かに変化・進展する様子。左の「海潮音」の［用例］は、「過ぎし日のそこはかとなき物思ひ」がゆっくりと静かに浮かび、さらにそれが、ゆっくりと進展するのであろうか。

【用例】悲《かな》しくもまたあはれなり、冬の夜の地爐《いろり》の下《もと》に、／燃えあがり、燃え尽きにたる柴の火に耳傾けて、／夜露だつ闇夜の空の寺の鐘、ききつつあれば、／過《す》ぎし日《ひ》のそこはかとなき物思ひやをら浮びぬ。
喉太《のどぶと》の古鐘《ふるがね》きけば、その身こそうらやましけれ、／老《おい》らくの齢《とし》にもめげず、健《すこ》やかに、忠《まめ》なる声の、／何時《いつ》もいつも、梵音妙《ぼんのんたえ》に深くして、穏《おお》どかなるは、／陣営の歩哨《ほしょう》にたてる老兵の姿に似たり。↓おおどかだ・そこはかと　（上田敏「海潮音」破鐘《やれがね》）

やきつく　焼き付く　〔自カ五〕

＊やきつける

【解説】これは①焼けてくっつく、こげつく、②強い印象を受ける、心に強く感じる、の意で用いられる語。一方、他動詞「やきつける」（カ下一）は①焼いて物に印や跡などをつける、焼印を捺《お》す、②焼いて付着させる、鍍金《メッキ》をする、③陶磁器に絵の具で文字や絵を描き、再び窯《かま》で焼いて定着させる、④写真で印画紙にネガを重ね光をあてて陽画（ポジ）をつくる（プリントする）、⑤（多く受身形で）強い印象を与える、の意で使われる。左の「用例1」は②の意味で用いられているが、「心のカメラ」とあることからもわかるように、土台に「やきつける（焼き付ける）」の④が作用していると見られる。

【用例1】余《よ》の席からは婆さんの顔が殆《ほと》んど真むきに見えたから、ああうつくしいと思った時に、其表情はぴしゃりと心のカメラへ焼き付いて仕舞った。　（夏目漱石「草枕」二）

【用例2】すべては汽車の窓の外に、瞬《またた》く暇もなく通り過ぎた。が、私の心の上には、切《せつ》ない程はっきりと、この光景が焼きつけられた。そうしてそこから、或《ある》得体《えたい》の知れない朗《ほがらか》な心もちが湧き上って来るのを意識した。　（芥川龍之介「蜜柑」）

やきなおし　焼直し　〔名〕

【解説】既に発表されている作品に、少し手を加えて新しい作品のように見せること。また、その作品。文学作品について使うことが多いが、時に絵画や彫刻などについて言うこともある。もと、陶磁器の焼きの足りないものをもう一度焼きなおす、あるいは、同じ趣向の物をもう一度はじめから造りなおすことについて言った言葉を、比喩的に文学作品等に用いたものである。創作ではなく新作に見せかけたごまかし、といった軽蔑的な意味を含んでいる。左の［用例］の中の「馬琴」は江戸後期の戯作者瀧沢（曲亭）馬琴、「八犬伝」は馬琴の作った読《よみ》本《ほん》「南総里見八犬伝」（全九輯一〇六冊）、「水滸伝」は中国明代の長編小説で作者は施耐庵《したいあん》。

【用例】「曲亭《きょくてい》先生の、著作堂《ちょさくどう》主人のと、大きな事を云《（い）》ったって、馬琴なんぞの書くものは、みんなありゃ焼直しでげす。早い話が八犬伝は、手もなく水滸伝《すいこでん》の引写しじゃげえせんか。が、そりゃまあ大目に見ても、いい筋がありやす。何しろ先が唐《から》の物でげしょう。そこで、まずそれを読んだと云《い》う丈《だけ》でも、一手柄さ。（略）」（芥川龍之介「戯作三昧」四）

やくたいもない｜益体も無い〔連語〕

＊やくたいなし

【解説】役に立たない、無益であるということを強調した言い方。全然話にもならない、問題外だ、というほどの意味。「日葡辞書」（一六〇三―四）にはYacutaimo naikoto「順序もまとまりもない事、または、何の役にも立たない事。」（邦訳・岩波版）とある。もともと「益体」は役に立つこと、有益なことの意で、それがないという言い方で、役に立たないことをあらわす。また、「やくたいなし」と名詞で用いて、役に立たない物や人を指す用法もある。左の［用例］の「薬袋」は文字通り薬を入れて携行する袋であるが、大切なもの、役に立つ物の意から「益体」にあてて用いたものと思われる。

【用例】ふと気が渝《かわ》って、今こう零落していながら、此様《（このよう）》な薬袋《やくたい》も無い事に拘《かかずら》ッて徒《いたずら》に日を送るを極《きわめ》て愚《ぐ》のように思われ、もうお勢の事は思うまいと、少時《しばらく》思《（おもい）》の道を絶ッてまじまじとしていてみるが、それではどうも大切な用事を仕懸《（しか）》けて罷《や》めたようで心が落居《おちい》ず、狼狽《うろたえ》てまたお勢の事に立《（たち）》戻って悶《もだ》え苦しむ。→おちいる・まじまじ（二葉亭四迷「浮雲」第十九回）

やすんずる｜安んずる〔自他サ変〕

＊やすんじる

【解説】形容詞「やすし」の語幹に接尾語「み」の付いた「やすみ」にサ変の「す」がついて「み」が撥音便

になった語。自動詞としては①気持が安らかになる。②安心する。③与えられた状態・境遇などに満足する。甘んじる。他動詞としては④安らかにする。やすめる。⑤甘く見る。軽く見る。あなどる。この語のザ行上一段活用に変化した「安んじる」もあり、あらわす意味は変わらないが、もともと古典的な言葉なので、「安んずる」の方が好ましい。

【用例】主人の翁《おきな》はこの小家《こいえ》に来てからも幻影を追うような昔の心持を無くしてしまうことは出来ない。そして既往を回顧してこんな事を思う。日の要求に安んぜない権利を持っているものは、恐らくは只《ただ》天才ばかりであろう。自然科学で大発明をするとか、哲学や芸術で大きい思想、大きい作品を生み出すとか云《い》う境地に立ったら、自分も現在に満足したのではあるまいか。（森鷗外「妄想」）

やたら　矢鱈　〔形動・副〕

＊むやみやたら・めったやたら・やたらくたら・やたらむしょう・やたらめっぽう

【解説】程度が並はずれて甚だしく、順序・規律などがない様子をあらわす語。「矢鱈」はあて字。副詞としては助詞「と」を伴って用いることもある。「やたら」を強めた表現に「やたらくたら」「やたら滅法《めっぽう》」「やたら無《む》性《しょう》」がある。また「やたら」を下につけた語に「無闇《むやみ》やたら」「滅多《めった》やたら」などがある。いずれも程度が甚だしく無秩序な様子を強めて表現したものである。左の「用例」の中の「取締」はここでは学校の寄宿舎の監督役の人を言うか。「賄方」は食事のまかないを担当する人、「水子思想」はここでは思想の体をなさないあやふやな考え、「無性」はまともな理由も前後の脈絡もなくある感情を抱いたり言動を行なったりするさま。

【用例】腕押《（おし）》、坐相撲《すわりずもう》の噺《はなし》、体操、音楽の噂、取締《（とりしまり）》との議論、賄方《まかないかた》征討の義挙から、試験の模様、落第の分疏《いいわけ》に至るまで、凡《（およ）》そ偶然に懐《むね》に浮んだ事は、月足らずの水子《みずこ》思想、まだ完成《まとまっ》ていなかろうが如何《どう》だろうが其様《そん》な事に頓着《（とんちゃく）》はない、訥弁《（とつべん）》ながら矢鱈《（やたら）》無性《（むしょう）》に陳《なら》べ立てて返答などは更に聞《きい》ていぬ。（二葉亭四迷「浮雲」第九回　すわらぬ肚）

やっき　躍起　〔名・副〕

＊やきもき・やきやき

【解説】　気持がいらだって興奮状態で発言したり行動したりする様子を言う語。「やっきとなる」「やっきになる」の形で使うことが多い。「躍起」はあて字。気をもんでいらいらするさまを言う「やきもき」（副・自サ変）、それと同義の「やきやき」（副・自サ変）などの「やき」を強く言ったもの。「言海」初版（一八八九―九一）の「やっきと」（副）の項に「息込ミ勇ム状ニイフ語。憤発」とある。近世後期から用例の見える口頭語。

【用例】　なに此娘《このこ》の姿色《きりょう》なら、ゆくゆくは「立派な官員さん」でも夫《(おっと)》に持ッて親に安楽をさせることで有ろうと云ッて、嘲けるように高く笑う。見よう見真似に娘までが、お勢の方を顧みて、これもまた嘲けるようにほほと笑う。お勢はおそろしく赤面してさも面目なげに俯向《うつむ》いたが、十分も経《たた》ぬうちに座舗《ざしき》を出て仕《(し)》舞《(ま)》ッた。我《(わが)》部屋へ戻りてから、始めて、後《おくればせ》馳に憤然《やッき》となッて「一生お嫁になんぞ行くもんか」と奮激した。（二葉亭四迷「浮雲」第十八回）

やっさもっさ　〔名・副〕

＊てんでん・てんやわんや・やっさわっさ

【解説】　大勢の人が寄り集まってあれやこれや大騒ぎをすること、またはその様子。副詞として使う時は「と」を伴うこともある。近世後期からあらわれる口頭語。擬態語的な感じがあるので、左の［用例］のように片仮名で表記することもある。類似形態の語に「やっさわっさ」がある。この語の方がにぎやかな感じがある。類義語に「てんやわんや」があるが、これは、それぞれ勝手にの意の「てんでん」と無茶苦茶の意の「わや」「わやく」とが結びついたもの。なお、獅子文六に「てんやわんや」「やっさもっさ」という二つの長編小説がある。

【用例】　晴《(はれぎ)》着の亘長《ゆきたけ》を気にしてのお勢《せい》のじれこみがお政《(まさ)》の肝癪《(かんしゃく)》と成《なっ》て、廻りの髪結《(かみゆい)》の来ようの遅《(おそ)》いのがお鍋の落度《おちど》となり、究竟《はて》は万古《ばんこ》の茶瓶《きゅうす》が生れも付《(つ)》かぬ欠口《いぐち》になるやら、架棚《たな》の擂鉢《すりばち》が独手《ひとりで》に駈出《(かけだ)》

すやら、ヤッサモッサ捏返《こねかえ》している所へ生憎《あやにく》な来客、加之《しか》も名打《なうて》の長尻《ながっちり》で、アノ只今《ただいま》から団子坂へ参ろうと存じて、という言葉にまで力瘤《こぶ》を入れて見ても、まや薬ほども利《き》かず、平気で済まして便々とお神輿《みこし》を据えていられる、↓べんべん

（二葉亭四迷「浮雲」第七回　団子坂《だんござか》の観菊《きくみ》　上）

やにさがる　脂下がる　〔自ラ五〕

【解説】　得意になってにやにやする。うぬぼれて気取る。もと、煙筒《きせる》をくわえる時に、吸口よりも雁首《がんくび》の方を高く斜《ななめ》にしてくわえると、煙草《たばこ》の脂《やに》が煙筒の中を通って吸口の方へ下がることから、そのような煙筒のくわえ方が得意然とした高慢な態度に見えるので、このように言う。煙筒が一般に普及した江戸時代から多くの用例があり、連用形は名詞になり、気取った高慢な態度のことをも、また、その態度をとる人のことをも言う。左の「用例」の中の「紋羽」は地質が粗く柔らかく毛の立った一種の綿布、「鈍豆」は鈍豆きせるのことで、竹製の羅宇《らう》を用いず金属を延べ打ちにしたきせる。

【用例】　庖厨《だいどこ》では銀《ぎん》が忙しそうに去年の着物のまま働いていた。

「九助どん、」竈《かまど》の前に蹲《つくな》んでいた紋羽《もんぱ》の襟巻に向って、「能《よ》くまあ旦那様は辛抱なすったね？」

「まだまだ、」と久助爺《きゅうすけじい》さんは鼻頭《はなさき》の水凕《みずはな》を垂らしそうに鈍豆《なたまめ》の壊《つぶ》れたのを脂下《やにさが》って、「之《これ》からが中々難《むつ》かしかんべえ。」（内田魯庵「くれの廿八日」其《その》七）

やにっこい　脂っこい　〔形〕

【解説】「脂こい」を強調した言い方。①やにが多い。粘りけが多い。②しつこい。くどい。あっさりしない。③もろい。弱くてこわれやすい。「こい」は形容詞を作る接尾語で、「あぶらっこい」「滑《すべ》っこい」「ねちっこい」「はしこい・はしっこい」「ねばっこい」「冷やっこい」等々の語があり、概して促音を加えたものが多く、また、概して不快な感じを言う語が多い。

【用例】　庵《いお》りというと物寂《ものさ》びた感じがある。少なくとも瀟洒《しょうしゃ》とか風流とかいう念を伴う。然《しか》しカー

ライルの庵《いおり》はそんな脂《やに》っこい華奢《きやしや》なものではない。往来から直ちに戸が敲《たた》ける程の道傍《みちばた》に建てられた四階造《づくり》の真四角な家である。

出張った所も引き込んだ所もないのべつに真直《まっすぐ》に立って居る。丸《まる》で大製造場の烟突《えんとつ》の根本を切ってきて之《これ》に天井を張って窓をつけた様に見える。（夏目漱石「カーライル博物館」）↓でばる・ものさびる

やぼくたい　野暮くたい　〔形〕

＊やぼくさい・やぼったい

【解説】いかにも野暮な感じである。あかぬけしていない。無粋な感じである。「やぼくさい」「やぼったい」とも言う。「やぼったい」の形が江戸時代の洒落本、人情本あたりから用例が見える。「たい」は形容詞を作る接尾語で、「厚ぼったい」「後ろめたい」「重たい」「口幅ったい」「眠たい・ねぶたい」「腫《は》れぼったい」「平べったい」等々、概して好ましくない感じをあらわす語をつくる。「めでたい」の「たい」は「読みたい」などと同じ希望・願望の助動詞で別語。左の［用例］の中の「唐糸」は唐糸織の略で、外観は紬《つむぎ》に似たもの、「小紋」は小さな模様を布地一面に染めつけた染柄、「支那縮緬」は中国産の縮緬、「黒斜子」は黒無地のななこ織（縦横に数本の絹糸をまとめ平織にしたもの）、「被布」は着物の上に着る一種のコート、「紙布織」はたてに絹または木綿の糸を用い、よこに細くよった紙糸を用いて織ったもの、「光琳」は尾形光琳（江戸中期の画家）、「描画」は漆地に金銀青貝などを用いて図柄を描いた絵、「桐胴」は桐の大木を輪切りにし中をくりぬいて火鉢の側にしたもの、「槌目の指環」は金・銀・白金などを小槌でたたき、槌目を連続して網目のようにつけた指環。

【用例】質朴《じみ》な唐糸《からいと》の上着に小紋を捺《お》いた支那縮緬《しなちりめん》を重ね、黒斜子《くろななこ》の被布《ひふ》を着た野暮くたい服装《なり》で、ちょいと衣紋を直しながら銀が薦《すす》めた紙布織《しふおり》の座蒲団に遠慮もなく座って、光琳《こうりん》が描画《まきえ》をした桐胴《きりどう》の火鉢に摺《すり》寄《よ》って宝石入《たまいり》と槌目《つちめ》の指環を穿《は》めた真白き手を惜気《おしげ》もなく火に翳《かざ》した。（内田魯庵「くれの廿八日」其《その》一）

ややともすると　動ともすると　〔連語〕

＊ともすると・ともすれば・ややともすれば・ややもすると・ややもすれば

【解説】どうかすると。ともすると。ややもすると。「ややもすると」と「ともすると」が一つになった語で副詞的に使う。「やや」も「と」もともに副詞。同義語に「ややともすれば」「ややもすれば」「ともすれば」などがある。この「すれば」（已然形＋接続助詞「ば」）の用法は恒常（恒時・常定）条件の順接をあらわすもので、前件の条件のもとでは常に後件の帰結となるという意味をあらわしていたものが、その恒常性が次第に稀薄になると、「……すると」のあらわす意味と同じになる。その結果、文語文法の已然形が口語文法では仮定形となる。

【用例】何分かかる文を草する目的で遊覧した訳ではないし、且《かつ》年月が経過して居るから判然たる景色がどうしても眼の前にあらわれ悪《にく》い。従って動《やや》ともすると主観的の句が重複《ちょうふく》して、ある時は読者に不愉快な感じを与えはせぬかと思う所もあるが右の次第だから仕方がない。（夏目漱石「倫敦塔《ロンドン》」）

→そうする

ゆうに　優に　〔副〕

【解説】余裕のある様子をあらわす語。十分なゆとりのあるさま。十分に。下に数、量、大きさなどをあらわす表現がある場合は、それを満たしてなおその上に余裕のあることをあらわす。「優に千人をこえる観客」「優に九〇キロをこえた体重」など。副詞のほかに形容動詞「優だ」（文語では「優なり」）も考えられるが、それには①上品で美しいさま、②趣の深いさま、ひときわすぐれているさま、④殊勝なさま、⑤十分なゆとりのあるさま、の意があり、⑤の意の連用形の副詞化したものが「優に」である。しかし現代語では、⑤は、「優に」の形を除いては通常用いられない。左の［用例］の中の「独坐幽篁裏……明月来相照」は中国東晋、宋の詩人陶淵明《とうえんめい》の詩の一節、「別乾坤」は別天地、別世界、「不如帰」は徳冨蘆花の、「金色夜叉」は尾崎紅葉の小説で、いずれも「草枕」と同じ明治三〇年代の代表的なベストセラーの題名である。

【用例】独坐幽篁裏《ひとりゆうこうのうちにざし》、弾琴復長嘯《きんをだんじてまたちょうしょうす》、深《しん》林《りん》

人不知《ひとしらず》、明月来相照《めいげつきたりてあいてらす》。只二十字のうちに優《(ゆう)》に別乾坤《(べっけんこん)》を建立して居る。此《この》乾坤の功徳《くどく》は「不如帰《ほととぎす》」や「金色夜叉《こんじきやしゃ》」の功徳ではない。汽船、汽車、権利、義務、道徳、礼義で疲れ果てた後、凡《すべ》てを忘却してぐっすりと寐込《ねこ》む様な功徳である。

（夏目漱石「草枕」一）

ゆかしい　床しい　〔形〕

＊おくゆかしい

【解説】「床」はあて字。正しくは「行かし」で、行ってみたい、の意。①心がひかれる感じだ。むきだしでなく上品だ。奥ゆかしい。②古風な優美さがあって慕わしい。平安時代に多く用例の見られる「ゆかし」は、動詞「行く」からできた形容詞で、心ひかれてそこに行きたいと思う意味が原義である。行って、じかに接してみたいという気持から、行きたい・見たい・知りたい・したい、の意をあらわし、現代語では、心ひかれて慕わしい、の意となっている。類語に「おくゆかしい（奥床しい）」（その奥にあるものを見たい、知りたいと感じ、心ひかれる。転じて、上品で深みがあり、慕わしい。深い思慮があるように見えて、ひきつけられる感じがする）がある。

【用例1】生憎障子《あいにくしょうじ》が閉切《たてき》ってあるので、外からは見えない。唯《(ただ)》琴の音がするばかりだ。稽古琴《(けい)こごと》だから騒々しいばかりで趣は無いけれど、それでも琴は何処《(どこ)》か床《ゆか》しい。雪江さんは近頃大分上手になったけれど、雪江さんではないようだ。

（二葉亭四迷「平凡」三十三）

【用例2】絨緞《じゅうたん》を一面に敷《しき》つめたるは。いくらか洋風の客の間めいたり。庭も洒落《しゃれ》たらんと奥ゆかしく思えど。生憎《あやにく》硝子《がらす》張《ばり》の障子にあらねば。之《これ》を窺《うかが》うべきたよりはなし。

（坪内逍遙「一読三歎当世書生気質」第拾《じゅう》八回　春ならねども梅《うめ》園町《そのちょう》に心の花の開けそむる。親と女《むすめ》との不思議の再会。）

ゆくりなく　〔副〕

＊ゆくり・ゆくりもなく

【解説】思いがけなく。偶然。古語の形容詞「ゆくりなし」の連用形が副詞として固定したもの。強調して「ゆくりもなく」とも言う。「ゆくり」はもともと、思いがけない、の意で、「ない」は「無い」でも打消の「ない」でもなく、その状態・様子である、の意の接尾語で、「あたじけない」「いたいけない」「いとけない」「せわしない」「はしたない」等々の例に見られる「ない」である。左の〔用例〕の「ゆくりなき」は「ゆくりなし」の連体形。「彼一句我一句」はむこうが一言しゃべるとこちらも一言しゃべる、の意、「別後」は別れた後。

【用例】（皃）はい寔《まこと》に夢の様でございますよ（友定）実に何《なん》にしろ芽出《めで》たい事だ。と彼一句我《われ》一句。互《たがい》に別後の物語。なきつわらいつゆくりなき。此《この》対面を祝しあう。親子が心いかならん。拙《つたな》き筆には得《え》も尽《つく》さず。看人宜《みるひとよろ》しく察したまえ。
（坪内逍遙「一読三歎当世書生気質」第拾《じゅう》八回　春ならねども梅《うめ》園町《そのちょう》に心の花の開けそむる。親と女《むすめ》との不思議の再会。）

ゆする　輸する　〔他サ変〕

＊いっちゅうをしゅする

【解説】「ユ」は「輸」の慣用音であり、漢音・呉音ともに「シュ」。「輸する」は運送するの意味もあるが、左の〔用例〕の使い方の「輸《しゅ》す」は賭けごとや勝負に負けるの意。「一着を輸す」は実は「一籌を輸す（イッチュウをシュす）」の誤りで、この誤用が広く行なわれている。「籌」は賭けごとの点数をかぞえるための竹の細い棒（点棒）の意味であり、従って「一籌を輸す」は一敗を喫するというほどの意味である。〔用例〕の中の「上手を遣う」は、お世辞を言って相手の機嫌を取ることを言う。

【用例】昨夜も昨日とて小児の如くに人を愚弄《ぐろう》して陽《あらわ》に負けて陰《ひそか》に復《かえ》り討《うち》に逢《あ》わした昇に、不倶戴《ふぐたい》天《てん》の讎敵《あだ》、生《いき》ながら其《その》肉を啖《くら》わなければ此《この》熱腸が冷《ひや》されぬと怨《うら》みに思ッている昇に、今更手を杖《つ》いて一着《ちゃく》を輸《ゆ》する事は、文三には死しても出来ぬ。課長に取《とり》入るも昇に上手《じょうず》を遣《つか》うも其趣きは同じかろうが同じく有るまいが、其様《そん》な事に頓着《とんちゃく》はない。唯《ただ》是《ぜ》もなく非《ひ》もなく、利もなく害もなく、昇に一着《ちゃく》を輸《ゆ》する事は文三には死しても出来ぬ。
（二葉亭四迷「浮雲」第十一回　取付く島）

ゆるゆる　緩緩　〔自サ変・形動・副〕

＊ゆるい・ゆるむ・ゆるやか・ゆるり

【解説】この語は、副詞としては①気持にゆとりのある様子、のんびりとくつろいだ様子、②動作を急がずにする様子、ゆっくり、の意で、また形容動詞としてはゆるんでいるさま、しまりのないさま、の意で用いられる。［用例］は副詞②の意味で使っているが、副詞の場合は多く「と」を伴って用いる。なお［関連語］にあげたものはいずれも「緩」の字を当てるが、「緩《かん》」の意味は、①ゆるい、ゆるやか、②ゆるむ、③ゆるめる、④たれる、で、④を除けば「ゆるゆる」と基本的に通じ合うものを持っている。

【用例】おれの足音を聞きつけて、十間位《けんぐらい》の距離に逼《せま》った時、男が忽ち振り向いた。月は後《うしろ》からさして居《い》る。其《その》時おれは男の様子を見て、はてなと思った。男と女は又元の通りにあるき出した。おれは考《かんがえ》があるから、急に全速力で追っ懸《か》けた。先方は何の気もつかずに最初の通り、ゆるゆる歩《ほ》を移して居る。今は話し声も手に取る様《よう》に聞える。（夏目漱石「坊っちゃん」七）

ようする　擁する　〔他サ変〕

【解説】①両手で抱きかかえる。②あるものを中心としてそれをとり囲む。③財産や地位などを自分のものとして持つ。④大勢の人を率いる。傘下に従える。⑤頭《かしら》として盛りたてる。左の［用例］は②の意味。「擁」の字音（漢音）にサ変動詞「す（する）」を付けた動詞で、いわゆる漢文調のかたい表現である。しかし中には、「愛する」のように、古くからあってしかも古さかたさを感じさせない日常語もある。

【用例】桂《かつら》の仕事を為《し》て居《い》る場処《ばしょ》に行って見ると、僕は電気の事を詳《くわ》しく知らないから十分の説明は出来ないが、一本の太い鉄柱を擁《よう》して数人の人が立《たっ》て居て、正作《しょうさく》は一人其《その》鉄柱の周囲を幾度《いくたび》となく廻《まわ》って熱心に何事か為《し》て居る。最早《もはや》電燈が点《つい》て白昼《まひる》の如く此一群《このひとむれ》の人を照して居る。人々は黙して正作の為《す》る処《ところ》を見て居る。器械に狂《くるい》の生じたのを正作が見分《けんぶん》し、修繕して居るのらしい。
（国木田独歩「非凡なる凡人」下）

ようとして　杳として　〔連語〕

【解説】　くらくてはっきりわからない様子。下に打消の表現を伴って、消息・事情・行くえ等がはっきりわからない様子をあらわす。現代語としては、むしろ、わからないことを強調した「まったくわからない」の意味のように用いることが多い。「杳」は漢音・呉音ともに「エウ（ヨー）」。「くらし」の訓がある。字音をそのまま使って「として」を付けた漢文調のかたい表現で、「頑《がん》として」「厳《げん》として」「寂《せき》として」「恬《てん》として」等の同形式の語がある。左の［用例］の中の「ムウニッヒ」Munich はドイツ、ババリア州の首都、「ケムブリッジ」Cambridge はイギリス、ロンドンの北にある町でケンブリッジ大学の所在地、「オックスフォド」Oxford はイギリス、ロンドンの北にある町でオックスフォード大学の所在地。

【用例】　遠く文献を溯《さかのぼ》っても、彼に関する記録は、随所に発見される。（略）次いで、前に云《い》ったムウニッヒを過ぎて、再《ふたたび》英吉利《イギリス》に入り、ケムブリッジやオックスフォドの教授たちの質疑に答えた後、丁抹《デンマアク》から瑞典《スウエデン》へ行って、遂に踪跡《そうせき》がわからなくなってしまった。爾来《じらい》、今日まで彼の消息は杳《よう》としてわからない。
（芥川龍之介「さまよへる猶太人」）

よがる　良がる・善がる・好がる　〔自ラ五〕

【解説】　①良いと思う。満足する。②得意になる。いい気になる。③快感を感じ、それを態度にあらわす。形容詞「よし（よい）」の語幹に、感じたことを態度にあらわす接尾語の「がる」を付けたもの。「恐《こわ》がる」「うれしがる」等の「がる」に同じ。左の［用例］は②の意味。「よがる」の例は近世になってあらわれるが、「あやしがる」などは古く、平安初期の「竹取物語」に例がある。［用例］の中の「粧服」は服装、「麁」は粗末なこと、「滅多に」は無暗に、無茶苦茶に、「質を八に置き。苦に渋を重ね」の「質」は「七」との、「苦」は「九」との、「渋」

は「十」との掛詞、「しれもの」は愚か者、「滅法なる」はとんでもない、の意。

【用例】人心《ひとごころ》のさまざまなる。往々改良の主意をば誤り。只管《ひたすら》粧服《そうふく》の麁《そ》なるを排して。之《これ》を野蛮となし。之を未開と譏《そし》り。無暗に美麗なる洋帽をいただき。滅多に高価なる洋服を被《こうむ》り。質《しち》を八に置き。苦《く》に渋《じゅう》を重ね。以て得色《よがり》たがるしれものありけり。是豈滅法《これあにめっぽう》なる間違いにあらずや。（坪内逍遙「一読三歎当世書生気質」第拾《じゅう》八回　春ならねども梅園町《うめぞのちょう》に心の花の開けそむる。親と女《むすめ》との不思議の再会。）

よぎない　余儀無い　〔形〕

＊よぎなげだ・よぎなさ

【解説】他にとるべき方法がない、やむをえない、仕方がない、の意で用いられる語。「早い話が参勤交代制度の廃止は上から余儀なくされたばかりでなく、下からも余儀なくされたものである」（島崎藤村「夜明け前」第一部）のように使われる。派生語として、「三人と目を合わすや、其の雪の如き面《おもて》は忽ちサッと真紅《まっか》になった、処女《おとめ》は余儀なげに伏し目になって頭《かしら》を下げた。」（木下尚江「良人の自白」上篇）のように使う形容動詞「余儀無げだ」（どうしようもない様子だ）、名詞「余儀無さ」（どうしようもないことの度合い・程度）などがある。

【用例】只《ただ》さしあたッた面目なさに消えも入りたく思うばかり。叔母を観《み》れば、薄気味わるくにやりとしている。此儘《このまま》にも置かれない、……から、余義なく叔母の方へ膝《ひざ》を押向《おしむ》け、おろおろしながら、「実に……どうもす、す、済まんことをしました……まだお咄《はなし》はいたしませんでしたが……一昨日阿勢《おせい》さんに……」と云いかねる。　→さしあたる

（二葉亭四迷「浮雲」第十五回）

よぎる　過る　〔自ラ五〕

【解説】通り過ぎる。通過する。転じて、「脳裏をよぎる」などの形で、瞬間的に思い浮かべる、の意味をあらわす。また、不安・恐怖・疑惑などを瞬間的に感じる場合にも用いる。「不安・恐怖・疑惑がよぎる」の形で使

う。古くからある語だが、平安時代末期頃までは清音「よきる」であったらしい。「日葡辞書」（一六〇三―四）にはYoguiri, ru, itta　ヨギリ・ル・ッタ　とあって、「Suguru（過ぐる）に同じ。文書語」（邦訳・岩波版）となっている。［用例］中の「さざらぐ」は流れる水がさらさらと音をたてる、「いせをの蜑」は伊勢（今の三重県の大半）の男の漁師、「音としもこそおぼえざれ」は音だとは納得できない、「海の小琴」は潮騒の比喩的表現。

【用例】波《なみ》と波《なみ》とのかさなりて／砂《すな》と砂《すな》とのうちふれて／流《なが》れさざらぐ声《こえ》きくに／いせをの蜑《あま》が耳《みみ》馴《な》れし／音《おと》としもこそおぼえざれ

社《やしろ》をよぎり寺《てら》をすぎ／鈴《すず》振《ふ》り鳴《な》らし鐘《かね》をつき／海《うみ》の小琴《おごと》にあはするに／澄《す》みてかなしき簫《ふえ》となる

（伊良子清白「孔雀船《くじゃくぶね》」海の声）

よくする　浴する　〔自サ変〕

＊あびる

【解説】この語は①湯水や日光などをあびる、湯水につかる、②恩恵、光栄、幸運などの中に身を置く、それらを受ける、の意で用いられる。「日光に浴する」「温泉に浴する」は①の、「大戦後の好景気に恵まれた好機会、それは将《まさ》に日本の浴すべきものである」（宮嶋資夫「金」）は②の例。類語に「浴《あ》びる」があり、①光や液体などを多量にかぶる、②他からの作用を集中的にこうむる、の意で使われる。ここからも推測できるように、「浴びる」は罵声、酷評、暴言などマイナス評価のものにも使うのに対して、「浴する」はプラス評価の表現にしか使わない。左の［用例］で比喩的に述べられている、汽車に詰めこまれた人間の例は、当代文明がひとりひとりの権利や自由を平均化して束縛していることを印象的に語ろうとしたものである。

【用例】汽車の見える所を現実世界と云《(い)》う。汽車程《(ほど)》二十世紀の文明を代表するものはあるまい。何百と云う人間を同じ箱へ詰めて轟《ごう》と通る。情《(なさ)》け容赦《(ようしゃ)》はない。詰め込まれた人間は皆同程度の速力で、同一の停車場《すてーしょん》へとまってそうして、同様に蒸汽《じょうき》の恩沢《おんたく》に浴さねばならぬ。

（夏目漱石「草枕」十三）

よくせき　〔形動・副〕

【解説】 程度のはなはだしさを考えて想像のつかないほどである様子。よほど。また、ほかに手段が考えられず、やむなくそうする様子。よくよく。口頭語的表現。左の［用例］の中の「我慢勝他」は強情で他を軽んじ高慢であること。「無面目」は名誉を傷つけて顔向けがならないようにすること。面目無《な》、面目玉を踏みつぶす、などとも言う。「我他彼此の種子」は人間関係が円滑にゆかず争いが起こる原因。

【用例】 実在の苦境《くぎょう》の外《ほか》に文三が別に妄念から一苦《く》界《がい》を産み出して、求めて其《その》中《うち》に沈倫《ちんりん》して、あせッて踠《もが》いて極大苦悩《ごくだいくのう》を嘗《な》めている今日此頃《きょうこのごろ》、我慢勝他《しょうた》が性質《もちまえ》の叔母のお政が、よくせきの事なればこそ我《われ》から折れて出て、「お前さんさえ我《が》を折れば、三方四方円《まる》く納まる。」ト穏便をおもって言ッて呉《く》れる。それを無面目にも言破《いいやぶ》ッて立腹をさせて、我から我他彼此《がたびし》の種子《たね》を蒔《ま》く……文三然《そ》うは為《し》たく無い。

↓われから（二葉亭四迷「浮雲」第十一回　取付く島）

よさり　夜さり　〔名〕

【解説】 夜。夜中。夜分。「万葉集」にある「秋さらば見つつ偲へと妹《いも》が植ゑし庭の石竹花《しゃくなげ》咲きにけるかも」（秋になったらこの花を見ては私を偲んでくださいと言って、亡き妻が植えたナデシコの花が咲いたことよ）などの「さる」で、「秋さる」は秋になること。「夜さる」は夜になる意で、秋や夜が去ることではない。これの連用形が名詞となったのが「夜さり」である。現代でも方言にかなり残っている。

【用例】 中にもとある一村《ひとむら》では、羊飼《ひつじかい》のわらんべが行き方《がた》知れずになった折から、夜さりそのわらんべの親が家の引き窓を推し開くものがあったれば、驚きまどうて上を見たに、箕《みの》ほどな「れぷろぼす」の掌《たなごころ》が、よく眠入ったわらんべをかいのせて、星空の下から悠々と下りて来たこともおじゃると申す。何と山男にも似合うまじい、殊勝《しゅしょう》な心映《こころば》えではおじゃるまいか。

（芥川龍之介「きりしとほろ上人伝」一）

よしない　由無い　〔形〕

【解説】①これといった理由・根拠がない。②手段・方法がない。しかたがない。③つまらない。くだらない。意味がない。左の［用例］は③の意。古語「よしなし」は平安時代から仮名書きの用例が見られ、複合語にも「由無し心」「由無し事」「由無し言」「由無し文《ぶみ》」「由無し物《もの》」「由無し物語」「由無し業《わざ》」等々がある。これらの「由無し」は概して、つまらない、無益な、の意味で使われているものが多い。［用例］中の「云わりょう」は言われよう、言われるだろう、「足らいで」は足りないで、の意。

【用例】ああもう云《い》うてくれるな、ああ、五重塔とも云うてくれるな、よしない事を思いたって成程《なるほど》恩知らずとも云わりょう人情なしとも云わりょう、それも十兵衛の分別が足《た》らいで出来《でか》したこと、今更何共《なんとも》是非が無い、然《しか》し汝《きさま》の云うように思案仕更《しかえ》るは何《どう》しても厭《いや》、十兵衛が仕事に手下は使おうが助言《じょごん》は頼むまい、

（幸田露伴「五重塔」其十八）

よしんば　縦しんば　〔副〕

＊よし・よしや

【解説】かりにそうであっても。たといそうであったとしても。下に逆接の仮定条件をあらわす語を伴って使う場合が多い。同じ意味の副詞「よし」を強調したものである。この「よし」は形容詞の「可《よ》し」からできた語で、仮に「よし」と許容する意味である。また、この「よし」に助詞「や」の付いた「よしや」も、不満足ながら仮に許容する意で、やはり下に逆接の仮定条件の表現を伴って、「よしんば」と同義に用いることがある。

【用例】「（略）今夜の出合いがあの婆に見つかったとなると、恐らく明日はお敏を手放して、出さないだろうと思うんだ。だからよしんばあの婆の爪の下から、お敏を救い出す名案があってもだね、おまけにその名案が今日明日中に思いついたにしてもだ。明日の晩お敏に逢えなけりゃ、すべての計画が画餅《がべい》になる訳《わけ》だろう。（略）」

（芥川龍之介「妖婆」）

よだつ　弥立つ　〔自タ五〕

【解説】 異常な緊張感や恐怖・寒さなどを感じた時に体に生えている毛が立つ。「よだつ」は「いよだつ」の約言。多くの場合、上に「身の毛が（の・も）」とか「総身《そうみ》の毛が（の・も）」などの語を伴っている。中世の一三世紀前半の「平家物語」や一二世紀後半の「宝物集」などから用例が見られる。まれに「歓喜して身の毛弥立ち」といった表現もあることが報告されている。

【用例】 その声が、又《また》何となく何処《とこ》かで一度御耳になすったようでございましたから、愈《いよいよ》怪しく思召《おぼしめ》して、明るい月の光に、その声の主《ぬし》を、屹《きっ》と御覧になりますと、面《おもて》こそ包んで居《お》りますが、あの中《なか》御門《みかど》の御姫様に年久しく御仕え申している、平太夫《へいだゆう》に相違はございません。この一刹那は流石《さすが》の若殿様も、思わず総身《そうみ》の毛がよだつような、恐ろしい思いをなすったと申す事でございました。
（芥川龍之介「邪宗門」十三）

よっぴて　〔副〕

【解説】 夜通し。一晩中。よもすがら。「夜一夜《よひとよ》」の転化した形。その転化の過程を示す「よっぴとよ」「よっぴとい」等の用例が中世から近世にかけて散見される。「日葡辞書」（一六〇三―四）には Yoppitoi　ヨッピトイの見出し項目があって「Yofitoi　ヨヒトイの条を見よ」とあり、Yofitoi　1. yoppitoi　ヨヒトイまたはヨッピトイ　一晩中。ただし正来の正しい語は、Yomosugara である」（邦訳・岩波版）とある。左の［用例］の中の「無理往生」は無理じいに人を屈服させること、「万々」は決して、万一にも、「家は学校へ出る積で」は家へは学校へ出かけると見せかけておいて、の意。

【用例】「（略）僕が傍《そば》に居《い》ると智慧を付けて邪魔を為《す》ると思うものだから、遠くへ連出《つれだ》して無理往生に納得させる計《はかりごと》だなと考《かんがえ》着くと、さあ心配で心配で僕は昨夜《ゆうべ》は夜一夜《よっぴて》寐《ね》はしない、那様《そんな》事《こと》は万々《ばんばん》有るまいけれど、種々《いろいろ》言われる為に可厭《いや》と言われない義理になって、若《もし》や承諾するような事があっては大変だと思って、家《うち》は学校へ出る積《つもり》で、僕はわざわざ様子を見に来たのだ。（略）」
（尾崎紅葉「金色夜叉」前編第八章）

よねんない　余念無い　〔形〕

＊よねんのてい

【解説】①一つのことに熱中して、ほかのことを考えない。ほかのことを考えずに、ひたすらそのことに専念する。②正体がない。たわいない。①が本来の意味だが、つまらない事に熱中するあまりに、当然考えなければならない必要なことも忘れてしまっているというところから、②の意味が生まれる。そこから更に、必要なことも考えずに夢中になっている、だらしない様子を「余念の体《てい》」という、一見、反対の意味かと思われる短縮形または省略形とも見られる表現も出てくる。

【用例】大方昨日も私の帰りを待ちかねて、此処らまで迎えに出ていたのであろう。待草臥《まちくたび》れて、ドタリと横になって、角のポストの蔭から私の姿がヒョッコリ出て来はせぬかと、其方ばかりを余念なく眺めている所へ犬殺しが来たのだ。人間は皆私達親子のように自分を可愛がって呉れるものと思っているポチの事だから、犬殺しとは気が附《つ》かない。
（二葉亭四迷「平凡」十九）

よれよれだ　〔形動〕

【解説】衣服や紙などが古くなって張りがなくなり、しわになっている様子。連体修飾語になる時は「よれよれの」の場合がほとんどで、「よれよれな」は稀である。そのほか「よれよれした服」とか「表紙のよれよれしている本」といった形で使われることも多い。この場合のサ変動詞「する」は動作ではなく状態をあらわしていることは言うまでもない。また「よれよれズボン」のようにそれだけで連体修飾になる場合もある。左の［用例］の中の「築地」は東京都中央区の一地区で、銀座の南東に続く一帯の地名。

【用例】自分と堀木。形は、ふたり似ていました。そっくりの人間のような気がする事もありました。（略）

忘れも、しません。むし暑い夏の夜でした。堀木は日暮れ頃、よれよれの浴衣《ゆかた》を着て築地《（つきじ）》の自分のアパートにやって来て、きょう或《（あ）》る必要があって夏服を質入れしたが、その質入れが老母に知れるとまことに具《（ぐ）》合《あ》いが悪い、すぐ受け出したいから、とにかく金を貸してくれ、という事でした。
（太宰治「人間失格」第三の手記二）

よんどころない　拠所無い　〔形〕

＊よんどこない・よんどない・よんどころなし

【解説】どうしてもこうするよりほか方法がない。どうにも仕方がない。余儀ない。「よんどころ」は「よりどころ」の音の変化したもの。会話体の文脈の中で使われるが、少しあらたまった感じの言いまわしである。ほかに「よんどこない」「よんどない」という言い方もある。また「風邪で発熱したのでよんどころなしに早退した」のように、「よんどころなし」という名詞の形で使うこともある。左の〔用例〕中の「勉強」は精を出して努力すること、「玉子焼」は当時はハイカラな料理で「鍋」というお手伝いさんには調理できない、と言っている。

【用例】「（略）お話しでないもんだから此方《こっち》は其様《そん》な事とは夢にも知らず、お弁当のお菜《かず》も毎日おんなじ物《もん》ばッかりでもお倦《（あ）》きだろう、アアして勉強してお勤《（つとめ）》にお出《（いで）》の事《こっ》たから其位な事は此方で気を附《（つ）》けて上げなくッちゃアならないと思ッて、今日のお弁当のお菜《かず》は玉子焼《（やき）》にして上げようと思ッても鍋には出来ず、余儀所《よんどころ》ないから私《わたし》が面倒な思いをして拵《こし》らえて附けましたアネ……（略）」
（二葉亭四迷「浮雲」第五回　胸算《むなさん》違いから見一《けんいち》無法《むほう》は難題）

ら・わ行

らちがあく　埒が明く　〔連語〕

＊ふらち・らちがい・らちがない・らちない・らちもない・らちをこえる

【解説】「埒」は馬場の周囲に設けた柵《さく》。「埒が明く」は予定通り事が進行する、先が見えてはかどる、の意。左の［用例］のように「埒が明かない」と否定の形で使うことが多い。関連語に、「埒が無い」（乱雑できまりがつかない。とりとめがなく、締まりがない）、「埒も無い」（無秩序でめちゃくちゃだ。たわいもない。話にもならない）、「埒を越える」（規律を破る。道理に反する）、「埒外」（関係のある範囲の外）、「埒内」（関係のある範囲の内）、「不埒」（法にはずれて、けしからぬこと。また、その様子。不法）などがある。室町時代から用例の見える語もあり、口頭語として用いられた表現と思われる。

【用例】「それはそうと如何《どう》しようか知らん。到底言わずには置けん事《こっ》たから、今夜にも帰ッたら、断念《おもいき》ッて言ッて仕舞《しま》おうか知らん。嘸《さぞ》叔母が厭《いや》な面《かお》をする事たろうナア……眼に見えるようだ……しかし其様《そん》な事を苦にしていた分《ぶん》には埒《らち》が明かない、何《な》にも是《こ》れが金銭を借りようというではなし、毫《すこ》しも耻ケ敷《しい》事はない。（略）」（二葉亭四迷「浮雲」第四回　言うに言われぬ胸の中《うち》）

らっする　拉する　〔他サ変〕

【解説】これは強引に連れていく、拉致する、の意で用いる語である。もともと「拉」という漢字は①くじく、くだく、ひしぐ、②ひく、ひっぱって連れていく、という意味を有しており、それに「する」をつけて複合サ変動詞にしたものがこれで、漢語や外来語を体言に見立てて複合サ変化するのは異質の言語を日本語化する一つの方法であった。左の［用例］の中の「舌人」は通訳する人、「青雲の上」はここではロシア宮廷、「ペエテルブルク」は帝政ロシアの首都ペテルスブルグで、後のレニングラード、現在のサンクト・ペテルブルク、「囲繞」は囲いめぐらせること、「巴里絶頂の……王城」は氷雪に閉ざされた極北の地に建築された近代的できらびやかな王城、「仏蘭西語」は当時ロシア宮廷をはじめヨーロッパの上流社会ではフランス語が日常語に採用されていた事情を物語るもの、「賓主」は客と主人。

【用例】わが舌人《ぜつじん》たる任務《つとめ》は忽地《たちまち》に余《よ》を拉《らっ》し去りて、青雲の上に堕《おと》したり。余が大臣の一行に随《したが》ひて、ペエテルブルクにありし間に余を囲繞《いにょう》せしは、巴里《パリ》絶頂の驕奢《きょうしゃ》を、氷雪の裡《うち》に移したる王城の粧飾《そうしょく》、（略）この間仏蘭西《フランス》語を最も円滑に使ふものはわれなるがゆゑに、賓主《ひんしゅ》の間に周旋して事を弁ずるものもまた多くは余なりき。

（森鷗外「舞姫」）

りくする　戮する　〔他サ変〕

【解説】罪のある者を殺す。死刑に処す。また、単に、人を殺す、の意のみで使うこともある。「戮」は漢音リク、呉音ロク、ころす、の意で、「殺戮」「誅戮《ちゅうりく》」（また「戮誅」とも）などの熟語がよく使われる。ただし、「戮力《りくりょく》」は力を合わせるの意とある。この漢字の音読したものにサ変動詞を付けただけの用法。例の漢文訓読調のかたい表現である。なお、これの受身表現は左の［用例］の如く、「戮せらる（られる）」であって、「戮される」は多く目にする誤用。［用例］の「駐剳」は職務上その地に滞在すること、駐在。「全権公使」は公使の最高格で、弁理公使や代理公使などの上に位置する。「S.A.閣下」はドイツで鷗外も会ったことのある外交官青木周蔵のこと。外務大臣なども歴任した。

【用例】前《さき》の伯林駐剳《ベルリンちゅうさつ》大日本帝国特命全権公使S.A.閣下よ。僕は謹んで閣下に報告する。欧羅巴人も鼻糞をほじりますよ。

＊＊＊＊

これを書いた後に、Leonid Andrejew の「七人の戮《りく》せられたるもの」という小説を読んで見ると、これにも主人を小刀で刺した百姓 Iwan Jansson が法廷で、節榑立《ふしくれだ》った指で、鼻の穴を掘っているということが書いてあった。　↓ふしくれだつ

（森鷗外「大発見」）

りゅうと　隆と　〔副〕

【解説】服装や着こなしが立派できわ立っている様子。江戸時代後期の随筆集「喜遊笑覧」（一八三〇）に「此ごろ富有なる人をいふに、りうとしてと云ことはやれり」という記述があることから推察すると、当時はそんな意味でも使ったらしいことがわかる。左の［用例］の中の「糸織」は絹の撚糸《よりいと》で織った織物、「小袖」は袖を小さく袖下を丸く縫った着物、「七子」は絹布の織り方の一種で羽織などに用いるもの、「土左的宜敷」はまるで土左衛門（溺死者の遺体）のような、の意。

【用例】昇は一時頃に参ッた。今日は故意《わざ》と日本服で、茶の糸織《おり》の一ツ小袖《（こそで）》に黒七子《くろななこ》の羽織、帯も何歟《なにか》乙《（おつ）》なもので、相変らず立《りゅう》とした服飾《こしらえ》。梯子段《はしごだん》を踏《（ふみ）》轟《とどろ》かして上ッて来て、挨拶をもせずに突如《いきなり》まず大《おお》胡坐《あぐら》。我《（わが）》鼻を視《（み）》るのかと怪しまれる程の下眼《したため》を遣ッて文三の顔を視ながら、「どうした、土左的宜敷《どざてきよろしく》という顔色《（がんしょく）》だぜ。」（二葉亭四迷「浮雲」第七回　団子坂《だんござか》の観菊《きくみ》　上）

りょがい　慮外　〔名・形動〕

【解説】①思いのほかであること。思いがけないこと。また、その様子。意外。案外。これは正しい漢語で、いわゆる漢文の中に早くから使われている。②思いがけないありがたいことの意から、中世の狂言などで、主に話しことばで感謝の意をあらわす。③思いもよらない無礼・失礼なこと。ぶしつけなこと。「慮外をはたらく」などと用いる。④「慮外ながら」とか「慮外なれど」などの形で、おそれ入りますが、失礼ですが、はばかりながら、の意味で恐縮の意をあらわす。左の［用例］もこの使い方。［用例］中の「桜人の曲」は雅楽「地久楽」の旋律に合わせてうたわれた催馬楽《さいばら》の「桜人」のこと、「打伏の巫子」は「今昔物語」や「大鏡」にも出てくる巫子（神に仕え神意をうかがって神託を告げる者）。

【用例】「（略）何時《（いつ）》ぞやの春の月夜に桜人《さくらびと》の曲を御謡《おうたい》になった、あの御年若なあなた様と、唯今こうして炎天に裸で御歩きになっていらっしゃる、慮外《（りょがい）》ながら天狗のような、見るのも凄《（すさま）》じいあなた様と、同じ方《かた》でいらっしゃろうとは、あの打伏《うちふし》の巫子《みこ》に聞いて見ても、わからないのに相違ございません。」

（芥川龍之介「邪宗門」二十一）

れいれい　麗麗　〔形動タリ〕

＊れいれいしい

【解説】　この語は、現代語としては「れいれいと」「れいれいたる」の形で用いられることが多い。いずれも①うるわしく際立っている様子、②はっきりとして疑う余地のない様子、③必要以上に目立つ様子、書いたものや飾りなどが形式ばって派手な様子、を意味する語として用いられる。また形容詞の「れいれいしい」は、人目につくようにことさらに飾りたてている、おおげさである、の意で使われる。「前の三ヶ条を麗麗しく掲げた」（田山花袋「田舎教師」）などがその例。［用例］もそれと似た使い方で、③の意で用いたものである。

【用例】　畳は色が変って御負《おま》けに砂でざらざらして居《い》る。壁は煤《すす》で真黒だ。天井はランプの油烟《ゆえん》で燻《くす》ぼってるのみか、低くって、思わず首を縮める位だ。只麗々《ただれいれい》と蕎麦《そば》の名前をかいて張り付けたねだん付《つ》け丈《だけ》は全く新しい。何でも古いうちを買って二三日前から開業したに違《ちがい》なかろう。ねだん付《つけ》の第一号に天麩羅《てんぷら》とある。おい天麩羅を持ってこいと大きな声を出した。

（夏目漱石「坊っちゃん」三）

れっきと　歴と　〔副〕

【解説】　「れきと」を強調した言い方。多く「れっきとした」という連体修飾語の形で用いられる。①存在や価値などがはっきりしていて、周囲から認められている様子。そこから、身分や家柄の高い様子を言うことに用いる。左の［用例］がそれである。②整って立派な様子。③外見から、はっきりそれとわかる様子。明白な様子。話し言葉の中に字音語系の表現をわざと入れることによっておおげさな感じを出す表現である。［用例］の中にある「東京」は「東京《とうきょう》」のことで、明治前期にはトウケイとも呼ばれることがあった。「お摩り」は御撫《おな》でとも言い、女中を兼ねた妾《めかけ》のこと。

【用例】不図《ふと》した事から浮《うか》み上《あが》って、当今では些《ち》とは資本も出来、地面をも買い、小金《こがね》をも貸付《かしつ》けて、家を東京《とうけい》に持ちながら、其《その》身は浜のさる茶店《さてん》の支配人をしている事なれば、左而已《さのみ》富貴《ふうき》と言うでもないが、まず融通《ゆとり》のある活計《くらし》。留守を守る女房のお政《まさ》は、お摩《さす》りからずるずるの後配《のちぞい》、歴《れっき》とした士族の娘と自分ではいうが……チト考え物。しかし兎《と》に角《かく》、如才のない、世辞のよい、地代から貸《かし》金の催促まで家事一切独《ひとり》で切って廻る程あって、万事に抜目《ぬけめ》のない婦人。
（二葉亭四迷「浮雲」第二回　風変りな恋の初峯入《はつみねいり》　上）

ろくする｜録する〔他サ変〕

【解説】書きとめる。記録する。書きしるす。「録」は漢音リョク、呉音ロク。この字音にサ変動詞「する」（文語は「す」、口語は「する」）を付けただけのサ変動詞で、いわゆる漢文調のかたいひびきがあり、それが歯切れのよさとともに好まれる。ただし、これに助動詞「れる・られる」（文語の場合は「る・らる」）を付けた受身（受動態）の表現は「録せられる」（文語ならば「録せらる」）が正しいのだが、往々にして左の［用例］のように誤った形が使われている。

【用例】「それに、あいつあ酒飲みだったよ。妙にバイブルには酒の譬話《たとえばなし》が多いと思っていたら、果せるかなだ、視《み》よ、酒を好む人、と非難されたとバイブルに録《ろく》されてある。酒を飲む人でなくて、酒を好む人というんだから、相当な飲み手だったに違いねえのさ。まず、一升《しょう》飲みかね。」
ともうひとりの紳士。（太宰治「斜陽」六）

わだかまる｜蟠る〔自ラ五〕

【解説】①蛇がとぐろを巻く（体を渦巻状に巻く）ようにひとかたまりになる。②不規則にくねり曲がってひとところにまとまる。③心の中にある考えや感情が滞っている。心の中にこだわった考えや気持があって、うちとけないでいる。不満・怨恨など悪い感情について言う場合が多い。左の［用例］の「蟠れる」は「蟠る」の已然形に存在・継続（テイルの意味）の助動詞「り」の付いたものでこれの連体形が「る」。蟠っている、の意。文語調の文体にはこの形が多い。［用例］の中の「子爵」は華族として特権を与えられていた五爵（公・侯・伯・子・男）の第四の身分、「卿等」は相手を敬って用いる語、「既往」は過ぎ去った時。

【用例】本多《ほんだ》子爵閣下《（ししゃくかっか）》、並《ならび》に夫人、
予は予が最期《さいご》に際し、既往三年来、常に予が胸底に蟠《わだかま》れる、呪《のろ》う可《（べ）》き秘密を告白し、以て卿等《けいら》の前に予が醜悪なる心事を暴露《ばくろ》せんとす。卿等にして若《（も）》しこの遺書を読むの後、猶《なお》卿等の故人たる予の記憶に対し、一片憐憫《いっぺんれんびん》の情を動《（うごか）》す事ありとせんか、そは素《もと》より予にとりて、望外の大幸なり。（芥川龍之介「開化の殺人」）

わっさり　〔自サ変・副〕

＊あっさり・さっぱり

【解説】助詞「と」を伴って用いることもある。①心の中にこだわり・ためらい・疑い・いつわりなどがなく単純明快な様子。②憂いや心配ごとがなく陽気で威勢のいい様子。③量の多い様子。①②③いずれも室町時代末期頃から用例の見える擬態語で、口語体の文章の中で用いられる。①②の意味の類義語に「さっぱり」「あっさり」などがある。荻原井泉水は「初夏の奈良」の中で、孟宗竹の枝葉が築地《ついじ》の瓦の上に軽く豊かにかぶさっている様子を「わっさり」と表現している。左の［用例］の中の「和熟」はやわらぎむつまじくすること。

【用例】頓《やが》て膳部《ぜんぶ》も具《そなわ》りし後《のち》、さてあらためて飲み干《ほ》したる酒盃《さかずき》とって源太は擬《さ》し、沈黙《だんまり》で居る十兵衛に対《むか》い、十兵衛、先刻《さっき》に富松《とみまつ》を態々《わざわざ》遣って此《こ》様《ん》な所に来て貰《（もら）》ったは、何でも無い、実《じつ》は仲直り仕《（し）》て貰いたくてだ、何《ど》か汝《きさま》とわっさり飲んで互いの胸を和熟《わじゅく》させ、過日《こないだ》の夜の我《おれ》が云《（い）》うた彼《あの》云い過ぎも忘れて貰いたいとおもうからの事、（幸田露伴「五重塔」其二十一）

わびる　侘びる　〔自バ上二〕

＊さびしい・わび・わびしい・わびる

【解説】①心寂しく感じて気力を失う。②外見がみすぼらしく、おちぶれた感じになる。③動詞の連用形に付

いて、その動詞のあらわす意味が達せられなくて困る。「待ちわびる」。古語は「侘ぶ」（自バ上二）。これの連用形の名詞化したものが、閑寂な風趣の「わび」。一方、自分の過失を反省してうちしおれて謝罪するのが、「詫びる」。同根の形容詞が「わびしい」で、類義語の「さびしい」が主として心情の内面について言うのに対して、「わびしい」は外見の描写をも含める。

【用例】 夕波くらく啼《な》く千鳥／われは千鳥にあらねども／心の羽《はね》をうちふりて／さみしきかたに飛べるかな

若き心の一筋に／なぐさめもなくなげきわび／胸の氷《こおり》のむすぼれて／とけて涙となりにけり

芦《あし》葉《は》を洗ふ白波の／流れて巖《いわ》を出づること／思ひあまりて草枕／まくらのかずの今いくつ

（島崎藤村「若菜集」草枕）

わりだす　割り出す　〔他サ五〕

【解説】①（割り算をして答えを出すことから）計算によって結果の数値を得る。算出する。②ある事柄を根拠にして検討し結論を出す。江戸時代の浮世草子などから用例が見られる。基礎的な意味の語彙と思われるのだが、やはり①の意味が源になっているために、この語彙の用いられる場面が限定されるからであろうか、古典の中でもいわゆる王朝絵巻風の作品や花鳥風月を詠じた詩歌などには用例を見出せない。左の［用例］の中の「お針やとい」は針仕事の雇い女、「口さえぬらさせて下さらば」は食べさせてさえ下さるならば、の意。

【用例】 早くに良人《おっと》を失ないて寄る辺《べ》なき身の暫時《しばらく》ここにお針やとい同様、口さえぬらさせて下さらばとて洗い濯《そそ》ぎよりはじめてお菜《さい》ごしらえは素《もと》よりのこと、墓場の掃除に男衆の手を助くるまで働けば、和尚さま経済より割出《わりだ》しての御不憫《ごふびん》かかり、年は二十から違うて見とむなき事は女も心得ながら、行き処《ところ》なき身なれば結句よき死場処《しにばしょ》と人目を恥じぬように成《なり》け

り、↓みとむない　（樋口一葉「たけくらべ」九）

われから　我から　〔副〕

【解説】①自分から。自分の方から。我とわが身で。②自分の言動が原因で。自分のせいで。③われながら。「と」を伴って用いることもある。死の半年前に発表した樋口一葉の小説に「われから」という作品がある。左の［用例］の中の前の「我から」は①で、自分自ら、の意、後の「我から」は②で、自分のせいで争いの原因をつくる、と叙述している。なお「言状」はここでは言い分、言いたてるべき事柄のこと。できることなら叔母の言い分、言い分を通してあげて、という文脈で表現している。

【用例】我慢勝他《しょうた》が性質《もちまえ》の叔母のお政が、よくせきの事なればこそ我《(われ)》から折れて出て、「お前さんさえ我《が》を折れば、三方四方円《(まる)》く納まる。」ト穏便をおもって言ッて呉《(く)》れる。それを無面目にも言破《いいやぶ》ッて立腹をさせて、我から我他彼此《がたびし》の種子《たね》を蒔《(ま)》く……文三然《そ》うは為《し》たく無い。成《(な)》ろう事なら叔母の言状《いいじょう》を立ててその心を慰めて、お勢の縁をも繋《(つな)》ぎ留めて、老母の心をも安めて、而《そ》して自分も安心したい。↓よくせき

（二葉亭四迷「浮雲」第十一回　取付く島）

ら

わ

や

ま

は

た

さ

か

索　　引

ゴチック数字は、見出し項目を表わしています。

あ

編者略歴

佐藤　勝　一九三二年香川県生まれ。東京大学文学部卒。東京女子大学教授、帝京大学教授を経て、現在帝京大学名誉教授。専攻、日本近現代文学研究。主要編著書に『日本人が忘れてしまった美しい日本語』『日本現代小説大事典』などがある。

小杉商一　一九三五年新潟県生まれ。国学院大学大学院修了。東京外国語大学教授を経て、現在拓殖大学教授、東京外国語大学名誉教授。専攻国語学。主要論文に「詞書の敬語」（『国語研究』66号）などがある。

忘れかけた日本語辞典

二〇〇五年七月一五日　初版発行
二〇〇六年八月二五日　再版発行

編　者　佐藤　勝
　　　　小杉商一
発行者　今泉弘勝
印刷所　株式会社太洋社
製本所　株式会社太洋社

発行所　株式会社　**東京堂出版**
東京都千代田区神田神保町一―一七（〒一〇一―〇〇五一）
電話　〇三―三二三三―三七四一　振替　〇〇一三〇―七―二七〇

ISBN4-490-10669-6 C1581
Printed in Japan